全国医学院校高职高专规划教材
供临床医学、护理类及相关专业用

人体生理学

第2版

主　编　马晓健　舒安利

副主编　彭丽花　彭兰桂

编　委（按姓名汉语拼音排序）

陈　才（信阳职业技术学院）
杜　靖（新疆医科大学高职学院）
黄　英（常德职业技术学院）
李　明（齐鲁医药学院）
李碧蓉（邵阳学院）
马晓健（湖南医药学院）
彭兰桂（黔东南民族职业技术学院）
彭丽花（永州职业技术学院）
舒安利（湖南医药学院）
王　锦（河西学院医学院）
王　乐（邵阳学院）
伍爱荣（湖南环境生物职业技术学院）
袁　静（黔东南民族职业技术学院）
张庆丽（湖南环境生物职业技术学院）
张薇薇（山东英才学院）

北京大学医学出版社

RENTI SHENGLIXUE

图书在版编目（CIP）数据

人体生理学 / 马晓健, 舒安利主编．—2版．—北京：北京大学医学出版社，2016.8（2020. 6重印）
全国医学院校高职高专规划教材
ISBN 978-7-5659-1390-7

Ⅰ．①人… Ⅱ．①马… ②舒… Ⅲ．①人体生理学-高等职业教育-教材 Ⅳ．①R33

中国版本图书馆CIP数据核字（2016）第100248号

人体生理学（第2版）

主　　编：马晓健　舒安利
出版发行：北京大学医学出版社
地　　址：（100191）北京市海淀区学院路38号　北京大学医学部院内
电　　话：发行部 010-82802230；图书邮购 010-82802495
网　　址：http：//www.pumpress.com.cn
E-mail：booksale@bjmu.edu.cn
印　　刷：莱芜市圣龙印务有限责任公司
经　　销：新华书店
责任编辑：韩忠刚　刘云涛　**责任校对：**金彤文　**责任印制：**李　啸
开　　本：850 mm × 1168 mm　1/16　**印张：**15.75　**字数：**465 千字
版　　次：2011年7月第1版　2016年8月第2版　2020年6月第7次印刷
书　　号：ISBN 978-7-5659-1390-7
定　　价：30.00元

全国医学院校高职高专规划教材编审委员会

序

医药卫生类高职高专教育是我国医学教育体系的重要组成部分，随着国家对医药卫生体制改革的逐步推进，社会对基层卫生服务人才的需求与日俱增，对新时期高职高专医学人才培养及教材建设提出了更高要求。北京大学医学出版社于 2011 年组织全国高职高专院校教师编写出版了本套高职高专教材，由于教材的内容精炼、案例经典、符合临床、实用性强，受到众多高职高专院校师生的好评。

高职高专医学教材应服务于人才培养目标，基于高职高专学生的认知特点，以学生为中心、以就业为导向、以职业技能和岗位胜任力培养为根本，与课程、临床岗位和行业需求对接，促进产教融合。为推进教材建设、更好地服务于人才培养目标、将本套教材锤炼为精品之作，北京大学医学出版社对参与这套教材编写与使用的院校进行了深入调研，于 2014 年下半年正式启动了本套教材的修订再版工作，首先召开了教材编审委员会议，统一了教材修订再版的总体精神，重新审定再版教材目录、对个别主编进行了调整，然后召开了全体主编人会议。本轮教材修订加大了“双师型”和临床实践一线作者的比例，更加紧密地结合国家临床执业助理医师、全国护士执业资格考试大纲，理论、知识强调“必需、够用”；精选案例以促进案例教学；专业课教材的学习目标按布卢姆教育目标分类编写，突出了职业技能和岗位胜任力培养。力求以学生为中心，引导自主学习，渗透职业教育理念。总之，本轮教材在延续上版优点的基础上，体例更加规范，版式更加精美，质量明显提升，适用性更强。

在本次修订再版工作中，各参编院校给予了高度重视和大力支持，众多参编教师投入了极大的热情和精力，在主编带领下克服困难，以严肃、认真、负责的态度出色地完成了编写任务，在此一并致以衷心的感谢！“知行合一、行胜于言”一定程度上体现了职业教育理念，相信在北京大学医学出版社精心组织、编审委员会顶层设计和全体作者对教材的精雕细琢下，这套教材一定能与时俱进、日臻完善，满足新时期高职高专医学人才培养的需求，在教学实践中经受住检验，在教材建设“百花齐放、百家争鸣”的局面中脱颖而出，成为好学、好教、好用的精品教材。

王德炳

前 言

本教材是全国医学院校高职高专规划教材编审委员会组织全国20余所医学院校编写的全国医学院校高职高专系列教材之一。《人体生理学》自2011年出版以来，受到广大师生的喜爱和密切关注，根据广大师生的要求，2014年北京大学医学出版社组织对本套教材进行修订。本书的修订原则：继续坚持以专业培养目标为导向，以职业技能培养为根本，满足科学需要、教学需要和社会需要；继续坚持“三基”（基本理论、基本知识和基本技能）、“五性”（思想性、科学性、先进性、启发性和实用性）的编写原则。

本教材特别强调实用性（适教适学）和先进性。在内容选择上既强调打好基础，又注重体现学科的进展。本次修订删除了部分陈旧的内容，增加了部分新内容；在编排上注重遵循生理过程的发生规律和学生的求知规律，使之更加适应教与学。

本次修订对编委进行了部分调整，并根据各位编委的专长进行分工。湖南医药学院马晓健教授负责第一章，常德职业技术学院黄英副教授负责第二章，河西学院医学院王锦副教授负责第三章，邵阳学院王乐副教授、李碧蓉老师负责第四章，湖南环境生物职业技术学院伍爱荣副教授负责第五章，新疆医科大学高职学院杜靖副教授负责第六章，山东英才学院张薇薇老师负责第七章，湖南医药学院舒安利教授负责第八章，黔东南民族职业技术学院彭兰桂、袁静老师负责第九章，永州职业技术学院彭丽花副教授负责第十章，齐鲁医药学院李明老师负责第十一章，信阳职业技术学院陈才老师负责第十二章，湖南环境生物职业技术学院张庆丽老师负责第十三章。

本教材的编写得到了各参编学校的大力支持，在此对各学校的支持和各位老师的辛勤劳动表示衷心感谢！在教材的编写过程中，我们参考了国内近几年的多种新版教材，从内容到插图都有极大的启迪和帮助作用。在此对这些教材的作者表示诚挚的谢意！

由于我们的水平有限，教材肯定还存在不少缺点和错误，真诚地希望广大师生提出批评和改进意见。你们的建议是我们继续努力的不竭动力。

马晓健　舒安利

2016年5月

目 录

第一章　绪　论

学习目标

通过本章内容的学习，学生应能：

1. 掌握兴奋性、兴奋、抑制的概念；内环境、稳态的概念及生理意义，人体功能活动的调节机制，负反馈、正反馈的概念。
2. 熟悉刺激引起的条件，条件反射、非条件反射的概念。
3. 了解生理学研究的任务和内容。

第一节　概　述

一、生理学的概念

生理学（physiology）是生物科学的一个分支，是以生物机体的生命活动现象和机体各个组成部分的功能为研究对象的一门科学。根据研究对象的不同，生理学可分为植物生理学、动物生理学、人体生理学等。

本书介绍人体生理学（以下简称“生理学”）。生理学的任务是研究构成人体各个系统的器官和细胞的正常活动过程，特别是各个器官、细胞功能表现的内部机制，不同细胞、器官、系统之间的相互联系和相互作用，并阐明人体作为一个整体，其各部分的功能活动是如何互相协调、互相制约，从而能在复杂多变的环境中维持正常的生命活动过程的。

二、学习生理学的意义

生理学是医学课程体系中的一门重要基础理论课程，在医学课程体系中具有重要的地位和作用。一方面，学习生理学需要一些前期课程作为基础。人体的生理功能是建立在形态结构基础之上的，因此，学习生理学必须以解剖学和组织学等形态学课程为基础。另一方面，生理学作为一门医学的基础理论课，又是学习后续基础课和临床课程的基础。

生理学也是一门基础医学课程。医学生必须在了解正常人体各个组成部分的功能的基础上，才能理解在各种疾病情况下身体某个或某些部分发生的变化，器官在疾病时发生的功能变化与形态变化之间的关系，一个器官发生病变时如何影响其他器官的功能等。所以生理学是医学各专业的一门必修课程。

三、学习生理学的基本观点和方法

（一）树立整体观念

人体是作为一个完整的统一体而存在的，各种生理活动都是完整统一体中的组成部分。构成人体的各系统、器官、组织、细胞都具有不同的活动规律，但它们之间的活动又是相互联系、相互制约、有机配合、协调一致的，以服从于人体作为整体适应环境变化的需要。如果学习和应用中只注重人体局部的功能变化，而忽略适应环境的人体整体功能的效应就会走进误区。

（二）结构与功能统一的观点

人体的形态结构是生理功能的物质基础，而人体的各种生理功能则是形态结构的运动形式。一定的形态结构决定一定的功能，在人的生命进程中，功能的变化又能逐渐引起形态结构的变化，形态结构的改变又可影响功能活动，二者相辅相成。

（三）动态平衡的观点

人的生命活动是在适应环境的过程中不断变化的，这种变化在生理范围内是一种动态平衡过程，其目的是维持内环境的相对稳定。因此，在学习中要注意掌握人体正常的生理变异、功能活动的周期性、双重性、双向性等活动规律，不能以静态的观点来理解生理学内容。

（四）注重学科渗透

生理学与其他学科的知识具有广泛的联系，正是由于学科间的相互渗透促进了生理学科的发展。各学科的知识内容相互联系、相互促进。关注生理学与其他学科的联系，将有助于开拓思路，加深对生理学知识的理解，也有利于将所学知识融会贯通。

（五）注重实验研究

生理学是一门实验性学科，也就是说，生理学的知识主要是通过实验获得的。构成身体的最基本单位是细胞。许多不同的细胞构成器官。行使某种生理功能的不同器官相互联系，构成系统。人体是由各个器官系统相互联系、相互作用而构成的一个复杂的整体。因此，生理学研究可以在细胞分子水平、器官系统水平和整体水平上进行。由于实验往往会给机体带来损害，因此研究人体功能常采用动物实验。生理学所用的动物实验可分为急性实验和慢性实验。在生理学的实验教学中，一些实验是为验证某一生理学知识而设计的经典实验，一些实验是为培养学生的能力而设计的综合性实验。无论哪一类实验对培养学生的动手能力、科学思维和分析问题的能力都有着不可替代的作用。

知识链接

生理学发展史料

17世纪初，英国医生William Harvey用动物活体实验。首先科学地阐明了血液循环的途径和规律，被公认为近代生理学的奠基人。20世纪初，俄国生理学家巴甫洛夫研究了大脑的功能，创建了高级神经活动学说，对生理学、医学、心理学甚至哲学产生了深远的影响。20世纪20年代末美国生理学家W.B.Cannon在内环境恒定概念的基础上，又提出了“稳态”这一十分重要的概念。我国现代生理学形成的标志是1926年中国生理学会的成立。林可胜是我国现代生理学和中国生理学会的奠基人，也是我国消化生理学的先驱。蔡翘、张锡钧等在生理学上的创造性成果，受到国内外生理学界的高度评价，他们也是我国现代生理学的奠基人。

第二节 生命活动的基本特征

人体生命活动的基本特征表现为新陈代谢、兴奋性、适应性三个方面。

一、新谢代谢

新陈代谢（metabolism）是指机体与环境之间进行物质交换和能量转换的自我更新过程。新陈代谢包括合成代谢和分解代谢两个方面：机体不断地从环境中摄取营养物质并合成为自身的物质称合成代谢。同时机体又不断地分解自身成分，并将其分解产物排出体外，称分解代谢。在新陈代谢过程中，包含了物质代谢和能量代谢两个密不可分的过程。新陈代谢是一切生物体的最基本特征。机体的一切生命现象和功能活动，都是在新陈代谢的基础上实现的。新陈代谢一旦停止，生命也随之终结。

二、兴奋性

（一）刺激与反应

机体所处的环境是经常发生变化的。正常情况下，机体对环境的变化会做出适应的反应。生理学上将能引起机体发生反应的内外环境条件的变化称为刺激（stimulus），而将刺激引起机体的变化称为反应（reaction）。

刺激的种类很多，可分为物理性刺激（如电、机械、温度、声波、光等）、化学性刺激（如酸、碱、药物等）、生物性刺激（如细菌、病毒等）。对人类来说，还有社会因素形成的刺激。刺激引起反应必须具备三个条件，即足够的刺激强度、足够的刺激作用时间和一定的强度 - 时间变化率。若刺激作用时间和强度 - 时间变化率固定不变，只改变刺激强度，能引起组织细胞产生反应的最小刺激强度称阈强度，亦称阈值（threshold）。具有阈强度的刺激称阈刺激，刺激强度小于阈值的刺激称阈下刺激，大于阈值的刺激称阈上刺激。

组织细胞对刺激所产生的反应是多种多样的，如肌肉表现为收缩，腺体表现为分泌，神经表现为产生和传导冲动，但均可将其归纳为两种形式：一种是由相对静止状态转变为活动状态，或由弱活动状态转变为强活动状态，称为兴奋（excitation）；另一种是由活动状态转变为相对静止状态，或由强活动状态转变为弱活动状态，称为抑制（inhibition）。

（二）兴奋性

一切有生命活动的细胞、组织或机体所具有的对刺激产生兴奋的能力或特征，称为兴奋性（excitability）。由于组织细胞产生兴奋之前都会产生一种共同的生物电反应 - 动作电位，故现代生理学将组织细胞对刺激产生动作电位的能力称为兴奋性。兴奋性是机体生命活动的基本持征之一，它使生物体能对环境的变化产生反应，是生物生存的必要条件。

不同组织细胞或同一组织细胞在不同的情况下，对刺激反应的能力并不相同，即组织细胞的兴奋性是不同的。常用来衡量组织细胞兴奋性的指标是阈值。兴奋性越高的组织细胞，对弱的刺激就能产生兴奋，即其刺激阈值越小，只对很强的刺激才产生兴奋的组织，表示其兴奋性较低，其刺激阈值也越高。换言之，组织细胞兴奋性的高低与阈值的大小呈现反变关系。

$$兴奋性 \propto 1/阈值$$

三、适应性

机体所处的环境千变万化，这些变化都可构成对机体的刺激而影响生命活动，但机体能够随环境的变化不断地调整自身各部分的功能和相互关系，使机体与环境取得平衡，以保证生命活动的正常进行。机体这种根据内外环境的变化而调整体内各部分活动和关系的功能称为适应性（adaptability）。适应性分为行为性适应和生理性适应两种。行为性适应常有躯体活动的改变，如寒冷时睡姿的改变，遇到伤害刺激时的躲避活动等。生理性适应是指身体内部的协调性反应。如强光下瞳孔缩小，减少进入眼内的光线以保护视网膜。适应性是在种族进化过程中，逐渐发展和完善起来的。到了人类，不只是单纯地依靠生理反应来适应环境的变化，而且能运用客观规律来控制环境，这是更高层次的适应。

第三节　人体与环境

环境是机体赖以生存和发展的必要条件。多细胞生物及高等动物的细胞面临着两种环境，即内环境与外环境。外环境是指机体所生存的自然环境。对人类而言，外环境除自然环境外，还包括社会环境。一般情况下，不论外环境如何变化，正常机体的生理功能都能保持相对的稳定，这主要是由于机体存在相对稳定的内环境。

一、体液与内环境

人体内的液体总称为体液（body fluid）。体液约占体重的60%，按其分布分为细胞内液和细胞外液两类。细胞内的液体称为细胞内液，约占体重的40%（占体液的2/3）；细胞外的液体称细胞外液，包括血浆、淋巴液和脑脊液等，约占体重的20%（占体液的1/3）。

人体内绝大多数细胞与外界环境没有直接接触，它们所需的营养物质从细胞外液中获取，代谢产物也排泄到细胞外液中。因此，细胞外液是细胞生存和活动的直接环境，称为机体的内环境（internal environment）。

二、内环境稳态

在正常生理情况下，细胞外液的理化特性是相对稳定的。内环境理化性质的相对稳定是指细胞外液的化学成分、pH、温度、渗透压等保持相对稳定的状态，只在狭小的范围内波动。内环境的各项理化因素保持相对稳定的状态，称内环境稳态（homeostasis of internal environment）。内环境稳态是细胞进行正常生命活动的必要条件。在新陈代谢过程中，内、外环境的变化随时可使内环境的稳态遭到破坏，但通过机体的调节机制，能够使破坏的内环境恢复相对稳定状态。这一调节过程涉及机体各器官、系统的功能活动的适应性改变，维持内环境稳态需要机体各器官、系统生理功能的正常活动以及机体调节机制的参与，尤其是反馈控制系统的参与。可见，稳态的概念不仅包括内环境的相对稳定状态，也应包括机体内许多保持与协调稳态的生理过程，机体不同层次或水平的稳定状态及这些稳定状态的调节机制。因此，稳态（homeostasis）是指通过机体的各种调节机制，维持生理功能和内环境保持相对稳定的状态。它是一种复杂的生理过程，是一个不断破坏和不断恢复的过程，是一个动态的、相对稳定的状态。

稳态的提出是内环境稳态概念的延伸和发展，稳态概念已不仅是生理学中的基本概念，也成为控制论、生态学、生物化学、临床医学和预防医学中的重要概念。可以认为，稳态是生命科学中具有普遍意义的一个基本概念。

知识链接

内环境及稳态概念的由来与发展

内环境的概念是由法国生理学家 C.Bernard 提出的。1857 年，他在一次讲座中指出：“有机体所表现的对外环境的独立性乃成于下述事实：在生物体中，组织实际上并不直接接受外环境的作用，而是被一种真正的内环境所防护着，这个内环境主要由在体内循环的体液所组成”。Bernard 在他的著作《普通生理学教程：动植物共同的生命现象》中进一步提出了生命科学的两句名言，“内环境的稳态是自由和独立生活的首要条件”“各种生命机制尽管多种多样，但只有一个目标，就是保持内环境中生活条件的稳定”。随后美国生理学家 W.B.Cannon 进一步明确了稳态的概念。“稳态指的是一种状态，一种可变的、但又是相对恒定的一种状态”。

在现代生物学和医学中，稳态概念已被大大扩展，它不仅仅指血液、组织液等内环境的稳定状态。“在广义上，稳态包括了使有机体大多数稳定状态得以保持的那些协调的生理过程”。“这一概念也能应用于细胞、器官系统、个体以及社会群体水平等不同的组织层次。稳态可以从几毫秒到几百万年。稳态的根本特性在于一些因素的相互作用，使在特定的时间内保持特定的状态”。“稳态并不意味着没有变化，因为稳态是调节机制的作用所向，可随时间推移而变动。然而通过这种变化却仍保持在某种紧密的控制下”。

可见，稳态已不仅仅是生理学中的概念，也是在控制论、细胞生物学、遗传学、生态学、临床医学等许多不同科学中广泛应用的重要概念。可以说，稳态是贯穿于生命科学的、具有普遍意义的一个基本概念，它揭示了生命活动的一个重要规律。

第四节 人体功能的调节

当机体的内外环境发生变化时，体内各器官组织的功能及相应关系也会发生相应的变化，使机体适应环境的变化，并维持内环境的稳态。人体各器官功能的这种适应性反应称为生理功能的调节。

一、人体功能的调节方式

机体生理功能的调节方式有神经调节、体液调节和自身调节。在整体条件下，这三种调节方式是相互配合，密切联系的，但各具有不同的作用和特点。

（一）神经调节

神经调节（nervous regulation）是机体最主要的调节方式，是指神经系统的活动通过神经纤维的联系，对机体各部位的生理功能发挥调节作用。神经调节的特点是反应迅速、准确、作用时间短。

神经调节的基本方式是反射（reflex）。反射是指在中枢神经系统参与下，机体对刺激所产生的规律性反应。完成反射的结构基础是反射弧（reflex arc），它包括感受器、传入神经、中枢、传出神经和效应器 5 个部分（图 1-1）。反射活动的完成有赖于反射弧结构和功能的完整，反射弧任何一个部分遭受破坏，反射活动将不能完成。

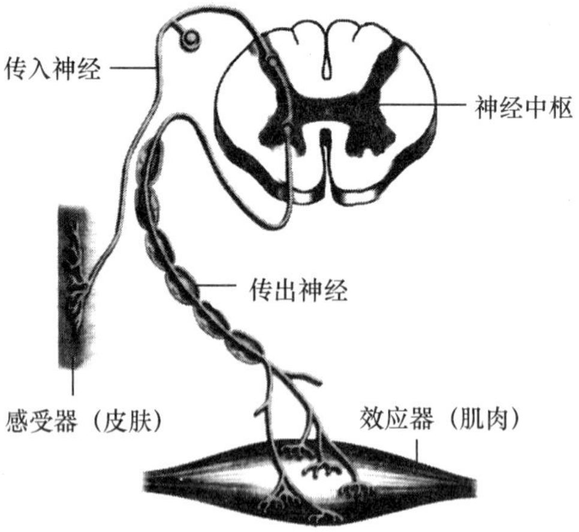

图 1-1 反射弧模式图

（二）体液调节

体液调节（humoral regulation）是指体内产生的一些特殊化学物质通过体液途径对某些组织或器官的活动进行调节的过程。体内产生的化学物质有：①由内分泌腺或内分泌细胞分泌的激素，如甲状腺素、肾上腺素等。②一些组织细胞产生的特殊化学物质，如组胺、5- 羟色胺等。③细胞代谢的某些产物，如 CO_2、乳酸等。 化学物质到达被调节的组织或器官，主要是通过血液循环，但有一些化学物质并不通过血液循环运送，而是直接扩散到周围的组织液作用于邻近的组织细胞。体液调节的特点是反应缓慢，作用持续时间长，作用面较广泛。

体液调节一般是一个独立的调节系统，但人体内很多内分泌腺的活动直接或间接受神经的支配和调节，在这种情况下，内分泌腺往往成为神经调节传出通路上的分支（图 1-2）。这种神经和体液复合调节的方式称为神经 - 体液调节（neurohumoral regulation）。

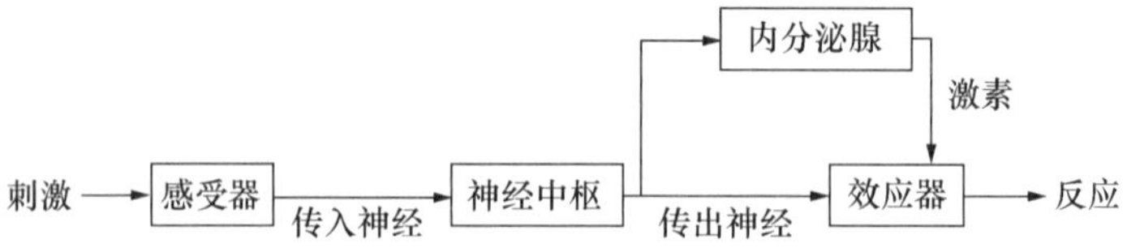

图 1-2 神经 - 体液调节示意图

（三）自身调节

自身调节（autoregulation）是指组织或器官不依赖于神经和体液调节，而是由其自身特性对内外环境变化产生的适应性反应。这种调节方式只存在于少数组织和器官，如心肌的异长自身调节、肾血流量的自身调节等。自身调节的特点是影响范围小、调节幅度小、灵敏度较低，但它对维持某些器官的功能仍具有一定意义。

二、人体功能调节的反馈控制

在人体，通常将神经中枢或内分泌腺看作是控制部分，而将效应器或靶细胞看成是受控部分。在多数情况下，控制部分与受控部分往往并不是一种单向的信息联系，而是存在双向的信息联系，即控制部分发出信息改变受控部分的活动，受控部分也不断有信息返回控制部分，纠正和调整控制部分的活动。生理学上将受控部分的返回信息称为反馈信息，反馈信息作用于控制部分的过程称为反馈（feedback）。

由于反馈的存在，使机体活动的调节更为精确。根据受控部分对控制部分发生的作用效果不同，将反馈分为正反馈和负反馈。

知识链接

控制论与反馈

控制论是研究各类系统的调节和控制规律的科学。它是自动控制、通讯技术、计算机科学、数理逻辑、神经生理学、统计力学、行为科学等多种科学相互渗透形成的一门横断性学科。它研究生物体和机器以及各种不同基质系统的通讯和控制过程，探讨它们共同具有的信息交换、反馈调节、自组织、自适应的原理和改善系统行为，使系统稳定运行的机制，从而形成了一大套适用于各门科学的概念、模型、原理和方法。控制论的创始人 N.Wiener 在他的《控制论》一书的副标题上标明，控制论是"关于在动物和机器中控制和通讯的科学"。

控制论的研究表明，无论自动机器，还是神经系统、生命系统，以至经济系统、社会系统，撇开各自的质态特点，都可以看作是一个自动控制系统。在这类系统中有专门的调节装置来控制系统的运转，维持自身的稳定和系统的目的功能。控制机构发生指令，作为控制信息传递到系统的各个部分（即控制对象）中去。由它们按指令执行之后再把执行的情况作为反馈信息输送回来，并作为决定下一步调整控制的依据。

（一）正反馈

受控部分发出的反馈信息能加强控制部分的活动称为正反馈（positive feedback）。正反馈的反馈信息使控制部分的作用不断加强，直到发挥最大效应，从而使某种生理功能迅速达到预期顶点并尽快完成。如排尿反射、血液凝固、分娩等属于正反馈。

（二）负反馈

受控部分发出的反馈信息能减弱对控制部分的活动，称为负反馈（negative feedback）。负反馈总是使机体的某种生理功能维持在一定水平并保持相对稳定，它是维持机体与外环境协调及维持内环境稳态的重要控制机制。负反馈在机体调节中非常普遍，如血压的调节、体温的调节、血糖水平的维持等都属于负反馈（图 1-3）。

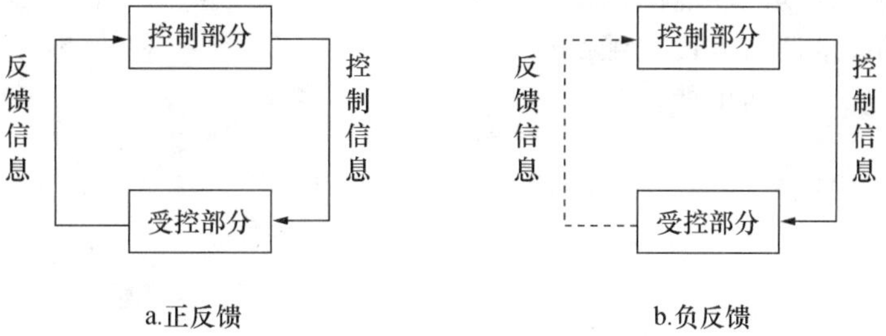

图 1-3 反馈控制示意图

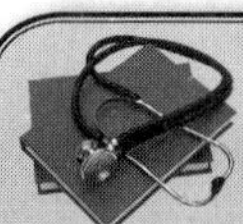

本章小结

1. 人体生理学是研究正常机体生命活动规律的学科。
2. 生命活动的基本特征主要有新陈代谢、兴奋性、适应性等。新陈代谢是指机体与

本章小结

环境之间进行物质交换和能量转换的自我更新过程。兴奋性是指机体对刺激产生兴奋的能力或特性。

3．细胞外液是细胞生存与活动的直接环境，称内环境。内环境稳态是指内环境的理化因素保持相对恒定的状态。稳态是进行一切生命活动的必要条件。

4．机体生理功能的调节方式有神经调节、体液调节和自身调节 3 种。神经调节是指神经系统的活动通过神经纤维的联系对机体各部分的生理功能发挥调节作用，调节的基本方式是反射。反射是指在中枢神经系统参与下，机体对刺激产生的规律性反应。体液调节是指体内产生的一些特殊化学物质，通过体液途径对某些组织或器官的活动进行调节的过程。自身调节是指组织或器官不依赖于神经和体液调节，而是由其自身特性对内外环境变化产生的适应性反应。

5．正反馈是指受控部分发出的反馈信息加强控制部分的作用，使其活动更加加强，从而使某种生理功能迅速达到预期顶点并尽快完成，如血液凝固、分娩、排尿反射和排便反射等。负反馈是指受控部分发出的反馈信息对控制部分的作用产生抑制作用，使控制部分的活动减弱，从而使机体的某种生理功能维持在一定水平并保持相对稳定，如降压反射、体温调节及血糖浓度的调节等。

思考题

1．生命活动的基本特征有哪些？
2．何为内环境？何为内环境稳态？
3．人体生理功能的调节方式有哪些？
4．什么是负反馈？有何生理意义？

（马晓健）

第二章　细胞的基本功能

学习目标

通过本章内容的学习，学生应能：

1．掌握细胞膜跨膜物质转运的方式及特点，静息电位、动作电位的产生机制及意义。

2．熟悉神经 - 肌肉接头的结构及兴奋传递过程、骨骼肌收缩的原理。

3．了解细胞膜的基本结构、钠泵的本质及生理意义。

细胞是人体最基本的结构和功能单位。人体的细胞有 200 多种，数量达 1800 万亿个，不同种类的细胞结构和功能有很大的差异，但其基本功能活动是共同的。本章主要介绍细胞的这些具有共性的基本功能，包括细胞的物质跨膜转运功能、信号转导功能、生物电现象和肌细胞的收缩功能。

第一节　细胞膜的基本结构和功能

一、细胞膜的结构

机体的每个细胞都被细胞膜，也称质膜（plasma membrane）所包裹，使胞质与其外部环境相分隔，使细胞内容物不致流失，保持细胞内的化学成分相对独立和稳定。细胞膜对维持细胞内各种功能蛋白质分子的活性和正常的新陈代谢具有至关重要的作用。

细胞膜主要由脂质、蛋白质和糖类组成。关于这些物质在膜中以怎样的形式存在和排列，曾提出了多种假说，目前为大多数人所接受的是“液态镶嵌模型”学说。该学说的基本观点是：细胞膜以脂质双分子层为基本骨架，其中镶嵌着各种各样的蛋白质，在膜外侧，部分镶嵌的蛋白质和脂质还连接着糖链（图 2-1）。

（一）细胞膜的脂质双层

膜脂质有三类，磷脂占 70% 以上；其次是胆固醇，低于 30%；另外还有少量的糖脂。脂质双层由两个分子层的脂质构成，每一个脂质分子都分为头部和尾部，头部为亲水端，朝向膜内、外两侧；尾部为疏水端，朝向膜中央。由于细胞膜以脂质双层为基本骨架，决定了其有两个特点：①非脂溶性物质一般不易自由通过；②体温条件下具有一定的流动性。

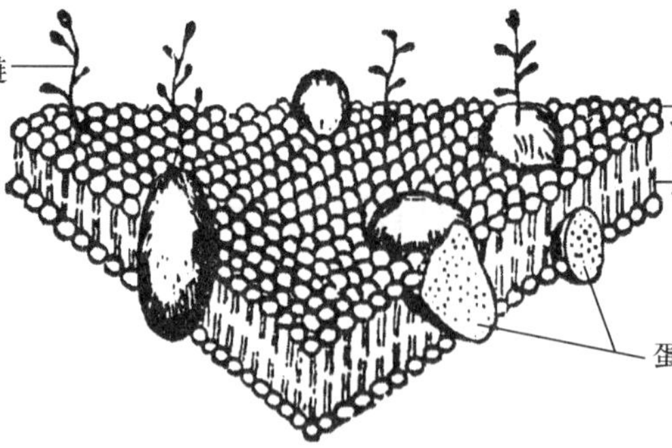

图 2-1 液态镶嵌模型模式图

知识链接

膜具有流动性

膜脂质的熔点低，在体温条件下呈液态，因而膜具有流动性；但脂质双层的流动性只允许脂质分子做侧向运动，形成一种二维流体。膜脂质的流动性可使嵌入脂质双分子层中的膜蛋白也发生移动、聚集和相互作用。细胞的许多基本活动，如膜上功能蛋白质的相互作用、入胞、出胞，细胞的运动、分裂、细胞间的连接的形成等都赖于质膜保持适当的流动性。

（二）细胞膜的蛋白质

细胞膜的功能主要通过膜蛋白来实现。根据其功能不同通常分为以下三类：第一类是膜蛋白，与物质转运有关，如载体蛋白、通道蛋白和泵蛋白（离子泵）。第二类是受体蛋白，此类蛋白质可将细胞环境中特异的信息传到细胞内，从而引起细胞的功能活动改变。第三类是抗原标志，这类蛋白质对细胞起着“标志”作用，供免疫系统或免疫物质“辨认”。不难设想，膜蛋白结构和功能的多样性会导致细胞膜功能的复杂性和多变性，也就是说细胞膜所具有的功能，很大程度上取决于膜内的蛋白质。

（三）细胞膜的糖类

细胞膜中糖类的含量为 2% ~ 10%，大多是一些寡糖或多糖链以共价键的形式与膜内脂质或蛋白质结合形成糖脂或糖蛋白。结合在脂质和蛋白质分子上的糖链，大多数伸向膜外。有些糖链可作为抗原决定簇，表达某种免疫信息；有些可作为膜受体的可识别部分，能特异地与某种递质或激素等物质结合。如 ABO 血型系统中，红细胞上的不同抗原特性就是由结合在脂质上的寡糖链所决定的。

二、细胞膜的物质转运功能

细胞在新陈代谢过程中所需的营养物质，以及细胞产生的代谢产物，都必须跨越细胞膜这一屏障才能转到相应的部位，即物质转运。常见的细胞膜物质转运方式有以下几种：

（一）单纯扩散

脂溶性小分子物质由膜的高浓度一侧向低浓度一侧移动的过程，称为单纯扩散（simple diffusion）。它是一种物理扩散，脂溶性高且相对分子质量小的物质容易穿越脂质双层，如 O_2、N_2、CO_2、乙醇、尿素等，它们都以单纯扩散的方式进行跨膜转运。决定扩散量的因素主要有两个：①浓度差：是物质扩散的动力，细胞膜两侧溶质浓度差愈大，扩散量也愈大。②通透性：是指物质通过细胞膜的难易程度。细胞膜对物质的通透性愈大，扩散量也愈大。

（二）易化扩散

有些非脂溶性或脂溶性很小的物质，在膜蛋白的帮助下，由膜的高浓度一侧向低浓度一侧移动的过程，称易化扩散（facilitated diffusion）。根据参与的膜蛋白不同易化扩散分为以下两种：

1．以载体蛋白为中介的易化扩散　细胞膜的载体蛋白在高浓度一侧与被转运的物质结合，这一结合引起载体蛋白的构型发生变化，把物质转运到膜的低浓度一侧，然后与物质分离。一些小分子亲水性物质如葡萄糖、氨基酸等就是以这种方式通过细胞膜的（图 2-2）。

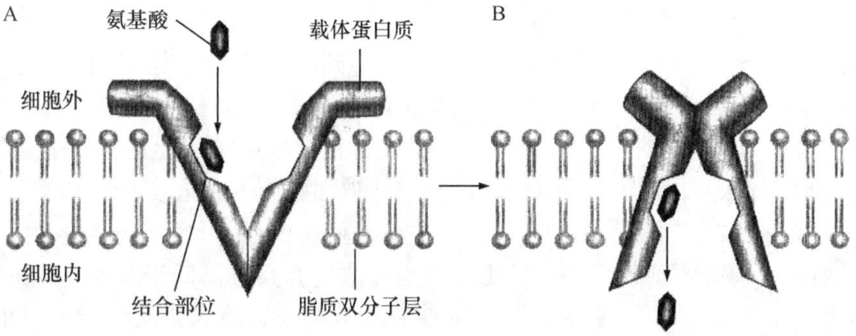

图 2-2　载体转运示意图

A．载体蛋白质与被转运物结合；B．载体蛋白与被转运物分离

载体转运的特点有：①高度特异性：即载体的结合位点只能选择性地与具有特定化学结构的物质结合。②饱和现象：载体蛋白数量有限，当全部载体蛋白或其结合位点与被转运物质结合后，物质浓度再增加也没有多余载体或结合位点与之结合，物质的转运因此受到限制。③竞争性抑制：如果某一载体可以同时转运 A 和 B 两种物质，而且物质通过细胞膜的总量又是一定的，那么当 A 物质转运增加时，B 物质的转运就会减少。这种竞争性抑制也是因为载体或结合位点的数量有限造成的。

2．以通道蛋白为中介的易化扩散　指物质借膜中通道蛋白（又称离子通道）的帮助完成的转运。通道蛋白像贯通细胞膜并带有闸门装置的管道（图 2-3）。通道开放时，物质从膜的高浓度一侧向低浓度一侧移动。通道关闭时，即使膜两侧存在浓度差，物质也不能通过。通道的关闭是通过“闸门（gate）”来调控的，故通道又称门控通道。根据引起闸门开关的机制不同，分为：①化学门控通道：由化学物质控制闸门的开关。②电压门控通道：由膜两侧电位差变化引起闸门的开关。③机械门控通道：由机械刺激引起闸门的开关。④磷酸化门控通道：由蛋白质磷酸化或去磷酸化调节通道开关。闸门的开关是由通道蛋白构象改变引起的，在通道蛋白不同构象时通道会突然开放或关闭。K^+、Na^+、Ca^{2+} 等离子主要以这种方式通过细胞膜。现有人认为各种通道也

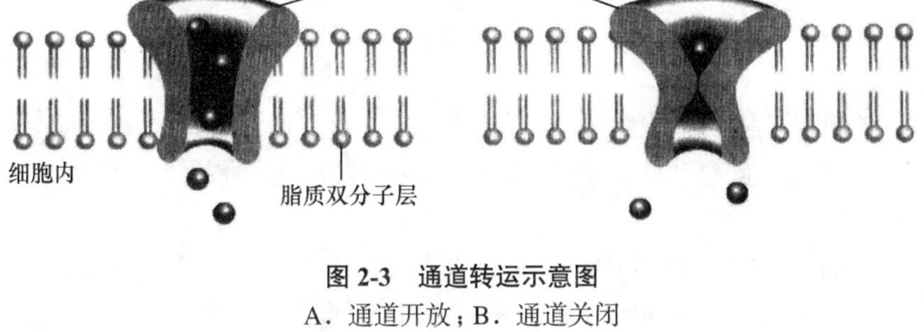

图 2-3　通道转运示意图

A．通道开放；B．通道关闭

具有一定特异性，但其特异性不如载体严格。如四乙基铵可阻断 K^+ 通道，影响 K^+ 的转运而不影响 Na^+ 转运；河豚毒素可阻断 Na^+ 通道，影响 Na^+ 的转运而不影响 K^+ 的转运。

上述的单纯扩散与易化扩散，物质分子都是顺浓度差（或电位差）移动的，它们通过膜时细胞并未对该过程直接提供能量，是不耗能的转运，因而统称为被动转运（passive transport）。被动转运所需的动力，来自高浓度溶液本身所含的势能。

（三）主动转运

在膜蛋白的参与下，由细胞代谢供能，物质从膜的低浓度一侧移向高浓度一侧的过程，称主动转运（active transport）。主动转运就像“水泵”引水上山需要消耗能量一样，因此，有人提出用“泵（pump）”的概念来解释主动转运过程。体内不同类型的细胞膜或膜性结构上存在着各种主动转运系统来转运各种物质。但目前研究最多、最清楚的是膜对 Na^+ 和 K^+ 的主动转运。大量研究证明，转运 Na^+ 和 K^+ 的钠 - 钾泵（简称钠泵），其化学本质实际上是一种镶嵌在脂质双层中具有 ATP 酶活性的特殊蛋白质（又称泵蛋白）。它能被细胞内 Na^+ 浓度升高和细胞外 K^+ 浓度升高所激活，因而又称 Na^+-K^+ 依赖式 ATP 酶。正常细胞膜外 Na^+ 浓度远高于细胞内，K^+ 浓度远低于细胞内，当细胞受到有效刺激后，导致细胞内 Na^+ 浓度升高（仍低于膜外）或细胞外 K^+ 浓度升高（仍低于膜内）时，钠泵被激活，分解 ATP，释放能量，将 Na^+ 从细胞内泵出，同时将细胞外的 K^+ 泵入。通常每分解 1 个 ATP 分子，可将 3 个 Na^+ 泵出膜外，同时将 2 个 K^+ 泵入膜内（图 2-4）。但这种化学定比关系，在不同情况下可以改变。

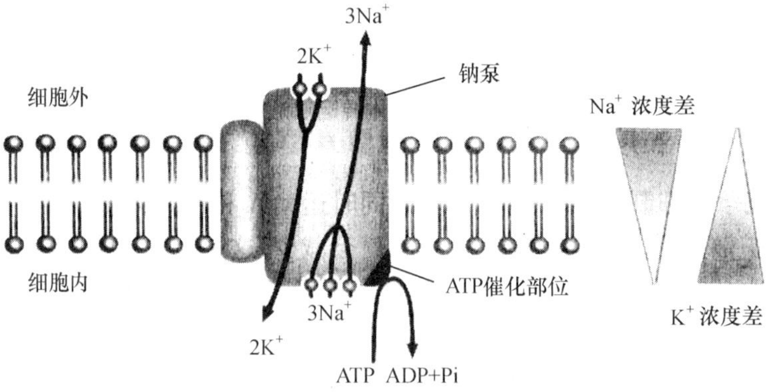

图 2-4　钠泵主动转运示意图

钠泵活动的生理意义：①维持细胞内外离子的正常分布，即细胞外高 Na^+、细胞内高 K^+ 的不均衡分布，这是细胞生物电产生的基础。②钠泵活动所形成细胞外高 Na^+ 势能贮备，可用于其他物质的逆浓度跨膜转运。如葡萄糖、氨基酸等在小肠上皮细胞和肾小管上皮细胞的逆浓度跨膜转运所需的能量，就是来自钠泵活动所形成的细胞外的高 Na^+ 势能，而不是直接来自 ATP 的分解。因此这类转运形式称继发性主动转运（secondary active transport）。

机体中除钠泵，还有钙泵（Ca^{2+}-Mg^{2+} 依赖式 ATP 酶）、H^+-K^+ 泵（H^+-K^+ 依赖式 ATP 酶）等，它们对细胞的功能活动也起着十分重要的作用。

以上三种物质转运方式，主要涉及转运小分子物质或离子物质。

（四）入胞与出胞

大分子物质或团块类物质不能穿越细胞膜，它们可通过形成质膜包被的囊泡，以入胞或出胞的方式完成跨膜转运。此过程也需要细胞代谢提供能量，能量来自细胞内线粒体氧化过程形成的 ATP。

1．入胞　大分子物质或团块类物质从膜外进入膜内的过程称入胞（endocytosis）。例如血浆中的蛋白质、细菌、异物等进入细胞（图 2-5a）。如白细胞进行吞噬时，首先细胞膜对某些异物

（如细菌）进行识别，然后细胞向异物周围伸出伪足，伪足逐渐将异物包裹，形成吞噬小体，再通过膜的融合和断裂，最后将吞噬物连同包被它的这部分细胞膜移入细胞内。若进入的物质为固体物，称为吞噬（phagocytosis）；若进入的物质为液态，称为吞饮（pinocytosis），如小肠上皮细胞对营养物质的吸收，属吞饮过程。

2．出胞　大分子物质或团块类物质被排出细胞的过程称出胞（exocytosis）。如消化腺分泌消化液、内分泌腺分泌激素、神经递质释放等，都是通过出胞作用完成的（图 2-5b）。出胞过程是细胞内形成的分泌颗粒或囊泡，先向细胞膜方向移动，并与细胞膜融合，融合处破裂，囊泡内容物从裂口排到胞外。

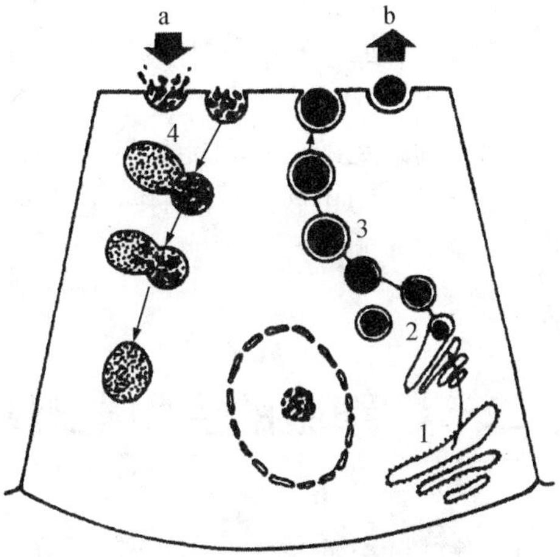

图 2-5　入胞和出胞过程示意图

a．入胞；b．出胞

1．粗面内质网；2．高尔基复合体；3．分泌颗粒；4．溶酶体

总之，不同的物质通过细胞膜的转运方式不同，小分子物质或顺浓度梯度转运的离子主要通过不耗能的被动转运方式进行，而大分子物质、物质团块或逆浓度梯度转运的离子等物质则主要通过耗能的主动转运方式实现（表 2-1）。

表 2-1　细胞膜的跨膜物质转运方式比较

转运方式	概念	特点	转运物质
单纯扩散	脂溶性物质，顺浓度差转运	直接进行，不耗能	脂溶性小分子（O_2、CO_2）
易化扩散	非脂溶性小分子，借助蛋白质的帮助，顺浓度差转运	通道蛋白、载体蛋白帮助，不耗能	离子（Na^+、K^+ 等）葡萄糖、氨基酸等
主动转运	离子或小分子，逆浓度差耗能转运	离子泵参与，耗能	离子（Na^+、K^+ 等）
出胞和入胞	大分子物质或团块物质的转运	细胞膜运动，耗能	大分子、团块物质

三、细胞膜的跨膜信号转导功能

作为多细胞构成的有机整体，机体要完成各项复杂的生命活动，又要适应环境的各种变化，细胞之间必须有完善的信息联系，即具有信号转导功能。能在细胞间传递信号的物质称为信号分子，如神经递质、激素和细胞因子等。许多研究表明，信号分子并没有进入细胞内，但却能引起细胞内发生一系列生理生化反应，其原因就是信号分子与细胞膜上的受体结合而发挥作用。

存在于细胞膜或细胞内能与某些化学物质（统称信号分子）特异结合，并引发特定生理效应的特殊蛋白质，称受体（receptor）。按照其存在的部位不同，可分为细胞膜受体、细胞质受体和细胞核受体。本章仅讨论细胞膜受体。

（一）细胞膜受体的结构与功能

完整的膜受体可分为三个部分：一是分辨部，位于膜的外表面，具有识别与之结合配体的功能；二是效应部，位于膜的内表面，在受体与配体结合后被激活产生相应的生物效应；三是跨膜部。受体的功能是：①识别与结合：受体能识别配体并与之相结合。②转发信息：受体与配体结合和激活后能引起细胞内一系列生化反应和生理效应。

（二）细胞膜受体的类型与特点

根据受体分子结构、信号传递方式和效应性质等特点，将膜受体分为：①离子通道受体：这类受体本身是一种或几种离子通道，它与配体结合后，使离子通道开放或关闭从而控制离子进出细胞。②酶活性受体：这类受体本身具有酶的活性，能直接使底物磷酸化，由此引发细胞功能变化。③ G 蛋白耦联受体：这类受体是目前发现的最为广泛的膜受体，体内大多数激素的效应是经过这类受体介导的。

细胞膜受体的特征：①特异性：即特定的受体只能与特定的配体结合，产生特定效应。②饱和性：因受体数量有限，与配体结合的能力也有限，具有一定的饱和度。③可逆性：受体与配体是以非共价键形式结合的，其结合是可逆的。

第二节　细胞的生物电现象

机体的活细胞在安静或活动时伴随的电变化，称为生物电，借助于仪器可记录到。临床上所做的心电图、脑电图等检查，实际上就是将心肌细胞、脑细胞等的生物电引导出来加以放大，描记在记录纸上的结果。因此，生物电在临床上已经广泛应用，对疾病的诊断和监护都具有重要的辅助作用。人体和各器官表现的电现象，是以细胞电活动为基础的。

细胞的生物电现象有两种表现形式，即细胞安静时的静息电位和细胞活动状态下的动作电位。

一、静息电位

（一）静息电位的概念

细胞在安静状态下（未受刺激时），存在于细胞膜两侧的电位差称为静息电位（resting potential，RP）。由于这一电位差存在于安静细胞膜的两侧，又称跨膜静息电位，简称静息电位。它是一切功能活动和变化的基础。静息电位可用示波器进行观察测量。将示波器的两个测量电极放置在神经细胞外表面任意两点（图 2-6a）或均插入细胞膜内时（图 2-6b），示波器上的光点在零位线上做横向扫描，表明细胞膜外表面或内表面任意两点间不存在电位差。若将其中一个电极置于细胞膜外表面，另一个电极插入细胞膜内，则示波器光点即从零电位向下移动，并以此做横向扫描（图 2-6c），说明膜内电位较膜外低，细胞膜内外存在着电位差，即静息电位。通常细胞外的电极是接地的，因此记录到的电位是以细胞外为零电位的膜内电位，则膜内电位为负值。

不同细胞的静息电位正常值不同。据测定，哺乳类动物的骨骼肌细胞为 -90mV；神经细胞为 -70mV；平滑肌细胞为 -60 ～ -50mV；人的红细胞约为 -10mV 等。静息电位所表现出的是一种稳定的直流电位，只要细胞不受刺激，保持于安静状态，静息电位就会稳定于某一数值。

安静时细胞膜两侧的电位呈内负外正的状态，称为极化（polarization）；膜内电位负值增大，称为超极化（hyperpolarization）；膜内电位负值减小，称为去极化（depolarization）；膜内电位由负变正，称为反极化（inverted-polarization），即极化状态的反转；细胞发生去极化后，膜电位又恢复到原来静息状态的过程，称复极化（repolarization）。

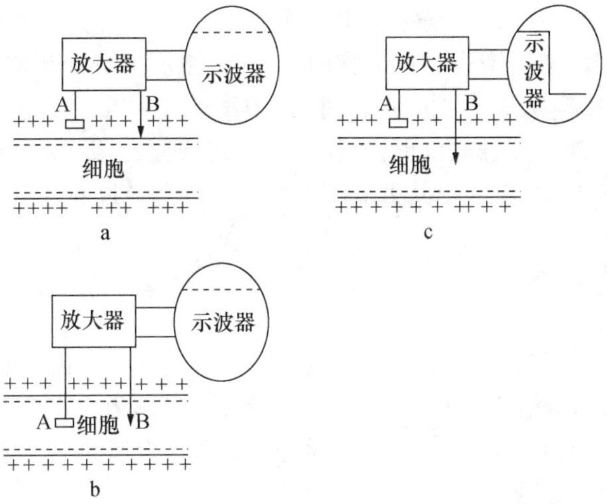

图 2-6　静息电位实验示意图

a. 电极 A 与 B 均置于细胞外表面；b. 电极 A 与 B 均插入细胞内；
c. 电极 B 插入细胞内，电极 A 置于外表面，细胞膜呈外正内负的极化状态

（二）静息电位的产生机制

细胞静息时为什么膜内电位低于膜外呢？目前通常采用“离子流学说”来解释。该学说认为，任何生物电的产生必须具备两个前提条件：①细胞膜内外各种离子的浓度分布不均，存在很大的浓度差；②细胞处于不同状态下，细胞膜对不同离子的通透性不同。

以哺乳动物骨骼肌细胞为例，细胞外 Na^+ 浓度约为细胞内 Na^+ 浓度的 12 倍，而细胞内 K^+ 浓度约为细胞外 K^+ 浓度的 39 倍，这种浓度差是由 Na^+-K^+ 泵的活动维持的。细胞外 Cl^- 的浓度是细胞内的 31 倍，细胞内的负离子主要是大分子的有机负离子（A^-），多是蛋白质离子，而细胞外有机负离子极少（表 2-2）。细胞处于静息状态时，细胞膜对 K^+ 通透性较大，对 Na^+ 的通透性仅为 K^+ 通透性的 1/100 ~ 1/50，细胞膜对 Cl^- 和有机负离子几乎没有通透性。

因此，细胞静息时 K^+ 顺浓度差外流，同时必然带正电荷向外转移，这就使得细胞膜外侧带正电荷、细胞膜内侧带负电荷，膜两侧出现了电位差。但是 K^+ 外流并不能无限制地进行下去，这是因为随着 K^+ 顺浓度差外流形成的外正内负的电场力会阻止带正电荷的 K^+ 继续外流。当浓度差形成的促使 K^+ 外流的力量与膜外正电场力阻止 K^+ 外流的力量达到平衡时，K^+ 净移动为零。此时，细胞膜两侧就形成了一个相对稳定的电位差，这就是静息电位。因为静息电位主要是 K^+ 外流达到平衡时的电位，所以又称它为 K^+ 平衡电位。

表 2-2　哺乳动物骨骼肌内、外离子的浓度（mmol/L）和流动趋势

	细胞内	细胞外	细胞内外浓度比	离子流动趋势
K^+	155	4	39 : 1	外向流
Na^+	12	145	1 : 12	内向流
Cl^-	120	3.8	1 : 31	内向流
A^-	155			外向流

另外，静息状态下细胞膜对 Na^+ 也具有一定的通透性，少量的 Na^+ 也参与了静息电位。还有 Na^+-K^+ 泵的活动本身具有生电作用，每次活动时将 3 个 Na^+ 泵出细胞，只将 2 个 K^+ 泵入细胞，也造成细胞内为负电位，因此 Na^+-K^+ 泵的活动在一定程度上也参与了静息电位的形成。

从以上来看，静息电位的产生主要是 K^+ 外流形成的，也有少量的 Na^+ 内流和 Na^+-K^+ 泵生电

作用参与。因此，影响这三方面的因素都可以影响细胞的静息电位，但主要受细胞膜内外 K^+ 浓度差影响。当细胞外液 K^+ 浓度增高时，细胞内、外 K^+ 浓度差减小，K^+ 外流减少，静息电位减小；反之，当细胞外液 K^+ 浓度降低时，膜内外 K^+ 浓度差加大，K^+ 外流增加，静息电位就增大。Na^+ 通透性加大时内流增加，静息电位也会减小；当细胞缺血、缺 O_2 或 H^+ 增多时，可导致细胞代谢障碍，影响细胞 Na^+-K^+ 泵供能，其生电作用下降，也会导致静息电位减小。

二、动作电位

（一）动作电位的概念

可兴奋细胞受刺激后，在静息电位的基础上发生的可逆性、可传播的膜电位变化，称动作电位（action potential，AP）。动作电位的出现，标志着细胞受刺激后发生了反应。机体各细胞的外部反应如肌细胞的收缩、腺细胞的分泌等，实际上都是由细胞膜的电变化引起的。

（二）动作电位的变化过程

实验观察到，在静息电位的基础上，给予神经纤维一个有效刺激，可在示波器上观察到一个动作电位，细胞内电位由原静息状态的 -70mV，迅速上升到 +30mV 左右，细胞内电位由负变正，出现极化状态的倒转，构成动作电位上升相。动作电位在神经纤维某点上持续时间非常短，当上升相达到顶峰后，迅速下降到静息电位水平，构成动作电位下降相。上升相和下降相超过 0mV 的正值部分，称为超射（overshoot）。

上升相由去极化过程引起，下降相由复极化过程引起。去极化与复极化都非常迅速，电位变化曲线就像一个尖锋一样，故称为锋电位（spike potential），持续时间约 1ms。在锋电位下降相恢复到静息电位水平之前，膜两侧还有一个缓慢的电位变化，称后电位（after potential）。后电位又可分为首先出现的一段持续时间为 5 ～ 30ms 的负后电位（去极化后电位），继后出现的一个持续时间较长的正后电位（超极化后电位）（图 2-7）。后电位结束后，膜电位才恢复到稳定的静息电位水平。

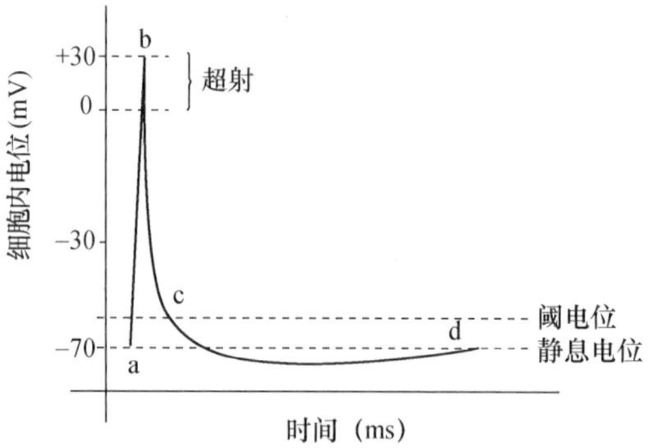

图 2-7　动作电位模式图

ab：锋电位上升支；bc：锋电位下降支；abc：锋电位；cd：后电位

动作电位的特点：①全或无现象：动作电位要么不产生（无），一旦产生就达到最大（全），其变化幅度不会因刺激的加大而增大，这称为“全或无（all or none）”现象。②不衰减性传导：动作电位在细胞膜上某一点产生后，可沿细胞膜向周围传导，无论传导距离多远，其幅度不会因传导距离的增加而减小。③脉冲式：由于绝对不应期的存在，动作电位不能融合在一起，其间总有一定间隔，而形成脉冲式图形。

（三）动作电位的产生机制

动作电位的产生机制与静息电位基本相似，在前面已述的两个前提条件下，同样可用离子流学说来解释的。当细胞受刺激产生兴奋时，首先是受刺激部位细胞膜上少量的钠通道开放，少量

Na^+ 顺浓度差流入细胞，使膜内电位上升，当膜内电位上升到一定数值（阈电位）时，会引起膜上大量电压门控钠通道开放，Na^+ 的通透性在短时间内突然增大，使细胞外的 Na^+ 快速、大量内流，使膜内电位急剧上升（负值减小），形成膜的去极化，即锋电位的上升相。钠通道是快通道，其打开与关闭都快，钠通道开放 0.5 ~ 1.0ms 便开始关闭，Na^+ 内流停止（此外，膜内的正电位也阻止 Na^+ 内流）。与此同时，电压门控钾通道打开，产生 K^+ 的快速外流，形成动作电位的下降相。因此，动作电位上升相（即去极化）是由 Na^+ 通道开放、Na^+ 内流引起的；下降相（即复极相）是由于钠通道关闭、Na^+ 内流停止和 K^+ 通道开放、K^+ 外流形成的。

动作电位之后，膜电位虽然恢复到静息电位水平，但膜内、外离子的浓度和分布尚未恢复。细胞内 Na^+ 浓度稍有增加，而细胞外 K^+ 浓度亦稍增加，这种细胞内、外离子浓度的改变，使钠泵激活。通过钠泵的活动，将进入细胞内的 Na^+ 泵出和细胞外的 K^+ 泵入，恢复细胞内、外离子的正常浓度和分布，为下一次细胞兴奋做好准备。

（四）动作电位产生的条件

1．阈电位　刺激能引起组织产生动作电位，但不是所有的刺激都可触发动作电位，某些情况下，刺激引起的改变是细胞膜的超极化，此时细胞被抑制。只有刺激引起细胞内正电位增加，使静息电位增大到一定临界值时，动作电位才会产生。这种引起膜对 Na^+ 通透性突然大量增加的临界膜电位值，称为阈电位（threshold potential，TP）（图 2-7，2-8）。去极化达阈电位水平是细胞产生动作电位的必要条件，阈电位一般比静息电位绝对值小 10 ~ 20mV。阈刺激和阈上刺激由于刺激强度较大，一次就能引起细胞内电位变化达到阈电位，从而触发动作电位的产生。

2．局部反应　阈下刺激因刺激强度小，只能引起受刺激局部出现一个较小的去极化，这种受刺激膜局部出现的微小去极化称局部反应（local response）或局部兴奋（local excitation）（图 2-8a，b）。

局部反应有以下特点：①幅度大小呈等级性：即随刺激强度增大而增大。②有电紧张性扩布：局部兴奋可向周围扩布，但不能远传，随着扩布距离增加，其电位变化逐渐减少，最后消失，这种方式称为电紧张性扩布。③可以总和：局部兴奋无不应期，能持续一段时间，因而几个阈下刺激引起的局部电位可叠加起来，称总和（summation）。总和可分为时间总和（temporal summation）和空间总和（spatial summation）。通过总和使细胞内电位变化达到阈电位，从而触发动作电位（图 2-8c、d）。因此，动作电位可由一次阈刺激或阈上刺激引起，也可以由多个阈下刺激产生的局部兴奋经总和而引发。

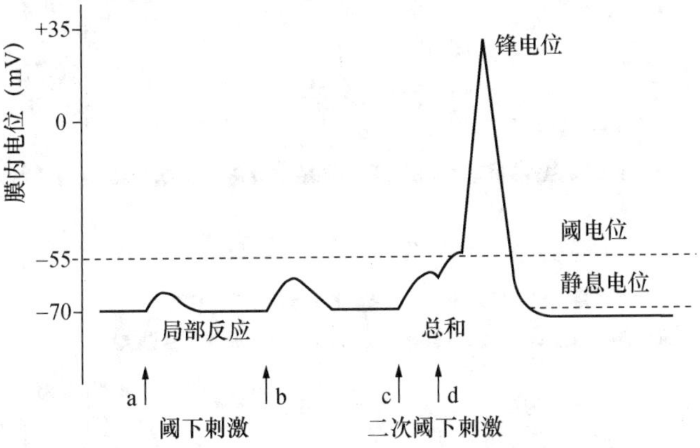

图 2-8　局部反应及其总和效应

（五）动作电位的传导

案例 2-1

晚期胃癌患者，男性，64 岁，近 2 天来感到四肢无力，上腹饱胀，烦躁不安。查体：四肢肌张力低，腱反射减弱。化验检查：血钠 140mmol/L（正常值 135 ~ 145 mmol/L），血钾 3 mmol/L（正常值 3.5 ~ 5.5 mmol/L）。心电图显示低血钾改变。

问题：为什么低血钾会引起四肢无力？

分析：低血钾时，细胞内外钾离子浓度差大，使静息电位数值增大，静息电位与阈电位的差距也随之增大，造成神经肌肉的兴奋性降低，进而影响了肌肉收缩。

动作电位一旦在细胞膜某一点产生，就会沿细胞膜向周围传播，直到整个细胞膜都产生动作电位为止。这种单一细胞上的动作电位传播，称传导（conduction）。发生在神经纤维上传导的动作电位，称神经冲动（nerve impulse）。

动作电位传导的原理可用“局部电流学说”来解释。下面以无髓神经纤维为例加以说明（图 2-9a）。当细胞某一处受刺激而兴奋时，兴奋部位的膜外由正变负，膜内由负变正，使局部的细胞膜发生短暂的电位倒转；而相邻近的未兴奋部位，仍处于膜外为正、膜内为负的状态。这样兴奋部位与邻近未兴奋部位之间产生了电位差，因此会产生由正电位到负电位的电荷移动，形成局部电流。局部电流流动的方向是：膜外由未兴奋部位流向兴奋部位；膜内由兴奋部位流向未兴奋部位，形成局部电流环路。这一局部电流的作用是使邻近未兴奋部位膜外电位降低，膜内电位升高，产生去极化，当去极化达到阈电位时，使未兴奋部位暴发动作电位，使它转变为新的兴奋点。这样的过程沿细胞膜连续下去，细胞膜依次产生动作电位，表现为动作电位在整个神经纤维上的传导（图 2-9b）。动作电位从受刺激的兴奋点可向两侧未兴奋点传导，称为双向传导。无髓

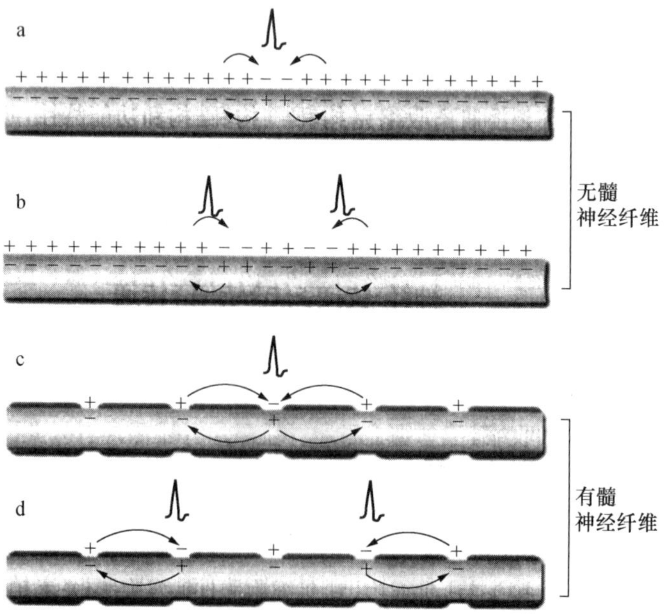

图 2-9　动作电位在神经纤维上的传导示意图

a、b. 动作电位在无髓神经纤维上依次传导，兴奋部位与邻近未兴奋部位之间形成局部电流；
c、d. 动作电位在有髓神经纤维上跳跃式传导，兴奋的郎飞结与邻近未兴奋的郎飞结之间形成局部电流

神经纤维动作电位的传导从兴奋点依次传遍整个细胞，所以传导速度慢。

有髓神经纤维的髓鞘具有绝缘性，动作电位的传导只能在没有髓鞘的郎飞结处进行。兴奋传导时，两个相邻的郎飞结之间产生局部电流，使相邻的郎飞结产生动作电位，这样动作电位就从一个郎飞结传给相邻的郎飞结，表现出跳跃式传导（图 2-9c、d）。故有髓神经纤维传导速度比无髓神经纤维快得多。

第三节　骨骼肌细胞的收缩功能

人体的各种形式的运动，主要由肌细胞收缩、舒张活动完成。体内肌细胞有三种，即骨骼肌、心肌和平滑肌。不同肌细胞在结构和功能上虽有不同，但其收缩的机制基本相似。本节以骨骼肌为例，说明肌细胞的收缩功能。主要讨论以下内容：①运动神经的兴奋如何传递给骨骼肌细胞而使它产生兴奋；②骨骼肌细胞的兴奋如何引发它收缩；③骨骼肌细胞的收缩机制；④骨骼肌的收缩形式；⑤影响骨骼肌收缩的因素。

一、神经 - 肌肉接头处的兴奋传递

在完整的机体内，骨骼肌的活动是在神经系统的控制下完成的。支配骨骼肌的神经是躯体运动神经。躯体运动神经纤维与骨骼肌细胞之间相接触的部位，称为神经 - 肌肉接头（neuromuscular junction）。骨骼肌只有在神经冲动传来时才能发生兴奋和收缩。

（一）神经 - 肌肉接头的结构

运动神经纤维在接近骨骼肌细胞时失去髓鞘，轴突末梢部位形成膨大并嵌入到肌细胞膜形成的凹陷中，形成神经 - 肌肉接头（图 2-10）。神经 - 肌肉接头由接头前膜、接头后膜和接头间隙三部分组成。接头前膜是神经轴突末梢的细胞膜，轴突末梢内含有许多囊泡，称为突触小泡，一个突触小泡内含有大约 1 万个乙酰胆碱（acetylcholine，ACh）分子。接头后膜又称运动终板或终板膜，是与接头前膜相对应的肌细胞膜，后膜上有与 ACh 特异性结合的 N 型乙酰胆碱受体，它的本质是一种化学门控通道蛋白。两膜之间有 20nm 左右的间隙，称接头间隙，其中充满细胞外液。

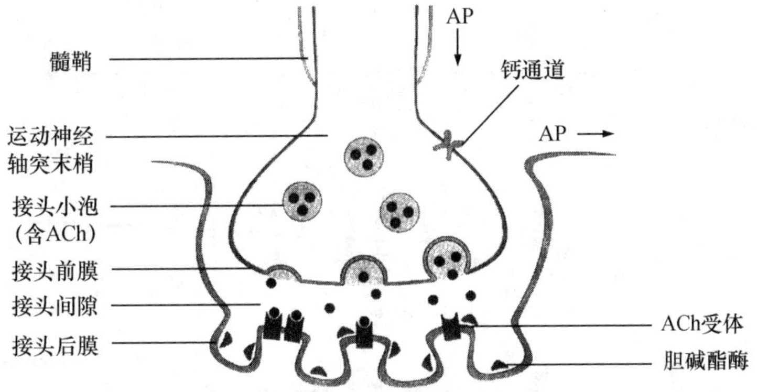

图 2-10　神经 - 肌肉接头的结构及其传递过程示意图

（二）神经 - 肌肉接头的兴奋传递过程

传递是指信息由一个细胞传给另一个细胞的过程。神经 - 肌肉接头是将运动神经的兴奋（动作电位）传给肌细胞，故它属于兴奋在细胞间的传递，也是离子通道受体转发信息的典型例子。

当运动神经接受刺激产生兴奋（即动作电位）时，神经冲动传至轴突末梢，引起接头前膜电压门控性 Ca^{2+} 通道开放，Ca^{2+} 顺浓度差由细胞外进入轴突末梢，使末梢内 Ca^{2+} 浓度升高，升高的 Ca^{2+} 可启动突触小泡的出胞过程，使大量小泡向接头前膜方向移动，并与前膜融合，接头前膜破裂，小泡内的 ACh 分子经量子式释放入接头间隙，并通过接头间隙扩散到终板膜，立即与终板膜上的 N 型乙酰胆碱受体结合，引起接头后膜化学门控通道开放，允许 Na^+、K^+ 等通过，但以 Na^+ 内流为主，使终板膜的静息电位绝对值减少，即出现终板膜的去极化，称为终板电位（end-plate potential，EPP）。终板电位与局部反应有类似的性质，不表现“全或无”特性，无不应期，可总和。由于一次终板电位一般大于相邻肌膜阈电位的 3 ～ 4 倍，故容易引起邻近的肌膜去极化达到阈电位，使肌膜上的电压门控 Na^+ 通道大量开放，从而暴发动作电位（图 2-10）。动作电位通过局部电流传遍整个肌膜，即引起了骨骼肌细胞的兴奋。接头前膜释放到接头间隙中的 ACh 并没有进入肌细胞，它只起到传递信息的作用，很快被存在于接头间隙和终板膜上的胆碱酯酶清除。这样就保证了一次神经冲动仅引起一次肌细胞兴奋，表现为一对一的关系。否则，释放的乙酰胆碱在接头间隙中积聚起来，将使骨骼肌细胞持续地兴奋和收缩而发生痉挛。

神经 - 肌肉接头处兴奋的传递是通过化学性神经递质介导完成的，因此该过程可以概括为电 - 化学 - 电的传递过程。神经末梢释放在细胞间传递信息的化学物质称为递质（transmitter）。ACh 就是神经 - 肌肉接头处兴奋传递的递质。

（三）神经 - 肌肉接头处兴奋传递的特点

神经 - 肌肉接头处的兴奋传递与动作电位在神经纤维上的传导不同，它有以下特点：①单向传递：即兴奋只能由接头前膜传给接头后膜，不能反传，这是因为乙酰胆碱只存在于神经轴突的小泡中，而胆碱受体只存在于接头后膜上的缘故。②时间延搁：这一过程很复杂，故耗时长，所以化学传递的速度比神经冲动的传导要慢得多。③易受内环境变化的影响：细胞外液的离子成分、pH、药物等容易影响传递过程。接头间隙本身属于细胞外液，接头前、后膜都暴露于细胞外液的环境下。许多药物或病理变化可作用于兴奋传递中的不同环节，影响兴奋的正常传递和肌肉的收缩。例如，有机磷农药和新斯的明（neostigmine）对胆碱酯酶有选择性抑制作用，使之失去分解乙酰胆碱的能力，造成接头间隙处乙酰胆碱大量堆积，导致终板电位不断产生，出现肌肉震颤。筒箭毒碱能与乙酰胆碱竞争受体，阻止 ACh 与受体的结合，使终板膜不能产生终板电位，从而阻断了神经 - 肌肉接头处的兴奋传递，使肌肉失去收缩能力，因而临床上用来作为肌肉松弛剂。重症肌无力是因为患者自身免疫性抗体破坏了终板膜上的 N 型乙酰胆碱受体而引起的。

案例 2-2

张某，女性，24 岁，因误服有机磷农药急诊入院，患者主诉头痛头晕、视物不清、全身无力。查体：患者全身肌肉抽搐、呼吸困难、流涎、瞳孔缩小。化验检查：全血胆碱酯酶活性 50%。

诊断：有机磷农药中毒

问题：该患者为什么出现肌肉抽搐、呼吸困难等症状？

二、骨骼肌的收缩原理

（一）骨骼肌细胞的微细结构

骨骼肌之所以能收缩和舒张，与其具有以下特殊的结构有关。

1．肌原纤维与肌小节　光镜下观察，每一条肌原纤维沿长轴平行排列，纵贯肌细胞全长，呈明暗相间的节段，分别称为明带和暗带。明带中央有一条与肌原纤维垂直的横线，称Z线，明带长度是可变的。暗带中央有一段相对透亮区，称H带，H带中央有一条暗线，称M线；暗带长度固定。两相邻Z线之间的一段肌原纤维称肌小节（sarcomere），是肌肉收缩和舒张的基本功能单位。肌肉的收缩或舒张，实际就是肌小节的缩短或伸长。电镜观察，肌小节由粗、细肌丝组成。暗带主要由粗肌丝组成，明带由细肌丝构成。暗带的长度就是粗肌丝的长度，而H带的长度是由暗带两侧细肌丝伸入的程度所决定的。细肌丝伸入暗带越多，H带就越短。

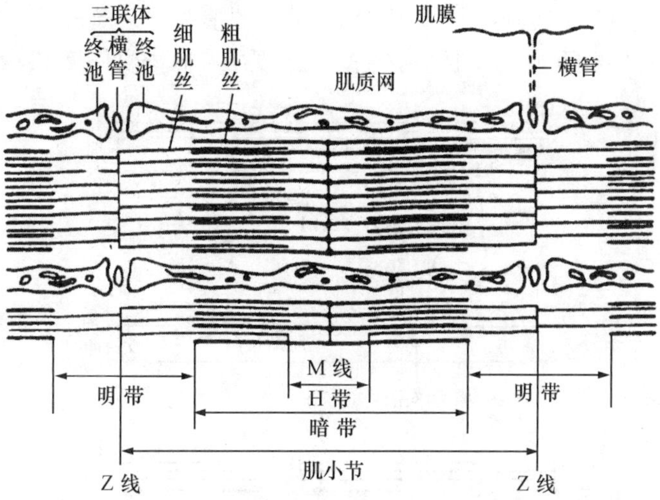

图 2-11　肌原纤维与肌管系统示意图

2．肌管系统　肌管系统指包绕在每一条肌原纤维周围的膜性囊管状结构，骨骼肌细胞有两套独立的肌管系统：①横管（T管）：由肌细胞膜内凹而成，与肌原纤维相垂直，在Z线水平形成环绕肌原纤维的管道。横管实际就是肌膜的延续，并与细胞外液相通。当肌膜兴奋时，动作电位可沿横管传至肌细胞深部。②纵管（L管）：与肌原纤维平行排列，在Z线附近与横管靠近的部分膨大，称终池，内储存有大量Ca^{2+}。终池膜上有钙泵，它的作用是通过对Ca^{2+}的储存、释放和再摄取，借以触发和终止肌肉收缩。横管和两侧纵管终池合称三联体，其作用是把从横管传来的电信号（动作电位）和终池释放Ca^{2+}联系起来，完成横管向纵管的信息传递，而终池释放的Ca^{2+}则是引起肌细胞收缩的直接动因（图2-11）。

（二）骨骼肌收缩机制——肌丝滑行学说

目前公认的骨骼肌收缩机制是肌丝滑行学说。该学说认为，肌细胞收缩时肌原纤维的缩短，并不是由于肌丝本身的缩短或卷曲，而是细肌丝向粗肌丝中央滑行的结果。细肌丝为什么能向粗肌丝中央滑行呢？这与肌丝蛋白分子的组成有关。

1．肌丝的分子组成

(1) 粗肌丝：主要由肌凝蛋白（也称肌球蛋白）组成。每一个肌凝蛋白又分为头部和杆状部。杆状部相互聚合朝向M线，构成粗肌丝的主干；头部则有规律地伸出粗肌丝主干的表面，形成横桥。横桥的特点有：①在一定条件下能与肌动蛋白可逆性结合，拖动细肌丝向暗带中央滑行；②具有ATP酶的作用，能分解ATP释放能量，为滑行过程提供能量，但在未与肌纤蛋白结合以前横桥的酶活性很低。由此可见，横桥与肌动蛋白的相互作用是引起肌丝滑行的必要条件。

(2) 细肌丝：细肌丝由三种蛋白质组成：①肌动蛋白：又称肌纤蛋白，构成细肌丝的主干。在肌动蛋白上还规则地分布着能与横桥相结合的位点。②原肌凝蛋白：肌肉舒张时，掩盖肌动蛋白位点，阻止横桥与位点结合，这种阻止作用称为位阻效应。③肌钙蛋白：能与 Ca^{2+} 结合，将信息传给原肌凝蛋白，使其构象和位置发生改变，解除原肌凝蛋白的位阻效应。原肌凝蛋白和肌钙蛋白虽然不直接参与肌丝的滑行，但可控制和影响肌凝蛋白与肌动蛋白之间的相互作用，因而统称调节蛋白。

2. 肌丝的滑行过程　当肌细胞上的动作电位经横管传至纵管终池时，引起终池上电压门控 Ca^{2+} 通道打开，终池内的 Ca^{2+} 顺浓度差进入肌质，当肌质 Ca^{2+} 浓度升高到 $\geq 10^{-5}$mol/L 时，Ca^{2+} 与肌钙蛋白结合，引起肌钙蛋白构象改变，继而原肌凝蛋白的构象也发生变化，导致移位，暴露出肌动蛋白上横桥的结合位点，原肌凝蛋白的位阻效应解除，横桥与肌动蛋白结合，横桥的 ATP 酶活性增加，分解 ATP，释放能量。在 ATP 供能的情况下，横桥发生摆动，拖动细肌丝向粗肌丝移动，结果两 Z 线相互靠拢，肌小节缩短，出现肌肉收缩（图 2-12）。

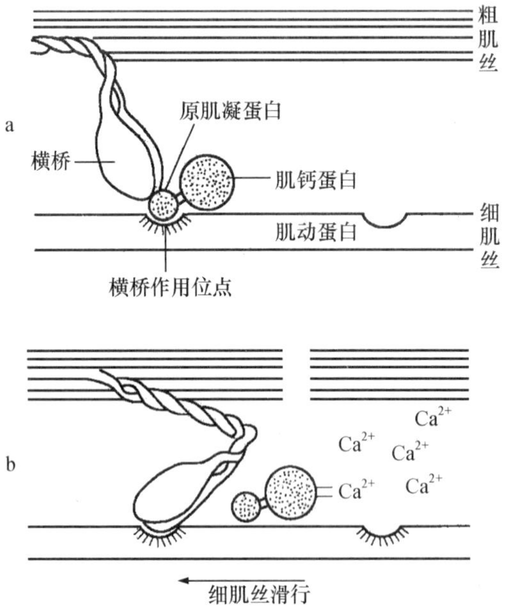

图 2-12　肌丝滑行机制示意图

a. 肌肉舒张；b. 肌肉收缩

当肌质中 Ca^{2+} 被转运回终池，肌质中 Ca^{2+} 下降时，Ca^{2+} 与肌钙蛋白分离，肌钙蛋白恢复静息时的构象，原肌凝蛋白复位，横桥与肌动蛋白脱离，细肌丝滑出，肌小节恢复原长度，出现肌肉舒张。

（三）骨骼肌的兴奋 - 收缩耦联

通过神经 - 肌肉接头兴奋的传递，使肌细胞产生了兴奋，但并不等于肌细胞出现了收缩。两者之间存在一个耦联过程。将肌细胞兴奋与肌细胞收缩联系起来的中介过程，称兴奋 - 收缩耦联（excitation-contraction coupling）。其结构基础是三联体，耦联因子是 Ca^{2+}。

肌细胞兴奋产生动作电位时，这一电变化沿凹入细胞内部的横管膜传导，深入到三联体结构，引起了邻近终池膜电压门控 Ca^{2+} 通道开放，Ca^{2+} 顺浓度差由终池进入肌质并与肌钙蛋白结合，从而触发肌丝滑行。待肌细胞兴奋结束，肌质中的 Ca^{2+} 将钙泵激活，钙泵将肌质中的 Ca^{2+} 主动转运到终池储存，这样肌质中的 Ca^{2+} 浓度降低，Ca^{2+} 与肌钙蛋白分离，粗、细肌丝的相互作用解除，细肌丝从粗肌丝中滑出，出现肌肉舒张。

综上所述，骨骼肌的兴奋 收缩耦联过程包括三个基本步骤：①电兴奋从横管传向肌细胞深处；②三联体结构处的信息传递；③终池释放 Ca^{2+}，Ca^{2+} 触发肌丝滑行。

三、骨骼肌的收缩形式

在体内，躯体运动神经支配骨骼肌收缩，完成躯体运动。骨骼肌收缩时产生两种变化：一是长度的缩短，一是张力的增加。在不同情况下，肌肉收缩有不同的表现形式。

（一）等长收缩与等张收缩

1．等长收缩　肌肉收缩时长度不变而张力增加，称为等长收缩（isometric contraction）。等长收缩虽然产生了很大张力，但肌肉的长度没有缩短，肌肉作用的物体没有发生移位。在正常人体内，等长收缩的主要作用是维持人体姿势。例如，人在站立时，为了对抗重力、维持姿势而产生的有关肌肉收缩主要为等长收缩。

2．等张收缩　肌肉收缩时，张力不变而长度缩短，称为等张收缩（isotonic contraction）。等张收缩是在肌肉收缩时所承受的负荷小于肌肉收缩能力的情况下产生的。等张收缩时，由于长度缩短，被肌肉所作用的物体移位。因此，等张收缩做了功，其值等于物体的重量和物体移位距离的乘积。肢体的自由屈、伸主要是等张收缩。

人体骨骼肌的收缩大多数情况下是混合式的，既有张力的增加又有长度的缩短，而且总是张力增加在前，长度缩短在后。当肌肉开始收缩时，一般只有张力的增加，当肌张力等于或超过负荷时，肌肉才会出现缩短。

（二）单收缩与强直收缩

1．单收缩　肌肉受到一次有效刺激所引起的一次迅速地收缩和舒张，称为单收缩（single contraction）。根据肌肉所处的负荷不同，单收缩可以是等长收缩，也可以是等张收缩。

2．强直收缩　肌肉受到连续有效刺激时出现的强而持久的收缩，称为强直收缩（tetanus）。强直收缩又可分为不完全强直收缩（incomplete tetanus）和完全强直收缩（complete tetanus）。前者是指肌肉受到连续的有效刺激，每一个新刺激落在前一收缩过程的舒张期，收缩曲线为锯齿状；后者是指肌肉受到连续的有效刺激，每一个新刺激落在前一收缩过程的收缩期，各次收缩完全融合在一起，收缩曲线呈一平直线（图 2-13）。正常人体内，由于运动神经传到骨骼肌的兴奋冲动都是连续的，因此，体内骨骼肌的收缩都属强直收缩，但持续时间长短不一。强直收缩所产生的张力可达单收缩的 3 ～ 4 倍。

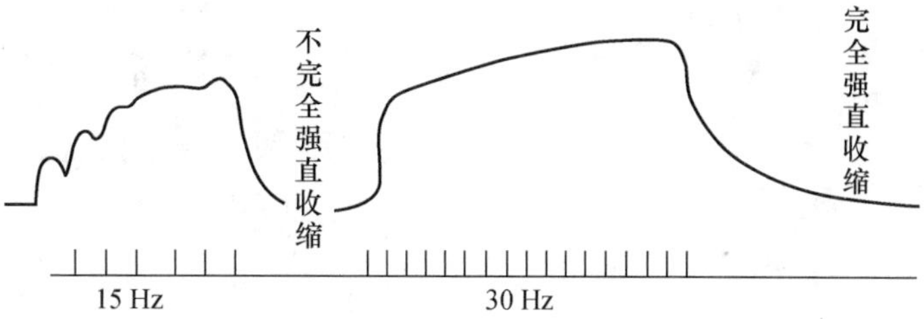

图 2-13　强直收缩示意图

四、影响骨骼肌收缩的主要因素

影响骨骼肌收缩的主要因素有前负荷、后负荷和肌肉的收缩能力。前负荷和后负荷是外部作用于骨骼肌的力，而肌肉收缩能力则是骨骼肌本身内在的功能状态。

（一）前负荷

肌肉开始收缩之前所承受的负荷，称前负荷（preload）。肌肉收缩前，在前负荷的作用下，肌纤维被拉长；肌肉收缩前的肌肉长度，称初长度（initial length）。在其他因素不变的情况下，逐渐增加前负荷使初长度增加，观察肌张力的变化，可见在一定范围内，前负荷增加，初长度增加，肌张力亦增加。当初长度增加到一定限度时，肌肉产生的张力最大，这时的肌肉初长度，称最适初长度（optimal initial length）；此时的张力称最大张力。产生最大张力的前负荷称为最适前负荷。若前负荷和初长度再增加，肌张力则减少，呈反变关系。这是因为超过最适初长度后横桥与细肌丝结合位点的结合数量减少，所以肌肉收缩时肌张力下降（图 2-14）。

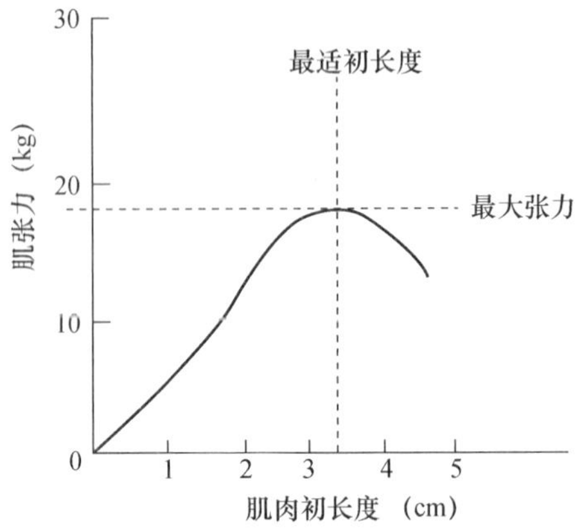

图 2-14　肌肉初长度对张力的影响

（二）后负荷

肌肉开始收缩后所遇到的负荷或阻力，称后负荷（afterload）。在前负荷不变的情况下，增加后负荷，肌肉先有张力增加，然后才出现肌肉缩短。肌肉由于遇到后负荷的阻力，不能缩短，只增加张力，当肌张力增加到与后负荷相等时，肌肉才有长度的缩短。在一定范围内，后负荷越大，肌肉产生的张力就越大，肌肉开始缩短的时间就越晚，缩短的速度就越慢。因此，在有后负荷的前提下，肌肉所产生的张力和收缩的速度呈反变关系（图 2-15）。当后负荷为零时，肌肉缩短速度最快（V_{max}），而张力不变。随着后负荷的增加，收缩张力增加，而缩短速度减小，当后负荷达一定程度时肌肉产生最大张力（P_0），而缩短速度为零，不利于做功。若后负荷过小，虽然肌肉缩短速度很快，但张力小，亦不利于做功。因此后负荷过大或过小，都会影响肌肉的做功效率，只有在适度的后负荷时，才能获得做功的最佳效果。

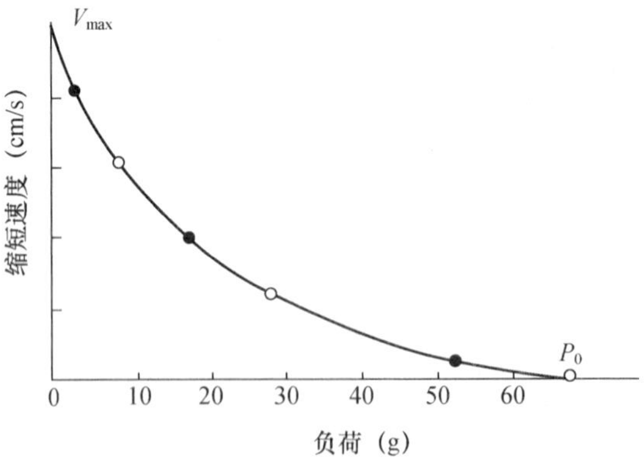

图 2-15　骨骼肌的张力 - 速度关系曲线

（三）肌肉收缩能力

肌肉收缩能力（contractility）是指与前、后负荷无关的肌肉本身的功能状态和内在的能力，肌肉这种内在的收缩特性与多种因素有关，如兴奋 - 收缩耦联过程中肌质内 Ca^{2+} 浓度的变化水平、横桥 ATP 酶活性、细胞内各种功能蛋白质及其亚型的表达水平等。如其他条件不变，肌肉收缩能力提高时，收缩产生的张力的大小、肌肉缩短的程度以及产生张力或肌肉缩短的速度均将提高；相反，肌肉收缩能力降低时则发生相反的改变。肌肉收缩能力还受环境因素的影响，Ca^{2+}、咖啡因、肾上腺素和类固醇激素等可使肌肉收缩能力增强，而酸中毒、缺氧、能源物质缺乏则可使肌肉收缩能力降低。

本章小结

1．细胞是人体的基本结构和功能单位，人体的各种生理活动都是在细胞的基础上进行。

2．不同的物质通过不同的方式跨膜转运，主要有 4 种方式：单纯扩散、易化扩散、主动转运、入胞和出胞。

3．人体内细胞的各项功能活动都是以生物电现象为基础的，细胞的生物电现象包括静息电位和动作电位。

4．静息电位是细胞在安静状态下，存在于细胞膜两侧的电位差，是由 K^+ 外流形成的。

5．动作电位是细胞受到有效刺激时，在静息电位基础上产生的快速的可扩布的电位变化，动作电位是细胞兴奋的标志。动作电位的上升支是 Na^+ 内流所形成的，下降支主要是 K^+ 外流形成的。

6．当运动神经兴奋时，兴奋通过神经 - 肌肉接头传至骨骼肌，使骨骼肌细胞兴奋，进而通过兴奋 - 收缩耦联引起骨骼肌收缩。

7．兴奋 - 收缩耦联的结构基础是三联体，耦联因子关键是 Ca^{2+}。

8．骨骼肌的收缩形式有：单收缩、强直收缩、等长收缩和等张收缩。

9．影响骨骼肌收缩的因素主要有前负荷、后负荷和肌肉收缩能力。

思考题

1．细胞膜跨膜物质转运方式有哪几种？各有何特点？
2．简述静息电位产生的机制。
3．简述钠泵的本质、激活条件、作用及生理意义。
4．比较局部电位与动作电位的主要区别。
5．电刺激坐骨神经 - 腓肠肌标本引起的骨骼肌收缩经历了哪些生理过程？

（黄　英）

第三章 血 液

学习目标

通过本章内容的学习，学生应能：

1. 掌握血细胞比容的概念，血浆渗透压的概念及意义，红细胞、白细胞和血小板的正常值及生理功能和红细胞生成的调节，血液凝固的基本过程，正常人的血量，ABO 血型的分型及其依据。
2. 熟悉血液的理化特性，各种血细胞的生理特性，血小板的生理止血功能和生理止血的过程，输血原则和交叉配血试验，成分输血。
3. 了解红细胞的生成，抗凝和纤维蛋白溶解，Rh 血型系统。

血液是在心血管系统中流动的一种液体组织，在心脏的驱动下不断循环流动，是人体外环境与组织液之间进行物质交换的场所，具有运输物质、缓冲、维持体温恒定、参与机体免疫与防御、参与血液凝固和抗凝血等重要功能，从而维持机体内环境的相对稳定。如果流经体内任何器官的血流量不足，均可能造成严重的组织损伤；人体大量失血或血液循环严重障碍，将危及生命。许多疾病可导致血液理化性质或成分发生改变，因此检测血液有关指标在临床诊断上有重要价值。

第一节 概 述

一、血液的组成

血液是由血浆（plasma）和混悬于其中的血细胞（blood cell）组成的。

血液用抗凝剂抗凝处理后，置于比容管中，放在离心机内离心（3000 转 / 分）30 分钟，就可发现血液分为上下两段，上段淡黄色透明液体为血浆，占全血容积的 50% ～ 60%；下段暗红色的为红细胞，占全血容积的 40% ～ 50%；在血浆和红细胞之间有一薄层灰白色物质为白细胞和血小板，占全血容积的 0.15% ～ 1%。

用上述方法测得的血细胞在全血中所占的容积百分比，称为血细胞比容（hematocrit），其正常值男性 40% ～ 50%，女性 37% ～ 48%。测定血细胞比容可反映全血中血细胞数量和血浆容量的相对关系，如严重贫血患者血细胞比容常减小，严重脱水患者的血细胞比容常增大。

二、血液的理化特性

(一)血液的比重

正常人全血的比重为 1.050 ~ 1.060，血浆的比重为 1.025 ~ 1.030。血液中红细胞数愈多则血液比重愈大，血浆中蛋白质含量愈多则血浆比重愈大。

(二)血液的黏滞性

液体在流动时，由于其内部颗粒之间的摩擦力，表现出黏滞性。如果规定水的黏滞性为 1，则全血的相对黏滞性为 4 ~ 5，血浆的相对黏滞性为为 1.6 ~ 2.4（温度为 37℃时）。全血的黏滞性主要决定于血细胞比容的高低，血浆的黏滞性主要决定于血浆蛋白质的含量。当血流速度较缓慢时，红细胞易发生叠连或聚集，此时血液的黏滞性将大大增加，从而使血流阻力增加。在发生严重脱水、大面积烧伤时，血液的黏滞性常增加。

(三)血浆 pH

正常人的血浆 pH 为 7.35 ~ 7.45。在新陈代谢过程中，经常有各种酸性或碱性物质进入血液，但血浆 pH 却保持相对恒定，主要依赖于血液内的缓冲物质和正常的肺、肾功能。血液中的缓冲物质有 $NaHCO_3/H_2CO_3$，蛋白质钠盐 / 蛋白质、Na_2HPO_4/NaH_2PO_4，血红蛋白钾盐 / 血红蛋白、氧合血红蛋白钾盐 / 氧合血红蛋白等。肺和肾不断地将体内过多的酸或碱排出体外，所以血浆 pH 通常波动范围极小。

三、血液的功能

血液具有运输物质、缓冲、维持体温恒定、参与机体免疫与防御、参与血液凝固和抗凝血等重要功能。

(一)运输功能

血液中的红细胞有运输氧气、二氧化碳的功能，血浆有运输营养物质、代谢产物、激素、酶以及维生素等生物活性物质的功能。随着血液在心血管系统中循环流动，将营养物质和氧气运送至全身的组织细胞；同时将机体不需要的代谢产物运送到排泄器官，以排出体外。

(二)缓冲功能

血液中含有多种缓冲物质，缓冲血浆中可能发生的酸碱变化，从而保持血液 pH 的相对稳定。

(三)免疫和防御功能

血液中存在与免疫功能有关的白细胞和免疫球蛋白（如抗体、补体等），对入侵的微生物等异物及机体内衰老、坏死组织细胞进行清除。另外，血小板及血浆中的凝血因子、抗凝物质，在机体凝血、止血和抗凝血过程中也能起到一定的防御作用。

(四)维持体温恒定

血液中有大量水分，能吸收体内产生的热量，并通过血液循环将机体深部热量带到体表散发，维持体温恒定。

第二节 血 浆

一、血浆的组成

血浆是血液的液体成分，是由水和溶解于其中的晶体物质以及血浆蛋白组成。水是血浆的主要成分，占血浆容量的 91% ~ 93%。

（一）血浆中的晶体物质

血浆中的晶体物质由多种电解质、小分子有机化合物和一些气体组成。由于这些溶质和水都很容易透过毛细血管壁与组织液中的物质进行交换，所以血浆中这些物质含量与组织液基本相同（表 3-1）。临床检测循环血浆中这一部分物质浓度，可大致反映组织液中这些物质的浓度。电解质包括 Na^+、K^+、Ca^{2+}、Mg^{2+}、Cl^-、HCO_3^-、$H_2PO_4^-$ 等，绝大多数电解质呈离子化状态，其中阳离子主要是 Na^+，阴离子主要是 Cl^-、HCO_3^-。它们在形成血浆晶体渗透压、缓冲 pH 的变化、维持神经肌肉兴奋性等方面具有重要作用。小分子有机化合物包括非蛋白氮和不含氮有机物。非蛋白氮是血浆中蛋白质以外的含氮物质的总称，主要由尿素、尿酸、肌酐、氨基酸、多肽、氨和胆红素等组成，其中含量最多的是尿素。氨基酸和多肽是营养物质，可参与各种组织蛋白质的合成。其余的物质多为机体代谢的产物（废物），大部分经血液带到肾排出体外。当肾功能不全时，血浆中非蛋白氮浓度常升高。不含氮有机物主要是葡萄糖以及各种脂类、酮体、乳酸等。

表 3-1 人体各部分体液中的溶质含量（mmol/L）

阳离子	血浆	组织液	细胞内液	阳离子	血浆	组织液	细胞内液
Na^+	142	145	12	Cl^-	104	117	4
K^+	4.3	4.4	139	HCO_3^-	24	27	12
Ca^{2+}	2.5	2.4	< 0.001*	$HPO_4^{2-}/H_2PO_4^-$	2	2.3	29
Mg^{2+}	1.1	1.1	1.6*	蛋白质**	14	0.4	54
				其他	5.9	6.2	53.6
总计	149.9	152.9	152.6	总计	149.9	152.9	152.6

* 表示游离 Ca^{2+} 和 Mg^{2+} 浓度，是离子活性的一种量度。** 蛋白质以 mEq/L 表示，而不是 mmol/L。

（二）血浆蛋白

血浆蛋白是血浆中多种蛋白质的总称。从表 3-1 显示出，血浆和组织液的主要差别是组织液蛋白质含量甚少。血浆蛋白包括白蛋白、球蛋白和纤维蛋白原三类；球蛋白又分为 a1、a2、β 和 γ 球蛋白等。正常成人血浆蛋白含量为 65 ～ 85 g/L，其中白蛋白为 40 ～ 48g/L，球蛋白为 15 ～ 30 g/L，白蛋白与球蛋白比值（A/G）为 1.5 ～ 2.5。γ 球蛋白由浆细胞产生，白蛋白全部由肝合成，球蛋白大多是由肝合成，也可由肝外组织（如免疫器官）合成。在肝有病变时常引起血浆白蛋白与球蛋白比值降低，可致 A/G 比值小于 1.5，甚至出现倒置，因此临床通过测定 A/G 比值来判断肝功能状况。

血浆蛋白的生理功能主要有以下几个方面：①形成血浆胶体渗透压，调节血管内外水的平衡，维持正常血容量；②与体内一些激素（如甲状腺激素、肾上腺皮质激素、性激素等）结合，使血浆中这些激素不会很快经肾排出，从而维持这些激素在血浆中相对较长的半衰期；③作为载体运输脂质、离子、维生素、代谢废物等；④血浆蛋白质参与构成免疫抗体和补体，抵御病原微生物的入侵；⑤参与血液凝固、抗凝和纤维蛋白溶解等生理过程；⑥为细胞提供氨基酸，用以合成新的蛋白质；⑦缓冲血浆 pH 的变化。

二、血浆渗透压

（一）渗透压的概念

渗透压（osmotic pressure）是溶液的固有特性，是渗透现象发生的动力。渗透现象是指被半透膜隔开的两种不同浓度的溶液中的水分子从低浓度一侧向高浓度一侧扩散的现象（图 3-1）。用半透膜将高浓度溶液甲和低浓度溶液乙分隔开，溶液甲所含溶质颗粒多于溶液乙，而半透膜是只允许水分子选择性通过，而不允许其他分子或离子通过的膜性结构，这样溶液乙中的水分子将跨过半透膜向高浓度侧的溶液甲移动，这种现象直至两侧张力相等为止。这种现象可以理解为高浓度溶液中，含有较多的溶质颗粒，具有较高的保留和吸引水分子的能力，因而把溶液所具有的这种吸引和保留水分子的力量称为渗透压。溶液渗透压的高低取决于溶液中溶质颗粒（分子或离子）数目的多少，而与溶质的种类和颗粒的大小无关。常用渗透克分子（osmole，Osm）来表示渗透压单位。医学上一般用此单位的千分之一，即毫渗透克分子（mOsm）表示，简称毫渗。

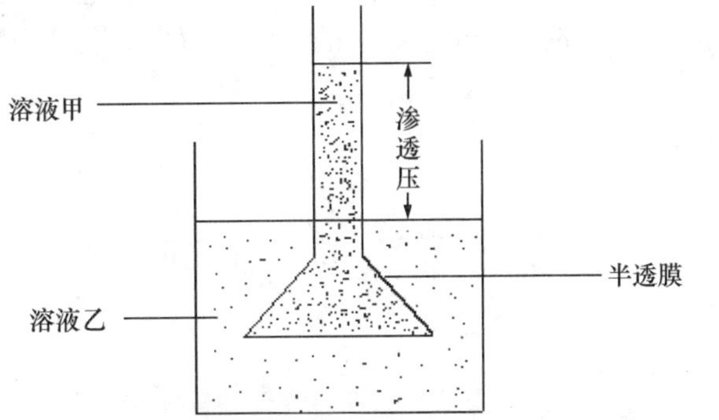

图 3-1 渗透压作用示意图

（二）血浆渗透压的组成及正常值

血浆渗透压是由血浆中的晶体物质形成的晶体渗透压（crystal osmotic pressure）和血浆蛋白形成的胶体渗透压（colloid osmotic pressure）组成。血浆渗透压约为 313 mOsm/L，相当于 770kPa。血浆渗透压主要来自于溶解于其中的晶体物质，这类物质颗粒小、分子数量多，所形成的晶体渗透压大。血浆晶体渗透压的 80% 来自于 Na^+ 和 Cl^-。血浆中虽含有多量蛋白质，但因蛋白质颗粒大，分子数量少，所形成的胶体渗透压小，仅为 1.5 mOsm/L，相当于 3.3kPa。血浆胶体渗透压的 75% ～ 80% 来自于白蛋白。若血浆中白蛋白质数量减少，即使球蛋白数量增加而保持血浆蛋白质总量不变，血浆胶体渗透压也将明显降低。

知识链接

引起血浆白蛋白下降的原因

①白蛋白合成障碍，见于肝硬化和严重的营养不良；②蛋白质丧失过多，见于肾病综合征时大量的蛋白质从尿中丧失；③蛋白质分解增强，见于慢性消耗性疾病，如慢性感染、恶性肿瘤等。

（三）血浆渗透压的作用

血浆晶体渗透压虽高，但晶体物质和水可自由通过毛细血管壁，血浆和组织液中的晶体物质浓度和所形成的晶体渗透压几乎相等。细胞外液中的晶体物质大部分不易通过细胞膜，因此，细胞外液中的晶体渗透压保持相对稳定，对维持细胞内、外水的平衡和细胞的正常体积十分重要。当细胞外液晶体渗透压降低时，水将移入细胞，可引起细胞肿胀，甚至破裂；当细胞外液晶体渗透压升高时，水将从细胞内移出，而导致细胞皱缩。

在临床或生理实验室工作中常将与血浆渗透压相等的溶液称为等渗溶液，如 0.9% Nacl 溶液、5% 葡萄糖溶液、1.9% 尿素溶液等。0.9%NaCl 溶液通常又称生理盐水。高于或低于血浆渗透压的溶液，称为高渗溶液或低渗溶液。将能使悬浮于其中的红细胞保持正常形态和体积的盐溶液，称等张溶液。这里所指的“张力”是指溶液中不能透过红细胞膜的颗粒所形成的渗透压。一般而言，将红细胞置于等渗溶液中，可保持其形态的正常不至于发生溶血。但红细胞并非在所有的等渗溶液中均可保持完整。如由于 NaCl 不能自由透过红细胞膜，所以 0.9% Nacl 溶液既是等渗溶液，又是等张溶液。而 1.9% 尿素溶液虽是等渗溶液，但由于尿素分子可自由通过红细胞膜，红细胞置于其中将立即发生溶血，所以 1.9% 尿素溶液不是等张溶液。

血浆胶体渗透压虽低，但血浆蛋白质分子量大，不能通过毛细血管壁，致使组织液中蛋白质含量低于血浆，吸引组织液中水分进入血管，因此，血浆胶体渗透压保持相对稳定，对维持正常的血浆容量和调节血管内、外水的平衡起着重要的作用。当血浆蛋白质降低时，血浆胶体渗透压下降，使组织液滞留于血管外，引起组织水肿和血浆容量降低。

第三节　血 细 胞

一、红细胞

（一）红细胞的形态和数量

红细胞是血液中数量最多的血细胞。人类正常红细胞呈双凹圆碟形（图 3-2），细胞平均直径约为 8μm，周边稍厚。成熟红细胞是体内唯一的无核也无细胞器的细胞。我国成年男性红细胞的数量为（4.0 ~ 5.5）$\times 10^{12}$/L，女性为（3.5 ~ 5.0）$\times 10^{12}$/L。新生婴儿的红细胞数可超过 6.0 $\times 10^{12}$/L，出生后数周下降，在儿童期一直保持在较低水平，且无明显差异，直到青春期才逐渐增加，接近成人水平。

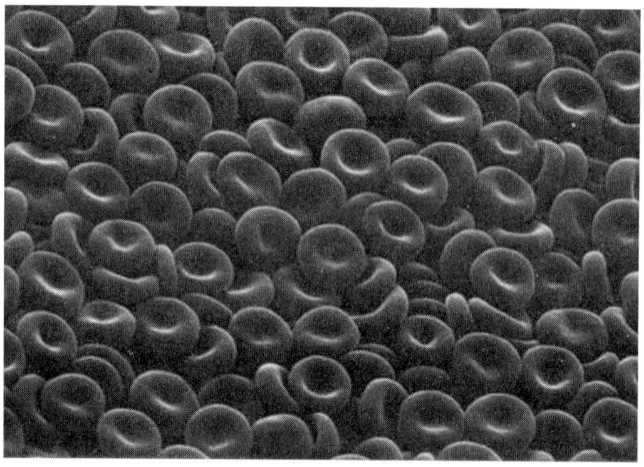

图 3-2　红细胞形态

红细胞的功能主要靠红细胞中的血红蛋白（hemoglobin）完成。我国成年男性血红蛋白的浓度为 120 ~ 160g/L，成年女性为 110 ~ 150g/L。若血液中红细胞数量和血红蛋白浓度低于正常，称为贫血（anemia）。但在某些疾病如低蛋白血症、充血性心力衰竭时，由于血浆容量增加，血液被稀释，Hb 浓度常降低，易被误诊为贫血。而在脱水、大面积烧伤时，由于血液浓缩，Hb 浓度常升高，即使有贫血也不易被发现。

（二）红细胞的生理特性

1．悬浮稳定性　悬浮稳定性（suspension stability）指红细胞能稳定地悬浮于血浆中，不易下沉的特性。红细胞能相对稳定地悬浮于血浆中，是由于红细胞与血浆之间的摩擦阻碍了红细胞的下沉。特别是双凹圆碟形红细胞较大的表面积与体积之比，所产生的摩擦较大，所以红细胞下沉缓慢。红细胞的悬浮稳定性可用红细胞沉降率（erythrocyte sedimentation rate，ESR）来衡量。通常以红细胞在第一小时末下沉的距离表示红细胞沉降率，简称血沉。正常成年男性红细胞沉降率为 0 ~ 15mm/h，成年女性为 0 ~ 20mm/h。红细胞沉降率愈快，表示红细胞的悬浮稳定性愈小。在某些疾病时（如活动性肺结核、风湿热等）红细胞沉降率加快，主要是由于红细胞彼此之间能较快地以凹面相贴，形成红细胞叠连。叠连后的红细胞团块总表面积与总体积之比减小，红细胞与血浆之间摩擦力相应减小，所以红细胞下沉加快。红细胞叠连形成的快慢主要是血浆成分的变化，而不是红细胞本身。通常血浆中纤维蛋白原、球蛋白和胆固醇含量增高时，可加快红细胞叠连形成和沉降；血浆中白蛋白、卵磷脂含量增多时可延缓红细胞叠连形成，使沉降率减慢。

2．可塑变形性 红细胞在全身血管中循环运行时，常要挤过口径比它小的毛细血管和血窦孔隙，这时红细胞将发生卷曲变形，通过后恢复原状的特性，这种特性称为可塑变形性。红细胞的变形能力与其双凹圆碟形有关，正常双凹圆碟形的红细胞具有较大的表面积和体积比，在受到外力作用时易发生变形。如果红细胞成为球形，则表面积与体积之比降低，变形能力就减弱。衰老和有病变的红细胞变形能力也会减弱，难以通过直径比其小的脾血窦，进而被脾血窦中的巨噬细胞吞噬。衰老和异常的红细胞可通过这种途径被清除。未成熟的红细胞变形能力弱，难以通过骨髓血窦孔隙，不易进入血液循环。

3．渗透脆性 红细胞在低渗溶液中发生膨胀破裂的特性，称为红细胞的渗透脆性，简称为脆性。红细胞膜对低渗溶液具有一定的抵抗能力。红细胞膜对低渗溶液的抵抗能力减低，称为红细胞的脆性升高。若将红细胞悬浮于低渗 NaCl 溶液中时，由于细胞内外的渗透压差，水将渗透到细胞内，使红细胞体积增大。当红细胞体积增加 30% 时，其细胞体积由正常双凹圆碟形变为球形；当红细胞体积增加 45% ~ 60% 时，红细胞膜张力过高而发生破裂，称为溶血。溶血时红细胞内的血红蛋白逸出，留下一个双凹圆碟形的细胞膜空壳，称为影细胞（ghost cell）。正常人的红细胞在 0.42% NaCl 溶液中开始出现溶血，在 0.35% NaCl 溶液中完全溶血。脆性越高，越容易发生溶血。在生理情况下，衰老的红细胞脆性较高，而初成熟的红细胞脆性较低。红细胞的渗透脆性主要取决于红细胞的表面积与体积之比。遗传性球形红细胞增多症患者的红细胞由于细胞膜脂质逐渐丢失，膜的表面积减小，细胞成为球形，故脆性增高。在某些病理情况下，红细胞发生肿胀，体积增大，变为球形，脆性增高。故测定红细胞渗透脆性有助于一些疾病的临床诊断。

（三）红细胞的生理功能

红细胞的主要功能是运输 O_2 和 CO_2。红细胞的双凹圆碟形特点使其气体交换的面积较大，由细胞中心到细胞表面的距离较短，有利于红细胞运输气体功能的实现。红细胞运输气体的功能主要是由血红蛋白来完成。

血液中 98.5% 的 O_2 与血红蛋白结合，以氧合血红蛋白的形式存在。红细胞结合携带的 O_2 比溶解于血浆中的多 65 倍。由于红细胞在结合和携带 O_2 的过程中并不消耗 O_2，可有效地提高红细胞运输 O_2 的效率。需要指出的是，红细胞运输气体的功能依赖于血红蛋白数量、存在部位和功能的正常与否。如严重贫血者极易引起缺氧；血红蛋白只有存在于红细胞内才能发挥作用，一旦发生溶血，血红蛋白逸出到血浆，就丧失运输 O_2 功能。血红蛋白与 CO 的亲和力是其与 O_2 亲和力的 210 倍，血红蛋白一旦与 CO 结合，将丧失与 O_2 结合的能力。

血液中的 CO_2 主要以碳酸氢盐和氨基甲酸血红蛋白的形式存在。分别占 CO_2 运输总量的 88% 和 7%。红细胞内有丰富的碳酸酐酶，在碳酸酐酶的催化下 CO_2 和 H_2O 迅速发生反应，生成碳酸，后者解离为 HCO_3^- 和 H^+。在红细胞的参与下血液运输 CO_2 的能力提高了 18 倍。

此外，红细胞含有多种缓冲对，如血红蛋白钾盐 / 血红蛋白、氧合血红蛋白钾盐 / 氧合血红蛋白、K_2HPO_4/KH_2PO_4、$KHCO_3/H_2CO_3$ 等，对血液的 pH 变化有一定的缓冲作用。

（四）红细胞的生成

1．红细胞生成部位　在成人，骨髓是生成红细胞的唯一场所。红骨髓内的造血干细胞首先分化成为红系定向祖细胞，再经过红系前体细胞，包括原红细胞、早幼红细胞、中幼红细胞、晚幼红细胞和网织红细胞等阶段，成为成熟的红细胞。在红细胞的生成和成熟过程中，其细胞体积逐渐减小，细胞核逐渐消失，血红蛋白逐渐增加。从红系造血的启动到生成网织红细胞需 3 ～ 5 天。网织红细胞在脾内停留 1 ～ 2 天，继续发育成熟后再进入血液循环。由于网织红细胞持续时间较短，外周血网织红细胞的数量只占红细胞总数的 0.5% ～ 1.5%。当骨髓造血功能增强时，大量网织红细胞释放入血，血液中网织红细胞计数可高达 30% ～ 50%。因此，在临床上常通过外周血网织红细胞计数来了解骨髓造血功能。

知识链接

网织红细胞计数

网织红细胞计数可以帮助了解红细胞的增生情况以及作为贫血疗效的早期指标，在贫血患者中应作为常规检查。网织红细胞增多见于大出血后、贫血有效治疗后或溶血性贫血。网织红细胞减少见于再生障碍性贫血。

2．红细胞生成所需物质　红细胞的主要成分是血红蛋白，合成血红蛋白的主要原料是铁和蛋白质。正常成人体内共有铁 3 ～ 4g，约有 65% 存在于血红蛋白中，15% ～ 30% 的铁与脱铁蛋白结合，以铁蛋白的形式储存于网状内皮系统和肝细胞内。成人每天红细胞的生成需要 20 ～ 30mg 的铁，但每天仅需从食物中吸收 1mg 以补充排泄的铁，其余绝大部分来自体内铁的再利用。衰老的红细胞被巨噬细胞吞噬后，血红蛋白分解释放 Fe^{3+}，Fe^{3+} 与脱铁蛋白结合，成为铁蛋白，并聚集成含铁血黄素颗粒，存在于巨噬细胞内，可被再利用于血红蛋白的合成。储存于铁蛋白中的 Fe^{3+}，首先被还原为 Fe^{2+}，脱离铁蛋白，进入血浆被氧化为 Fe^{3+}，然后与转铁蛋白结合，运输到幼红细胞合成血红蛋白。血浆中的转铁蛋白往返于巨噬细胞与幼红细胞之间，实现铁的运输。每一分子的转铁蛋白可与两个 Fe^{3+} 结合。带铁的转铁蛋白在幼红细胞表面与转铁蛋白受体结合，以入胞的方式进入细胞内。在细胞内铁与转铁蛋白分离，再次还原为 Fe^{2+}，用于血红蛋白的合成。当铁的摄入不足或吸收障碍，或长期慢性失血导致机体缺铁时，可使血红蛋白合成减少，引起低色素小细胞性贫血，即缺铁性贫血。由于红细胞可优先利用体内的氨基酸来合成血红蛋白，故单纯因缺乏蛋白质而发生贫血者较为罕见。

3．红细胞成熟所需物质　红细胞在细胞分裂和生长成熟过程中，叶酸和维生素 B_{12} 是合成 DNA 的重要物质。叶酸在体内必须转化成四氢叶酸后，才能参与 DNA 的合成。叶酸的转化需要维生素 B_{12} 的参与。维生素 B_{12} 缺乏时，叶酸的利用率下降，导致叶酸的相对不足。因此，缺乏叶酸和维生素 B_{12}，DNA 合成减少，幼红细胞的分裂增殖速度减慢，使红细胞的生长停止在初始状态而不能成熟，红细胞体积增大，形成巨幼红细胞性贫血。在正常情况下，食物中的叶酸和维生素 B_{12} 的含量能满足红细胞生成的需要，但维生素 B_{12} 的吸收需要内因子的参与。内因子是由胃黏膜的壁细胞分泌的，它和维生素 B_{12} 结合形成维生素 B_{12}- 内因子复合物，可保护维生素 B_{12} 不被消化酶破坏，同时促进维生素 B_{12} 在回肠的吸收。在胃大部分切除、胃黏膜的壁细胞损伤或回肠切除后，或体内产生内因子抗体，引起的内因子缺乏，都可导致维生素 B_{12} 吸收发生障碍，发生巨幼红细胞性贫血。正常人体内储存的维生素 B_{12} 有 1000 ～ 3000μg，而生成红细胞每天仅需 1 ～ 3μg，故当维生素 B_{12} 吸收发生障碍时，常在 3 ～ 4 年后才出现贫血。在正常情况下，人体叶酸的储存量为 5 ～ 20mg，每天叶酸的需要量为 100μg（孕妇和哺乳者每天需

300 ~ 500μg)，当叶酸摄入不足或吸收障碍时，3 ~ 4个月后就可出现巨幼红细胞性贫血。

4．红细胞生成的调节　正常人体内红细胞的数量保持相对恒定。红细胞的生成主要受体液因素的调节。

(1) 促红细胞生成素：促红细胞生成素（erythropoietin，EPO）是红细胞生成的主要调节物。主要由肾产生，肝细胞和巨噬细胞也能产生少量。主要作用是促使骨髓内红系祖细胞加速分化为原始红细胞，也可加速幼红细胞分裂增殖和血红蛋白合成，促进骨髓内网织红细胞和成熟红细胞释放入血。组织缺氧是促进EPO分泌的生理刺激因素。任何引起肾氧供应不足的因素如贫血、低氧压或肾血流量减少，均可促进EPO的合成和分泌。因此，双肾实质严重破坏的晚期肾病患者常因缺乏EPO而发生肾性贫血。正常人从平原来到高原低氧环境后，由于肾产生EPO增多，可使外周血中的红细胞数量和血红蛋白含量增高。

(2) 雄激素：雄激素主要通过刺激EPO的产生而促进红细胞的生成，也可直接刺激骨髓促进红细胞的生成。这可能是成年男性血液中红细胞数、血红蛋白、血细胞比容均高于女性的原因所在。

（五）红细胞的破坏

红细胞的平均寿命约为120天。当红细胞衰老时，红细胞变形能力减退而脆性增加，容易滞留在脾、骨髓和肝血窦内，被巨噬细胞所吞噬（称为血管外破坏），经巨噬细胞消化后，释放出铁、氨基酸和胆红素，其中的铁和氨基酸可被再利用，而胆红素被运送到肝，经肝处理后，排入胆汁中，最后排出体外。还有一部分衰老的红细胞在心血管中因机械冲击而破损（称为血管内破坏），所释放的血红蛋白立即与血浆中的触珠蛋白结合，运送到肝处理。若血管内的红细胞被大量破坏，血浆中血红蛋白浓度超过触珠蛋白与之结合的能力时，未能与触珠蛋白结合的血红蛋白将经肾从尿排出，称为血红蛋白尿。

二、白细胞

（一）白细胞的分类和计数

白细胞（white blood cell，WBC）为无色、有核的细胞，在血液中一般呈球形，在组织中则有不同程度的变形。根据白细胞胞质中有无特殊嗜色颗粒，将白细胞分为粒细胞和无粒细胞两类。粒细胞又根据所含嗜色颗粒的特殊性不同分为中性粒细胞、嗜酸性粒细胞和嗜碱性粒细胞，无粒细胞分为单核细胞和淋巴细胞。正常成人血液中白细胞数为（4.0 ~ 10.0）$\times 10^9$/L，其中中性粒细胞占50% ~ 70%，嗜酸性粒细胞占0.5% ~ 5%，嗜碱性粒细胞占0% ~ 1%，淋巴细胞占20% ~ 40%，单核细胞占3% ~ 8%。

（二）白细胞的生理功能

各类白细胞都参与机体的防御功能。白细胞具有变形、游走、趋化和吞噬等特性，是执行防御功能的生理基础。除淋巴细胞外，所有的白细胞均具有伸出伪足做变形运动的能力，通过变形运动使白细胞得以穿过毛细血管进入组织，此过程称白细胞渗出（diapedisis）。渗出到血管外的白细胞在某些化学物质的吸引下，借助其变形运动可迁徙到炎症区发挥生理作用。白细胞具有朝向某些化学物质游走的特性，称趋化性（chemotaxis）。能吸引白细胞发生定向运动的化学物质，称为趋化因子（chemokine）。人体细胞的降解产物、抗原-抗体复合物、细菌及细菌毒素和补体的激活产物等对白细胞的游走具有趋化作用。白细胞可按照这些化学物质的浓度梯度游走到炎症部位，将异物吞噬，进而将其消化、杀灭。

1．中性粒细胞　中性粒细胞是血液中主要的吞噬细胞，可吞噬细菌、衰老的红细胞、抗原-抗体复合物和坏死的细胞等。血管内的中性粒细胞约有一半随血流循环，称循环池粒细胞，可反映在白细胞分类计数中。另一半则不随血液流动而附着在小血管壁上，称边缘池粒细胞。此外，在骨髓中尚储存有2.5$\times 10^9$/L个成熟的中性粒细胞，称储存粒细胞。当机体需要时，边缘池粒细胞和储存粒细胞可转变为循环粒细胞，使周围血液中的中性粒细胞数量大大增加。中性粒细胞其吞噬能力虽不及单核细胞，但其数量多、游走能力强，处于机体抵抗微生物病原体，尤其是化脓性细菌的第一线。中性粒细胞主要进入组织中起作用，一旦进入组织后，就不再返回到血液。当细菌入侵时，可使骨髓中储存的中性粒细胞大量释放入血，使外周血中的中性粒细胞数量显著升高，中性粒细胞在炎症区域产生的趋化因子的作用下，通过变形运动从毛细血管渗出，被吸引到炎症区域，吞噬细菌，并通过胞内大量的溶酶体酶将其分解。当中性粒细胞吞噬数十个细菌后，自身即解体，释放出溶酶体酶，可溶解周围组织而形成脓液。当血液中中性粒细胞数量减少到 1×10^9/L 时，机体的抵抗力就会降低，容易发生感染。

知识链接

核左移

正常外周血中杆状核粒细胞增多，甚至出现杆状核以前的更幼稚阶段的粒细胞，称为核左移。核左移伴有白细胞总数增高者，表明机体反应性强，骨髓造血功能旺盛。常见于感染，尤其是化脓菌引起的感染。核左移伴有白细胞总数减少者，见于再生障碍性贫血、粒细胞减少症，也可见于严重感染如伤寒、败血症等。

2．嗜酸性粒细胞　嗜酸性粒细胞有较弱的吞噬能力，基本上没有杀菌作用。嗜酸性粒细胞的主要作用是：①限制肥大细胞和嗜碱性粒细胞在速发型过敏反应中的作用。②参与对蠕虫的免疫反应。当机体发生过敏反应或寄生虫感染时，嗜酸性粒细胞会增多。血液中嗜酸性粒细胞有明显的昼夜周期波动，清晨细胞数量减少，午夜时细胞数量增多。这种周期性波动可能与血液中肾上腺皮质激素含量的昼夜波动有关。

3．嗜碱性粒细胞　嗜碱性粒细胞胞质中的嗜碱性颗粒内含有肝素、组胺、嗜酸性粒细胞趋化因子 A 和过敏性慢反应物质等多种生物活性物质。肝素具有抗凝作用，组胺和过敏性慢反应物质可引起哮喘、荨麻疹等过敏反应的症状，嗜酸性粒细胞趋化因子 A 可引起嗜酸性粒细胞聚集于局部，以限制嗜碱性粒细胞在过敏反应中的作用。

4．单核细胞　单核细胞从骨髓进入血液仍然是未成熟的细胞。单核细胞在血液中循环 2 ~ 3 天后进入组织，成为巨噬细胞。巨噬细胞具有比中性粒细胞更强的吞噬能力，可吞噬更多细菌（约 5 倍于中性粒细胞）、更大的细菌和颗粒。由于单核细胞的趋化迁移速度较中性粒细胞慢，外周血和骨髓储存的单核细胞数量较少，因而巨噬细胞在炎症晚期才是主要的吞噬细胞。激活了的单核 - 巨噬细胞可合成和释放多种细胞因子，如干扰素、肿瘤坏死因子、白介素等，参与其他细胞的生长调控。此外还在特异性免疫应答的诱导和调节中起着关键作用。

5．淋巴细胞　淋巴细胞在机体的特异性免疫应答反应过程中起着关键作用。淋巴细胞分为 T 淋巴细胞和 B 淋巴细胞两类。T 淋巴细胞主要参与细胞免疫，B 淋巴细胞主要参与体液免疫。

三、血小板

（一）血小板的数量

血小板是骨髓巨核细胞的细胞质脱落形成的具有代谢能力的细胞碎片，体积小，呈圆盘形或椭圆形。正常成年人血液中血小板的数量为（100 ~ 300）$\times10^9$/L。正常人血小板计数可有 6% ~ 10% 的波动，通常午后较清晨高，冬季较夏季高，剧烈运动后和妊娠中、晚期升高，妇女月经期明显减少。血小板数量低于 100×10^9 个 /L 时，称血小板减少，当血小板数量超过 1000×10^9 个 /L 时，易发生血栓。

（二）血小板的生理特性

1．黏附 血小板与非血小板表面的黏着称为血小板黏着。血小板并不黏着于正常内皮细胞的表面。当血管损伤后，流经此血管的血小板被血管内皮下的组织表面激活，立即黏附于损伤处暴露出来的胶原纤维上。这是血小板发挥作用的开始。血小板发生黏附后即被迅速激活，产生变形、黏附、聚集和释放等反应。血小板的黏附需要血小板上的糖蛋白（主要是GPⅠb）、内皮下成分（主要是胶原纤维）和血浆 von Willebrand 因子（简称 vWF）的参与。在 GPⅠb 缺陷、vWF 缺陷和胶原纤维异常等情况下，血小板的黏着功能下降，可能会发生出血倾向。

2．聚集 血小板与血小板之间的相互黏着，称为血小板聚集。引起血小板聚集的因素统称为致聚剂，如二磷酸腺苷（ADP）、肾上腺素、5- 羟色胺、组胺、胶原、凝血酶等，其中 ADP 是引起血小板聚集的最重要物质。当致聚剂引起血小板激活时，血小板 GPⅡb/Ⅲa 上的纤维蛋白原受体暴露，在 Ca^{2+} 的作用下与纤维蛋白原结合，使血小板聚集成团。血小板聚集可分为两个时相，即第一时相和第二时相。在血管壁受损胶原纤维暴露引起血小板黏着的同时，局部组织释放的致聚剂可引起血小板第一时相聚集，但这时的聚集为可逆性聚集。第一时相发生的聚集可促使血小板释放内源性 ADP，在 Ca^{2+} 和纤维蛋白原的参与下，引起不可逆的第二时相聚集。血小板的聚集可明显促进血小板血栓的形成。某些药物如阿司匹林可抑制血小板的聚集。

3．释放 释放是指血小板受刺激后，将储存在致密体、α- 颗粒或溶酶体内的物质向外排出的过程。血小板的生理功能与其所释放的物质有密切的关系，这些物质主要有：ADP、ATP、5-羟色胺、血小板因子 4、血小板因子 5、血小板源性生长因子、血栓素烷 A_2、纤维蛋白原、Ca^{2+} 等。许多生理性和病理性因素均可引起血小板的释放反应，而且血小板的黏附、聚集、释放几乎是同时发生的。释放出的 5- 羟色胺、儿茶酚胺可使小动脉收缩，ADP 可使聚集变为不可逆，均有助于止血。

4．收缩 血小板具有收缩能力。血小板的收缩与血小板的收缩蛋白有关。在血小板中存在类似于肌原纤维中的肌纤蛋白和肌凝蛋白，具有 ATP 酶的活性，在 Ca^{2+} 的参与下可发生收缩。当血凝块形成后，血凝块中的血小板伸出伪足，当伪足中的收缩蛋白发生收缩时，可使血凝块回缩。若血小板数量减少或功能下降时，可使血块回缩不良。临床上可根据体外血块回缩情况大致估计血小板的数量或功能是否正常。

5．吸附 血小板膜表面可吸附多种凝血因子，如纤维蛋白原、因子Ⅴ、因子Ⅺ、因子ⅩⅢ等。当血管破损时，大量血小板可黏着、聚集于血管破损处，使局部凝血因子浓度升高，有利于血小板发挥其生理止血的功能。

（三）血小板的生理功能

1．维持血管内皮的完整性 用放射性核素标记血小板示踪和电子显微镜观察，发现血小板可以融入血管内皮细胞，成为血管壁的组成部分，表明血小板对血管内皮的修复具有重要作用。当血小板数量减少至 50×10^9/L 以下时，血管内皮的完整性常受破坏，微小创伤或血管内压力稍有升高，便可使皮肤、黏膜下出现瘀点，甚至出现大片的紫癜或瘀斑。此外血小板还能释放血小板源生长因子，后者可促进血管内皮细胞、平滑肌细胞、成纤维细胞增殖，有利于受损血管修复。

2．参与生理止血和血液凝固（见第四节）

（四）血小板的破坏

血小板进入血液后，只在开始的前两天具有生理功能，但平均寿命可有 7 ～ 14 天。衰老的血小板主要在脾中被巨噬细胞破坏。此外血小板在生理止血活动中发挥其功能时被消耗。

第四节 生理性止血

一、生理性止血

正常情况下，小血管破损后血液流出，经数分钟后出血自然停止，这种现象称生理性止血（hemostasis）。用一个采血针刺破耳垂或指尖使血液流出来，然后测定出血延续时间，这段时间称为出血时间（bleeding time）。出血时间的长短可反映生理性止血功能的状态，正常为 1 ～ 3 分钟。由于生理性止血功能与血小板的功能有密切关系，因此血小板数量减少或功能有缺陷时，出血时间常延长。生理止血的基本过程大致包括：血管收缩、血小板血栓形成和血液凝固二个阶段。当小血管破损出血后，首先表现为破损的血管内皮细胞及黏附于血管内皮下胶原组织的血小板释放一些缩血管物质，如 5- 羟色胺、血栓烷 A_2、内皮素等，使受损血管局部及附近的小血管收缩，血管破损口缩小或封闭，使局部血流减少。这是由损伤刺激引起的局部缩血管反应，但持续时间较短。同时血管内膜损伤暴露出来的内膜下组织可以激活血小板和血浆中的凝血系统，以及血管收缩使血流暂停或减慢，利于血小板的黏附与聚集于血管破损处，形成松软的止血栓堵塞破损口实现初步止血；与此同时，血浆中的血液凝固系统被激活，使血浆中纤维蛋白原转变为纤维蛋白，网罗血细胞形成血凝块。血凝块中的血小板内收缩蛋白在 Ca^{2+} 的参与下发生收缩，使血凝块回缩变硬，形成牢固的止血栓，从而达到止血目的。同时，血浆中也出现了生理的抗凝血活动与纤维蛋白溶解活动，以防止血凝块不断增大和凝血过程蔓延到这一局部以外。因此，生理止血是由血管、血小板、血液凝固系统、抗凝系统及纤维蛋白溶解系统共同完成的。

二、血液凝固

血液从流动的液体状态变成不能流动的凝胶状态的过程，称为血液凝固或血凝，是生理止血过程的重要环节。其实质是血浆中的可溶性的纤维蛋白原转变为不溶性的纤维蛋白的过程。形成的多聚体纤维蛋白交织成网，把血细胞及血液其他成分网罗在其中（图 3-3），形成血凝块。血液凝固过程后 1 ～ 2 小时，血凝块在血小板的作用下发生回缩并析出淡黄色液体，称为血清（serum）。血清与血浆相比，在于血清缺乏纤维蛋白原和少量参与血凝的其他血浆蛋白质，但又增添了少量血凝时由血小板释放出来的物质。

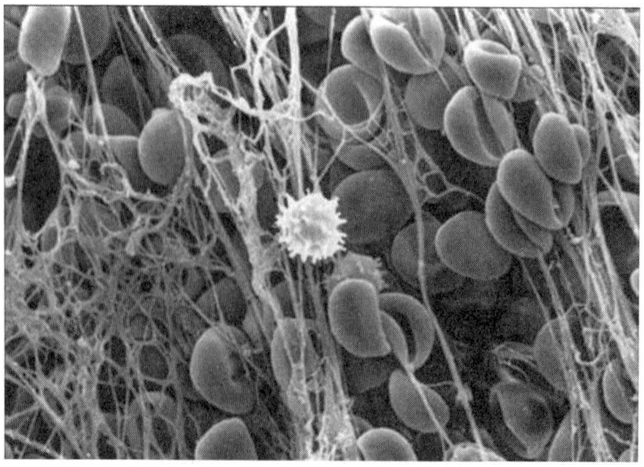

图 3-3 纤维蛋白网罗红细胞

（一）凝血因子

血液和组织中直接参与凝血的物质统称为凝血因子。根据世界卫生组织（WHO）的统一命名，凝血因子以罗马数字Ⅰ～ⅩⅢ编号共有12个（表3-2）。此外，还有前激肽释放酶，激肽原以及来自血小板的磷脂等也都直接参与凝血过程。在这些凝血因子中除因子Ⅳ和磷脂外，其余已知凝血因子均是蛋白质。通常在血液中因子Ⅱ、Ⅸ、Ⅹ、Ⅺ、Ⅻ都是以无活性的酶原形式存在，必须经过激活才具有活性，被激活的酶称为这些因子的活性型，习惯上于该因子代号的右下角标"a"表示。如因子Ⅹa等。除因子Ⅲ和和 Ca^{2+} 外，其他凝血因子几乎都是由肝合成的，其中因子Ⅱ、Ⅶ、Ⅸ、Ⅹ在合成过程中需维生素K的参与，又称依赖维生素K的凝血因子。因此，肝病变或维生素K缺乏时，可导致凝血过程障碍而有出血倾向发生。

知识链接

新生儿出血症

新生儿出血症是指出生后2～7日的新生儿，可因体内维生素K储存消耗，摄入不足及内生不能等，致维生素K缺乏而引起的出血。

表3-2 按WHO命名编号的凝血因子

编号	同义名	特性和功能
Ⅰ	纤维蛋白原	主要由肝合成，可激活为纤维蛋白
Ⅱ	凝血酶原	主要由肝合成（需维生素K），可在凝血酶原激物的作用下激活为凝血酶
Ⅲ	组织凝血激酶	由内皮细胞和其他损伤组织释放的磷脂蛋白复合体，在肺、脑、胎盘等组织中含量丰富，与因子Ⅶ结合后启动外源性凝血机制
Ⅳ	钙离子	从饮食和骨释放中获得，参与凝血的全过程
Ⅴ	前加速素	由肝合成或血小板释放的血浆蛋白质，可大大提高Ⅹa的活性
Ⅶ	前转变素	由肝合成的血浆蛋白质（需维生素K），参与外源性凝血机制
Ⅷ	抗血友病因子	肝合成的球蛋白，可大大提高Ⅺa的活性，缺乏时可引起血友病A
Ⅸ	血浆凝血激酶	肝合成的血浆蛋白质（需维生素K），参与内源性凝血，缺乏时可引起血友病B
Ⅹ	斯图亚特因子	肝合成的球蛋白（需维生素K），是形成凝血酶原激物的主要成分，参与内源性和外源性凝血机制
Ⅺ	血浆凝血激酶前质	肝合成的血浆蛋白质，参与内源性凝血，缺乏时可引起血友病C
Ⅻ	接触因子	为蛋白水解酶，启动内源性凝血机制，并可激活纤维蛋白溶解酶原
ⅩⅢ	纤维蛋白稳定因子	为血浆和血小板中的酶，可加强纤维蛋白间的结合和稳定

（二）凝血过程

凝血过程基本上是一系列蛋白质有限水解的生化酶促反应过程。大体上分为三个步骤（图3-4）：①凝血酶原激活物形成；②在凝血酶原激活物的作用下，凝血酶原转变为凝血酶；③在凝血酶的作用下，纤维蛋白原转变成纤维蛋白。

1．凝血酶原激活物形成　通常根据凝血酶原激活物形成的不同，将凝血过程分为内源性凝血和外源性凝血两种。

（1）内源性凝血：内源性凝血全过程完全依靠血浆内的凝血因子完成，由因子Ⅻ（接触因

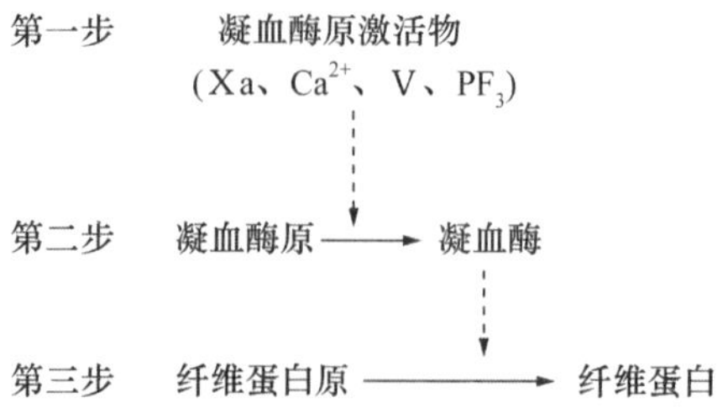

图 3-4 血液凝固的基本步骤

子）首先启动。当血管内皮受损后，血浆中的因子Ⅻ（接触因子）与带负电荷的异物表面如血管内皮下的胶原组织接触后，可使因子Ⅻ激活为因子Ⅻa，因子Ⅻa 可激活前激肽释放酶为激肽释放酶，后者又反过来激活因子Ⅺ，这是正反馈，可进一步促进因子Ⅻa 的形成。因子Ⅻa 又可激活因子Ⅺ成为因子Ⅺa。从因子Ⅻ结合于异物表面至因子Ⅺa 的形成过程称表面激活。高分子激肽原作为辅因子可促进因子Ⅻ和因子Ⅺ及前激肽释放酶的激活。表面激活所形成的因子Ⅺa 在 Ca^{2+} 的作用下使因子Ⅸ激活成为因子Ⅸa。因子Ⅸa 形成后在 Ca^{2+} 作用下再与因子Ⅷ a 在活化的血小板磷脂表面结合成复合物（因子Ⅹ酶复合物），可进一步激活因子Ⅹ，使之成为因子Ⅹa。在此过程中因子Ⅷa 作为辅因子，可使因子Ⅸ a 激活因子Ⅹ成为因子Ⅹa 的速度提高 20 万倍。正常情况下，血浆中的因子Ⅷ与 vWF 以非共价形式结合成复合物，因子Ⅷ须从该复合物释放出后才能活化成为因子Ⅷ a。缺乏因子Ⅷ、因子Ⅸ和因子Ⅺ的患者，凝血过程缓慢，轻微外伤常可引起出血不止，分别称为甲型、乙型和丙型血友病。

（2）外源性凝血：在组织损伤血管破裂的情况下，由因子Ⅲ（组织因子）释放启动的凝血过程。当血管损伤时，暴露出组织因子，后者与因子Ⅶ结合。与组织因子结合的因子Ⅶ迅速成为因子Ⅶ a，成为因子Ⅶ a- 组织因子复合物，后者在 Ca^{2+} 作用下在磷脂表面迅速激活因子Ⅹ，成为因子Ⅹa。在此过程中，组织因子是辅因子，它能使因子Ⅶ a 催化因子Ⅹ激活的效力增加 1000 倍。因子Ⅹa 形成后又可反过来激活因子Ⅶ，进而生成更多的因子Ⅹa，形成外源性凝血的正反馈效应。

由内源性和外源性凝血所生成的因子Ⅹa，在 Ca^{2+} 作用下可与因子Ⅴa 在磷脂表面形成复合物，即凝血酶原复合物，进而激活凝血酶原。

2．凝血酶原的激活和纤维蛋白的生成 凝血酶原在凝血酶原复合物的作用下激活成为凝血酶。凝血酶原复合物中的因子Ⅴa 是辅因子，可使因子Ⅹa 激活凝血酶原的速度提高 10000 倍。凝血酶使纤维蛋白原转变为纤维蛋白单体，还可激活因子ⅩⅢ，成为因子ⅩⅢa，后者在 Ca^{2+} 作用下使纤维蛋白单体相互聚合，形成不溶于水的纤维蛋白多聚体。

上述凝血过程可综合表述如图 3-5。

（三）抗凝系统

正常情况下，血管内的血液能保持流体状态而不发生凝固，在生理止血时，凝血也仅限于病变部位，说明正常人血浆中存在很强的抗凝物质。血液中的抗凝系统主要包括细胞抗凝系统和体液抗凝系统。

1．细胞抗凝系统 细胞抗凝系统通过单核 - 巨噬细胞系统对凝血因子的吞噬灭活作用和血管内皮细胞的抗血栓形成作用，限制血液凝固的形成和发展。单核 - 巨噬细胞系统能吞噬灭活凝血因子、组织因子、凝血酶原复合物、可溶性纤维蛋白单体。正常的血管内皮作为一个屏障，可防止凝血因子、血小板与内皮下成分接触。血管内皮合成的前列腺素和一氧化氮能抑制血小板的黏着和聚集。血管内皮细胞能合成组织因子途径抑制物、肝素、抗凝血酶Ⅲ等。因此，单核 - 巨噬细胞系统和血管内皮细胞在防止血液凝固反应的蔓延中起重要的作用。

2．体液抗凝系统 体液抗凝系统主要包括组织因子途径抑制物、蛋白质 C 系统、丝氨酸蛋

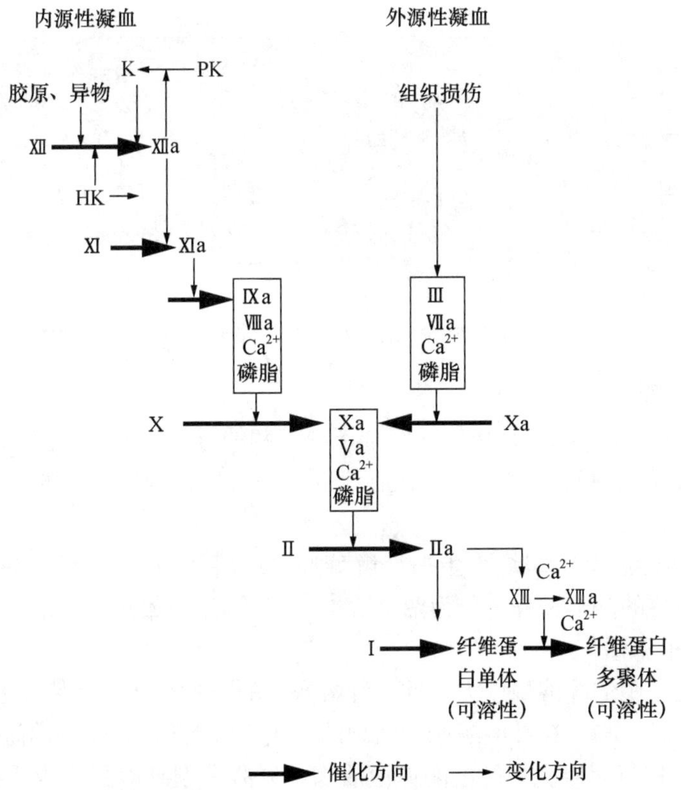

图 3-5　血液凝固过程流程图

白酶抑制物三类。

（1）组织因子途径抑制物：组织因子途径抑制物主要由血管内皮细胞合成，其主要作用是与因子Ⅹa 结合，抑制因子Ⅹa 的催化活性；并在 Ca^{2+} 存在的情况下，转而与Ⅶa-Ⅲ复合物结合，形成Ⅹa-TFPI-Ⅶa-Ⅲ四合体，抑制Ⅶa-Ⅲ复合物的活性，对外源性凝血途径产生负反馈抑制作用。

（2）蛋白质 C 系统：包括蛋白质 C、凝血酶调节蛋白、蛋白质 S 和蛋白质 C 的抑制物。蛋白质 C 是以酶原形式存在的具有抗凝作用的血浆蛋白质，由肝细胞合成，合成时需要维生素 K 参与。当凝血酶与血管内皮上的凝血酶调节蛋白结合后，可激活蛋白质 C。蛋白质 C 的主要作用是在磷脂和 Ca^{2+} 存在的情况下，可灭活因子Ⅴ和Ⅷ；阻碍因子Ⅹa 与血小板上的磷脂结合，削弱因子Ⅹa 对凝血酶原的激活作用；刺激纤溶酶原激活物的释放，增强纤溶酶的活性。蛋白质 S 是蛋白 C 的辅助因子，可使激活的蛋白 C 的作用大大增强。

（3）抗凝血酶Ⅲ：抗凝血酶Ⅲ是由肝合成的抗丝氨酸蛋白酶，通过其分子结构中的精氨酸残基与因子Ⅱa、Ⅸa、Ⅹa、Ⅺa、Ⅻa 分子活性部位的丝氨酸残基结合，使这些凝血因子灭活，而产生抗凝作用。在正常情况下，抗凝血酶Ⅲ的直接抗凝作用非常缓慢而且较弱，但它与肝素结合后，其抗凝作用可增强约 2000 倍。

（4）肝素：肝素主要由肥大细胞和嗜碱性粒细胞产生。肝素主要通过增强抗凝血酶Ⅲ的抗凝活性发挥间接抗凝作用。此外，肝素可刺激血管内皮细胞释放大量组织因子途径抑制物以抑制凝血过程。

知识链接

柠檬酸钠的抗凝原理

由于血液凝固的多个环节中都需要 Ca^{2+} 参与，用柠檬酸钠与 Ca^{2+} 结合而去除血浆中的 Ca^{2+}，故可起到抗凝作用，再则柠檬酸钠进入血液循环不致产生毒素，因此常用它作为抗凝剂来处理输血用的血液。

三、纤维蛋白溶解

纤维蛋白溶解（fibrinolysis）是指体内纤维蛋白溶解的过程，简称纤溶。生理性止血过程中，血凝块形成的血栓会堵塞血管，出血停止，血管创伤愈合后，构成血栓的纤维蛋白又逐渐溶解，使被堵塞的血管重新畅通。

纤溶系统包括四种成分，即纤维蛋白溶解酶原（纤溶酶原）、纤维蛋白溶解酶（纤溶酶）、激活物与抑制物。纤溶的基本过程可分为两个阶段，即纤溶酶原的激活与纤维蛋白的降解。

（一）纤溶酶原的激活

正常情况下，血浆中的纤溶酶以无活性的纤溶酶原的形式存在。能使纤溶酶原激活成纤溶酶的物质称为纤溶酶原激活物。在纤溶酶原激活物的作用下纤溶酶原有限水解脱下一段肽链成为纤溶酶。纤溶酶原激活物包括组织型纤溶酶原激活物、尿激酶型纤溶酶原激活物和激肽释放酶等。①组织型纤溶酶原激活物主要由血管内皮细胞合成和释放。血管内出现血凝块，可使血管内皮细胞释放组织型纤溶酶原激活物，所释放的激活物吸附于血凝块上，进入血流中的很少。②尿激酶型纤溶酶原激活物主要由肾小管、集合管上皮细胞产生。其主要功能是溶解血管外蛋白质，如促进细胞迁移（排卵及着床、肿瘤转移等）和溶解尿中的血凝块，其次才是清除血浆中的纤维蛋白。③当血液与异物表面接触而激活因子Ⅻ时，一方面启动内源性凝血，另一方面可通过因子Ⅻa 激活激肽释放酶而激活纤溶，使凝血与纤溶这两个既对立又统一的功能系统，保持动态平衡。

（二）纤维蛋白的降解

纤溶酶最敏感的底物是纤维蛋白和纤维蛋白原。在纤溶酶的作用下，纤维蛋白和纤维蛋白原被分解为许多可溶性小肽，总称为纤维蛋白降解产物（fibrinogen and fibrin degradation products，FDP）。纤维蛋白降解产物通常不发生凝固，其中部分小肽还有抗血凝作用。

（三）纤溶抑制物

体内的纤溶抑制物主要有纤溶酶原的激活抑制物 -1 和 α_2 抗纤溶酶。纤溶酶原的激活抑制物 -1 通过与组织型纤溶酶原激活物和尿激酶型纤溶酶原激活物结合而使之灭活。α_2 抗纤溶酶通过与纤溶酶结合成复合物而抑制后者的活性。

知识链接

严重肝病与出血

肝是几乎所有凝血因子（除 Ca^{2+} 和因子Ⅲ）、多种抗凝因子、纤溶酶原及其抑制剂的合成部位，同时肝还是上述多种因子的灭活部位。因此，严重肝病时可产生复杂的止血功能紊乱，出血成为其常见而重要的的临床表现。

第五节　血量、输血与血型

一、血量

血量是指人体内血液的总量，血量包括心血管系统内快速流动的循环血量和滞留于肝、脾、肺、皮下静脉中缓慢流动的储存血量。机体在剧烈运动、情绪激动或大量失血时，储存血量可参与血液循环，以补充循环血量。正常成人血量相当于自身体重的7% ～ 8%，即每千克体重有70 ～ 80ml 血液。因此，体重为60 千克的人，血量为4.2 ～ 4.8L。

生理条件下，机体的血量保持相对恒定。血量的相对恒定是维持正常机体功能活动的必要条件。血量的相对恒定可使血管保持一定的充盈度，从而维持正常血压和血流，保证器官、组织、细胞在单位时间内能获得充足的血液供应，维持正常功能活动所需的营养物质的能量供应及代谢废物的排出。一旦血量不足，就会导致血压下降、血流减慢，最终引起细胞、组织、器官代谢障碍和功能损害。一般认为成人一次失血500ml 以下（不超过全身总血量的10%），由于心脏活动增强，血管收缩和储血库中血液释放等功能的代偿，血管充盈不发生显著变化，可无明显临床症状，且血量和血液的主要成分恢复较快。水和电解质可由组织液回流加快在1 ～ 2 小时内，血浆蛋白质一天左右、红细胞在一个月内都可得到补充而恢复。由此可见，健康成人一次献血200 ～ 300ml，对身体不会带来损害。中等量的失血即一次失血1000ml（达全身总血量的20%），机体代偿功能不足而会出现血压下降、脉搏加快、四肢厥冷、眩晕、口渴、恶心、乏力等症状。严重失血（达全身总血量的30% 以上），如不及时抢救，就会危及生命。故遇急性大出血的患者，必须及时输血。输血受血型的限制。

二、输血与血型

血型（blood group）是指红细胞膜上特异抗原的类型。自1901 年Landsteiner 发现第一个人类血型系统，至今已经发现了ABO、Rh、MNSs、Lutheran、Kell、Lewis、Duff 及Kidd 等25 个不同的红细胞血型系统。临床上最重要和常见的是ABO 血型系统和Rh 血型系统。

（一）ABO 血型系统

1．ABO 血型系统的分型　根据人类红细胞膜上所含特异性抗原的种类，ABO 血型系统分为四型，即A 型、B 型、AB 型和O 型。红细胞膜上有两种不同的抗原，分别称为A 抗原和B 抗原。红细胞膜上只含有A 抗原者为A 型；只含有B 抗原者为B 型；含有A 与B 两种抗原者为AB 型；缺乏A 与B 两种抗原者为O 型。在人类血清中含有与抗原对应的两种的抗体，即抗A 抗体和抗B 抗体。不同血型的人的血清中含有不同的抗体，但不会含有与自身红细胞抗原相对应的抗体，也就是说，A 型血者的血清中只含有抗B 抗体，B 型血者的血清中只含有抗A 抗体，AB 型血者的血清中抗A 和抗B 抗体都不存在，而O 型血者的血清中则含有抗A 和抗B 两种抗体。当红细胞膜上A 抗原与A 抗体或B 抗原与B 抗体相结合时，会发生红细胞凝集反应。因此，血型抗原和血型抗体曾被称为凝集原和凝集素。在补体的作用下，凝集的红细胞将发生破裂溶血。当给人体输入血型不相容的血液时，可发生血管内红细胞凝集和溶血反应，严重时可危及生命。

ABO 血型系统还有几种亚型，其中最重要的亚型是A 型中的 A_1 和 A_2 亚型。A_1 型红细胞膜上含有A 抗原和 A_1 抗原，而 A_2 型红细胞膜上仅含有A 抗原；A_1 型的血清中只含有抗B 抗体，而 A_2 型的血清中则含有抗B 抗体和抗 A_1 抗体。同理，AB 型血型中也有 A_1B 和 A_2B 两种主要亚型。由于 A_1 型红细胞可与 A_2 型血清中的抗 A_1 抗体发生凝集反应，而且 A_2 型和 A_2B 型红细

胞比 A_1 型 A_1B 型红细胞的抗原要弱得多，在用 A 抗体做血型鉴定时，容易将 A_2 型和 A_2B 型误定为 O 型和 B 型。因此在输血时要注意 A_2 和 A_2B 亚型的存在（表 3-3）。

表 3-3 ABO 血型系统中的抗原和抗体

血型		红细胞上的抗原	血清中的抗体
A 型	A_1	$A + A_1$	抗 B
	A_2	A	抗 B + 抗 A_1
B 型		B	抗 A
AB 型	A_1B	$A + A_1 + B$	无
	A_2B	A + B	抗 A_1
O 型		无 A，无 B	抗 A + 抗 B

2．ABO 血型系统的抗体　血型抗体有天然抗体和免疫性抗体两类。ABO 血型系统存在天然抗体。新生儿出生后 2 ～ 8 个月开始自发出现 ABO 血型系统的天然抗体，8 ～ 10 岁时达高峰。天然抗体多属 IgM 抗体，分子量大，不能通过胎盘。因此，血型与胎儿血型不合的孕妇，体内的天然 ABO 血型抗体一般不能通过胎盘到达胎儿体内，不会使胎儿的红细胞发生凝集破坏。当机体接受了自身所不具有的红细胞抗原刺激后，可产生免疫性血型抗体。免疫性抗体属 IgG 抗体，分子量小，能通过胎盘进入胎儿体内。若母体曾因外源性 A 或 B 抗原进入体内而产生免疫性抗体，可因母体内的免疫性血型抗体进入胎儿体内，引起胎儿红细胞破坏，胎儿出生后出现黄疸、贫血等表现，称为新生儿溶血病。由于血浆中大多存在可溶性 A 和 B 抗原物质，进入胎儿体内的免疫性血型抗体可被这些可溶性抗原物质中和，另外，胎儿红细胞膜上的抗原数目较少，只有成人的 1/4，因此，虽人群中母婴 ABO 血型不合比较常见，但因 ABO 血型不合而发生的新生儿溶血病者仅为少数。

（二）Rh 血型系统

Rh 血型系统是在人类红细胞膜上与 ABO 血型同时存在的另一个重要血型系统。最先把恒河猴（Rhesus monkey）的红细胞多次注射入家兔体内，使家兔体内产生抗恒河猴红细胞的抗体，然后用含有这种抗体的血清与人的红细胞混合，发现大部分人的红细胞发生凝集反应，说明多数人红细胞膜上存在有与恒河猴的红细胞同样的抗原。凡是红细胞能被这种抗恒河猴红细胞的抗血清凝集的为 Rh 阳性血型，不能被凝集的为 Rh 阴性血型。这一血型系统称为 Rh 血型系统。

在人类的血清中不存在有 Rh 血型的天然抗体，只有当 Rh 阴性的人接受 Rh 阳性的血液后，才会通过体液免疫产生抗 Rh 的免疫性抗体。因此，Rh 阴性受血者在第一次接受 Rh 阳性的血液后，一般不产生明显的输血反应；但在第二次或多次再输入 Rh 阳性的血液时，就可发生抗原 - 抗体反应，输入体内的 Rh 阳性红细胞将会被破坏而发生溶血。另外，Rh 的免疫性抗体属 IgG 抗体，分子量小，能通过胎盘进入胎儿体内。当 Rh 阴性的母亲怀有 Rh 阳性的胎儿时，Rh 阳性胎儿的红细胞因某种原因进入母体后，会使母体产生抗 Rh 抗体，这种抗体可透过胎盘进入胎儿的血液，使胎儿的红细胞发生溶血，造成新生儿溶血病，严重时可导致胎儿死亡。由于一般只有在妊娠末期或分娩时才有足量胎儿红细胞进入母体，而母体血液中的抗体浓度是缓慢增加的，所以，Rh 阴性的母亲怀第一胎 Rh 阳性的胎儿时，很少发生新生儿溶血病；但在再次妊娠时，母体内的抗 Rh 抗体可进入胎儿体内，可使 Rh 阳性的胎儿发生溶血反应。在我国各族人群中，汉族和其他大部分民族的人 Rh 阳性血型者约占 99%，Rh 阴性血型者仅占 1% 左右。在有些民族的人群中，Rh 阴性血型者较多，如塔塔尔族为 15.8%，苗族为 12.3%，布依族和乌孜别克族为 8.75。在这些民族居住的地区的临床工作中，Rh 血型问题应受到特别重视。

（三）输血原则

输血是一种抢救伤员生命和治疗某些疾病的重要手段，但如果输血不当，发生差错，就会给患者造成严重的损害，甚至危及生命。为保证输血安全和提高输血效果，必须遵守输血原则。

1．输血前必须鉴定血型　在准备输血时，首先必须要鉴定血型，保证供血者与受血者的ABO血型相合，以免因血型不相容而引起严重的输血反应。ABO血型系统各型之间的输血关系如表3-4。对于需要反复输血的患者和生育年龄的妇女，还必须使供血者与受血者的Rh血型相合，特别要注意Rh阴性受血者产生抗Rh抗体的情况。

表3-4　ABO血型各型之间的输血关系

供血者红细胞（抗原）	受血者血清（抗体）			
	O型（抗A抗B）	A型（抗B）	B型（抗A）	AB型（无）
O型	−	−	−	−
A型	+	−	+	−
B型	+	+	−	−
AB型	+	+	+	−

注：+表示有凝集反应；−表示无凝集反应

2．输血前必须进行交叉配血试验　为保证输血安全即使在ABO血型系统相同的人之间进行输血，输血前也要进行交叉配血试验（cross-match test）（图3-6）。交叉配血试验是把供血者的红细胞混悬液和受血者的血清相混合，称交叉配血主侧；再把受血者的红细胞混悬液和供血者的血清相混合，称为交叉配血次侧。如果交叉配血试验的主侧和次侧都不发生凝集反应，则为配血相合，可以进行输血；如果主侧发生了凝集反应，则为配血不合，受血者不能接受该供血者的血液；如果主侧不发生凝集反应，而次侧发生了凝集反应（见于将O型血输给其他血型的受血者或AB型受血者接受其他血型的血液），则只能在紧急情况下进行输血，但输血的速度要缓慢，输血的量不能太多，并在输血过程中严密监视受血者的情况，如发生输血反应，应立即停止输血。

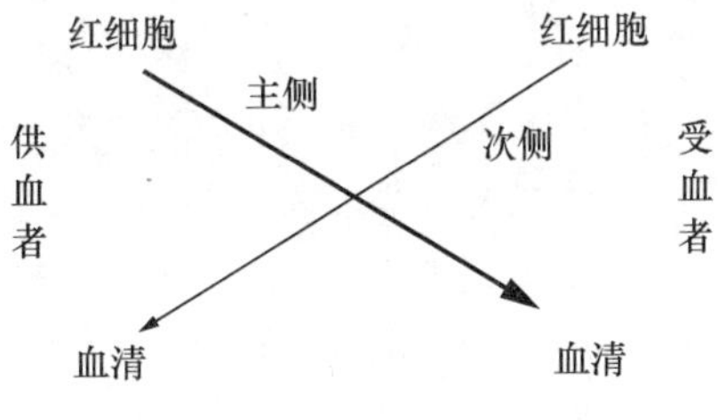

图3-6　交叉配血试验示意图

3．成分输血　随着医学和科学技术的进步，由于血液成分分离机的广泛应用以及分离技术和成分血质量的不断提高，输血疗法已经从原来的单纯的输全血发展为成分输血。成分输血是把血液中的各种不同成分（如红细胞、粒细胞、血小板和血浆）分离出来，制备成高纯度或高浓度的制品，再输给患者。不同患者对输血有不同要求，严重贫血者主要是红细胞数量不足，血量不一定减少，应输浓缩的红细胞悬液；对各种出血性疾病的患者，可根据病情输入浓缩的血小板悬液或含凝血因子的新鲜血浆，以促进止血或凝血过程。因此，成分输血可增强治疗的针对性，提高疗效，减少不良反应，还能节约血源。

4．自体输血　由于异体输血存在传播艾滋病和乙型肝炎的潜在危险，以及移植物抗宿主反应导致的受血者的免疫功能下降等情况，自体输血疗法正在迅速发展。自体输血是采用患者自身血液成分，以满足本人手术或紧急情况下需要的一种输血疗法。采用自体输血时可在手术前若干日内定期反复采血储存以备手术之需；也可临床手术前自体采血，并在使用血浆代用品维持患者正常血容量的条件下开展手术，然后在需要时输还给患者。此外，还可在手术过程中无菌收集出血，经适当处理后回输给患者。自体输血不仅可以避免异体输血的不良反应和并发症，还可扩大血源，是一种值得推广的安全输血方式。

本章小结

1．血液由血细胞和血浆组成。血细胞比容是指血细胞在全血中所占的容积百分比。血浆 pH 为 7.35 ~ 7.45。

2．血浆渗透压包括晶体渗透压和胶体渗透压，前者由血浆中晶体物质（主要是 NaCl）形成，对维持血细胞内外水分的正常交换和分布、保持血细胞的正常形态起重要作用；后者由血浆蛋白（主要是白蛋白）形成，可维持血容量和组织液的相对稳定。常用的等渗溶液有 0.9% 的 NaCl 溶液和 5% 的葡萄糖溶液。

3．红细胞能运输 O_2 和 CO_2，具有悬浮稳定性、可塑变形性和渗透脆性。红细胞生成的主要原料是铁和蛋白质，维生素 B_{12} 和叶酸促进红细胞成熟，EPO 是红细胞生成的主要调节物。白细胞的主要功能是产生特异性免疫和非特异性免疫，其中中性粒细胞和单核 - 巨噬细胞可吞噬入侵机体的微生物、异物、坏死组织碎片等；淋巴细胞参与机体的体液免疫和细胞免疫。血小板的生理特性有黏附、聚集、释放、收缩和吸附。血小板的功能是参与生理性止血的全过程，促进凝血，还能修复毛细血管内皮细胞以维持其正常通透性。

4．生理性止血过程可分为血管收缩、血小板血栓形成和血液凝固三个时相。血液凝固是指血液从流动的液体状态变成不能流动的凝胶状态的过程，包括凝血酶原复合物形成、凝血酶形成和纤维蛋白形成三个环节。血液中还存在天然抗凝血物质，重要的有抗凝血酶Ⅲ和肝素。纤溶系统可将已形成的纤维蛋白水解，有助于维持血管的通畅，防止血栓的形成。

5．血型是指红细胞膜上特异性抗原的类型，临床上常见的有 ABO 血型和 Rh 血型。ABO 血型分为 A 型、B 型、AB 型和 O 型四种。ABO 血型抗体有天然抗体和免疫性抗体两类。在人类血清中不存在有 Rh 血型的天然抗体，当 Rh 阳性的红细胞进入 Rh 阴性的人体内，通过体液性免疫，产生抗 Rh 的免疫性抗体。输血必须严格遵守输血原则：①输血前必须鉴定血型；②输血前必须进行交叉配血试验；③根据患者的实际需要采用成分输血和自体输血。

思考题

1．血液由哪些成分组成？这些组分各有什么功能？

2．血浆晶体渗透压和胶体渗透压是怎样形成的？各有何生理意义？

3．各类血细胞的正常值是多少？过高或过低会对机体产生哪些影响？
4．试述白细胞的分类及各类白细胞的主要生理功能。
5．血小板有哪些生理特性？血小板在生理性止血和血液凝固中具有什么作用？
6．血液凝固有哪些基本步骤？凝血酶原激活物的形成有那两条途径？
7．为什么正常人血管内的血液不发生凝固？
8．何谓 ABO 血型系统？如何确定 ABO 血型系统？
9．何谓交叉配血试验？如何根据交叉配血试验结果进行输血治疗？

（王 锦）

第四章 血液循环

学习目标

通过本章内容的学习，学生应能：

1. 掌握心肌的生物电现象，心肌生理特征及其影响因素；心动周期，心脏的射血过程和心脏的泵血功能及影响因素；动脉血压的形成机制及其影响因素，中心静脉压的概念及意义，组织液的生成及影响因素，心血管活动的神经调节，颈动脉窦和主动脉弓压力感受性反射的过程及其意义，肾上腺素、去甲肾上腺素的生理作用。
2. 熟悉心肌生物电的产生机制，心音的种类及意义，正常心电图的波形及其意义。静脉回流的影响因素，微循环的血流通路及功能。心血管活动的调节中枢及其神经支配，化学感受性反射，冠脉循环的特点。
3. 了解各类血管的功能特点与微循环的调节，脑循环和肺循环的特点。

心脏和血管组成机体的血液循环系统。血液循环（blood circulation）是指血液在心脏和血管中周而复始地定向流动。其中，心脏是血液循环的动力器官，它通过节律性的舒缩活动和瓣膜的导向作用推动血液定向流动。血管是运输、分配血液的管道和物质交换的场所，血液循环的主要功能是完成体内物质的运输，将营养物质和 O_2 运输到全身供给细胞，同时将细胞的代谢产物和 CO_2 运输到排泄器官排出体外以维持内环境的相对稳定，保证新陈代谢的正常进行。

此外，近年的研究证明，循环系统还具有内分泌功能，如心房肌细胞可以分泌心房钠尿肽，血管壁可产生内皮舒张因子与内皮素等。它们和体内的内分泌细胞分泌的各种激素及生物活性物质通过血液循环被运输至相应的靶细胞进行体液调节，实现内环境的稳态及血液的防御功能。

本章将分别讨论心肌细胞的生物电现象及生理特征、心脏泵血功能、血管生理、心血管活动的调节以及心、肺、脑几个重要器官的血液循环特征。

第一节 心脏生理

心脏通过节律性的缩舒活动完成其泵血功能。心脏的节律性活动是一种周期性活动。其周期性表现在两个方面：一是心电周期，系心脏各部分动作电位的产生和扩布的周期性活动；二是心动周期，即心肌收缩和舒张的机械活动周期。正常心脏泵血活动有赖于心肌电活动、机械收缩和瓣膜活动三者的相互联系与配合。

一、心肌细胞的生物电现象

（一）心肌细胞的分类

心脏主要由心肌细胞组成。根据组织学和生理学特点可将心肌细胞分为两类。一类是构成心房和心室壁的普通心肌细胞，富含肌原纤维，具有收缩性、兴奋性和传导性，主要完成泵血功能，称为工作细胞。因其缺乏自动兴奋的能力，属于非自律细胞。另一类是特殊分化了的心肌细胞，主要构成心脏的特殊传导系统，包括窦房结、房室交界、传导束、浦肯野纤维细胞。此类细胞除了具有兴奋性和传导性，还具有自动节律性故称为自律细胞。因其缺乏肌原纤维无收缩功能，主要功能是产生和传播兴奋。根据动作电位的特点，心肌细胞又被分成慢反应细胞和快反应细胞。其中心房肌细胞、心室肌细胞及浦肯野纤维细胞因动作电位去极化速度快、幅度大、兴奋传导速度快属于快反应细胞，房室结、窦房结因去极化速度慢、幅度小、兴奋传导速度慢属于慢反应细胞。

位于心脏不同部位的细胞因其自身的结构和功能特征不同，在电活动过程各自的跨膜离子流也不同，产生的跨膜电位在振幅、形态和时程等方面均存在明显差异。

（二）工作细胞的跨膜电位及形成机制

1．静息电位　人和哺乳动物心室肌细胞的静息电位为－ 90mV，其形成机制与神经纤维、骨骼肌细胞相似，即在静息状态下，细胞膜对 K^+ 通透性远远超过其他离子；胞内 K^+ 的浓度高于胞外，K^+ 顺浓度差外流而形成的 K^+ 平衡电位即静息电位。

2．动作电位　与骨骼肌和神经纤维比较，心室肌细胞动作电位的明显特征是复极过程时间长，总时程达 200 ～ 300ms，动作电位的升支和降支明显不对称。动作电位全过程分为去极化和复极化两个过程，通常分为 0、1、2、3、4 五个时期（图 4-1）。

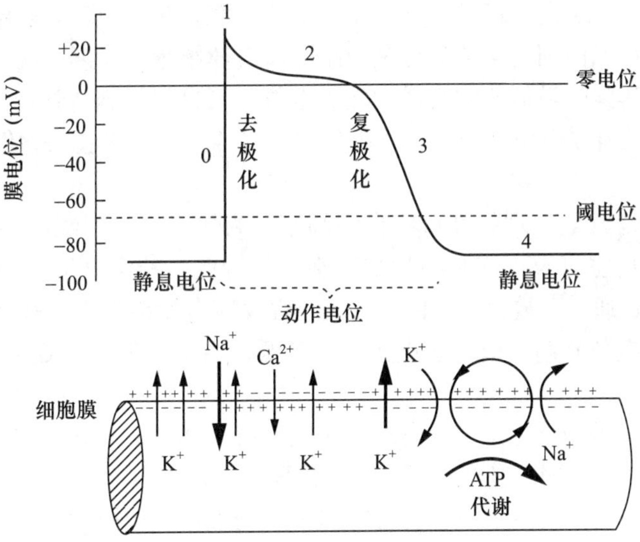

图 4-1　心室肌细胞动作电位和主要离子流示意图

（1）0 期（快速去极化期）：心室肌细胞兴奋时，膜内电位由静息状态的 -90mV 迅速上升至+ 30mV 左右，形成动作电位的上升支。0 期的特点是去极化速度快，历时 1 ～ 2ms；幅度大，约 120mV。其形成机制与神经纤维的去极化过程基本相同。当细胞受到刺激时，心室肌细胞膜上 Na^+ 通道部分开放，少量 Na^+ 内流造成膜部分去极化，当去极化达到阈电位（约 -70mV）时，膜上 Na^+ 通道被大量激活、开放，Na^+ 顺电 - 化学梯度进入细胞内，使膜内电位迅速由负转正，上升到约+ 30mV 时 Na^+ 内流停止。

（2）1 期（快速复极化初期）：复极化开始，心室肌细胞膜内电位由+ 30mV 迅速下降到 0mV 左右，历时约 10ms。0 期和 1 期的膜电位变化迅速，在记录的动作电位图形上形成了尖锋状，称为锋电位。1 期形成的原因是 Na^+ 通道失活，Na^+ 内流停止，瞬时外向 K^+ 通道激活，K^+ 经此通道迅速外流而致膜内电位快速复极化。

（3）2 期（平台期）：此期膜内电位下降缓慢，基本上保持在 0mV 左右，持续时间 100 ~ 150ms，形成平台期。平台期是心室肌细胞动作电位时程较长的主要原因，也是心室肌细胞动作电位区别于神经纤维和骨骼肌细胞动作电位的主要特征。参与平台期的离子电流很复杂，主要是两种反向阳离子电流跨膜流动所形成的。一种是 K^+ 外向离子电流，另一种是 Ca^{2+} 以及少量 Na^+ 内向离子电流。K^+ 的外流和 Ca^{2+} 内流处于平衡状态使膜电位保持在 0mV 左右，从而形成平台期。

（4）3 期（快速复极末期）：此期复极化速度加快，膜电位由 0mV 左右快速下降至 -90mV，完成复极化过程，历时 100 ~ 150ms。3 期形成主要因 Ca^{2+} 通道失活关闭，Ca^{2+} 内流终止；随着 K^+ 通透性逐渐提高，K^+ 外流不断增强。在此 K^+ 外流是再生性的，随着 K^+ 外流，膜内电位进一步地转向负电位，膜内电位越负 K^+ 内流的速度越快，这种正反馈导致膜的复极速度越来越快直至复极完成。

（5）4 期（静息期）：此期膜复极化完毕，膜电位基本稳定于静息电位水平，心室肌细胞处于静息状态，故称静息期。此时，膜电位数值尽管已达静息电位水平，由于在动作电位形成过程中出现一定量的 Na^+、Ca^{2+} 内流和 K^+ 外流，以致细胞内、外的原有离子浓度有所改变。因而，此期细胞膜上的离子泵活动增强，将内流的 Na^+、Ca^{2+} 泵出细胞并摄回外流的 K^+，使细胞内、外的离子分布逐渐恢复到兴奋前的静息状态，从而保证细胞的正常兴奋性。

（三）自律细胞跨膜电位及形成机制

特殊传导系统的心肌细胞具有自动节律性，属于自律细胞。自律细胞与工作细胞动作电位的最大区别主要是 4 期：工作细胞 4 期电位是稳定的，自律细胞的 4 期电位不稳定。当自律细胞 3 期复极结束时膜电位达到的最低值称为最大复极电位。当自律细胞达到最大复极电位之后，4 期即开始自动去极化，随着膜电位去极化达阈电位水平时即暴发一次新的动作电位，周而复始，循环反复。

根据膜电位特征及其电生理特性可将自律细胞分为快反应自律细胞和慢反应自律细胞。快反应自律细胞主要有房室束及束支和浦肯野细胞，其特点是动作电位 0 期去极化速度快、幅度大，主要与膜上快 Na^+ 通道开放及 Na^+ 内流有关。慢反应自律细胞主要有窦房结 P 细胞和房室结细胞，其特点是动作电位 0 期去极化速度慢、幅度低，主要与膜上慢 Ca^{2+} 通道开放及 Ca^{2+} 内流有关。

自律细胞在 4 期自动去极化是产生自动节律性兴奋的基础。不同类型的自律细胞，4 期自动去极化的速度和机制各不相同，其产生原理也有差异。

1．窦房结 P 细胞动作电位的主要特征　窦房结 P 细胞的动作电位与心室肌细胞动作电位相比差别很大，P 细胞动作电位分为 0、3、4 期共三个时期（图 4-2b），无明显的 1、2 期，P 细胞的最大复极电位为 -70mV，0 期去极化结束时膜内电位为 0mV 左右，去极化速度慢，无明显的超射，动作电位幅度小无平台期，4 期电位不稳定，在 3 期复极完毕后自动去极化使膜电位逐步达到阈电位（-40mV）时又产生新的动作电位。

2．P 细胞动作电位形成的离子基础

（1）0 期去极化的形成：当膜电位由最大复极电位自动去极化达到阈电位时，膜上慢 Ca^{2+} 通道开放，Ca^{2+} 内流形成 0 期去极化。因 0 期去极化的内向电流主要是慢 Ca^{2+} 通道的活动，故去极化速度慢、时程长、幅度小。

（2）3 期复极的形成：0 期去极化后慢 Ca^{2+} 通道逐渐失活，复极初期 K^+ 通道被激活 K^+ 外流。

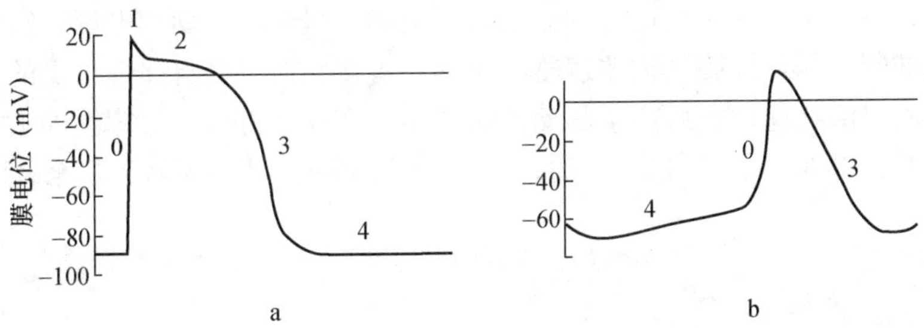

图 4-2 心室肌细胞动作电位（a）与窦房结 P 细胞动作电位（b）的比较

Ca^{2+} 内流逐渐减小和 K^+ 外流逐渐增强共同形成了 3 期复极。

（3）4 期自动去极化的形成：4 期自动去极化形成的离子基础较为复杂，目前认为与以下 3 种离子流有关：① K^+ 的外流进行性衰减；② Na^+ 的内流进行性增强；③ Ca^{2+} 通道激活形成 Ca^{2+} 的内向电流。目前认为，K^+ 外流的进行性衰减是 P 细胞 4 期自动去极化最重要的离子基础，远比后两者在 4 期自动去极化中的作用要强。

（四）其他心肌细胞的跨膜电位及离子基础

1．心房肌细胞的跨膜电位及离子基础　心房肌细胞动作电位时程较短，历时仅 150ms 左右，其形成机制与心室肌细胞大致相同。

2．浦肯野细胞的跨膜电位及离子基础　浦肯野细胞属快反应细胞，其动作电位的波形、幅度及形成机制与心室肌细胞基本相似，分为 0、1、2、3、4 期共五个时期。最大差别在于浦肯野细胞 4 期自动去极化。4 期自动去极化由随时间而逐渐增强的 Na^+ 内流和逐渐衰减的 K^+ 外流所引起。浦肯野细胞的 4 期自动去极化比窦房结 P 细胞慢，因此其自律性比窦房结 P 细胞低，在正常情况下它受窦房结 P 细胞的控制仅起传导兴奋的作用。

二、心肌的生理特性

心肌的生理特性有自动节律性、兴奋性、传导性和收缩性。其中自动节律性、兴奋性、传导性是以心肌细胞的生物电活动为基础，称为电生理特性。它们反映了心脏的兴奋功能，包括兴奋的产生和传播。而收缩性是以细胞内收缩蛋白的功能活动为基础，属于心肌的机械特性。收缩性是心脏泵血功能的基础，受心肌电生理特性的影响，心肌的这些特性共同决定着心脏的活动。

（一）自动节律性

心肌在没有外来刺激的情况下能够自动产生节律性兴奋的特性，称为自动节律性（autorhythmicity），简称自律性。在生理情况下，心肌的自律性主要表现在心内特殊传导系统，包括窦房结、房室交界、房室束及其分支和浦肯野细胞。这些细胞自律性高低不同，正常人安静状态下心脏自律细胞兴奋的频率分别为：窦房结细胞自律性最高，约 100 次 / 分；其次为房室交界区，约 50 次 / 分；房室束约 40 次 / 分；末梢浦肯野细胞自律性最低，约 25 次 / 分。

1．正常起搏点和潜在起搏点　由于窦房结 P 细胞自律性最高是正常心脏兴奋的发源地，又是控制整个心脏兴奋和节律收缩的中心，称为心脏的正常起搏点（normal pacemaker）。由窦房结控制的心跳节律，称为窦性节律（sinus rhythm）。正常情况下，心脏的其他自律组织因受窦房结兴奋的控制，不表现出其自身的自律性，仅起传导兴奋的作用，称为潜在起搏点（latent pacemaker）。但在某些病理情况下，如窦房结自律性降低、传导阻滞或潜在起搏点自律性增高时潜在起搏点可自动发生兴奋而控制整个心脏的活动，形成异位起搏点（ectopic pacemaker）。由异位起搏点所引起的心脏兴奋节律，称为异位心律（ectopic rhythm）。

2．窦房结控制潜在起搏点的机制　窦房结通过抢先占领和超速抑制两种方式实现控制整个心脏的节律。①抢先占领：潜在起搏点细胞的 4 期自动去极化速度慢，其自身去极化尚未达到阈电位前，由窦房结传导来的冲动已抢先到达使其“被动”兴奋产生动作电位，实现控制整个心脏的搏动。②超速抑制：超速抑制又称超速驱动压抑，潜在起搏点在自律性很高的窦房结兴奋的驱动下而兴奋，同时对潜在起搏点可产生驱动抑制作用，潜在起搏点的自律性即被抑制。假若窦房结发放的冲动中断，潜在起搏点需要一定的时间才能从被压抑状态下恢复过来。

知识链接

人工心脏起搏

人工心脏起搏器发放人造的脉冲电流刺激心脏以带动心搏的治疗方法称人工心脏起搏，主要用于治疗心律失常，也是临床心脏电生理检查中不可缺少的手段。脉冲发生器通常被埋植在左侧或右胸上方的皮下组织中，电极导线一端与脉冲发生器连接，另一端通过静脉系统固定在心脏内侧面的心肌。植入心脏起搏器是微创手术，具有时间短、创伤小和恢复快的特点。

3．影响自律性的因素　自律性高低取决于4期自动去极化速度以及最大复极电位水平和阈电位水平（图4-3）。

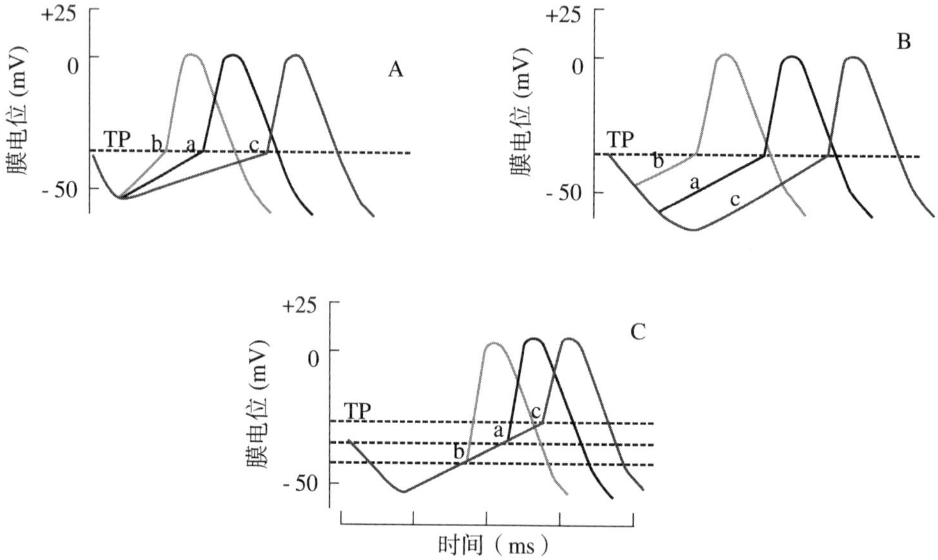

图4-3　影响自律性的因素

（A）4期自动去极化速度：a．对照、b.4期去极速度加快、c.4期去极速度减慢；（B）最大复极电位a.对照、b．最大复极电位变小、c.最大复极电位变大；（C）阈电位（TP）：a．对照、b．下移、c．上移。

（1）4期自动去极化速度：4期自动去极化速度与膜电位从最大复极电位水平到达阈电位水平所需的时间密切相关。4期自动去极化速度越快，膜内电位上升到阈电位所需的时间越短，单位时间内产生兴奋的次数越多，即自律性增高；反之，自律性降低。例如，肾上腺素可增强Ca^{2+}内流，因而加速窦房结4期去极化速度，提高其自律性。

（2）最大复极电位水平：4期自动去极化速度不变的情况下，如最大复极电位减小则它与阈电位水平的差距减小，自动去极化到达阈电位所需时间缩短，自律性增高；反之自律性降低。例如，迷走神经兴奋可使窦房结P细胞膜对K^+通道开放率增高，故其复极3期K^+外流增加，最大复极电位绝对值增大，与阈电位的差距增大，单位时间内产生兴奋的次数减少，即自律性降低，心率减慢。

（3）阈电位水平：阈电位水平下移，与最大复极电位的距离减小，4 期自动去极化达到阈电位的时间缩短，自律性增高；反之，自律性降低。

（二）心肌的兴奋性

兴奋性是指组织或细胞受到刺激后产生兴奋（动作电位）的能力。衡量兴奋性高低的指标主要用阈值来表示，阈值与兴奋性呈反变关系。

1．心肌兴奋性的周期性变化　心肌细胞与神经细胞相似，兴奋性是可变的。当心肌细胞受到刺激产生兴奋，兴奋性也随之发生一系列周期性变化。这些变化与膜电位的改变、离子通道的功能状态密切相关，使不同时期的心肌细胞对重复刺激具有不同的反应性，从而对心肌兴奋的产生和传导，甚至收缩反应产生重要影响。现以心室肌细胞为例说明心肌兴奋性的周期性变化（图 4-4）。

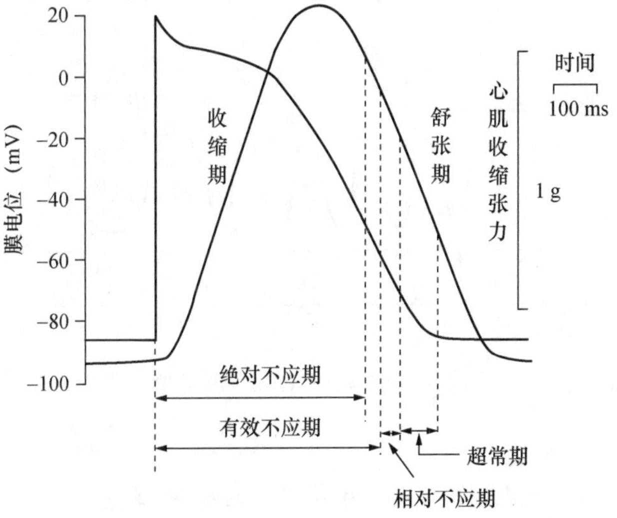

图 4-4　心室肌细胞兴奋性的周期性变化

（1）有效不应期：心肌发生一次兴奋时，从动作电位 0 期去极化开始至复极化 3 期 −60mV 这段时间内，无论给予多强刺激都不会产生动作电位，称为有效不应期（effective refractory period，ERP）。这段时期可分为两种状态，其中从 0 期去极化开始至复极 −55mV 这段时间内，无论给予心肌多强刺激都不会使肌膜产生去极化反应，称为绝对不应期。此期 Na^+ 通道处于完全失活状态。从 3 期复极化膜内电位 −55mV 至 −60mV 这段时期，由于少量 Na^+ 通道开始复活，大部分 Na^+ 通道仍未恢复至备用状态，此时若给予阈上刺激，可使膜部分去极化，产生局部兴奋，仍不能产生动作电位，称为局部反应期。

（2）相对不应期：从 3 期复极化膜内电位 −60mV 至 −80mV 期间，给予阈上刺激可使心肌产生动作电位，这段时期称为相对不应期（relative refractory period，RRP）。此期心肌的兴奋性已逐渐恢复，但仍低于正常，主要是此期虽有相当部分的 Na^+ 通道复活，但开放能力尚未达到正常状态，细胞的兴奋性仍低于正常。

（3）超常期：从 3 期复极化膜内电位 −80mV 至 −90mV 期间，给予阈下刺激就能使心肌产生动作电位，可见此期心肌的兴奋性高于正常，称为超常期（supranormal period，SNP）。这是由于此期内 Na^+ 通道基本复活到备用状态，加之膜电位与阈电位的差距小于正常，故兴奋性高于正常。所以此期给予阈下刺激，即可引起一次新的动作电位。

2．心肌兴奋性变化特点与收缩活动的关系

（1）有效不应期长：与神经细胞和骨骼肌细胞不同的是心肌细胞的有效不应期长，从心肌细胞开始收缩一直持续到舒张早期结束（图 4-5）。这一时期内任何刺激均不能引起心肌细胞再次产生兴奋，必须待舒张开始后才可能再次接受刺激而产生新的收缩，因此心肌不会像骨骼肌那样发生强直收缩，始终是收缩与舒张交替进行，保证了心脏射血和充盈活动的正常进行。

（2）期前收缩和代偿间歇　正常情况下，窦房结产生的每一次兴奋传播到心房肌或心室肌的时间，都是在前一次兴奋的不应期结束后。如果心肌在有效不应期后，即相对不应期和超常期内受到一次额外的刺激就有可能产生一次额外的兴奋。由于额外兴奋发生在下一次窦房结兴奋传来之前，故称期前兴奋。由期前兴奋引起的收缩，称为期前收缩（premature systole），又称早搏（图 4-5）。在临床上，频繁或多发的期前收缩可因心脏的炎症或缺血引起。正常人由于过度疲劳、饮入过多的咖啡和浓茶等也可引起偶发性期前收缩。因期前兴奋也有其有效不应期，紧接期前兴奋之后的一次窦房结兴奋到达时由于恰好落在期前兴奋的有效不应期内，故不能引起心肌兴奋而出现一次“脱失”，必须等到下一次窦房结的兴奋传到心肌，才能引起心房和心室的收缩。因此，在一次期前收缩之后，往往出现一段较长的心舒期，称为代偿间歇（compensatory pause）（图 4-5）。

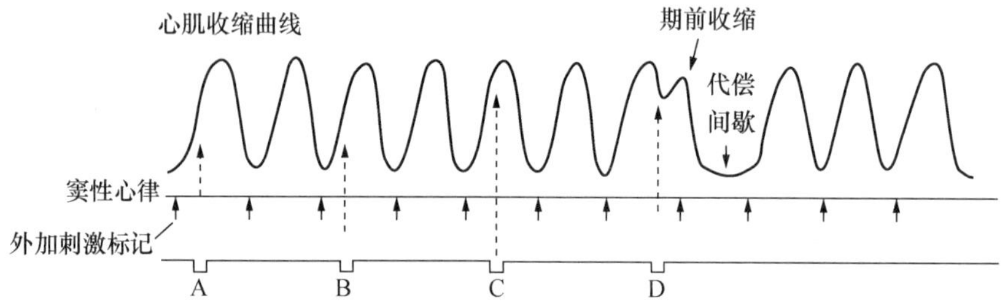

图 4-5　期前收缩与代偿间歇示意图

3．影响心肌兴奋性的因素

（1）静息电位（或最大复极电位）与阈电位之间的差距：静息电位（或最大复极电位）的绝对值减小，或阈电位水平下移时两者之间的差距减小，引起兴奋所需的阈值减小，兴奋性增高；反之，则兴奋性降低。

（2）Na^+ 通道的状态：Na^+ 通道的性状是指 Na^+ 通道所处的功能状态，主要具有三种功能状态，即激活、失活和备用状态。Na^+ 通道能否激活是兴奋产生的前提，Na^+ 通道所处的状态取决于膜电位及相关的时间进程。当膜电位处于正常静息电位水平（−90mV）时，Na^+ 通道处于备用状态。当膜电位从静息电位去极化到阈电位水平（−70mV）时 Na^+ 通道被激活而开放，Na^+ 快速内流。Na^+ 通道激活后便迅速失活、关闭，Na^+ 内流停止。Na^+ 通道处于失活状态，只有当膜电位恢复到静息电位水平时，Na^+ 通道才全部恢复到备用状态，此过程称复活。Na^+ 通道的不同状态是上述心肌细胞兴奋性发生周期性变化的内在机制。

（三）心肌的传导性

心肌细胞具有传导兴奋的能力，称传导性（conductivity）。传导性的高低可用动作电位的传导速度来衡量。兴奋以局部电流的形式通过低电阻的闰盘构成区直接传至相邻细胞。兴奋在细胞间迅速传播，使左、右心房和左、右心室各自构成一个功能性合胞体，从而引起整块心肌的兴奋和收缩，保证两心室的同步收缩，产生强大的射血力量。

1．心脏内兴奋传导途径　窦房结、房室交界和浦肯野细胞组成心脏特殊传导系统。正常情况下窦房结发出的兴奋通过心房肌传导至左、右心房。另一方面通过优势传导通路传导至房室交界区；再经房室束和左、右束支传导到浦肯野纤维网，最后到达心室肌（图 4-6）。

2．心脏内兴奋传导的特点　房室交界是兴奋由心房传入心室的唯一通路，因其传导速很慢、尤以结区最慢，约 0.02m/s，所以兴奋由心房传至心室耗时较长约需 0.1s，即心室的兴奋比心房的兴奋延迟 0.1s，这种现象称为房 - 室延搁（atrioventricular delay）。房 - 室延搁具有重要生理意义，保证心室在心房收缩之后才开始收缩，防止心房和心室发生同步收缩，有利于心室的充盈和射血。心室内特殊传导组织的传导速度快，其中以浦肯野细胞最快，约 4.0m/s，兴奋从房室束传到浦肯野纤维末端只需 0.03s，因此兴奋只要到达浦肯野细胞，几乎立刻传导到左、右心室肌，引起两心室同步收缩，有利于提高心室射血能力（图 4-7）。

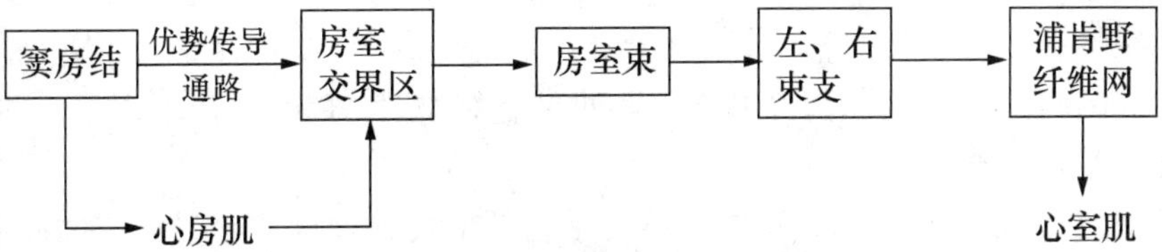

图 4-6　心脏内兴奋传导顺序

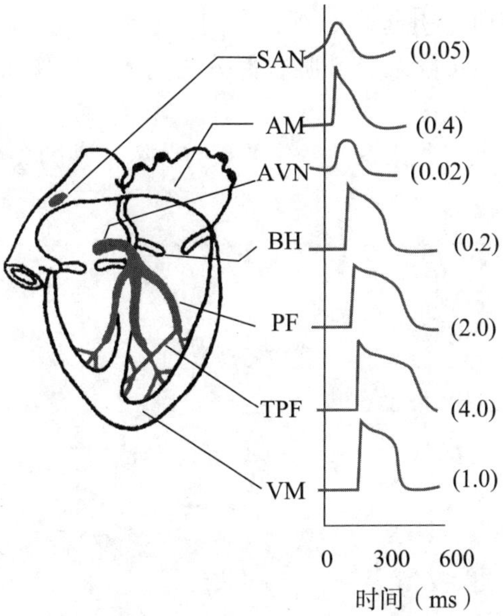

图 4-7　心脏内兴奋传导途径各部位传导速度

SAN：窦房结；AM：心房肌；AVN：结区；BH：希氏束；PF：浦肯野纤维；VM：心室肌；TPF：末梢浦肯野纤维
括号内数字为传导速度（单位：m/s）

3．影响传导性的因素

（1）心肌细胞的直径：心肌细胞的直径与细胞内的电阻呈反变关系，直径小的细胞因其电阻大传导速度慢；反之，传导速度则快。如浦肯野细胞的直径为 70μm，兴奋传导速度达 4m/s；结区细胞直径仅为 0.3μm，兴奋传导速度才 0.02m/s。

（2）动作电位 0 期去极化速度和幅度：0 期去极化的速度愈快，局部电流的形成愈快，使邻近未兴奋部位去极化到阈电位水平的速度愈快，去极化所需的时间愈短。此外，0 期去极化幅度越大，与未兴奋部位之间形成的电位差越大，形成的局部电流越强，扩布越远，兴奋传导速度也越快；反之亦然。

（3）邻近部位膜的兴奋性：心肌兴奋的传导是心肌细胞膜依次发生兴奋的过程。因此邻近未兴奋部位膜的兴奋性会影响兴奋的传导。如果某种原因造成邻近未兴奋部位膜的静息电位与阈电位之间的差距增大，去极化到阈电位所需的时间延长，兴奋性降低，传导速度减慢。反之传导速度加快。

（四）心肌的收缩性

心肌细胞受到刺激产生兴奋时，首先细胞膜产生动作电位，再通过兴奋 - 收缩耦联引起肌丝滑行实现肌细胞的收缩。与骨骼肌细胞相比，心肌细胞收缩具有以下特点：

1．对细胞外液中 Ca^{2+} 浓度依赖性大　心肌细胞和骨骼肌细胞一样都是以 Ca^{2+} 作为兴奋 - 收缩耦联的耦联因子。心肌细胞的终池不发达，储 Ca^{2+} 量少，不能满足心肌收缩的需要。但心肌细胞的横管系统发达，有利于细胞外液的 Ca^{2+} 内流。因此心肌收缩对细胞外液 Ca^{2+} 有明显的依赖性，在一定范围内细胞外 Ca^{2+} 浓度升高，心肌细胞兴奋时，Ca^{2+} 内流增多，心肌收缩力增强；反之，则心肌收缩力减弱。

2．同步收缩　一方面心房和心室内特殊传导组织的传导速度快；另一方面心肌细胞相互连接结构为低电阻的闰盘，兴奋能迅速通过该区传布整个心房或心室，故心肌可以看成一个功能合胞体。在心房或心室之间通过心脏纤维环和结缔组织将心脏分为两个功能合胞体，所以整个心脏可以看成分别由左、右心房和左、右心室组成的两个合胞体。当一处心肌兴奋时，兴奋很快扩布到所有心房肌或心室肌，引起心房或心室同步收缩，同步收缩具有“全或无”的特点，又称“全或无”收缩。这种同步收缩是心脏各部分之间协同工作的结果，收缩力量大、泵血效果好。

3．不发生强直收缩　详见心肌兴奋性变化特点与收缩活动的关系。

知识链接

心律失常

心律失常是指心脏冲动的频率、节律、起源部位、传导速度与激动次序的异常。心律失常的类型不同，临床表现各异，一般会出现疲倦、乏力、心悸、心慌和心跳不规律，较严重时常出现晕眩、晕厥、心绞痛甚至抽搐等表现。大多数轻度心律失常的患者没有明显的临床表现，可以正常地工作学习。重度心律失常不仅临床表现明显，甚至危及生命。心律失常主要分为两类。①冲动形成的异常：窦房结、结间束、房室结、浦肯野等自律细胞由于自主神经系统兴奋性改变或其内在病变导致不适当的冲动发放。此外，无自律性的心肌细胞，如心房肌细胞，心室肌细胞在病理状态下出现异常自律性，如心肌缺血、药物、电解质紊乱、儿茶酚胺增多等。②冲动传导的异常：窦房传导阻滞、房内传导阻滞、房室传导阻滞、束支或分支阻滞或室内阻滞、预激综合征等。

三、心脏的泵血功能

（一）心率与心动周期

1．心率　每分钟心跳的次数称为心率（heart rate）。正常成人安静时，心率为 60 ~ 100 次 / 分，平均 75 次 / 分。心率低于 60 次 / 分，称为心动过缓；心率超过 100 次 / 分，称为心动过速。心率可因年龄、性别和其他生理情况不同而有差异。新生儿心率可达 140 次 / 分以上，成长过程中逐渐减慢，至青春期接近成人；成人中女性心率比男性稍快；经常进行体育锻炼或从事体力劳动者心率较慢；安静或睡眠时心率减慢；运动或情绪激动时心率加快。心率是临床常用的诊疗指标之一，评价心率时要充分考虑各种生理因素的影响才能做出正确的判断。

2．心动周期 心房或心室每收缩和舒张一次构成的机械活动周期称为心动周期（cardiac cycle）。在一个心动周期中，心房和心室的机械活动周期分为收缩期和舒张期。由于心室在心脏泵血活动中起主要作用，故心动周期通常是指心室的活动周期。心动周期时程长短与心率密切相关，心动周期时程 = 60s/ 心率。以平均心率 75 次 / 分计算，每个心动周期时程为 0.8s。其中心房收缩期 0.1s，舒张期 0.7s；心室收缩期 0.3s，舒张期 0.5s。从心室舒张开始到下一个心动周期心房收缩开始前的 0.4s，这段时期心房和心室均处于舒张状态，称为全心舒张期（图 4-8）。

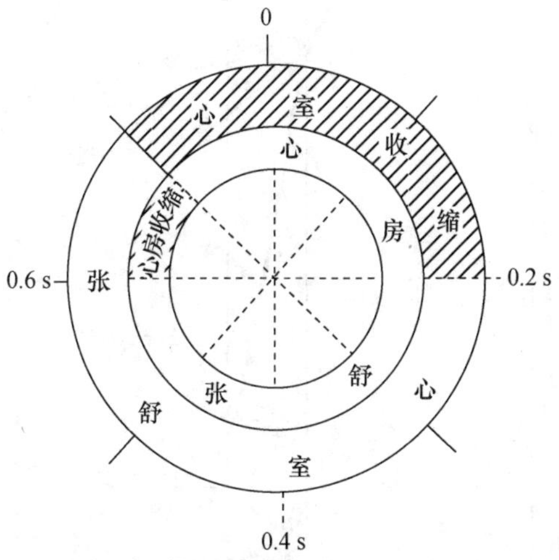

图 4-8 心动周期示意图

在一个心动周期中，心房和心室的舒张期均长于收缩期，一方面有利于心脏特别是心室得到充分休息使其长期工作不易疲劳；另一方面使静脉血液的回流和心室的充盈有充分的时间，保证射血功能的实现；其次左心室的壁厚在心肌收缩期心肌间压力大对冠脉血管的挤压作用强，血流阻力大，不利于心肌的血供。而在舒张期因心肌间压力降低对冠脉血管挤压作用减弱，血流阻力减小，有利于心肌的血供，故舒张期长短影响心肌自身的血供及代谢活动从而影响心肌的收缩力。当心率加快时，心动周期缩短，其中收缩期和舒张均缩短，但舒张期缩短更明显，对心室肌的代谢和功能会产生不利影响。

（二）心脏射血与充盈的过程

在心脏泵血过程中心室起主要作用。常以心室的射血和充盈为例来分析心动周期中发生的各种变化。为了分析心动周期中发生的各种变化，将心动周期分为心室收缩期和舒张期两个时期来分析说明心室射血和充盈的整个泵血过程（图 4-9）。

1．心室收缩期（period of ventricular systole） 心室收缩期分为等容收缩期和射血期两个时期。

（1）等容收缩期：心室开始收缩后，室内压迅速升高，当室内压超过房内压，心室内血液有向心房反流的倾向，推动房室瓣关闭阻止血液倒流入心房。因此时室内压低于动脉压、半月瓣也关闭，心室成一个密闭的腔。由于血液的不可压缩性，心室容积不改变，故称等容收缩期。这一时期从房室瓣关闭到半月瓣开放前止，持续时间约 0.05s。

（2）射血期：心室肌继续收缩使室内压进一步升高至超过动脉压，半月瓣开放，这标志着等容收缩期的结束，进入射血期。射血期分为快速射血期和减慢射血期。

1）快速射血期：在射血早期，由于心室射入动脉内的血量较多，血流速度很快，故称为快速射血期，历时约 0.10s。此期，心室的血液将半月瓣冲开，血液迅速射入动脉，由于心室肌的强烈收缩，心室容积迅速缩小，室内压继续上升达最高值，动脉压也随之进一步升高。在快速射

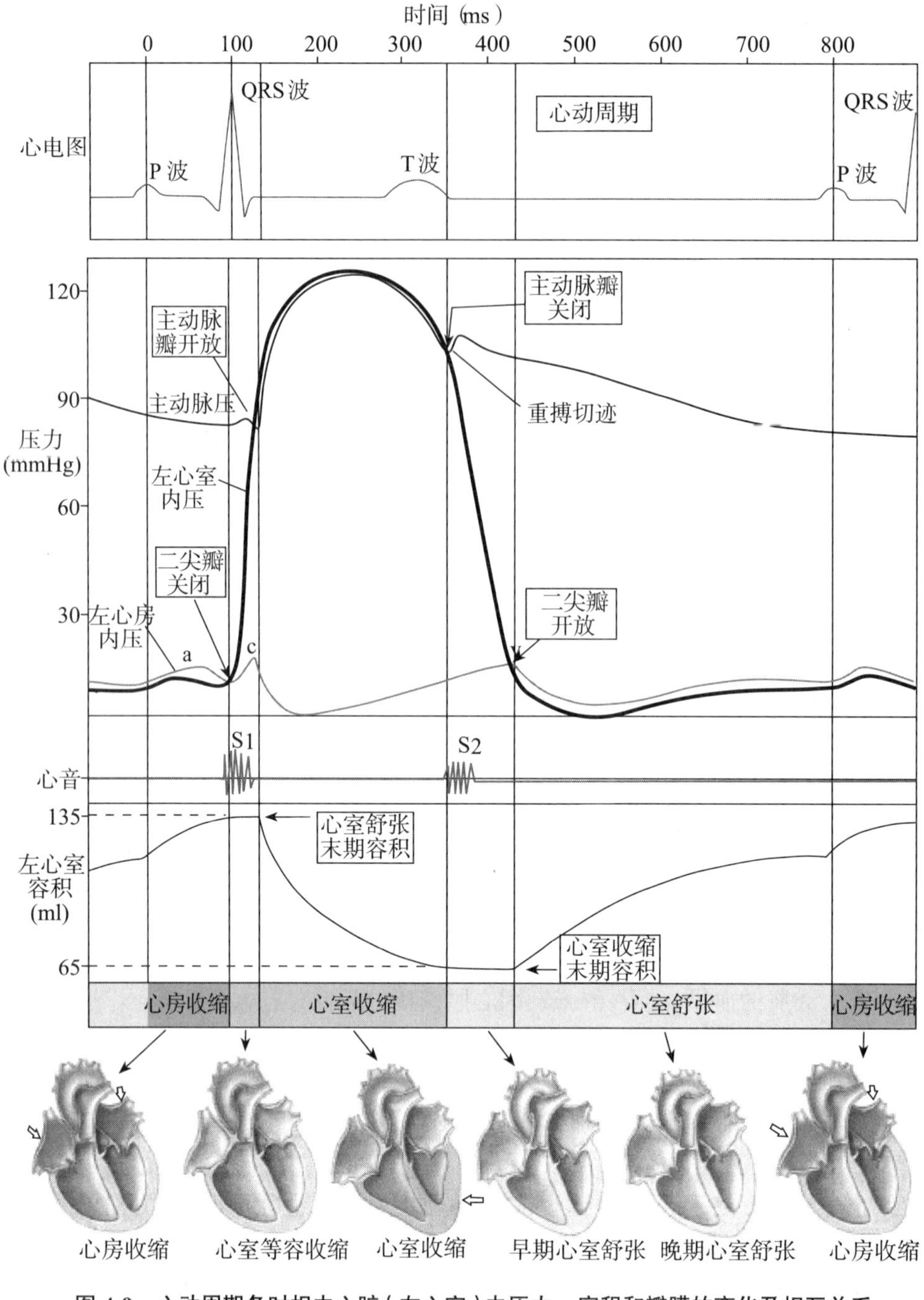

图 4-9　心动周期各时相中心脏（左心室）内压力、容积和瓣膜的变化及相互关系

血期心室射出的血量约占总射血量的 2/3。

2）减慢射血期：快速射血期后心室收缩强度减弱，动脉血压逐渐升高，射血速度变慢，称为减慢射血期，历时约 0.15s。在射血过程中随着动脉血压上升和室内压降低，至减慢射血期室内压已略低于动脉压，但血液仍具有较大动能，依其惯性作用继续流入动脉。减慢射血期末心室容积缩至最小，为 60 ～ 80ml 血液。减慢射血期心室射出的血量约占总射血量的 1/3。

2．心室舒张期（period of ventricular diastole）　心室舒张期包括等容舒张期和心室充盈期。心室充盈期又分为快速充盈期和减慢充盈期，也包括心房收缩期。

（1）等容舒张期：心室开始舒张，室内压下降，动脉内血液向心室方向反流，推动半月瓣关闭阻止血液倒流入心室。此时室内压高于房内压，房室瓣关闭，心室又成为一个密闭的腔。心室肌继续舒张，室内压急剧下降但容积并不改变，故称等容舒张期，这一时期从半月瓣关闭到房室瓣开放前止，历时 0.06 ～ 0.08s。

（2）心室充盈期：心室继续舒张，室内压继续下降，当室内压低于房内压时房室瓣开放，心房和大静脉内的血液顺压力梯度进入心室，心室容积扩大。

1）快速充盈期：随着心室舒张，室内压下降甚至为负压，心房和心室之间形成很大的压力梯度，心房和大静脉内的血液被快速“抽吸”流入心室，心室容积急剧增大，称为快速充盈期，历时约 0.11s。此期进入心室的血液量约占充盈总量的 2/3。

2）减慢充盈期：随着心室内血量的增多，心房与心室之间的压力梯度减小，血液流向心室的速度减慢，心室容积缓慢增大，称为减慢充盈期，历时约 0.22s。

3）心房收缩期：心室舒张的最后 0.1s，心房开始收缩，房内压升高，将血液挤入心室，使之进一步充盈，心房收缩期持续约 0.1s。通过心房收缩增加的心室充盈量仅占心室总充盈量的 10% ～ 30%。心室充盈完成后，开始下一次的收缩与射血的过程。

综上所述，心室的收缩与舒张是造成室内压变化并导致心房与心室之间、心室与主动脉之间产生压力差的根本原因，而压力差又是引起瓣膜开闭的直接动力。心脏的泵血过程是在心室活动的主导下进行的。临床上心房颤动时心房不能正常收缩，心室充盈量虽有所减少还不影响安静时机体的正常活动，但运动时心功能不足即体现出来尚不致引起严重后果。但是，假如心室颤动将导致心室不能正常射血，则心脏的泵血功能立即发生障碍危及患者生命。

右心室的泵血过程与左心室基本相同，但由于肺动脉压约为主动脉压的 1/6，因此在射血过程中右心室内压的变化幅度明显小于左心室内压。

四、心脏泵血功能的评价

心脏的主要功能是不断射血以满足机体新陈代谢的需要。心功能的评价具有重要的生理和临床意义。评价心功能的指标较多，应对多种指标进行综合分析才能得出正确的评价。这里介绍几种常用指标。

（一）每搏输出量和射血分数

一侧心室每次搏动射出的血量，称为每搏输出量（stroke volume，SV），简称搏出量。左、右心室的搏出量基本相等，通常所说的搏出量是以左心室的搏出量为代表，正常成人安静时约 70ml（60 ～ 80ml）。搏出量等于心室舒张末期容积与收缩末期容积之差。左心室舒张末期容积约 125ml，收缩末期容积约 55ml，两者之差 70ml 即为搏出量。可见，心室射血并未将心室内血液全部射出，仍有部分余血。搏出量占心室舒张末期容积的百分比称射血分数（ejection fraction，EF）。静息状态下，健康成人的射血分数为 55% ～ 65%。正常心脏搏出量始终与心室舒张末期容积相适应，即在一定范围内心室舒张末期容积增加，搏出量随之相应增加，射血分数基本不变。心交感神经兴奋时，心肌收缩力增强，搏出量增多，射血分数增大。对于心室异常扩大的患者其搏出量可能与正常人一样，但射血分数已明显降低，此时仅用搏出量来衡量心脏泵血功能不能全面体现心功能的好坏，如加用射血分数来评定心脏泵血功能更加客观全面。

（二）每分输出量与心指数

每分钟一侧心室射出的血量，称为每分输出量（cardiac output，CO），简称心输出量。心输出量等于搏出量与心率的乘积。正常成人安静时心率约为 75 次 / 分，搏出量为 60 ～ 80ml，则心输出量为 4.5 ～ 6.0L/min，平均约为 5L/min。左、右心室的心输出量基本相等。心输血量与机体代谢水平相适应，但可因性别、年龄、体型等差异而不同。成年女性的心输出量比同体重男性约低 10%；青年时期的心输出量高于老年时期；重体力劳动或剧烈运动时，心输出量可比安静时提高 5 ～ 7 倍，高达 25 ～ 35L/min。

心输出量是以个体为单位计算的，因个体之间身材差异较大心输出量也有差别。为了便于在个体之间进行比较，临床将按单位体表面积（m^2）计算的心输出量称为心指数（cardiac index，CI）。人在安静时心输出量与体表面积成正比，心指数是评价不同个体之间心脏功能的常用指标。一个中等身材的人体表面积为 1.6 ～ 1.7m^2，静息时心输出量按 5 ～ 6L/min，则心指数为 3.0 ～ 3.5L/(min · m^2)。

心指数因年龄及机体的状况变化而变化。10 岁左右的儿童，静息时心指数最大，可达 4L/(min · m^2) 以上，随着年龄增长逐渐下降，到 80 岁时静息心指数接近 2L/(min · m^2)。人在运动、妊娠、情绪激动、进食等情况下心指数均增高。

（三）心脏做功

血液在心血管内流动过程中所消耗的能量由心脏做功供给。心脏做功所释放的能量主要为压强能和动能。常以博每搏功作为评价心脏泵血功能的指标。心室一次收缩所做的功称为每搏功（stroke work），简称搏功。搏功包括两部分：一部分是压力 - 容积功，这是心室以一定的压力将血液射入主动脉所做的功，是心脏做功的主要部分。另一部分是动力功，这是心室赋予血液适当的动能，以加速血液流动所做的功，所占比例很小，仅约 1%，一般忽略不计。心室每分钟做所的功，称为每分功（minute work）。搏功和每分功比单纯的心输出量更为全面。左心室搏功可以用下式简化公式计算：

左心室搏功（J）= 搏出量（L）×（平均动脉压 - 平均左心房压）(mmHg) ×13.6× 9.807 ×(1/1000)

每分功（J）= 搏功 × 心率

从公式分析可知，心脏做功不仅与心输出量有关还与血压有关。以搏出量 70ml，平均动脉压为 92mmHg，平均心房压为 6mmHg，则搏功为 0.803J。右心室搏出量与左心室相等，肺动脉平均压仅为主动脉平均压的 1/6 左右，故右心室做功量仅为左心室的 1/6。

（四）心力储备

心输出量随机体代谢需要而增加的能力称为心力储备（cardiac reserve）。它能反映心脏泵血功能的潜力和心脏的健康程度。健康人有相当大的心力储备，静息时心输出量为 5.0L/min，剧烈运动或强体力劳动时心输出量可达 25 ～ 30L/min，为静息时的 5 ～ 6 倍。

心力储备能力取决于心率储备和搏出量储备。正常健康成人心率可由静息时的 75 次 / 分，增加到 160 ～ 180 次 / 分，约为静息时心率的 2 倍多，称之为心率储备。搏出量储备分为收缩期储备和舒张期储备。静息情况下左心室收缩末期容积约为 75ml，心室做最大射血后，心室内收缩末期容积不足 20ml，可见充分动用收缩期储备搏出量可增加 55 ～ 60ml；而静息情况下舒张末期容积约 145ml，由于心室最大充盈只能达 160ml 左右，即舒张期储备只有 15ml 左右。正常人静息时的搏出量为 70ml，强体力劳动时可提高到 140ml 左右，使心输出量增加 2 ～ 2.5 倍。实践证明，增强心力储备的有效途径是进行合理的体育锻炼，长期训练的运动员，心脏经常高强度地工作使得心肌纤维增粗、收缩能力增强、心力储备增加。

（五）影响心输出量的因素

心输出量等于搏出量乘以心率，故凡能影响搏出量和心率的因素均能影响心输出量。

1．影响搏出量的因素　在心率不变的情况下，搏出量的多少取决于心室收缩的强度和速度。凡能影响心肌收缩强度和速度的因素均能影响搏出量。和骨骼肌一样，心肌收缩强度和速度受前负荷、后负荷和心肌收缩能力的影响。

(1) 前负荷：是指心室肌收缩前所承受的负荷，即心室舒张末期容积或压力。以左心室舒张末期压力为横坐标，左心室搏功为纵坐标绘出的曲线称为心室功能曲线（图 4-10）。从心功能曲线可看出在一定的范围内增加心室舒张末期的压力，心脏做功也增加。而心室舒张末期的压力与心室舒张末期的容积成正相关，在一定范围内静脉回心血量越多，心室舒张末期容积越大，心室舒张末期的压力越大、心肌初长度越长，则心肌收缩强度和速度越大，搏出量越多。因此，把通过改变心肌初长度引起心肌的收缩强度和速度改变的这种调节，称为异长调节（heterometric regulation）。研究表明，充盈压 12 ~ 15mmHg 是人体左心室的最适前负荷，这时心肌的收缩力最大。通常人左心室舒张末期充盈压为 5 ~ 6mmHg，与最适前负荷之间有一定差距，当静脉回心血量增多即前负荷增大时，心室肌可通过异长调节增强射血功能。若前负荷过大，超过最适前负荷，收缩力反而减弱，因此在输血或补液时，应严格控制输血、补液的速度和量，以防发生急性心力衰竭。

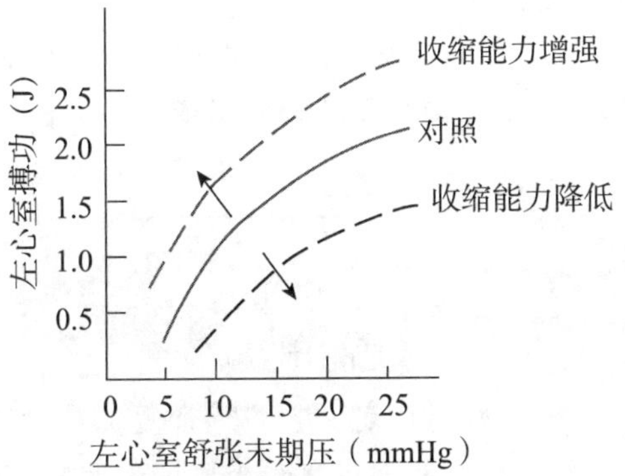

图 4-10 左心室功能曲线

（2）后负荷：指心室肌收缩后遇到的负荷或阻力，即大动脉血压。如果心脏前负荷、心肌收缩能力、心率保持不变，则后负荷与搏出量呈反变关系（图 4-11）。这是因为动脉血压升高将使心室等容收缩期延长，射血期缩短，射血速度减慢，再加上射血期心肌纤维缩短速度和程度都减小，搏出量减少。生理情况下，心脏受到神经体液因素的调节，前、后负荷和心肌的收缩能力相匹配，后负荷的增加，心肌收缩能力的增强，克服动脉阻力增加的作用使心输出量与机体代谢水平相适应。例如，高血压患者早期搏出量并不一定减少，因为可以通过异长调节进行代偿，但后负荷持续增高，使心肌长期加强收缩，导致心肌肥厚等病理改变，最后导致心力衰竭。临床上治疗因后负荷增大引起的心力衰竭，其中一个方法就是通过扩血管药物降低动脉血压来改善患者的心功能。

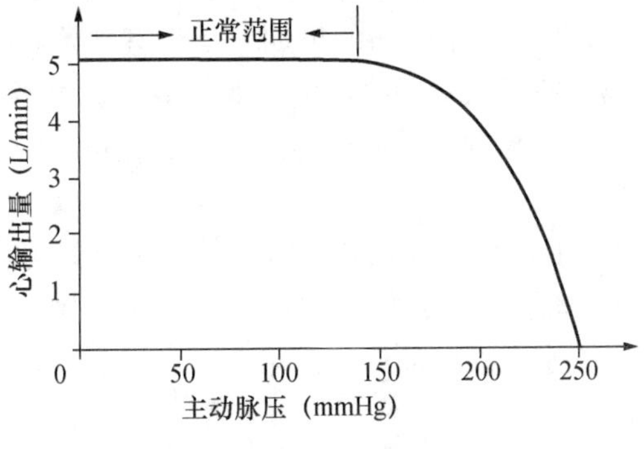

图 4-11 后负荷对心输出量的影响

（3）心肌收缩能力：是指心肌不依赖于前、后负荷而改变其力学活动的一种内在特性。这种通过心肌细胞内部功能状态的改变使其收缩强度和速度发生变化，从而使搏出量发生改变称为等长调节（homometric regulation）。凡能影响心肌细胞兴奋 - 收缩耦联过程的各个环节均可影响心肌的收缩能力，其中参与连接的横桥数和原肌凝蛋白的 ATP 酶活性是控制心肌收缩能力的重要因素，活化的横桥数由兴奋时胞质中 Ca^{2+} 的浓度及 Ca^{2+} 与肌钙蛋白的的亲和力决定。心肌收缩能力也受神经、体液、药物及心肌本身的功能状态等诸多因素影响。例如，交感神经兴奋，血液中肾上腺素增多或使用洋地黄等强心药物时心肌收缩能力增强，每搏输出量增加；而迷走神经兴奋，乙酰胆碱增多，心肌收缩能力减弱，每搏输出量减少。

2．心率对心输出量的影响　在一定范围内心率增加，心输出量增加。然而心率过快，超过 160 ～ 180 次 / 分，心输出量反而下降。主要因为心率过快，心室舒张期明显缩短，心室充盈明显不足，搏出量明显减少。相反，心率过慢，低于 40 次 / 分，虽然心室舒张期延长，但心室充盈接近最大限度后不会再增加，也不能相应提高心输出量。

知识链接

心输出量

心输出量是反映心功能的最好指标之一，对于危重症的动态监测有着重要的临床意义，在很大程度上和全身组织细胞的新陈代谢率相适应。目前，心输出量监测通常用于术中监测和重症监护。同时，心输出量监测在一些运动场合和心力衰竭患者家庭监护中的重要性也日益突出。心输出量的测量方法很多，插入肺动脉漂浮导管以温度稀释法是目前临床判断的金标准，但这是有创的。无创方法主要有胸电生物抗阻法、多普勒心脏超声技术、经食管多普勒法、经气管多普勒法、部分 CO_2 重复吸入法等。

五、心音与心电图

（一）心音

在心动周期中，心肌收缩、瓣膜启闭、血流冲击心室壁和大动脉管壁等因素引起的机械振动通过周围组织传导到胸壁，用听诊器便可在胸部某些部位听到相应的声音，即为心音（heart sound）。如果用换能器将其转变为电信号，输入心音图仪经放大后所记录的曲线便是心音图。

在一个心动周期中正常可出现四个心音，即第一心音、第二心音、第三心音、第四心音。通过听诊器一般可听到第一心音和第二心音，健康儿童和青年人偶尔可听到第三心音、第四心音。

1．第一心音　第一心音发生在心室收缩的早期，是心室开始收缩的标志。其音调低，持续时间长，在心尖部即胸前壁第五肋间锁骨中线内侧听取最清楚。由于心室收缩使房室瓣快速关闭及心室射出的血液冲击大动脉壁引起的振动而产生。第一心音可反映心室肌收缩能力和房室瓣的功能状态。

2．第二心音　第二心音发生在心室舒张开始时，是心室开始舒张的标志。其音调高，持续时间较短，在主动脉瓣听诊区和肺动脉瓣听诊区听取最清楚。由于心室舒张、半月瓣快速关闭和血液反流冲击大动脉根部及心室壁振动而产生。第二心音可反映动脉压力高低和动脉瓣的功能状态。

心音是心动周期的客观体征，在诊断心脏疾病方面有重要意义。听取心音可判断心率、心律、瓣膜的功能是否正常。当瓣膜不能正常开闭、心脏活动异常时，均可产生心脏杂音或异常心音。

知识链接

心音听诊

心音听诊是经典且非常实用的诊断技术。通过听诊心音可了解心脏及瓣膜的功能状态，心脏杂音是指正常第一心音、第二心音之外听到的心音，由心室壁、瓣膜或血管壁振动产生。例如，舒张早期奔马律多见于心力衰竭、急性心肌梗死、重症心肌炎，舒张晚期奔马律多见于高血压性心脏病、肥厚型心肌病、主动脉瓣狭窄，肺动脉收缩期喷射音见于肺动脉高压、原发性肺动脉扩张、轻中度肺动脉瓣狭窄、房间隔缺损、室间隔缺损，主动脉喷射性杂音见于高血压、主动脉瘤、主动脉狭窄、主动脉关闭不全。可见心脏不同位置的病变产生不同杂音，故心脏杂音对心脏疾病的诊断具有重要临床意义。

（二）心电图

在每个心动周期，兴奋自窦房结开始后，按一定的途径和时程依次传向心房和心室使整个心脏兴奋。由于人体是导体，心脏活动时产生的生物电变化可通过心脏周围的导电组织和体液传导到体表。将测量电极置于体表一定部位记录到的心脏电变化曲线，称为心电图（electrocardiogram，ECG）。心电图反映整个心脏兴奋的产生、传导到恢复过程中的综合电位变化，在临床上对心脏起搏点功能的分析、传导功能的判断以及房室肥大、心肌损伤的诊断有很大价值和意义。

1．心电图的导联　人体不同部位放置的电极通过导线与心电图机的正负极相连，这种记录心电图的连线方式称为心电图导联。临床上常用导联有 12 个：①标准导联（Ⅰ、Ⅱ和Ⅲ）；②加压单极肢体导联（aVR、aVL、aVF）；③加压单极胸导联（V_1、V_2、V_3、V_4、V_5、V_6）。由于导联不同，记录到的心电图波形可不完全相同，但是每一个心电图都包含几个基本波形。

2．正常心电图的波形及意义　心电图记录纸或显示屏上纵线代表电压，每小格 1mm 相当 0.1mV；横线代表时间，每小格 1mm 相当 0.04s。据此可测出心电图各波的电压值和时间。不同导联描记的心电图波形并不完全相同。标准导联Ⅱ的波形较典型，下面以它为例说明波和间期的形态及其意义（图 4-12）。

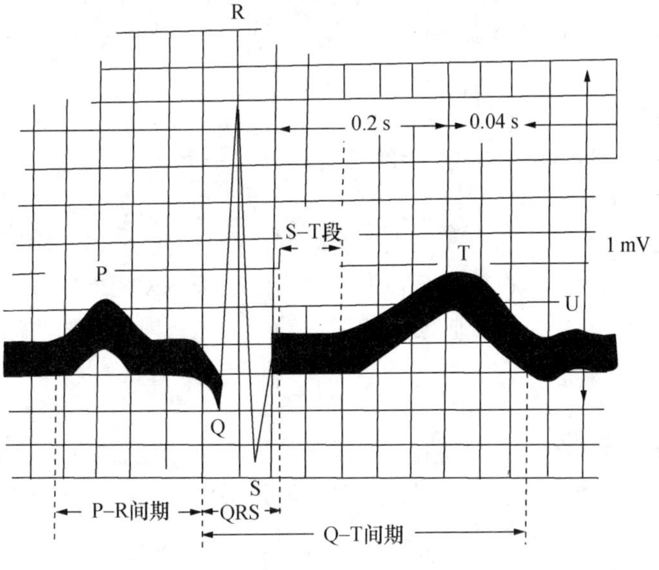

图 4-12　正常心电图（Ⅱ导联）

（1）P 波：反映左、右两心房的去极化过程，波形小而圆钝。P 波正常时程 0.08 ~ 0.11s，波幅不超过 0.25mV。如其时间和波幅超过正常，则表示心房肥厚。

（2）QRS 波群：反映左、右两心室的去极化过程。典型的 QRS 波由三个紧密相连的波组成：第一个是向下的 Q 波，接着是向上高而尖的 R 波，最后是向下的 S 波。QRS 波起点标志心室兴奋的开始，终点表示左、右心室已全部兴奋，历时 0.06 ~ 0.10s，表示兴奋在左、右心室肌扩布所需的时间。QRS 波群各波幅度在不同导联上变化较大。当心室肥厚或心室内兴奋传导异常时，QRS 波群将发生改变。

（3）T 波：QRS 波群后的一个持续时间较长、波幅较低、向上的波即 T 波，反映两心室的复极过程电变化。T 波起点标志着两心室复极开始，终点表示两心室复极完成，历时 0.05 ~ 0.25s，波幅为 0.1 ~ 0.8mV。T 波方向通常与 QRS 波的主波方向一致，通常以 R 波为主的导联中，T 波不应低于 R 波的 1/10，小于 1/10 称为 T 波低平。T 波低平、双向或倒置提示心肌缺血。

（4）PR 间期：指从 P 波起点到 QRS 波起点之间的时程，历时 0.12 ~ 0.20s。它代表由窦房结产生的兴奋，经过心房、房室交界、房室束及其分支到心室肌开始去极化所需的时间。若 PR 间期超过 0.22s，表示房室传导阻滞。

（5）ST 段：指从 QRS 波终点到 T 波起点之间的线段。反映两心室各部分细胞全部处于去极化状态，心室各部分之间无电位差，故正常与基线平齐。一般上移不超过 0.1mV，下移不超过 0.05mV。若 ST 段超过正常范围表示心肌损伤或缺血。

（6）QT 间期：指从 QRS 波起点到 T 波终点的时程，历时 0.30 ~ 0.40s。它表示从心室开始去极化到复极化结束所经历的时间。

（李碧蓉）

第二节　血管生理

一、各类血管的功能特点

与心脏相连的血管系统中，动脉、毛细血管和静脉三者依次串联组成一个相对密闭的管道系统。各类血管的结构及所分布的部位不同，因此有不同的功能特点。按血管的功能特点可将其分为以下几类：

（一）弹性储器血管

弹性储器血管（windkessel vessel）指的是主动脉、肺动脉主干及其大的分支。这些血管的管径大，管壁厚且含有丰富的弹性纤维，具有较大的弹性和可扩张性。左心室收缩射血时，射出的血液可使主动脉或大动脉扩张，容积增大，暂时储存部分血液。当心室舒张时，射血停止，被扩张的大动脉则弹性回缩，将射血期储存在大动脉内的血液继续往外周方向推进。大动脉的这种功能称为弹性储器作用，它可以使心脏间断的射血转变为血管内连续的血流，并缓冲动脉血压的波动幅度。

（二）分配血管

从弹性储器血管之后到分支为小动脉前的动脉管道称为分配血管（distribution vessel）。这类血管的血管壁中平滑肌较多，收缩性较强，主要功能是将血液输送至各组织器官，起分配血液的作用。

（三）阻力血管

小动脉、微动脉的血管半径小是产生血流阻力的主要部位，故称为阻力血管（resistance vessel）。微动脉管壁富含平滑肌，其舒缩活动可引起血管管径大小发生变化，从而改变血流阻力和微动脉所在器官、组织的血流量。

（四）交换血管

真毛细血管管壁薄，仅由单层内皮细胞和一薄层基膜构成，故通透性大，加之数量多，血流速度慢，因而是血液和组织液进行物质交换的部位，故称为交换血管（exchange vessel）。

（五）容量血管

静脉与同级的动脉相比，其管径大、数量多、管壁薄、易扩张，因此容量较大。安静状态下，静脉能容纳 60% ～ 70% 的循环血量，起着血液储存库的作用，故称为容量血管（capacitance vessel）。

二、血流量、血流阻力和血压

血液在心血管系统中流动的力学称为血流动力学（hemodynamics），它研究的基本问题是血流量、血流阻力和血压以及三者之间的关系。

（一）血流量和血流速度

1．血流量　血流量（blood flow）是指单位时间内流过血管某一截面的血液量，又称容积速度，通常以 ml/min 或 L/min 为单位。根据流体力学规律，液体在某段管道中流量（Q）的多少与该段管道两端的压力差（ΔP）呈正比，与液体流动遇到的阻力（R）呈反比，即：$Q \propto \Delta P / R$。在体循环中，上式中的 Q 为心输出量，R 是体循环总血流阻力，ΔP 为主动脉压与右心房压之差。由于右心房压接近于零，ΔP 可用主动脉压（P_A）代表。因此上式可写成 $Q \propto P_A/R$。而对某个器官而言，其血流量则取决于灌注该器官的动、静脉压之差（ΔP）和该器官内的血流阻力（R）。由于正常情况时，静脉血压很低，所以动脉血压和血流阻力是影响器官血流量的主要因素。而实际上，在整体不同状态时，灌注各器官的动脉血压值差异不大，故器官内的血流阻力是决定器官血流量多少的重要因素。

2．血流速度　血液中的某一质点在血管内移动的线速度称为血流速度（blood velocity），通常用 cm/s 或 m/s 来表示。血液在血管内流动时，其血流速度与血流量呈正比，与血管的横截面积呈反比。在封闭的管道系统中，任一截面的流量都是相等的。同理，在封闭的血管系统中，动脉、毛细血管以及静脉血管各段的总血流量也都相等，都等于心输出量，但血管各段的血流速度不相同。主动脉的横截面积最大，但数量少，故总横截面积最小，血流最快，为 180 ～ 220mm/s。相反，单个毛细血管横截面积虽小，由于数量多，因而其总横截面积最大，血流最慢，为 0.3 ～ 0.7mm/s（图 4-13）。

（二）血流阻力

血液在血管内流动所遇到的阻力称为血流阻力（resistance of blood flow）。血液内部各成分之间以及血液与血管壁之间的摩擦是其产生的主要原因。血流阻力的大小与血管半径、血管长度及血液黏滞度有关，它们之间的关系可用下式表示：

$$R = 8\eta L/\pi r^4$$

其中 R 代表血流阻力，η 代表血液黏滞度，L 为血管长度，r 为血管半径。从该式中可以得知，血流阻力与血管长度及血液黏滞度成正比，与血管半径的四次方成反比。正常情况下，血管长度不会发生明显变化，π 为常数，因此，血流阻力主要取决于血液黏滞度和血管半径。血管半径易受神经、体液因素的影响而发生改变，引起血流阻力显著的变化。在体循环的总血流阻力中，主动脉及大动脉约占 9%，小动脉及其分支约占 16%，微动脉约占 41%，毛细血管约占 27%，静脉系统约占 7%。可见小动脉和微动脉是血流阻力形成的主要部分，其舒缩活动对血流阻力的影响最大。

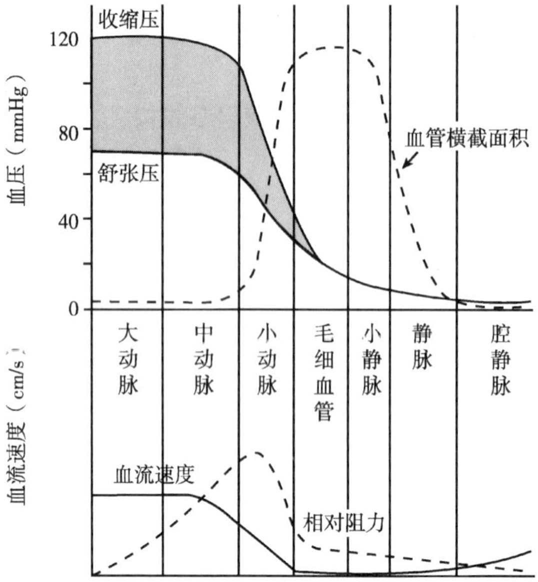

图 4-13　各段血管的血压、血流速度、血管总横截面积和血流阻力关系示意图

（三）血压

血压（blood pressure）指血管内流动的血液对单位面积血管壁的侧压力（压强）。在循环系统中，动脉、毛细血管和静脉内的血压分别称为动脉血压、毛细血管血压和静脉血压。通常所说的血压指的是动脉血压。血压值常用毫米汞柱（mmHg）为计量单位（1 mmHg =0.133kPa），大静脉的血压值很低，所以常用厘米水柱（cmH_2O）为单位（$1cmH_2O$=0.098kPa）。

在体循环时，从左心室射出的血液在流动过程中由于受到外周阻力的作用，能量不断被消耗，因而血压会逐渐下降。在主动脉端血压约为 100mmHg，在微动脉起始端血压约为 85mmHg，到毛细血管起始端血压降至约 30mmHg，血压在肺静脉端约为 10mmHg，最后至右心房时接近为 0mmHg。由此可见，血液流经小动脉与微动脉后，血压降落幅度最为明显，原因与此处阻力最大、耗能最多有关。

三、动脉血压与动脉脉搏

动脉血压（arterial blood pressure）是指血液对单位面积动脉血管壁的侧压力。一般是指主动脉内的血压。由于在大动脉内血压下降幅度很小，通常以肱动脉血压代表主动脉血压。

（一）动脉血压的正常值及生理性波动

在一个心动周期中，动脉血压会随心脏的舒缩活动而发生周期性变化。心室收缩时，动脉血压升高，所达到的最高值称为收缩压（systolic pressure）。心室舒张时，心室停止射血，动脉血压降低，所降至的最低值称为舒张压（diastolic pressure）。收缩压与舒张压之差称为脉压（pulse pressure）。一个心动周期中每一瞬间动脉血压的平均值称为平均动脉压（mean arterial pressure）。由于心动周期中心舒期长于心缩期，故平均动脉压更接近舒张压，约等于舒张压加 1/3 脉压。我国健康青年人在安静状态时，动脉血压较为稳定，变动范围较小。收缩压为 100 ～ 120mmHg，舒张压为 60 ～ 80mmHg，脉压为 30 ～ 40mmHg，平均动脉压为 100mmHg。动脉血压值通常用“收缩压 / 舒张压”表示。

正常人的动脉血压有明显的昼夜节律性变化，上午 6-8 时及下午 4-8 时各有一个高峰，夜间血压降低，凌晨 2-3 时血压最低，表现为“两峰一谷”的现象，这种生理性波动对选择测量高血压的时间及临床为高血压患者制订给药方案具有一定的指导意义。另外，血压还具有性别和年龄差异，并可随生理状态的不同而发生变化。一般来说，成年男性血压略高于女性。随着年龄的增加，不论男女，动脉血压均逐渐升高，收缩压的升高幅度比舒张压明显。当机体情绪激动或体力劳动时，血压也可短暂性升高。

血压是推动血液流向各器官、组织的动力，是维持各组织、器官血流量的重要因素，血压过高或过低均对健康有害。当成人安静时收缩压持续 ≥ 140mmHg 和（或）舒张压持续 ≥ 90mmHg，称为高血压。长期的高血压可引起心、脑、肾等器官发生继发性病变。若收缩压持续 < 90mmHg 或舒张压 < 60mmHg，则为低血压。血压低可使某些器官血液供应不足，导致局部缺血缺氧，从而造成缺血性病变。

（二）动脉血压的形成

在有足够血液充盈的前提下，心室收缩射血对血流产生的动力和血流遇到的外周阻力是动脉血压形成的两个根本因素。此外，大动脉管壁的弹性在动脉血压的形成中起着缓冲收缩压和维持舒张压的作用。

血液充盈程度可用循环系统平均充盈压（mean circulatory filling pressure）来表示。在动物实验中，用电刺激造成心室颤动，心脏暂时停止射血，血流暂停，此时在循环系统中各处所测得的压力均相同，这一压力即为循环系统平均充盈压。其大小取决于循环血量和循环系统容积之间的相对关系。若血量增多或循环系统容积变小，循环系统平均充盈压就增大，反之则减小。

在循环系统中的外周阻力主要是由小动脉、微动脉形成。心室收缩射血时，由于有外周阻力的存在，射出的血液不能全部流向外周，只有约 1/3 的血液流向外周，其余约 2/3 的血液则暂时储存在大动脉中，从而对血管壁形成侧压力，使得大动脉管壁扩张，形成收缩压，并使收缩压不至于过高。当心室舒张时，射血停止，扩张的血管弹性回缩，使得血液继续向外周流动，形成舒张压，并使舒张压不会过低（图 4-14）。

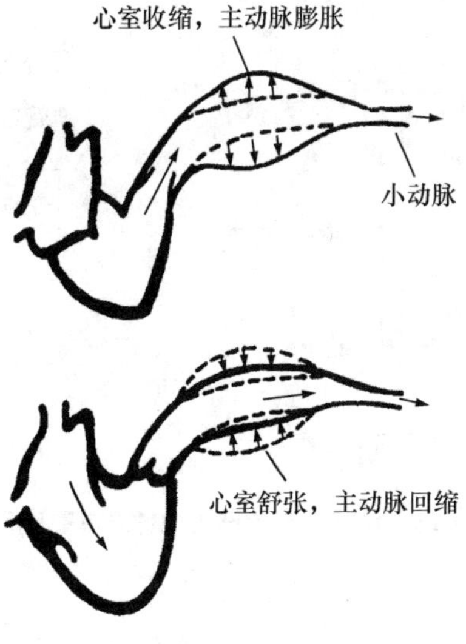

图 4-14 主动脉管壁弹性作用示意图

（三）影响动脉血压的因素

动脉血压形成的各种因素若受到影响，则都可影响动脉血压的高低。下面就单个影响因素对动脉血压的作用分述如下。

1. 搏出量 当左心室收缩力增加，搏出量增加时，大动脉内的血液量增多，则收缩压明显升高，舒张压也将升高，但舒张压升高的幅度不如收缩压大，故脉压增大。这是因为收缩压升高可使动脉中血液外流的速度加快，到舒张末主动脉和大动脉中存留的血液量与搏出量增加之前相比增加并不多，故舒张压升高不明显。反之，若搏出量减少，则主要降低收缩压，舒张压下降不明显，脉压减小。因此，搏出量的改变主要影响收缩压，而收缩压的高低也主要反映搏出量的多少。

2．心率　心率增快时，心舒期缩短，在该期内流向外周的血液量减少，则心舒期末存留在大动脉内的血液量就增多，导致舒张压升高。在心缩期，动脉内的血液量相对也会增加，因此收缩压亦会升高，但由于收缩压的升高可使血流速度增快，使动脉内血量的增加不如心舒期明显，收缩压升高幅度不如舒张压明显，故脉压减小；反之，心率减慢，舒张压明显降低，脉压增大。因此，心率的改变对舒张压的影响较收缩压更为明显。

3．外周阻力　外周阻力增大时，心舒期血液外流的速度减慢，流至外周的血量减少，使心舒期末存留在大动脉中的血量增多，舒张压明显升高。心缩期动脉内的血量也会相应增多，因此收缩压升高，但收缩压升高的幅度比舒张压小，故脉压减小。相反，当外周阻力减小时，舒张压较收缩压明显降低，脉压增大。由上可知，外周阻力主要影响舒张压，所以舒张压的高低主要反映外周阻力的大小。

4．大动脉管壁的弹性　前文已述，大动脉管壁的弹性具有缓冲动脉血压的作用，使收缩压不会过高，舒张压不致过低。大动脉管壁的弹性会随着年龄的递增而逐渐减弱，老年人大动脉管壁弹性减退，可扩张性下降，从而对动脉血压的缓冲作用减弱，导致收缩压升高，舒张压降低，脉压增大。

5．循环血量与血管容量的比例　在正常生理状态时，循环血量与血管容量是相适应的，使血管内总保持一定的充盈压，这是动脉血压形成的前提条件。如果循环血量减少或血管容量增大，则血管内充盈度降低，可导致动脉血压下降。在临床上，前者常见于大失血，后者常见于药物过敏或中毒性休克患者。

在机体处于不同的生理或病理状态时，动脉血压的变化是多种因素同时影响、相互作用的结果。因此，分析动脉血压的变化时，应根据不同情况综合考虑（图 4-15）。

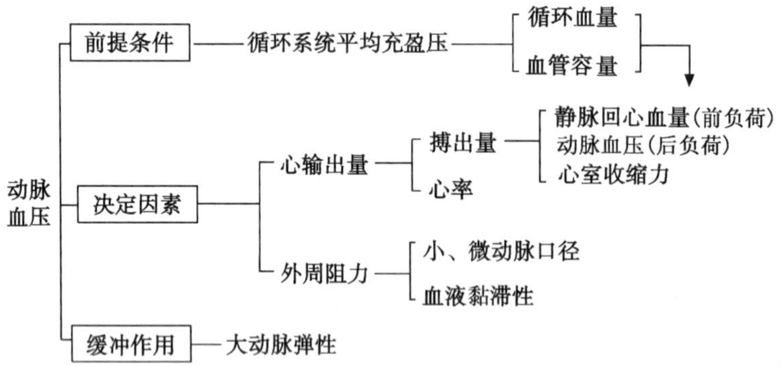

图 4-15　动脉血压的形成条件及其影响因素

（四）动脉脉搏

在心动周期中，由于动脉血压会随心室的收缩和舒张呈现周期性波动，引起动脉管壁发生节律性搏动，称为动脉脉搏（arterial pulse），简称脉搏。左心室收缩射血时，主动脉被动扩张，心室舒张时，主动脉弹性回位，大动脉的容量在每个心动周期中发生规则的变化，因此管壁也随之发生节律的变化，形成脉搏。形成的脉搏沿动脉管壁向外周传播，而不是由血流传播，它的传播速度远比血流速度快。由于脉搏的传播要消耗能量，所以远端动脉的脉搏变弱，至毛细血管，脉搏就不存在了，临床上最常选用桡动脉作为观察脉搏的部位。脉搏可反映心脏活动的频率和节律，并可根据脉搏辅助诊断某些心血管系统疾病。

四、静脉血压与静脉回流

静脉血管是血液回流入心脏的必经通道，并且也是循环系统的血液储存库。通过静脉的收缩与舒张，能有效地调节回心血量和心输出量，使循环功能适应机体的需求。

（一）静脉血压

血液从心室射出，经过动脉、毛细血管、静脉到达心房，再进入心室从而周而复始地循环流动，在血液流动的过程中，由于血管阻力的作用，能量逐渐被消耗，因此血压值逐渐减小，到达微静脉时血压仅 15 ～ 20mmHg，越靠近心房值越低。根据测量部位，可将静脉血压分为中心静脉压和外周静脉压。

1．中心静脉压　中心静脉压（central venous pressure，CVP）是指胸腔内大静脉或右心房的血压，正常值为 4 ～ 12cmH_2O。中心静脉压的高低取决于两个因素：一是心脏的泵血能力，若心脏泵血能力弱，不能及时将回心血量射向动脉，则中心静脉压升高。反之，心脏泵血功能强，则中心静脉压降低。二是静脉回心血量和速度。回心血量增多或回流速度增快，可以导致中心静脉压升高，反之中心静脉压降低。因此，中心静脉压主要可反映静脉回心血量的多少和心脏的功能状态，在临床上常作为控制输血、输液量和速度的观察指标。

2．外周静脉压　外周静脉压（peripheral venous pressure）是指各器官的静脉血压。正常人平卧时，肘静脉压为 5 ～ 14cmH_2O。当心脏泵血功能减弱时，静脉血回流减慢，血液将滞留于外周静脉内而导致外周静脉压升高。因此，外周静脉压也可作为判断心脏泵血功能的参考指标。

（二）影响静脉回流的因素

单位时间内的静脉回流量取决于外周静脉压与中心静脉压之间的压力差，以及静脉血管对血流的阻力大小。凡能影响这三者的因素，均能影响静脉回流量。

1．体循环平均充盈压　体循环平均充盈压是血管系统充盈程度的重要指标，可反映循环血量和血液系统容积之间的相对关系。血容量增加或容量血管收缩时，体循环平均充盈压增高，静脉回心血量增多；体循环平均充盈压减少时则相反。

2．心脏收缩力　心脏收缩力增强，射血量增加，舒张时心室内留存的血液量减少，室内压较低，对心房和大静脉内血液的抽吸力量也就增大，中心静脉压降低，故静脉回流量增加。反之，心室收缩力减弱，回心血量则减少。如右心衰竭患者，心肌收缩能力减弱，致使静脉回心血量减少，可出现颈外静脉怒张、肝充血肿大及下肢水肿等体征。左心衰竭时，左心房和肺静脉的压力升高，血液淤积于肺部，导致肺水肿和肺淤血的发生。

3．骨骼肌的挤压作用　骨骼肌收缩时，挤压静脉血管，使静脉内的血流加快，促进静脉血回流，加之静脉内有静脉瓣存在，使得静脉血液只能向心脏流动而不能倒流。因此，骨骼肌与静脉瓣共同对静脉的回流起着“泵”的作用，故有“肌肉泵”之称。若长期站立不动，由于重力的作用，可引起下肢静脉淤血、静脉曲张等症状。

4．呼吸运动　呼吸运动对静脉回流起着“呼吸泵”的作用。呼吸运动时，胸膜腔内压可随胸腔容积的扩大或缩小而发生相应的改变。胸膜腔内压通常低于大气压，称为胸膜腔负压。吸气时，胸腔容积扩大，胸膜腔负压增大，向外牵拉胸腔内大静脉和右心房的力量增加，容积增大，中心静脉压减小，有利于血液的回流。呼气时，胸腔容积缩小，胸膜腔负压减小，静脉回心血量则相应减少。

5．重力与体位　血管内的血液受地球重力场的影响，因而产生一定的静水压。处于同一水平上的动脉和静脉的静水压是相同的，但由于静脉管壁较薄，易扩张，因此静脉血液回流易受重力和体位改变的影响。平卧时，身体各部位血管大致与心脏在同一水平，当由平卧转为直立时，由于重力的作用使下肢静脉的血量增加，致使回心血量减少，从而导致心输出量减少，动脉血压下降，引起脑供血不足，可出现暂时的头晕甚至昏厥，称直立性低血压，体质虚弱或长期卧床者易发生。

五、微循环

微循环（microcirculation）是指微动脉和微静脉之间的血液循环。微循环是血液与组织液进行物质交换的主要场所，并且还可以调节局部组织血流量，维持内环境理化性质的相对稳定。

（一）微循环的组成和血流通路

机体各个器官、组织的结构和功能不同，微循环的组成也就不同。典型的微循环一般由微动脉、后微动脉、毛细血管前括约肌、真毛细血管、通血毛细血管、动 - 静脉吻合支和微静脉七部分组成（图 4-16）。血液流经微循环时可通过三条途径由微动脉流向微静脉。

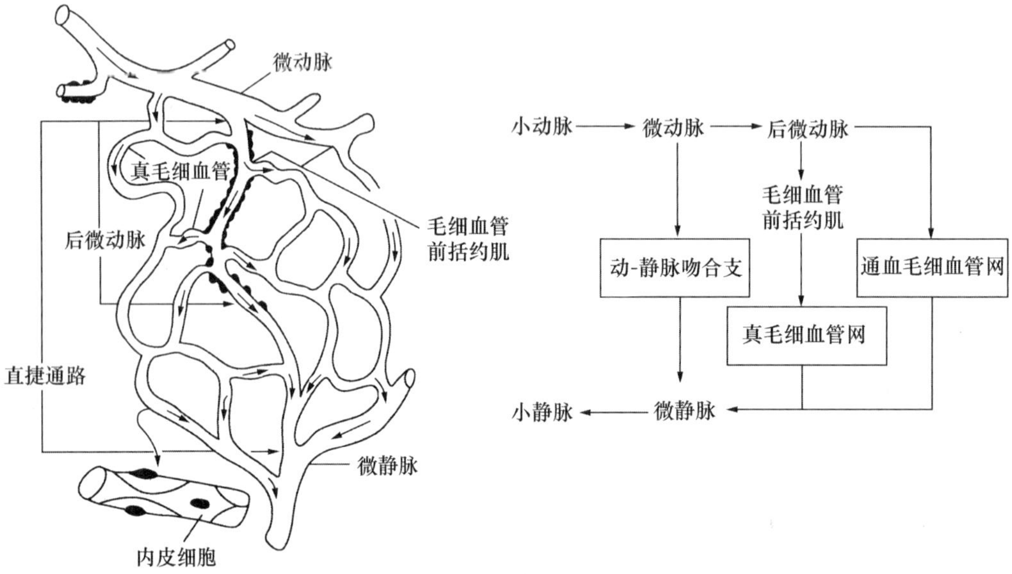

图 4-16　微循环及血流通路模式图

1. 迂回通路　血液从微动脉经后微动脉、毛细血管前括约肌、真毛细血管网汇流至微静脉，这一通路称为迂回通路（circuitous channel）。真毛细血管数量多，表面积大，交织成网，迂回曲折，血流缓慢，并且真毛细血管管壁薄，通透性好。因此，这条通路是血液与组织液进行物质交换的主要场所，故又称为营养通路。此通路由毛细血管前括约肌控制，受局部代谢产物的调节，轮流、交替开放。

2. 直捷通路　血液从微动脉经后微动脉、通血毛细血管至微静脉，此通路称直捷通路（thoroughfare channel），在骨骼肌中分布较多。这条通路直、短，阻力小，血流速度较快，因此其主要功能是使一部分血液及时通过微循环快速返回心脏。这条通路经常处于开放状态。

3. 动 - 静脉短路　血液从微动脉经动 - 静脉吻合支直接流入微静脉，称为动 - 静脉短路（arteriovenous shunt），多分布于皮肤。该通路阻力小，流速快，经常关闭，因此不进行物质交换。动 - 静脉吻合支有完整的平滑肌层，能进行舒缩活动。当环境温度较高时，吻合支平滑肌舒张，血流量增多，有利于散热；反之，环境温度降低，吻合支关闭，有利于保持体内的热量。故该通路的主要功能是调节体温。在感染性或中毒性休克时，吻合支大量开放，虽可使大部分血液及时回心，但血液不经过真毛细血管，从而加重组织缺氧。

（二）微循环的调节

微动脉作为微循环的起始部位，可通过舒缩活动控制整个微循环的血量，因此有微循环“总闸门”之称。微动脉后面相连着管径更细的后微动脉，每根后微动脉可供血给相应的真毛细血管。毛细血管前括约肌是由位于真毛细血管起始部的 1 ～ 2 个平滑肌细胞构成，毛细血管前括约肌收缩时，可减少进入真毛细血管的血流量，反之则增加，可看作是微循环的“分闸门”。微静脉位于微循环的最末端，其舒缩活动可影响微循环的血液流出量，故又称为微循环的“后闸门”。

微动脉、微静脉均接受交感缩血管神经的支配，但由于微动脉神经分布密度大于微静脉，因此，当交感缩血管神经兴奋时，微动脉收缩程度较微静脉明显。微动脉和微静脉也接受体液因素的调节。肾上腺素、去甲肾上腺素、血管紧张素等可使血管收缩。局部代谢产物如乳酸、CO_2、组胺、腺苷以及缺氧等可舒张血管。

后微动脉和毛细血管前括约肌主要受局部代谢产物调节。当局部组织产生的乳酸、CO_2、组胺、腺苷等代谢产物增多时，毛细血管前括约肌舒张，流经真毛细血管网的血液可将局部代谢产物运走。这时，局部代谢产物减少，舒血管的作用减弱，在血液中缩血管物质的作用下，后微动脉和毛细血管前括约肌收缩，局部组织的代谢产物又再次积聚，使真毛细血管网再次开放。如此反复进行，引起微循环内真毛细血管网的交替开放（图 4-17）。安静状态时，骨骼肌组织中同一时间内只有 20% ~ 35% 的真毛细血管网处于开放状态；机体代谢活动增强时，真毛细血管网开放的数量会相应增多，以适应组织代谢的需求。

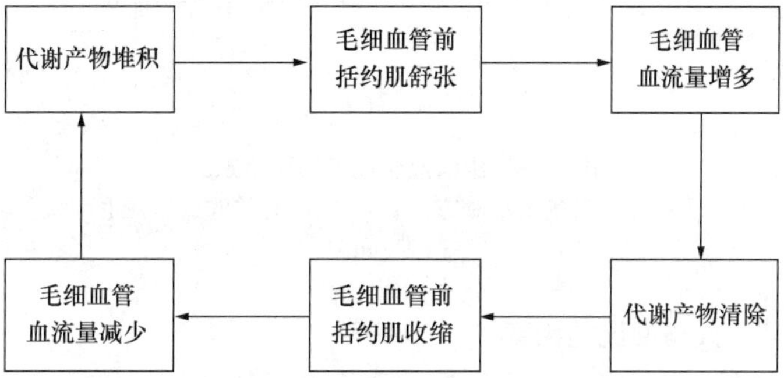

图 4-17 局部代谢产物对微循环的调节

六、组织液与淋巴液的生成与回流

存在于组织细胞间隙的液体称为组织液，它是细胞外液的组成成分之一，是血液和组织细胞之间进行物质交换的媒介。绝大部分组织液呈胶冻状，不可自由流动，故不会因重力作用而流至身体的低垂部位。有极少一部分组织液呈液态，可自由流动。

（一）组织液的生成与回流

组织液是血浆经毛细血管壁滤过生成，同时它又可通过重吸收回到毛细血管。毛细血管壁通透性大，除蛋白质外，血浆中其他成分均能通过毛细血管壁。组织液的移动方向取决于有效滤过压的大小。有效滤过压由四个因素组成，其中两个因素是促使液体自血管内向血管外滤过的力量，分别是毛细血管血压和组织液胶体渗透压；另外两个因素则是将液体从血管外重吸收入血管内的力量，即血浆胶体渗透压和组织液静水压。滤过的力量与重吸收的力量之差就是有效滤过压（effective filtration pressure），可用下式表示：

有效滤过压 =（毛细血管血压 + 组织液胶体渗透压）-（血浆胶体渗透压 + 组织液静水压）

在正常情况下，以上四个因素除毛细血管血压在动脉端和静脉端差值较大外（动脉端平均为 30mmHg，静脉端平均为 12mmHg），其他三个因素数值基本不变。因此，在毛细血管动脉端的有效滤过压为正值，约 10mmHg，说明滤过的力量大于重吸收的力量，组织液生成。静脉端的有效滤过压为负值，约 -8mmHg，说明重吸收的力量大于滤过的力量，组织液回流。在毛细血管动脉端滤出的液体量，在静脉端大约只有 90% 重吸收入血管，其余部分的液体则进入毛细淋巴管生成淋巴液，再经淋巴循环流回血液。

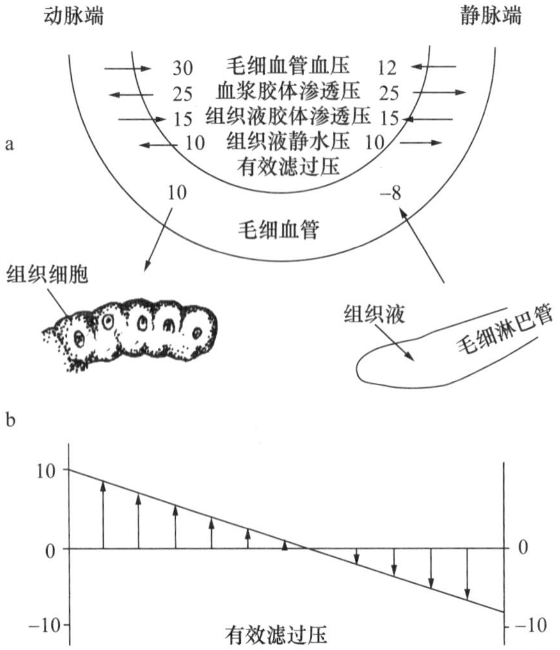

图 4-18 组织液生成与回流示意图

a. 表示影响水进出血管各种力量的大小和方向；b. 表示有效滤过压在毛细血管不同部位的变化（单位为 mmHg）

（二）影响组织液生成与回流的因素

正常情况下，组织液的生成和回流保持动态平衡，从而保证体液的分布相对稳定。这种平衡一旦受到破坏，使组织液生成大于回流，则可使过多组织液潴留于组织间隙中，造成水肿（edema）。影响组织液生成与回流的因素主要有：

1. 毛细血管血压　毛细血管血压升高，有效滤过压升高，组织液生成大于回流，导致水肿，例如右心衰竭时，中心静脉压升高，静脉回流受阻，使毛细血管血压升高，引起全身组织水肿。

2. 血浆胶体渗透压　血浆胶体渗透压主要取决于血浆蛋白质的浓度，若由于某种原因可使血浆蛋白质数量减少，如蛋白质摄入不足（营养不良）、蛋白质合成减少（某些肝疾病）、蛋白质丢失过多（肾疾病），这些因素均可导致血浆胶体渗透压下降，有效滤过压增大，出现水肿。

3. 毛细血管通透性　蛋白质一般不能通过正常毛细血管壁，当机体出现过敏、烧伤等情况时，毛细血管通透性增高，使血浆蛋白滤出，导致有效滤过压增大，引起水肿。

4. 淋巴回流　约 10% 的组织液经淋巴管回流入血液，因此淋巴回流是否畅通将影响组织液的回流。当淋巴回流受阻时，远端组织回流受阻发生局部水肿，例如肿瘤压迫、丝虫病等。

（三）淋巴液的生成与回流

1. 淋巴液生成和回流的机制

淋巴液是组织液进入毛细淋巴管而形成。毛细淋巴管的起始端是盲端，管壁由单层内皮细胞组成，无基膜，故通透性高。相邻的内皮细胞呈叠瓦状互相覆盖，形成只向管腔内开放的单向活瓣，防止淋巴液的倒流。组织液与淋巴液之间的压力差是促使淋巴液生成的动力。正常情况时，组织液的压力略高于毛细淋巴液的压力，一部分组织液顺压力差进入毛细淋巴管形成淋巴液，淋巴液沿淋巴管向心脏方向流动，最后汇集经胸导管和右淋巴导管流入静脉。正常人在安静状态下，每小时进入血液循环的淋巴液约 120ml，其中约 100ml 通过胸导管流入静脉，其余 20ml 经由右淋巴导管进入静脉。

2. 淋巴循环的生理意义

（1）回收蛋白质：组织液中的蛋白质不能逆浓度差通过毛细血管进入血液，但易进入毛细淋巴管。正常人每天由淋巴液带回血液的蛋白质为 75 ～ 200g，从而保持血浆蛋白质的正常浓度。回收组织液中的蛋白质入血，减少组织水肿是淋巴循环极为重要的功能。

（2）运输脂肪及其他营养物质：小肠绒毛的淋巴管对营养物质的吸收起重要作用，尤其是脂肪，80% ～ 90% 的脂肪经淋巴管输送至血液。

（3）调节血浆和组织液间的液体平衡：成人每天生成的组织液中约有 10% 经淋巴循环回流入血。因此，淋巴循环对调节血浆和组织液之间的体液平衡、维持体液的正常分布具有重要作用。

（4）防御和免疫功能：当组织受损时，进入组织液间隙的红细胞、细菌及其他异物可以被淋巴液带走。在淋巴循环途径中，淋巴液要经过淋巴结，淋巴结中巨噬细胞的吞噬活动可以将红细胞、细菌等清除。另外，淋巴结还产生淋巴细胞和浆细胞，参与机体的免疫机制。

第三节　心血管活动的调节

人体在不同生理状态时，各器官、组织的血流量要与其代谢水平相适应，才能保证各器官、组织活动的正常进行，这需要机体通过神经和体液因素调节心脏和血管的活动而实现。

一、神经调节

（一）心脏的神经支配

心脏受到心交感神经和心迷走神经的双重支配。心交感神经兴奋使心脏的活动增强，心迷走神经兴奋则抑制心脏的活动。

1．心交感神经及其作用　心交感神经的节前纤维起自脊髓胸段 1 ～ 5 节（T_1 ～ T_5）灰质外侧角神经元。在星状神经节或颈交感神经节交换神经元，节后神经元发出节后纤维组成心上、心中、心下神经，支配窦房结、房室交界、房室束及分支、心房肌及心室肌。左、右心交感神经对心脏的支配有所侧重，左侧心交感神经主要支配房室交界和心室肌，兴奋时主要使心室肌收缩力增强；右侧心交感神经主要支配窦房结，兴奋时加快心率。

心交感神经兴奋时，其节后纤维释放神经递质去甲肾上腺素（norepinephrine，NE）。去甲肾上腺素与心肌细胞膜上的 β_1 受体结合，提高心肌细胞膜对 Ca^{2+} 的通透性，降低对 K^+ 的通透性，总的结果是使心脏活动兴奋，出现心率加快、心肌收缩力增强以及房室传导速度加快等效应，这些效应又分别称为正性变时作用、正性变力作用和正性变传导作用。β 受体拮抗药普萘洛尔（心得安）或选择性 β_1 受体拮抗药阿替洛尔可阻断心交感神经对心脏引起的兴奋效应。

2．心迷走神经及其作用　心迷走神经的节前纤维起源于延髓的迷走神经背核和疑核，在心内神经节交换神经元，其节后纤维支配心脏的窦房结、心房肌、房室交界、房室束及分支；心室肌也有心迷走神经纤维支配，但数量远较心房肌少。左、右心迷走神经对心脏的作用有一定差异，左侧心迷走神经对房室交界的抑制作用较明显，兴奋时以房室传导速度减慢的效应为主；而右侧心迷走神经则对窦房结的抑制作用占优势，兴奋时则可引起心率减慢。

心迷走神经的节后纤维末梢释放的神经递质是乙酰胆碱（ACh）。ACh 可与心肌细胞膜上的 M 受体结合，使细胞膜对 K^+ 的通透性增大、对 Ca^{2+} 离子的通透性减小，导致 K^+ 外流增多，Ca^{2+} 内流减少，从而对心脏活动起抑制作用，出现心率减慢、心房肌收缩力减弱、房室传导速度减慢，这些效应分别称为负性变时作用、负性变力作用和负性变传导作用。阿托品作为 M 受体阻断剂，可阻断心迷走神经对心脏的抑制作用。

（二）血管的神经支配

除真毛细血管外，血管壁上都有平滑肌分布。支配血管平滑肌的神经纤维称为血管运动神经纤维，可分为缩血管神经纤维和舒血管神经纤维两大类。

1．缩血管神经纤维　都属于交感神经纤维，故又称交感缩血管神经纤维，其节前神经元位于脊髓胸、腰段（$T_1 \sim L_3$）的外侧柱。节前纤维在椎旁神经节或椎前神经节换元后，节后纤维几乎支配机体内所有的血管平滑肌，但不同部位的血管内缩血管神经纤维分布的密度不一，皮肤血管分布的密度最大，其次就是骨骼肌和内脏血管，冠状血管和脑血管分布得最少。

另外，缩血管神经纤维在同一器官的各类血管中分布的密度也不相同，动脉分布的密度高于静脉，这种分布特点具有重要的意义。如机体出现急性失血时，交感缩血管神经纤维兴奋，使皮肤和内脏血管强烈收缩，而脑血管和冠状动脉基本不收缩，优先保证心、脑等重要脏器的血液供应，并且维持血压的稳定。

绝大多数血管只接受交感缩血管神经纤维的单一支配。缩血管神经兴奋时，节后纤维末梢释放的神经递质去甲肾上腺素可以和血管平滑肌上的 α 受体和 β_2 受体结合，但结合后产生的效应不一致。去甲肾上腺素与 α 受体结合，引起血管平滑肌收缩；与 β_2 受体结合则使得血管平滑肌舒张。由于去甲肾上腺素与 α 受体结合能力较强，故交感缩血管神经纤维兴奋时，主要引起缩血管效应。安静状态时，交感缩血管神经纤维经常发放少量的低频冲动，称为交感缩血管紧张，可以使得血管平滑肌保持一定程度的收缩状态。当传出冲动频率增加时，紧张程度加强，血管收缩；相反，发放冲动频率降低时，血管就呈舒张状态。

2．舒血管神经纤维　这类神经纤维仅分布于部分血管，种类较多，主要有以下两类：

（1）交感舒血管神经纤维：这类纤维主要分布在骨骼肌血管。安静时，无紧张性活动，当机体处于激动、恐慌和剧烈运动时发放冲动，其节后纤维释放乙酰胆碱与血管平滑肌细胞膜上的 M 受体结合，产生舒血管效应，使骨骼肌血流量增加，有利于机体参与防御反应。

（2）副交感舒血管神经纤维：这类纤维主要分布于脑、唾液腺、胃肠道的外分泌腺和外生殖器等少数器官的血管，末梢释放的递质为乙酰胆碱，与血管平滑肌细胞膜上的 M 受体结合，产生舒血管效应，主要是调节器官、组织的局部血流量，但对循环系统的总外周阻力影响很小。

（三）心血管中枢

中枢神经系统内与心血管活动调节有关的神经元集中的部位，称心血管中枢（cardiovascular center）。从脊髓到大脑皮质的各级水平都分布有调节心血管活动的神经元，虽然它们的功能不同，但互相联系密切，共同使心血管系统的活动与整体功能相适应。

1．延髓心血管中枢　实验证明，延髓是调节心血管活动的最基本中枢。延髓心血管中枢包括以下几个功能部位：

（1）缩血管区：位于延髓头端腹外侧部，是心交感中枢和交感缩血管中枢的所在部位。这些中枢神经元的下行纤维投射到脊髓灰质外侧柱，与支配心脏和血管的交感节前神经元发生突触联系。平时，心交感中枢和交感缩血管中枢的神经元都有一定的紧张性活动，经常发放一定频率的冲动，再经各自的传出神经调节心脏和血管的活动，分别称为心交感紧张和交感缩血管紧张。缩血管区兴奋时可引起心率增快，心输出量增多，血管收缩，血压升高。

（2）心抑制区：心迷走中枢位于此处，目前认为延髓的背核与疑核是心迷走节前神经元的胞体所在部位。心迷走中枢的神经元平时亦有紧张性活动，称为心迷走紧张。该区兴奋时，使心脏产生抑制的效应。

（3）舒血管区：位于延髓尾端腹外侧部。该区神经元兴奋时可抑制缩血管区神经元的活动，引起血管舒张。

（4）传入神经接替站：延髓背侧的孤束核可接受压力感受器、化学感受器、心肺感受器等各方面传入的信息，从而参与心血管活动的调节。

2．延髓以上的心血管中枢　在延髓以上的脑干、下丘脑、小脑以及大脑中都存在与心血管活动有关的神经元。这些神经元对心血管活动的调节作用较延髓心血管中枢更加高级，它们可根据机体不同的功能状态或接受的不同刺激，对机体的心血管活动和其他的功能活动之间进行复杂的整合作用。如下丘脑在体温调节、摄食、水平衡以及发怒、恐惧等情绪反应的整合中都起着重要的作用，而这些反应都包含有相应的心血管活动变化。

（四）心血管反射

当机体内外环境或生理状态发生变化时，机体可通过各种心血管反射活动作用于心脏和血管，引起心率、心收缩力以及部分血管舒缩发生相应的改变，从而维持机体内环境的相对稳定，使机体适应内外环境或生理状态的变化。

1．颈动脉窦和主动脉弓的压力感受性反射　当动脉血压突然发生变化时，通过对压力感受器的刺激，使血压迅速恢复到正常范围的反射，称为压力感受性反射（baroreceptor reflex）。

颈动脉窦和主动脉弓血管外膜下有丰富的感觉神经末梢，能感受血压变化对血管壁的机械牵张刺激，称为压力感受器（图 4-19）。实际上，压力感受器的适宜刺激并不是动脉血压本身的变化，而是动脉管壁机械牵张的变化。在一定范围内，压力感受器的传入冲动频率与动脉管壁的扩张程度成正比。如果动脉血压升高，动脉管壁被扩张的程度大，压力感受器发放的冲动则增多；相反，若动脉血压降低，压力感受器发放的冲动便减少。

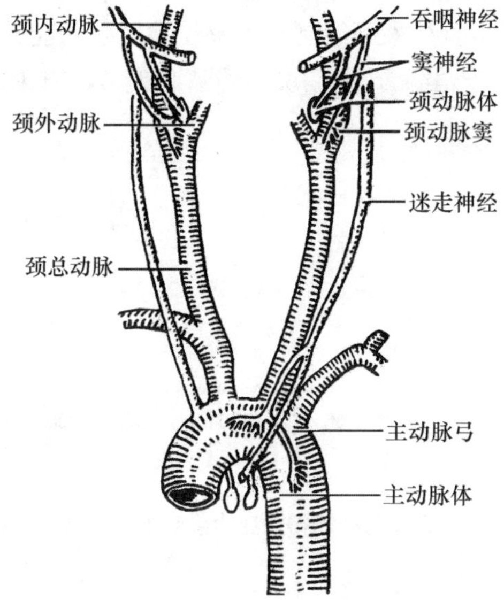

图 4-19　颈动脉窦和主动脉弓的压力感受器和化学感受器

（1）传入神经和中枢：颈动脉窦压力感受器的传入神经是窦神经，汇入舌咽神经后进入延髓。主动脉弓压力感受器的传入纤维行走于迷走神经干内，再进入延髓。进入延髓后的传入神经和孤束核的神经元进行换元后，与心血管中枢发生广泛的联系，最终引起延髓心血管中枢紧张性活动的改变。

（2）反射过程：当动脉血压突然升高时，颈动脉窦和主动脉弓压力感受器发放的传入冲动增加，冲动分别经窦神经和主动脉神经将动脉血压的信息传至心血管中枢，使心迷走中枢兴奋，心交感中枢和交感缩血管中枢抑制。再分别通过相应的传出神经如心迷走神经、心交感神经和交感缩血管纤维将中枢变化的信息以神经冲动的形式传至心脏和血管，引起心率减慢，心肌收缩力减弱，心输出量减少，血管舒张，外周阻力降低，总的效应是使动脉血压下降，故又称减压反射或降压反射。反之，当动脉血压降低时，压力感受器经传入神经传至心血管中枢的冲动减少，引起心迷走中枢抑制，心交感中枢和交感缩血管中枢兴奋，导致心率增快，心肌收缩力增强，心输出量增加，血管收缩，外周阻力升高，最终使动脉血压回升。因此，压力感受性反射是典型的负反馈调节机制，并且具有双向调节能力（图 4-20）。

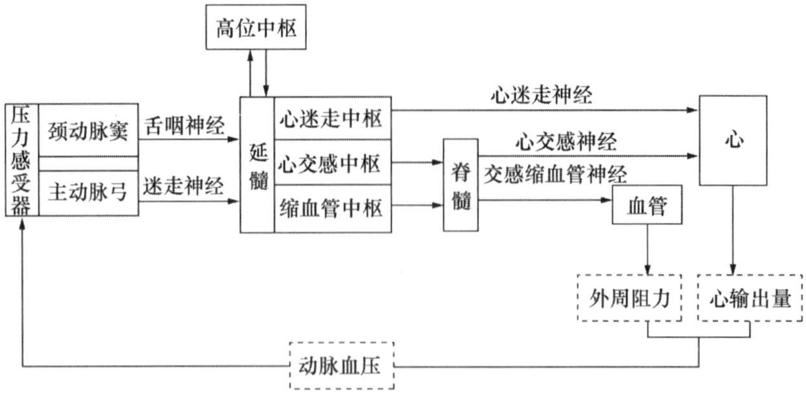

图 4-20　压力感受性反射途径示意图

在动物实验中，观察窦内压与动脉血压的关系，发现窦内压在 70 ~ 150mmHg 范围内变动时，随着窦内压的增高，窦神经发放的神经冲动增多，动脉血压下降的幅度更明显。若窦内压高于 150mmHg 时，动脉血压不再随窦内压的升高而进一步下降；如窦内压降到 70mmHg 以下，则血压也不再进一步升高。根据实验结果可绘制压力感受性反射功能曲线，该曲线可反映窦内压与动脉血压变化的关系（图 4-21），呈反 S 形，说明动脉血压与窦内压在一定范围内呈反比关系。

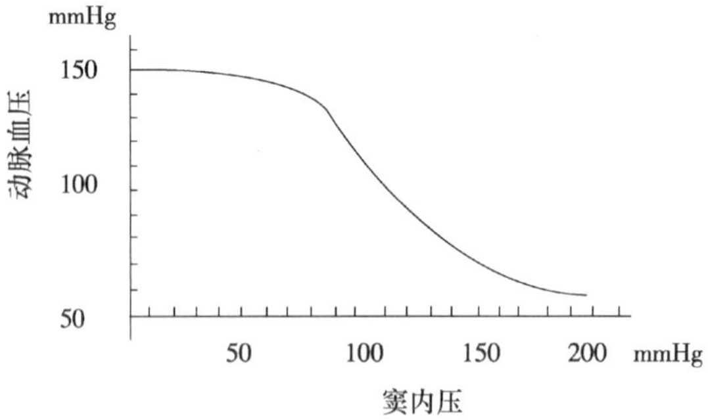

图 4-21　在实验中测得的压力感受性反射功能曲线

（3）生理意义：颈动脉窦和主动脉弓压力感受性反射对动脉血压突然的变化敏感，能进行快速、准确的调节，维持动脉血压的相对稳定。但其对缓慢的血压升高或降低不敏感，故高血压患者不会通过该反射活动使血压恢复至正常水平。

2．颈动脉体和主动脉体化学感受性反射　颈动脉体和主动脉体分别位于颈总动脉分叉处和主动脉弓的下方区域，它们的化学感受器可感受血液中 PO_2、PCO_2 和 [H^+] 的变化。当动脉血中 PO_2 降低、PCO_2 升高或 [H^+] 升高，均可兴奋颈动脉体和主动脉体化学感受器，感觉信号再分别沿窦神经和迷走神经传入延髓，兴奋延髓的呼吸中枢和心血管中枢，引起化学感受性反射的发生。颈动脉体和主动脉体化学感受性反射主要的效应是使呼吸加深、加快，通气量增多（详见第五章　呼吸）。在自然呼吸的条件下，化学感受性反射引起的呼吸运动变化可间接使机体出现心率加快，心输出量增多，皮肤、骨骼肌、内脏血管收缩，外周阻力增大，动脉血压升高等心血管活动的变化。在正常情况时，颈动脉体和主动脉体化学感受性反射对心血管活动的调节并不明显，只有当机体出现缺氧、窒息、失血、动脉血压过低和酸中毒等异常情况时，通过该反射的活动使机体大部分血管收缩（心脏和脑的血管除外），血压升高，并对循环血液重新分配，优先保证心、脑等重要器官的血液供应。

3．心肺感受器引起的心血管反射 在心房、心室壁和肺循环的血管壁存在许多感受器，总称为心肺感受器。心肺感受器的适宜刺激有两大类，分别是机械牵张刺激和化学物质刺激（如缓激肽、前列腺素等）。在生理条件下，心房壁的机械牵张刺激多是由血容量增加引起，故这些感受器又称为容量感受器。当血容量增加时，牵拉心房壁，刺激容量感觉器兴奋，通过反射活动可出现心率减慢，心输出量减少，外周阻力舒张，血压下降等效应，同时还能使肾血流量增多，肾排水排钠增多以及抑制肾素和血管升压素的释放。

二、体液调节

心血管活动除接受神经调节外，许多体液因素也对其起着重要的调节作用。这些体液因素主要是血液或组织液中的某些化学物质，它们有些由血液运送，广泛作用于心血管系统，属于全身性体液调节。有些则在组织中形成后，只作用于局部血管，调节局部组织的血流量，属于局部性体液调节。

（一）肾素 - 血管紧张素系统

肾素是肾近球细胞合成并分泌的一种蛋白水解酶，它进入血液后，可以将肝合成和释放的无活性的血管紧张素原水解为十肽的血管紧张素Ⅰ（angiotensin Ⅰ，Ang Ⅰ）；Ang Ⅰ流经肺循环时在血管紧张素转化酶的作用下水解为八肽的血管紧张素Ⅱ（angiotensin Ⅱ，Ang Ⅱ）；Ang Ⅱ还可进一步被酶解成血管紧张素Ⅲ（angiotensin Ⅲ，Ang Ⅲ），这一整个系统被称为肾素 - 血管紧张素系统。Ang Ⅰ的生理作用不很明显，Ang Ⅱ的生物活性则很高。Ang Ⅱ的主要生理作用为：①强烈收缩血管。Ang Ⅱ可引起全身微动脉收缩，外周阻力增大，血压升高。此外，它也能使静脉收缩，增加回心血量。②促进醛固酮的合成与分泌。Ang Ⅱ可刺激肾上腺球状带合成和分泌醛固酮增多，醛固酮的作用主要是保钠保水，对机体的水盐调节起到重要的作用，并可增加循环血量，使血压升高。③作用于交感神经末梢，促进神经递质去甲肾上腺素的释放。④对神经系统的作用。作用于中枢神经系统的某些神经元，降低中枢对压力感受性反射的敏感性，加强交感缩血管中枢的紧张性；Ang Ⅱ还具有促进神经垂体释放激素、引起机体产生渴觉，导致饮水行为等作用。Ang Ⅲ的生理作用与 Ang Ⅱ相类似，但其刺激醛固酮合成与分泌的作用较强，缩血管作用则较 Ang Ⅱ弱。

正常情况下，肾素分泌很少，血管紧张素生成不多，故对血压的调节作用不大。当机体因各种原因（如大失血）使肾血流量减少或血 Na^+ 浓度降低时，可刺激肾的近球细胞分泌大量肾素，血液中血管紧张素则增多，引起血量增多和血压回升。某些肾疾病引起肾血流量减少，可使肾素和血管紧张素增多，从而引起肾性高血压的发生。

（二）肾上腺素和去甲肾上腺素

肾上腺素（epinephrine，E）和去甲肾上腺素（norepinephrine，NE）均属于儿茶酚胺类物质，血液中的 E 和 NE 主要来源于肾上腺髓质，由肾上腺素能神经末稍释放的 NE 只有极小量进入血液循环。这两种激素对心血管的影响主要是通过与肾上腺素能受体的结合而实现的，肾上腺素能受体包括 α 受体和 β 受体，在心肌细胞膜上主要分布有 β_1 受体，血管平滑肌细胞膜上既有 α 受体分布，也有 β_2 受体分布。由于肾上腺素和去甲肾上腺素结合不同肾上腺素能受体的能力有差异，所以它们对心脏和血管的影响有所不同。

肾上腺素和去甲肾上腺素都能与 β_1 受体结合作用于心脏，使心率增快、心肌收缩力增强，导致心输出量增加。但肾上腺素与 β_1 受体的亲和力更强，所以，临床上常将肾上腺素作为强心急救药使用。

肾上腺素对血管的作用取决于血管平滑肌上 α 受体和 β_2 受体的分布情况。骨骼肌、肝等组织器官的血管平滑肌上 β_2 受体占优势，则肾上腺素与 β_2 受体结合后使血管舒张，皮肤和内脏的

血管平滑肌上 α 受体占优势，肾上腺素激活 α 受体使血管收缩。因此，肾上腺素主要是调节全身各器官的血液分配，对外周阻力的影响较小，所以对血压的影响不明显。去甲肾上腺素与 β_2 受体的结合能力很弱，因此，它主要是通过 α 受体对血管进行调节。NE 与 α 受体结合可使机体内绝大多数血管明显收缩，总外周阻力明显增加，引起收缩压和舒张压均升高，故临床上 NE 常作为升压药使用。

（三）血管升压素

血管升压素（vasopressin，VP）是由下丘脑视上核和室旁核神经元合成的一种 9 肽激素，经下丘脑 - 垂体束运至神经垂体储存，在适宜刺激的作用下再释放入血液。VP 的主要作用与其血液浓度有关。生理情况下，VP 的主要作用是促进肾远曲小管和集合管对水的重吸收，使尿量减少，故又称抗利尿激素（antidiuretic hormone，ADH）。但是当机体处于禁水、失水、失血等情况时，VP 大量释放，当其血液浓度明显高于正常值时，可使血管平滑肌强烈收缩，外周阻力增加，血压升高。因此，VP 对保持细胞外液量和动脉血压的稳定具有重要意义。

（四）心房钠尿肽

心房钠尿肽（atrial natriuretic polypeptide，ANP）是由心房肌细胞合成和分泌的一种活性多肽。当血容量或血压升高时，心房壁被牵拉，则可引起 ANP 的释放增多。其主要生理作用是抑制肾对 Na^+ 的重吸收，增加肾小球滤过率，具有较强的利钠和利尿作用，同时可舒张血管，使外周阻力下降，血压下降。另外，ANP 还能抑制肾球旁细胞释放肾素和抑制肾上腺皮质球状带释放醛固酮，导致细胞外液量减少，降低血压。因此，ANP 在维持机体水、电解质平衡及血压稳定上起重要作用。

（五）激肽释放酶 - 激肽系统

激肽释放酶 - 激肽系统（kallikrein kinin system，KKS）包括激肽释放酶和激肽。激肽释放酶是一类蛋白质，它可将血浆或组织中的激肽原分别转变为有活性的缓激肽和赖氨酰缓激肽。赖氨酰缓激肽和缓激肽是较强的舒血管物质，能使血管平滑肌舒张，毛细血管通透性增高，增加局部血流量。循环血液中的激肽通过舒张血管，导致血压降低，从而参与动脉血压的调节。

（六）其他体液因素

组胺（histamine）由组氨酸在脱羧酶的作用下产生。皮肤、肺和肠系膜的肥大细胞中组胺的含量较大。当组织受损伤、炎症或过敏反应时都可释放组胺，它具有强烈的舒血管作用，并可使毛细血管壁和微静脉通透性增加，从而增加局部血流量并形成局部组织水肿。前列腺素（prostaglandin，PG）种类较多，不同类型的前列腺素对血管平滑肌的作用不同。如前列腺素 E_2（PGE_2）和前列环素（PGI_2）具有强烈的舒血管作用。前列腺素 $F_{2\alpha}$（$PGF_{2\alpha}$）则可使静脉血管收缩。

三、社会、心理因素对心血管活动的影响

人不仅具有生物属性，还有其社会属性，因此人体心血管活动还受到各种社会、心理因素的影响。如生活中的喜怒哀乐等情绪反应常伴有心血管活动的改变。长期处于工作压力大、精神极度紧张状态的人群，原发性高血压病的发病率明显增高。此外，吸烟、酗酒、高盐高脂饮食等不良生活习惯也是引起心血管疾病的高危因素。

第四节　冠状动脉、肺、脑循环的特点

器官的血流量一般和其动、静脉压差成正比，与其对血流的阻力成反比，但体内各器官的结构和功能特点不同，因而血液供应的情况和调节原理均有其各自的特点。本节主要讨论冠脉循环、肺循环和脑循环的特征。

一、冠状动脉循环

心脏是人体的重要生命器官，营养心脏自身的血液循环就称为冠状动脉（冠脉）循环（coronary circulation）。

（一）冠状动脉循环的解剖特点

供应心脏的血液来自左、右冠状动脉。冠状动脉起自于主动脉根部，其小分支常以垂直心脏表面的方向从心外膜穿入心肌深层，并在心内膜下分支，最终形成的毛细血管网穿行于心肌细胞之间，并与之平行走行，这种分支特点使得冠状动脉容易在心脏收缩时受到挤压，从而影响心脏的血液供应。心肌毛细血管丰富，数量多，其数量和心肌纤维数量的比例为 1∶1，并且心肌纤维的每平方毫米横截面积内有 2500 ~ 3000 根毛细血管，从而使心肌细胞与冠脉血液之间能迅速完成物质交换。当心肌肥厚时，肌纤维的直径虽然增大，但血管数量没有相应增加，故易发生供血不足。

冠状血管的侧支有吻合支，但吻合支小且细，当冠状血管突然阻塞，由于侧支循环不能很快建立，则会导致心肌梗死。但如果冠脉血管阻塞较慢，则吻合支可逐渐扩张，建立新的侧支循环，从而起到代偿的作用。

（二）冠状动脉循环的生理特点

1．途径短、压力高、流速快　冠状动脉自主动脉根部发出，此处血压相当于主动脉压，加上冠脉血流途径短，因此血压高、流速快，整个循环周期仅需几秒钟。

2．血流量大、摄氧率高　心脏占体重的 0.5% 左右，但在成人安静状态时，冠脉血流量每分钟约为 225ml，占心输出量的 4% ~ 5%，当机体剧烈运动时，心肌活动增强，冠脉血流量还可增加 4 ~ 5 倍。

安静状态时，冠状动、静脉血氧差约为 14ml/100ml，摄氧率达 70% 左右，而同样条件下，骨骼肌动、静脉血氧差约为 5ml/100ml，摄氧率仅 20% 左右。因此，心肌的摄氧能力很强，这与其富含肌红蛋白有关。此外，心脏的耗氧量也大，若机体处于运动状态，则心肌的耗氧量增加，但由于从单位血液中摄氧的潜力不大，此时心肌主要通过扩张冠状动脉增加血流量，以满足心肌对氧的需求。

3．血流量受心肌舒缩的影响明显　冠状动脉的分支大多深埋于心肌组织中，因此其血流量受心肌节律性收缩的影响很大，并且左冠状动脉的影响更为明显（图 4-22）。心脏收缩时，心室壁肌肉张力增加，对冠状动脉血管的压迫可以导致血流减少，甚至出现暂停或倒流。心脏舒张时，对冠状动脉血管的压迫减小，因此，血流阻力减小，血流量增加。

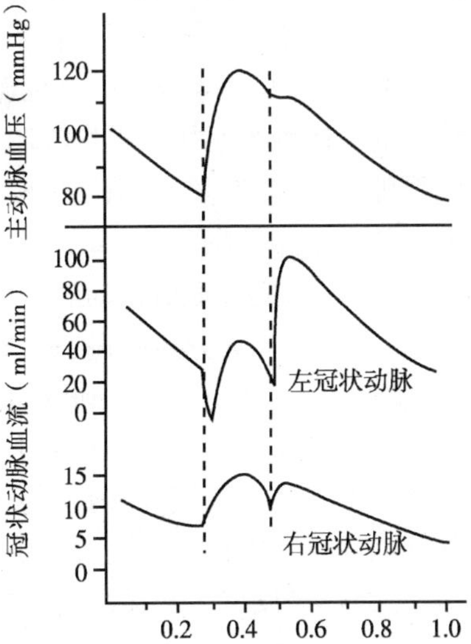

图 4-22　一个心动周期中左、右冠状动脉血流情况

（三）冠状动脉血流量的调节

冠状动脉血流量接受神经与体液因素的调节，但心肌自身的代谢水平是最主要的调节因素。

1．心肌代谢水平的影响　心肌在生理活动过程中产生的代谢产物有 CO_2、乳酸、H^+ 和腺苷等，其中腺苷是最重要的舒张冠状动脉血管物质。当心肌代谢增强，耗氧量增大，心肌细胞内腺苷三磷酸（ATP）分解为腺苷二磷酸（ADP）和腺苷一磷酸（AMP），在 5′- 核苷酸酶的作用下，AMP 分解产生腺苷。腺苷对小动脉具有强烈的舒血管作用，引起局部冠状动脉血流的增加，保证心肌的代谢活动及改善缺氧，但由于腺苷生成后迅速被破坏，因此不会影响其他器官的血管发生改变。

2．神经调节　冠状动脉受到交感和迷走神经的双重支配。交感神经兴奋，释放去甲肾上腺素，作用于血管平滑肌上的 α 受体，使得冠脉血管收缩，血流量增大，而去甲肾上腺素还可通过 β 受体使得心肌的活动增强，局部代谢产物增多，因而继发引起冠脉血管扩张。迷走神经兴奋可引起冠脉血管舒张，但同时又使得心脏活动减弱，代谢水平降低，因此继发导致血管收缩。就整体而言，神经因素对冠状动脉血流量的影响并不是很大。

3．体液调节　肾上腺素和去甲肾上腺素可通过作用血管平滑肌的 α 和 β 受体引起冠脉血管的收缩或舒张，也可通过增强心肌代谢水平间接引起血管舒张，但以后者为主。甲状腺激素可使心肌代谢水平增强，引起冠脉扩张，血流量增加。另外，血管紧张素和大剂量血管升压素可收缩冠脉血管，降低血流量。

二、肺循环

肺循环又称小循环，指的是血液从右心室射出，经肺动脉及其分支到肺毛细血管，再通过肺静脉回流入左心房的血液循环。肺循环的主要功能是血液在流经肺泡时与肺泡气之间进行气体交换。

（一）肺循环的生理特点

1．低阻力、低血压　肺动脉及其分支血管短、管壁薄、扩张性好，故肺循环的血流阻力小、血压低。在正常机体中，左、右心室的心输出量基本相等，但由于肺循环的阻力小，所以，肺动脉压远低于主动脉压。正常成人安静时，肺动脉收缩压平均约 22mmHg，舒张压平均 8mmHg，平均压约为 13mmHg；肺静脉和左心房内压更低，仅 1 ～ 4mmHg，故肺循环是一个低压系统。

2．血容量大，变化范围大　安静状态时，肺部的血容量大，约 450ml，占总循环血量的 9% 左右。由于肺组织及肺血管的扩张性大，因此，肺部血容量的变动范围较大，并且可随呼吸运动发生周期性的变动。吸气时增多，呼气时则减少，故肺循环血管可以起到“贮血库”的作用。当机体出现失血时，肺循环可转移一部分血液到体循环以补充循环血量，起到重要的代偿作用。

3．无组织液生成　肺毛细血管血压平均为 7mmHg，血浆胶体渗透压平均为 25mmHg，而肺组织的组织液静水压和组织液胶体渗透压均很低，因此，肺部毛细血管的有效滤过压为负压，这使得肺泡内和肺组织间隙液体较少，有利于肺泡和血液之间的气体交换。左心衰竭时，因肺静脉压和肺毛细血管血压升高，使组织液生成增多，从而形成肺水肿。

（二）肺循环血流量的调节

1．肺泡气氧分压的调节　肺泡气的氧分压可显著影响肺循环血管的舒缩活动。当部分肺泡通气不足，氧分压下降，则肺泡周围的微动脉收缩，血流量减少，有利于让血液更多地流经通气充足、氧分压高的肺泡，有利于血液与肺泡的气体交换。长期生活在低氧环境或慢性缺氧性疾病患者，由于肺泡气氧分压低，引起肺微动脉的广泛收缩，血流阻力增大，肺动脉压显著升高。若肺动脉高压长期存在，则右心室负荷持续加重，可导致右心室肥厚。

2．神经调节　肺循环血管受交感神经和迷走神经支配。交感神经兴奋直接引起肺血管收缩和血流阻力增大，但在整体条件下，由于交感神经兴奋同样也作用于体循环血管，产生缩血管效应，使一部分血液被挤入肺循环，肺循环的血容量反而还有所增加。迷走神经兴奋的直接作用则是使肺血管舒张和血流阻力下降。

3．体液调节　肾上腺素、去甲肾上腺素、血管紧张素Ⅱ、5-羟色胺、组胺和前列腺素 $F_{2\alpha}$ 等都能引起肺血管收缩，而前列腺素 E_2 和乙酰胆碱等使肺血管舒张。

三、脑循环

脑循环是指脑组织的血液循环。脑的血液供应来自颈内动脉和椎动脉组成的脑底动脉环，由此再分支供应脑的各个部位。脑静脉血汇入静脉窦，经颈内静脉返回腔静脉。

（一）脑循环的特点

1．血流量大、耗氧多　脑的重量仅占体重的 2% 左右，但其血流量可达心输出量的 15% 左右。脑组织的代谢水平高，耗氧量大，机体安静时，脑的耗氧量约占全身耗氧量的 20%，但脑储存能量的能力有限，因此，脑对缺氧的耐受力极差。若脑血液供应中断 10s 左右，通常导致意识丧失，中断时间超过 5 ～ 6min，则脑细胞将发生不可逆损伤。

2．血流量变化小　脑组织、脑血管和脑脊液均位于骨性颅腔内，颅腔容积比较固定，同时，脑组织与脑脊液均不可压缩，所以，脑血管舒缩的程度就会受限，血流量的变化相比其他器官要小得多。

3．血-脑屏障和血-脑脊液屏障　在毛细血管和脑组织液、脑脊液之间存在某种特殊的屏障结构，可限制某些物质在血液与脑组织液、脑脊液之间自由交换，分别称为血-脑屏障和血-脑脊液屏障。如对 O_2、CO_2、乙醇、某些麻醉药以及葡萄糖、氨基酸等物质通透性高，而甘露醇、蔗糖及许多离子的通透性低。血-脑屏障和血-脑脊液屏障主要的生理意义在于防止外来的有害物质进入脑内，稳定脑组织的内环境，为脑细胞的正常活动提供必要的条件。在临床若治疗某些中枢神经系统疾病时，应注意选择易通过血-脑屏障的药物。另外，炎症可影响屏障的通透性，例如正常情况，青霉素难以通过屏障，但在脑脊髓膜炎时，则较易进入脑脊液中而达到治疗作用。

（二）脑血流量的调节

脑血流量主要取决于脑动、静脉压力差的大小和脑血管对血流的阻力。正常情况下，颈内静脉压大小接近右心房，并且变动范围小，脑血流阻力的变化也不大，所以，颈动脉压是影响脑血流量的主要因素。

1．自身调节　平均动脉压在 60 ～ 140mmHg 的范围内波动时，虽然脑动、静脉之间的压力差发生改变，但脑血流量仍保持相对稳定，这与脑血管的自身调节机制有关。当平均动脉压升高时，脑内微动脉收缩，导致血流阻力增大，血流量不致增多。反之，平均动脉压下降，脑内微动脉舒张，血流阻力减小，血流量不致减少。若平均动脉压＜ 60mmHg 或＞ 140mmHg，则超过了脑血管自身调节的能力范围，脑血流量会随平均动脉压的降低而减少，严重时可导致脑功能障碍，或随平均动脉压的升高而增加，出现脑水肿，甚至脑血管破裂。

2．体液调节　血液中 CO_2、O_2 和 H^+ 等体液因素可影响脑血管舒缩活动。当血液中 CO_2 分压升高时，脑血管明显舒张，脑血流量随之增加。因此 CO_2 分压升高对脑血管的舒张作用目前认为可能是通过 NO 作为中介实现的。低氧对脑血管直接也是舒血管的效应，氧分压降低则脑血流量增加，反之，脑血流量减少，这可能与 NO、腺苷生成以及钾通道的激活有关。

3．神经调节　脑血管接受交感缩血管纤维和副交感舒血管纤维的支配，但由于分布较少，调节所起的作用很小。

本章小结

1．心脏细胞主要分为工作细胞和自律细胞。工作细胞主要包括心房肌细胞和心室肌细胞，具有兴奋性、传导性和收缩性三大生理特性。自律细胞主要包括窦房结P细胞、房室束和浦肯野细胞等，具有兴奋性、自律性和传导性三大生理特性。心肌细胞的动作电位包括5个时期，平台期是其主要特征，由于心肌细胞具有平台期使其有效不应期较长，这样心肌细胞在收缩和舒张的早期不被其他刺激干扰而是进行节律性的收缩和舒张，保证心脏射血功能的完成。4期自动去极化是自律性细胞的主要特征。正常情况，窦房结细胞因4期自动去极化速度快，通过抢先占领和超速驱动压抑控制心脏的节律性跳动，又叫窦性节律。

2．心脏通过节律性的收缩和舒张改变心室内的压力，使心房、心室和动脉之间形成压力梯度从而实现心脏的射血和充盈。由于瓣膜的作用，保证了血液在血管内的单向循环流动。心输出量等于搏出量乘以心率，是评价心脏泵血功能的主要指标。影响心输出量的因素主要有前负荷、后负荷、心肌收缩能力和心率。

3．动脉血压是多因素作用的结果。影响动脉血压的因素主要有搏出量、心率、外周阻力和大动脉管壁的弹性，以及循环血量与血管容量的比例。

4．颈动脉窦和主动脉弓的压力感受器对血压的快速变化非常敏感，可通过反射活动维持血压的相对稳定。

5．肾上腺素和去甲肾上腺素均属儿茶酚胺类激素，由于它们与受体结合的能力不同，因此，它们的作用也有所差异。肾上腺素在临床常用作强心药，去甲肾上腺素常用作升压药。

思考题

1．心室肌细胞动作电位的平台期是怎样形成的？有何生理意义？
2．窦房结产生的兴奋通过什么途径传至心室？其传导速度有何特点与生理意义？
3．简述心输出量的影响因素及其机制。
4．动脉血压是如何形成的？影响动脉血压的因素有哪些？
5．利用组织液生成和回流的原理分析临床某些水肿的产生机制。
6．久蹲后站立为何会出现头晕眼花的症状？这种症状为何又会马上消失？
7．试比较肾上腺素和去甲肾上腺素对心血管作用的异同点。

（王　乐）

第五章　呼　吸

学习目标

通过本章内容的学习，学生应能：

1. 掌握呼吸的基本环节，肺通气的动力，呼吸时肺内压与胸内压的变化，胸内负压的形成及意义，肺表面活性物质的作用与意义，肺活量、用力肺活量和肺泡通气量的概念，通气/血流比值，O_2 和 CO_2 的运输形式，氧容量、氧含量和血氧饱和度的概念，血液中 CO_2、H^+、O_2 浓度变化对呼吸的调节。
2. 熟悉呼吸运动的形式，人工呼吸的原理，肺通气的弹性阻力，气体交换的过程及其影响因素，氧离曲线；肺牵张反射。
3. 了解呼吸中枢与呼吸节律的形成。

机体在新陈代谢过程中，需要不断地消耗从外环境中摄取的 O_2，同时排出自身产生的 CO_2。这种机体与环境之间进行 O_2 和 CO_2 的气体交换过程称为呼吸（respiration）。呼吸的全过程由三个相互联系的环节组成：①外呼吸：指外界环境与血液在肺部进行的气体交换，包括肺通气与肺换气。肺通气是肺泡与外界环境之间的气体交换，肺换气是肺泡与肺毛细血管之间的气体交换。②气体运输：即气体在血液中的运输，通过血液循环把 O_2 由肺运送到组织，把 CO_2 由组织运送到肺。③组织换气：又称为内呼吸，即组织细胞与血液之间的气体交换（图 5-1）。

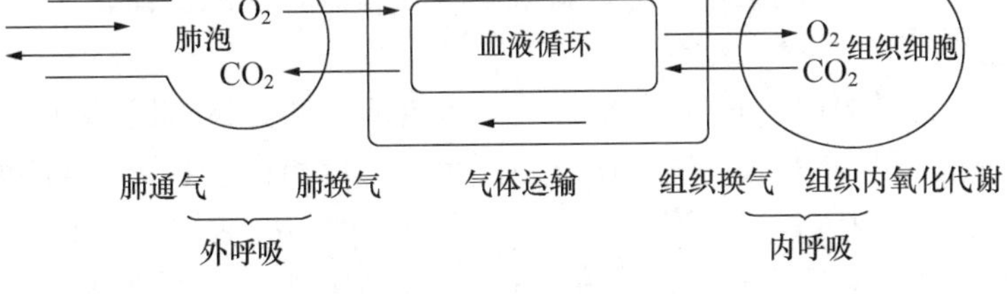

图 5-1　呼吸全过程示意图

呼吸的生理意义在于维持机体内环境中 O_2 和 CO_2 含量的相对稳定，维持酸碱平衡，以保证生命活动的正常进行。呼吸过程不仅靠呼吸系统来完成，还需要血液循环系统的配合。循环系统起血泵作用，推动血液在血管中流动，血液中的红细胞携带大量的 O_2 或 CO_2 往返于肺和组织之间。呼吸系统是一个气体交换器，从外界吸入 O_2 供给血液，而把血液中多余的 CO_2 呼出体外。呼吸过程的任何一个环节发生障碍，均可导致组织缺 O_2 和 CO_2 潴留，从而影响细胞的代谢和功能。呼吸一旦停止，生命也将终止。

第一节 肺 通 气

肺泡与外界环境之间的气体交换过程称为肺通气（pulmonary ventilation），其作用是维持肺泡内一定的氧分压（PO_2）和二氧化碳分压（PCO_2），以保证肺换气的正常进行。气体能否进出肺取决于两种力的相互作用，即推动气体流动的动力必须克服阻止气体流动的阻力才能实现肺通气。实现肺通气的结构是呼吸道、肺和胸廓等，呼吸道是沟通肺泡与外界环境的气体通道，同时还对吸入气体有加温、加湿、过滤、清洁的作用和引起防御反射等保护功能，肺泡是气体进行交换的场所，而胸廓通过节律性运动实现肺通气。

一、肺通气的动力

肺通气的直接动力是肺内压与大气压之差。气体总是从压力高处流向压力低处。当肺内压低于大气压时，外界气体顺气压差进入肺泡产生吸气过程；当肺内压高于大气压时，肺泡内气体顺气压差流出体外产生呼气过程。通常情况下，大气压恒定，气体能否进、出肺主要取决于肺内压的变化。肺内压的变化主要是由呼吸肌舒缩活动改变胸廓容积而造成的。肺位于密闭的胸廓中，不能主动地扩张或缩小，但它富有弹性组织，借助于胸膜腔负压的耦联作用，可随胸廓容积的改变而舒缩，胸廓的扩大和缩小是由呼吸运动造成的。因此，呼吸肌的舒缩活动是实现肺通气的原动力。

（一）呼吸运动

呼吸肌的收缩和舒张引起胸廓节律性扩大与缩小的活动称为呼吸运动（respiratory movement），它包括吸气运动和呼气运动。参与呼吸运动的肌肉，统称为呼吸肌。其中使胸廓扩大、产生吸气运动的肌肉称为吸气肌，主要有膈肌和肋间外肌；使胸廓缩小、产生呼气运动的肌肉称为呼气肌，主要有肋间内肌和腹壁肌。此外，还有一些肌肉如斜角肌、胸锁乳突肌等只是在用力呼吸时才参与呼吸运动，称为辅助呼吸肌。

1．吸气运动　平静呼吸时，吸气运动的产生主要由膈肌和肋间外肌收缩引起。当膈肌收缩时，穹窿部下降，使胸腔上下径增大；肋间外肌收缩时，胸廓向外向上抬起，胸腔前后径和左右径均增大。所以，膈肌和肋间外肌收缩共同使胸腔容积增大，带动肺扩张，使肺容积增大，从而肺内压下降，当肺内压低于大气压时，外界气体进入肺泡，形成吸气运动。因为胸腔呈圆锥形，下部容积比上部容积大得多，膈肌稍下降，就可使胸腔和肺的容积显著增大。因此，膈肌的舒缩在肺通气中发挥重要作用。

2．呼气运动　平静呼吸时，呼气运动的产生是由膈肌和肋间外肌舒张所引起。膈肌舒张时，腹腔脏器回位，胸腔上下径减小，同时肋间外肌舒张，肋骨和胸骨下降，使胸腔前后径和左右径均减小，肺回缩，导致肺内压升高，当肺内压高于大气压时，肺泡气被排出，则形成呼气运动。

3．呼吸的类型　根据呼吸运动的深度和方式不同，将呼吸运动可分为不同的形式。

（1）平静呼吸和用力呼吸：根据呼吸的深度不同，将呼吸运动分为平静呼吸和用力呼吸。人在安静时平和而均匀的呼吸称为平静呼吸（eupnea）；人在劳动或运动时用力而加深的呼吸称为用力呼吸（labored breathing）或深呼吸（deep breathing）。

平静呼吸是由膈肌和肋间外肌舒缩引起的。平静吸气时，膈肌收缩，膈顶下移，使胸廓上、下径增大，同时肋间外肌收缩，牵引肋骨、胸骨上提，使胸廓前后、左右径增大。胸腔扩大，在胸膜腔负压的耦联作用下，肺随之扩张，肺容积增大，肺内压降低，当肺内压低于大气压时，空气顺气压差经呼吸道进入肺内，产生吸气；平静呼气时，膈肌和肋间外肌舒张，胸廓弹性回位，肺随之缩小，肺内压升高，当肺内压高于大气压时，肺内气体顺气压差经呼吸道呼出，产生呼气。由此可见，平静呼吸时，吸气是主动过程，而呼气是被动过程。

用力呼吸时，吸气时除肋间外肌和膈肌收缩加强外，还有胸锁乳突肌、斜角肌等辅助吸气肌也参加收缩，使胸廓和肺容积更加扩大，从而使吸气量增加。呼气时，除吸气肌舒张外，肋间内肌、腹肌等呼气肌也参加收缩，使胸廓和肺容积更加缩小，从而使呼气量增加。用力呼吸时，吸气和呼气过程都是主动的。

在某些病理情况下，即使用力呼吸，仍不能满足机体的需要，同时主观上有喘不过气的感觉，称呼吸困难（dyspnea）。呼吸困难患者呼吸大大加深，机体缺 O_2 和 CO_2 潴留情况比较严重，可出现鼻翼扇动等现象 .

（2）胸式呼吸和腹式呼吸：根据呼吸的形式不同，可将呼吸运动分为胸式呼吸和腹式呼吸。以肋间肌舒缩为主，引起肋骨与胸骨运动，表现为胸壁明显起伏的呼吸运动，称为胸式呼吸（thoracic breathing）；以膈肌舒缩为主，引起膈的升降运动，表现为腹壁明显起伏的呼吸运动，称为腹式呼吸（abdominal breathing）。正常成人为混合型呼吸，通常女性和青年人胸式呼吸占优势，而成年男性和儿童腹式呼吸占优势。但在妊娠后期、腹水、腹腔肿瘤等疾病时，膈肌活动受限，主要表现为胸式呼吸；而胸膜炎、胸腔积液等患者的肋间肌活动受限，此时主要表现为腹式呼吸。

4．呼吸频率　每分钟呼吸运动的次数称为呼吸频率。正常成人静息时的呼吸频率为 12 ～ 18 次 / 分。呼吸频率可随年龄、性别、肌肉活动和情绪变化等的不同而变化，如新生儿呼吸比成人快，运动时呼吸可暂时加快。

（二）呼吸时肺内压和胸膜腔内压的变化

1．肺内压　肺泡内的压力称为肺内压（intrapulmonary pressure）。在呼吸运动过程中，肺内压随胸腔容积的变化而发生周期性变化。吸气初，肺容积随胸廓扩大而增加，肺内压下降，低于大气压 1 ～ 2mmHg，空气进入肺泡，随着肺泡内气体逐渐增多，肺内压也逐渐升高，至吸气末肺内压与大气压相等，吸气停止。呼气初，肺容积随着胸廓的缩小而减小，肺内压升高，超出大气压 1 ～ 2mmHg），肺泡内气体流向外界，随着肺泡内气体逐渐减少，肺内压降低，至呼气末肺内压又与大气压相等。由此可见，在呼吸运动过程中，由于肺内压的周期性变化而造成肺与大气之间的压力差，这一压力差就是推动肺通气的直接动力。

肺内压变化的幅度与呼吸深浅、快慢和呼吸道是否通畅有关。如呼吸浅慢，呼吸道通畅，则肺内压变化幅度较小；反之，呼吸深快，呼吸道不通畅，则肺内压变化幅度增大。

在呼吸运动过程中，肺内压和大气压之间的压力差是推动肺通气的直接动力。一旦呼吸停止，可以根据这一原理，用人工的方法造成肺内压和大气压之间的压力差来维持肺通气，称人工呼吸（artificial respiration）。临床上或生活中，遇到呼吸突然停止者时（如溺水、麻醉过深、一氧化碳中毒等），可根据呼吸运动的规律，用人工呼吸方法进行抢救。人工呼吸可分为两类。一类是正压吸气式呼吸，如口对口人工呼吸、使用人工呼吸机等；另一类是负压吸气式呼吸，如举臂压胸法。值得注意的是施行人工呼吸时，首先要保持患者的呼吸道畅通，否则人工呼吸对肺通气而言仍将是无效的。

2．胸膜腔内压　肺之所以会随胸廓的运动而张缩，这是由胸膜腔的结构特点和胸膜腔内压决定的。胸膜腔是由脏层胸膜和壁层胸膜围成的密闭、潜在的腔隙。正常胸膜腔内没有气体，仅有少量浆液。这一薄层浆液的润滑作用能减少呼吸运动中两层胸膜间的摩擦，同时浆液分子产生的内聚力使两层胸膜紧贴在一起，不易分开，从而保证了肺随胸廓的运动而张缩。

胸膜腔内压（intrapleural pressure）是指胸膜腔内的压力。将连有检压计的针头插入胸膜腔内，其压力通常低于大气压，因此，习惯上称为胸膜腔负压，简称胸内负压（图 5-2）。胸膜腔负压值不是小于零的绝对值，而是相对于大气压而言。平静吸气末胸内负压为 -10 ～ -5mmHg，平静呼气末胸内负压为 -5 ～ -3mmHg。平静呼吸时，无论吸气或呼气，胸内负压始终为负值。若关闭声门，用力吸气，胸内压可降到 -90mmHg；若关闭声门，用力呼气，胸内压则可升到 110mmHg。

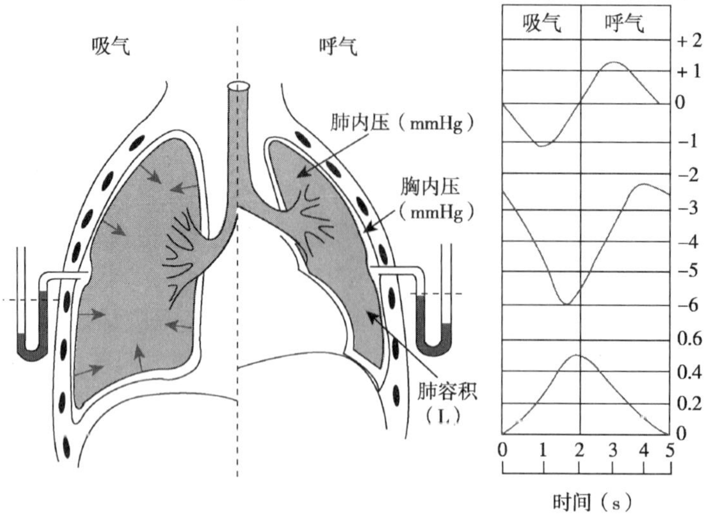

图 5-2 胸膜腔负压示意图

胸膜腔负压是在出生后形成的，并随着胸廓与肺的生长发育而逐渐加大。出生前，胎儿胸廓和肺的容积都很小，肺泡内仅有少量液体，不含空气。出生后，体态伸展，吸气肌用力收缩，使胸廓突然展开，肺被动扩张，空气经呼吸道进入肺内，肺被胸膜腔耦联于胸壁，肺组织便产生了离开胸廓倾向的回缩力。之后，由于胸廓比肺的生长速度快，使肺被动扩张的程度增大，肺弹性回缩力也增大。又由于壁胸膜受胸廓的骨骼和肌肉的支持和保护，外界大气压通过胸壁对胸膜腔的作用不明显。而肺泡内气体通过呼吸道与体外空气相连通，大气压可通过极薄的肺泡壁压迫脏层胸膜。因此，胸膜腔通过胸膜脏层受到两种方向相反的力的作用，即促使肺泡扩张的肺内压和促使肺泡缩小的肺弹性回缩力，所以胸膜腔内承受的实际压力应为：

胸膜腔内压 = 肺内压 − 肺弹性回缩力

正常人在吸气末或呼气末，肺内压等于大气压，因而：

胸膜腔内压 = 大气压 − 肺弹性回缩力

通常将大气压视为 0，则

胸膜腔内压 = − 肺弹性回缩力

可见，胸膜腔内压实际上是由肺弹性回缩力所决定的，并随呼吸运动发生周期性变化。吸气时，肺扩大，弹性回缩力增大，胸膜腔负压增大；呼气时，肺缩小，弹性回缩力减小，胸膜腔负压也减小。呼吸愈强，胸膜腔负压的变化也愈大。

知识链接

气 胸

胸膜腔的密闭性是胸膜腔负压形成的前提。胸壁或肺组织损伤，破坏了胸膜腔的密闭性时，气体将顺压力差进入胸膜腔，形成气胸。气胸时胸内负压消失，肺因回缩力塌陷而丧失肺通气和肺换气功能，同时静脉血及淋巴回流受阻，导致呼吸及循环功能障碍。严重时可危及生命。

胸内负压的生理意义是：①维持肺的扩张状态，使其不致因肺回缩力而萎陷；②作用于心房、腔静脉和淋巴导管，使之扩张，降低中心静脉压，有利于静脉血和淋巴液的回流。

综上所述，肺与外界大气之间的压力差，是实现肺通气的直接动力，而呼吸肌的舒缩是实现肺通气的原动力。胸膜腔负压的存在，则能保证肺处于扩张状态并随胸廓的运动而张缩。

二、肺通气的阻力

气体在进出肺的过程中遇到的阻力，称为肺通气阻力。肺通气阻力来自两个方面：一是弹性阻力，包括肺的弹性阻力和胸廓的弹性阻力；二是非弹性阻力，包括呼吸道阻力、惯性阻力和黏滞阻力。平静呼吸时弹性阻力是主要因素，约占总阻力的70%，非弹性阻力约占30%。在呼吸深度、频率改变或疾病时，此比例将发生变化。肺通气的阻力增大是临床上肺通气障碍最常见的原因。

（一）弹性阻力

弹性阻力是指弹性组织在外力作用下被变形时所产生的对抗变形的力，即回位力。胸廓和肺都是弹性体，因此，当呼吸运动改变其容积时都会产生弹性阻力。

1．肺弹性阻力　肺弹性阻力来自两个方面：一是肺泡表面液体层所形成的表面张力；二是肺弹性纤维的弹性回缩力。前者约占肺弹性阻力的2/3，后者约占1/3。其作用是使肺泡缩小，故成为吸气的阻力和呼气的动力之一。

（1）肺泡表面张力与肺泡表面活性物质：肺泡表面张力是指一种使肺泡表面缩小的力量，产生于肺泡内的液 - 气界面，即肺泡内壁上的薄层液体与肺泡腔内的气体构成的界面。由于液体分子之间具有一种相互吸引、力图减小液 - 气界面的力量，从而使肺泡趋于缩小，使肺内压增加。正常人的肺由大小不等又彼此相通的肺泡构成。如果大、小肺泡的表面张力相等，那么，根据物理学 Laplace 定律（压力 =2× 张力 / 半径），小肺泡内压力大，大肺泡内压力小，小肺泡内的气体将流入大肺泡，结果造成小肺泡萎陷，大肺泡膨胀，使肺泡失去稳定性。另外，肺泡表面张力还可增大吸气阻力，并可导致肺水肿的发生。但是，由于肺泡内存在着肺泡表面活性物质，它能降低肺泡表面张力，消除肺泡表面张力的不利影响。

肺泡表面活性物质是由肺泡Ⅱ型细胞合成并释放的一种复杂的脂蛋白混合物，主要成分是二软脂酰卵磷脂，衬于肺泡内表面。分子的一端是非极性疏水的脂肪酸，不溶于水；另一端是极性的，易溶于水。因此，该分子垂直排列于液 - 气界面，形成单分子层，分布在液 - 气界面之间，其密度可随肺泡的张缩而改变。肺泡表面活性物质的生理作用是降低肺泡表面张力，其在液 - 气界面的密度越大，降低表面张力的作用就越强。肺泡表面活性物质具有重要的生理作用：①维持肺泡的稳定。因为肺泡表面活性物质分布的密度随肺泡半径而变化（两者呈反变关系）。在大肺泡或吸气时分布密度减少，降低表面张力的作用减小，肺泡表面张力增大而防止肺泡过度膨胀；在小肺泡或呼气时分布密度加大，降低表面张力的作用增大，肺泡表面张力下降而防止肺泡萎陷，从而稳定了大、小肺泡的内压（图 5-3）。②减少肺毛细血管内液体渗出，防止肺水肿，有利于气体交换。因为肺泡表面张力的合力指向肺泡腔，可对肺泡间质的液体产生“抽吸”作用。

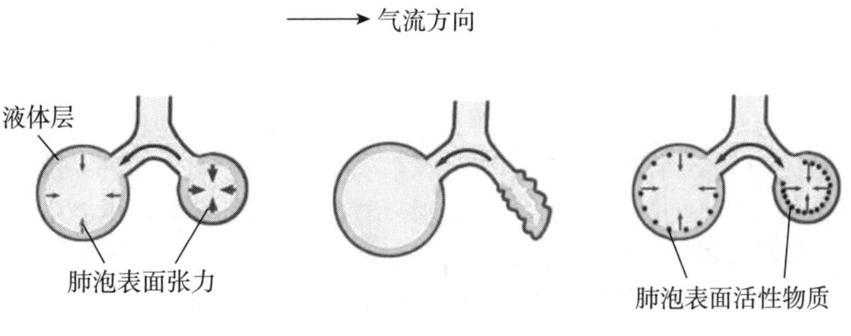

图 5-3　肺泡表面活性物质稳定肺泡容积示意图

③降低吸气阻力，减少吸气做功。若肺泡表面活性物质缺乏，则肺泡表面张力增加，可引起肺不张或肺水肿。如早产儿由于Ⅱ型肺泡细胞发育尚未成熟，使肺内缺少表面活性物质，形成“新生儿呼吸窘迫综合征”。

知识链接

新生儿呼吸窘迫综合征

新生儿呼吸窘迫综合征由缺乏肺胞表面活性物质引起，多见于早产儿。主要病理表现为肺不张及液体滤入肺泡内形成一层“透明膜”，严重阻碍气体交换。主要临床表现为出生后不久出现进行性呼吸困难与呼吸衰竭。

(2) 肺弹性回缩力：肺组织含有弹性纤维，因而具有一定的弹性回缩力。它与肺泡表面张力一起构成了吸气的阻力。在正常情况下，肺被扩张得愈大，弹性回缩力愈大，吸气的阻力也愈大。但对呼气而言，肺弹性回缩力则为肺通气的动力。肺气肿时，弹性纤维被破坏，弹性阻力减小，肺泡气不易被呼出，则肺泡内残余气量增大，不利于肺通气。

总之，肺弹性阻力包括肺泡表面张力和肺弹性回缩力，它对吸气起阻力作用，而对呼气却有动力作用。当肺泡表面活性物质缺乏时，吸气阻力增大肺不易扩张，但呼气阻力减小，因此不利于吸气而有利于呼气。

2．胸廓弹性阻力　胸廓是弹性体，具有弹性回缩力，构成呼吸的弹性阻力。但胸廓是一个双向弹性体，其弹性回缩力的方向视胸廓所在的位置而不同。当胸廓处于自然位置时，胸廓回缩力等于零；当胸廓小于自然位置时，胸廓回缩力向外，是吸气的动力、呼气的阻力；当胸廓大于自然位置时，其回缩力向内，与肺回缩力方向相同，构成吸气的阻力、呼气的动力。可见胸廓的弹性阻力与肺的弹性阻力不同，肺的弹性阻力永远是吸气的阻力，对呼气则是动力的来源之一。而胸廓弹性阻力只是当肺容量大于肺总容量的 67% 时，才构成吸气的阻力。在临床上，胸廓骨关节异常、畸形等疾病及肥胖等都可能增加弹性阻力。

3．胸廓与肺的顺应性　胸廓与肺的弹性阻力通常用顺应性来表示。顺应性（compliance）是指在外力作用下，弹性组织的可扩张性。如果弹性阻力小，在外力作用下容易扩张，则顺应性大；如果弹性阻力大，在外力作用下不容易扩张，则顺应性小。可见顺应性与弹性阻力呈反比，即顺应性 =1/ 弹性阻力。肺和胸廓的顺应性可用单位压力所引起的容积变化来衡量，即顺应性 = 容积变化 / 压力变化（L/kPa）。

肺的顺应性可因肺充血、肺不张、肺泡表面活性物质减少、肺纤维化等原因而降低。胸廓的顺应性可因肥胖、胸廓畸形、胸膜增厚等原因而降低。

（二）非弹性阻力

非弹性阻力包括气道阻力、惯性阻力和黏滞阻力等。气道阻力是指气体流经呼吸道产生的摩擦阻力，是非弹性阻力的主要部分（占 80% ~ 90%）。惯性阻力是气体在发动、变速、转向时气流惯性所产生的阻力。黏滞阻力是呼吸时器官、组织相对移位时产生的摩擦。

影响气道阻力的主要因素是呼吸道口径，气道阻力与呼吸道半径的 4 次方呈反比。当支气管、细支气管的管径缩小时，呼吸道阻力就明显增加。如支气管哮喘患者由于支气管平滑肌痉挛，口径变小，使呼吸道阻力显著增加，从而造成呼吸困难。其次是气流速度，气流速度快，阻力大，相反则阻力小。如支气管哮喘患者常采取深而慢的呼吸，使气流速度减慢，以尽量降低呼吸道阻力。

呼吸道管壁平滑肌接受迷走神经和交感神经支配。迷走神经兴奋可使呼吸道平滑肌收缩，气道口径缩小，气道阻力增大；交感神经兴奋则引起呼吸道平滑肌舒张，气道口径扩大，气道阻力减小。除神经因素外，一些体液因素也影响气道平滑肌的舒缩，如组胺、5-羟色胺、缓激肽等，则可引起呼吸道平滑肌强烈收缩，使气道阻力增加；而儿茶酚胺使平滑肌舒张，气道阻力减小。

三、肺通气功能的评价

肺容量与肺通气量是衡量肺通气功能的指标。除余气量和功能余气量外，都可以用肺量计直接记录（图5-4）。

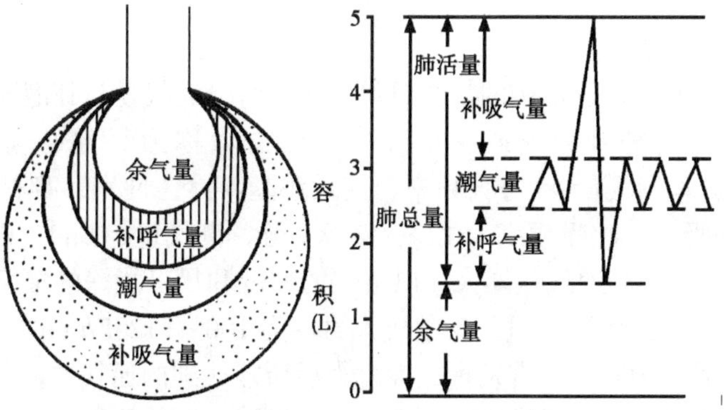

图5-4 肺容量及其组成示意图

（一）肺容量

肺容量（pulmonary volume）是指肺所容纳的气体量。在呼吸运动过程中，肺容量随着气体的吸入或呼出而发生变化。

1．潮气量　每次呼吸时吸入或呼出的气量，称为潮气量（tidal volume，TV）。正常成人平静呼吸时潮气量为400 ~ 600ml，平均为500ml。用力呼吸时潮气量增加。

2．补吸气量或吸气储备量　平静吸气末再用力吸气所能增加的吸入气量，称为补吸气量（inspiratory reserve volume，IRV），也称吸气储备量。正常成人为1500 ~ 2000ml。补吸气量与潮气量之和，称为深吸气量（inspiratory capacity）。

3．补呼气量或呼气储备量　平静呼气末再用力呼气所能增加的呼出气量，称为补呼气量（expiratory reserve volume，ERV），也称呼气储备量，正常成人为900 ~ 1200ml。

4．肺活量和用力呼气量　在进行一次最深吸气之后，尽力呼气所能呼出的最大气量称为肺活量（vital capacity，VC），它是潮气量、补吸气量和补呼气量之和。肺活量的大小有较大的个体差异，受性别、年龄、身材大小、呼吸肌强弱以及肺和胸廓弹性等因素影响。正常成人男性肺活量平均约为3500ml，女性约为2500ml。肺活量反映了肺一次通气的最大能力，在一定程度上可作为衡量肺通气功能的指标。但由于测定肺活量没有受到时间限制，因此临床上某些肺组织弹性降低（如肺气肿）或呼吸道狭窄患者，虽然通气功能已受到影响，但只要延长呼气时间，所测得的肺活量仍可在正常范围内。因此，又提出了用力呼气量的概念。

用力呼气量（forced expiratory volume，FEV）也称为时间肺活量（timed vital capacity，TVC），它是指受试者做最大吸气后以最快的速度尽力呼气，分别记录第1、2、3秒末呼出的气量，然后计算其所占肺活量的百分数。正常成人第1、2、3秒末呼出气量分别为肺活量的83%、96%和99%。其中第1秒的用力呼气量意义最大，小于60%为异常。用力呼气量是一种动态指标，不仅能反映肺活量的大小，而且还能反映呼吸时所遇阻力的变化，所以是评价肺通气功能的较好指标。肺组织弹性降低或呼吸道阻力增加等情况下，用力呼气量明显下降。

5．余气量和功能余气量　在最大呼气之后肺仍处于一定的扩张状态，这时肺内残余气量称为余气量（residual volume，RV）。正常成人为 1000 ~ 1500ml，余气量过大，表示肺通气功能不良。支气管哮喘和肺气肿患者，余气量增加。

平静呼气末，肺内尚存留的气量称为功能余气量（functional residual capacity，FRC）。它是补呼气量与余气量之和，正常成人约 2500ml。肺气肿患者功能余气量增加，肺实变时则减少。

6．肺总量　肺所能容纳的最大气量称为肺总量（total lung capacity，TLC），它等于肺活量与余气量之和。其大小因性别、年龄、身材、运动锻炼情况和体质改变而异，正常成年男性约 5000ml，女性约 3500ml。

（二）肺通气量

肺通气量是指单位时间内进出肺的气体总量，包括每分通气量与肺泡通气量。

1．每分通气量　每分钟吸入或呼出肺的气体总量称为每分通气量（minute ventilation volume）。每分通气量 = 潮气量 × 呼吸频率。其大小随年龄、性别、身材和活动量的不同而不同。正常成人平静呼吸时，呼吸频率为 12 ~ 18 次 / 分，潮气量 500ml，则每分通气量为 6.0 ~ 9.0L/min，劳动或运动时，肺通气量增大。以最快的速度和尽可能深的幅度进行呼吸时每分钟进或出肺的最大气量，称为最大通气量。正常成人男性为 100 ~ 120L/min，女性为 70 ~ 80L/min。最大通气量代表单位时间内呼吸器官发挥最大潜力后所能达到的通气量，可用以了解肺组织的弹性、呼吸道阻力、胸廓的弹性和呼吸肌的力量，是选拔运动员的重要指标之一。

2．无效腔与肺泡通气量　无效腔包括从鼻到终末细支气管之间无气体交换功能的管腔，分解剖无效腔和肺泡无效腔两部分。由于每次吸入的气体，一部分停留在上呼吸道至呼吸性细支气管以前的呼吸道内，这部分气体不能参与肺泡与血液之间的气体交换，将这部分呼吸道称之为解剖无效腔（anatomical dead space），其容积为约 150ml。进入肺泡内的气体，也可因血流在肺内分布不均而未能与血液进行气体交换，这一部分肺泡容量称肺泡无效腔（alveolar dead space）。解剖无效腔和肺泡无效腔合称为生理无效腔（physiological dead space）。正常人肺泡无效腔接近于零，所以健康人平卧时，生理无效腔等于或接近于解剖无效腔。

肺泡通气量（alveolar ventilation volume）每分钟进入肺泡能与血液进行气体交换的新鲜空气量，这部分气体一般情况下能与血液进行气体交换，因此也称为有效通气量。所以肺泡通气量的计算公式是：肺泡通气量 =（潮气量 - 无效腔气量）× 呼吸频率。

改变呼吸深度和频率，可以对每分通气量和肺泡通气量产生不同的影响。在一定范围内深而慢的呼吸比浅而快的呼吸效率高（表 5-1）。

表 5-1　不同呼吸频率和潮气量时的肺通气量和肺泡通气量

呼吸形式	肺通气量（ml/min）	肺泡通气量（ml/min）
平静呼吸	500 × 12 = 6000	（500-150）× 12 = 4200
浅快呼吸	250 × 24 = 6000	（250-150）× 24 = 2400
深慢呼吸	1000 × 6 = 6000	（1000-150）× 6 = 5100

第二节　气体交换

气体的交换包括肺换气和组织换气两个过程。肺泡与肺毛细血管之间 O_2 和 CO_2 的交换过程称肺换气。血液与组织细胞之间 O_2 和 CO_2 的交换过程称为组织换气。而气体由肺泡到组织或由组织到肺泡都必须经过血液运输。

一、气体交换的原理

O_2 和 CO_2 的交换都是以扩散的方式通过生物膜。在气体分子分布不均匀的情况下，气体分子不停地进行无定向的运动，但总效应是从分压高处向分压低处扩散。因此，气体交换的动力是换气部位生物膜两侧的气体分压差。分压差越大，气体扩散速率越快。单位时间内气体的扩散量称为扩散速率（diffusion rate）。扩散速率与气体的压力差呈正比，

（一）气体分压

在混合气体中，某种气体所占有的压力称为该气体的分压。可用混合气体的总压力乘以该气体在混合气体中所占有的容积百分比来求得。当气体与液体（血浆、组织液）接触时，气体分子不断溶解于液体中，而溶解的气体分子也可不断地从液体中逸出。溶解的气体分子从液体中逸出的力量称为张力。也可以说，张力就是液体中的气体分压。在体内，当气体与液体相遇时，气体总是顺气体分压差进行扩散。人安静时，肺泡气、血液和组织中的氧分压和二氧化碳分压见表 5-2。

表 5-2 海平面空气、肺泡气、血液和组织内 O_2 和 CO_2 的分压 [mmHg (kPa)]

气体分压	自然界（空气）	肺泡气	动脉血	静脉血	组织
PO_2	159（21.2	104（13.9）	100（13.3）	40（5.3）	30（4.0）
PCO_2	0.3（0.04）	40（5.3）	40（5.3）	46（6.1）	50（6.7）

（二）气体扩散速率

气体扩散速率越快，气体交换也越快；相反则慢。

影响气体扩散速率的因素有：①气体分压差：气体扩散速率与气体分压差呈正比；②气体的溶解度和相对分子质量：气体扩散速率与气体溶解度呈正比，与气体相对分子质量的平方根呈反比；③温度：气体扩散速率与温度呈正比；④扩散面积和距离：气体扩散速率与扩散面积呈正比，与扩散距离呈反比。正常时肺泡气与静脉血之间的 O_2 和 CO_2 的分压差之比为 10∶1，溶解度之比为 1∶24，相对分子质量的平方根之比为 1∶1.14。上述几个因素综合影响的结果是 CO_2 扩散速率是 O_2 扩散速率的 2 倍。

二、气体交换过程及其影响因素

（一）肺换气

1．肺换气过程　由于肺通气使肺泡气不断地更新，肺泡气的氧分压总是高于静脉血的氧分压，而肺泡气的二氧化碳分压总是低于静脉血的二氧化碳分压。当来自肺动脉的静脉血流经肺毛细血管时，在分压差的推动下，氧气由肺泡经呼吸膜扩散入血液，二氧化碳则由静脉血经呼吸膜扩散入肺泡（图 5-5）。肺换气的结果，使静脉血变成含氧较多而二氧化碳较少的动脉血。

2．影响肺换气的主要因素

（1）气体扩散速率：CO_2 扩散速率比 O_2 快，所以肺泡气体交换发生障碍时，缺 O_2 往往比 CO_2 潴留明显。

（2）呼吸膜的厚度和面积：呼吸膜是肺换气的场所，呼吸膜面积与交换速率呈正比，而厚度与交换速率呈反比。在电镜下可见呼吸膜有六层结构（图 5-6），即含有表面活性物质的液体层、肺泡上皮细胞层、肺泡上皮基底膜层、肺泡与毛细血管之间的间隙、毛细血管基膜层、毛细血管内皮细胞层，这六层结构总平均厚度不到 1μm，有些部位仅有 0.2μm，通透性很大，因此，气体很容易扩散通过。在病理情况下，如肺纤维化、肺水肿，任何能使呼吸膜增厚或扩散距离增

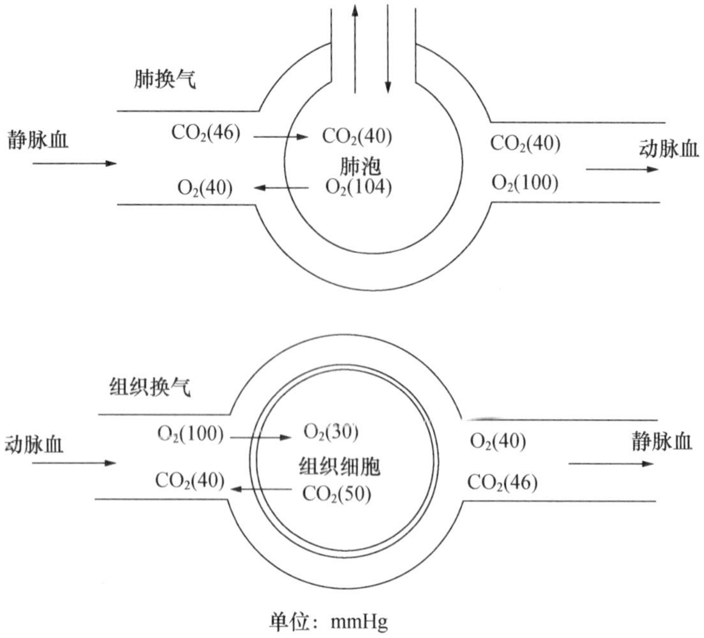

图 5-5　气体交换示意图

加的疾病，都会降低扩散速率，减少扩散量。正常人的肺约有 3 亿个肺泡，呼吸膜总扩散面积约 70m^2，平静呼吸时，可供气体交换的面积约为 40 m^2，用力呼吸时，肺毛细血管开放增多，呼吸面积可增大到 70 m^2。肺不张、肺实变、肺气肿或肺毛细血管阻塞均可使呼吸膜面积减少，因而气体扩散量减少。

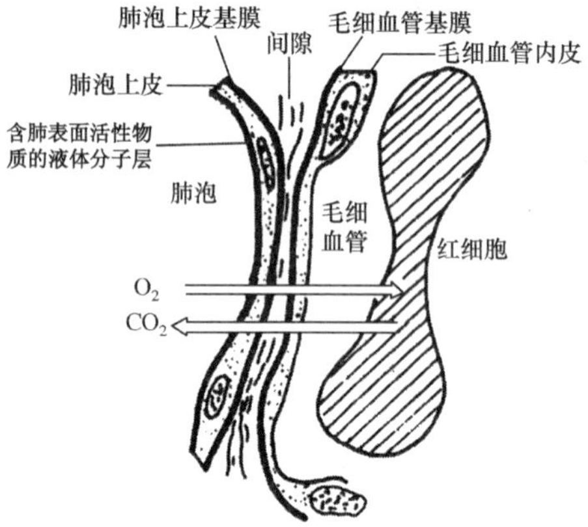

图 5-6　呼吸膜结构示意图

（3）肺通气 / 血流比值：由于肺换气发生在肺泡气与肺毛细血管血液之间，故不难理解肺通气量与肺血流量必须协调配合，气体交换才能进行。肺通气 / 血流比值（ventilation/perfusion ratio，VA/Q）是指每分钟肺泡通气量与每分钟肺血流量之间的比值。正常成人安静时，肺泡通气量约为 4.2L/min，肺血流量即为心输出量，约为 5L/min，则 VA/Q 约为 0.84。在这种情况下，气体交换的效率最高，静脉血流经肺毛细血管时，将全部变为动脉血。如果 VA/Q 比值增大，表明肺通气过度或肺血流量不足，使得部分肺泡气未能与血液进行充分交换，造成肺泡无效腔增大；反之，VA/Q 下降，则意味着肺通气不足或肺血流相对过剩，部分静脉血流经肺泡时未能得到充分的气体交换，形成功能性动 - 静脉短路。以上两种情况均可导致肺换气效率下降（图 5-7）。

正常成人安静时，肺泡通气量和肺毛细血管血流量在肺内的分布是不均匀的，因此，肺各区

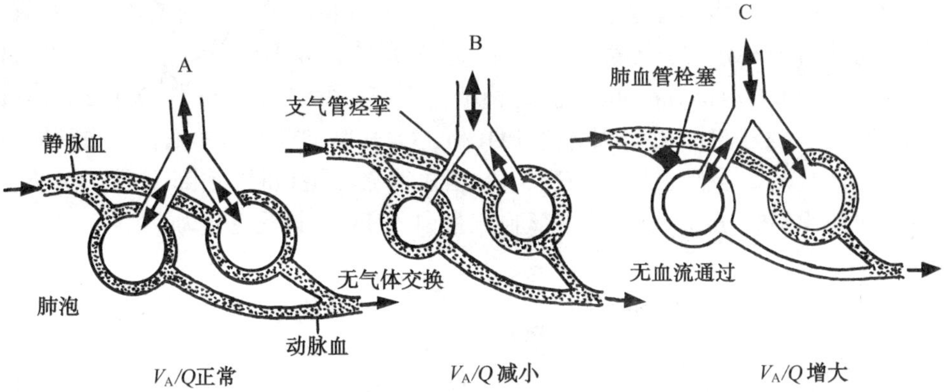

图 5-7 肺通气 / 血流比值变化示意图

域的 VA/Q 存在着差异。当人体处于直立位时，由于重力因素的作用，肺尖部的肺泡通气量和肺血流量都较肺下部的小，其中以肺血流量的减少更为明显，所以肺尖部的 VA/Q 较大，高达 3.3，而肺下部的 VA/Q 较小，低至 0.63。虽然正常情况下，肺泡通气量和肺血流量在肺的不同区域分布不均，导致肺不同部位的 VA/Q 不一样，但由于呼吸膜面积远远超过肺换气的实际面积，因而并不影响正常的气体交换。

（二）组织换气

1．组织换气过程　由于组织细胞新陈代谢不断消耗氧气，并产生二氧化碳，致使组织细胞内的氧分压低于动脉血中的氧分压，而二氧化碳分压高于动脉血中的二氧化碳分压，因此，当动脉血流经组织时，氧气由血液扩散入组织细胞，而二氧化碳则由组织细胞扩散入血液（图 5-5），完成组织换气。结果血液中的氧分压降低，二氧化碳分压升高，动脉血变成静脉血。

2．影响组织换气的主要因素　影响组织换气的因素主要有组织细胞代谢水平及血液供应情况。当组织细胞代谢活动增强时，O_2 消耗量及 CO_2 产生量增多，使动脉血与组织间的 O_2 及 CO_2 分压差增大，气体交换增多。同时组织细胞代谢产生的酸性产物，使毛细血管大量开放，血流量增多，也有利于气体交换。此外，组织细胞与毛细血管之间的距离对气体交换也有影响。

综上所述，促使气体交换的直接动力是肺泡、血液及组织三者之间的气体分压差。当血液流经肺时，能不断获得 O_2，释放出 CO_2；而流经组织时，则不断接受 CO_2，释放出 O_2。

第三节　气体在血液中的运输

气体交换分别在肺和组织处进行，要完成这两处的气体交换，必须借助于血液来运输气体。O_2 与 CO_2 在血液中的运输方式有两种，即物理溶解和化学结合，其中以化学结合形式为主。物理溶解的量虽然很少，但却是化学结合所必需的中间步骤。气体须先在血液中溶解后，才能发生化学结合，而结合状态的气体也须分解成溶解状态后才能逸出血液。因而，物理溶解也是必不可少的运输形式。

一、氧的运输

（一）运输形式

1．物理溶解　血浆中 O_2 的溶解度极小，每 100ml 血液中仅溶解 0.3ml，约占血液运输 O_2 总量的 1.5%。在温度和溶解度不变的情况下，物理溶解的量与气体的分压呈正比。

2．化学结合　O_2 的化学结合形式是氧合血红蛋白（HbO_2），正常成人每 100ml 动脉血 Hb

结合的 O_2 约为 19.5ml，约占运输总量的 98.5%。O_2 和血红蛋白中 Fe^{2+} 的结合能力很强，但它们结合时，其中的铁离子没有电子转移，仍保持二价铁形式，故不属于氧化，是一种疏松的可逆结合，生理学上称为氧合（oxygenation）。这种结合不需要酶参与，Hb 与 O_2 的结合和解离主要取决于 PO_2。当血液流经肺时，由于肺泡中 PO_2 高，O_2 从肺泡扩散入血液，使血液中 PO_2 升高，Hb 与 O_2 迅速结合形成氧合血红蛋白（HbO_2）；当血液流经组织时，组织细胞 PO_2 低，HbO_2 解离释放出 O_2，供组织细胞利用，而成为脱氧血红蛋白（Hb）。其反应式为：

$$Hb + O_2 \underset{PO_2\text{低（组织）}}{\overset{PO_2\text{高（肺泡）}}{\rightleftharpoons}} HbO_2$$

HbO_2 呈鲜红色，动脉血中 HbO_2 较多，所以动脉血呈鲜红色。Hb 呈暗蓝色，静脉血中 Hb 较多，因此静脉血呈暗红色。当血液中 Hb 含量超过 50g/L 时，在毛细血管丰富的表浅部位，如口唇、甲床、黏膜可出现青紫色的现象，称为发绀（cyanosis）。发绀是机体缺 O_2 的指征之一。值得注意的是，有些严重贫血患者，其血液中 Hb 含量小于 50g/L 时，虽然存在缺 O_2，但不出现发绀。相反，有些红细胞增多症患者，因血液中 Hb 总量高，不一定缺 O_2，但可出现发绀。此外，在 CO 中毒时，CO 与 Hb 结合成一氧化碳血红蛋白（HbCO），HbCO 呈樱桃红色。故 CO 中毒时虽然缺 O_2，但不出现发绀，皮肤、黏膜呈现樱桃红色。

知识链接

CO 中毒

CO 与 Hb 结合成一氧化碳血红蛋白（HbCO），HbCO 呈樱桃红色。由于 CO 与 Hb 结合的能力是 O_2 的 210 倍，且 HbCO 不易离解，故 CO 中毒时 O_2 很难与 Hb 结合，造成组织缺 O_2。CO 中毒患者会出现剧烈头痛、头晕、四肢无力、视物不清等症状，严重者意识丧失、昏迷、甚至死亡。但无发绀，皮肤、黏膜呈樱桃红色。

（二）氧离曲线

1 分子 Hb 可以结合 4 分子 O_2，1g Hb 可以结合 1.34ml O_2。1L 血液中血红蛋白所能结合的最大 O_2 量称为血红蛋白氧容量。但实际上，并非能达到最大量的结合。1L 血液中血红蛋白实际结合的 O_2 量称为血红蛋白氧含量。通常情况下，血液中溶解的 O_2 甚少，比起结合的 O_2 可忽略不计。因此，常把血红蛋白氧容量称为氧容量（oxygen capacity），把血红蛋白氧含量称做氧含量（oxygen content）。氧含量占氧容量的百分数，称为血氧饱和度（oxygen saturation）。通常情况下，动脉血氧饱和度约为 98%，静脉血氧饱和度约为 75%。

1．氧离曲线特性及意义　以氧分压为横坐标、血氧饱和度为纵坐标，所得到的两者之间的关系曲线称为氧离曲线（oxygen dissociation curve）。氧离曲线是表示 PO_2 与血氧饱和度关系的曲线。从图 5-8 可见，在一定范围内血红蛋白氧饱和度与氧分压呈正比，即氧分压高，血红蛋白血氧饱和度也高；氧分压低，血红蛋白氧饱和度也低。但并非完全呈线性关系，而是呈近似 S 型的曲线。曲线的 S 形具有重要的生理意义：①曲线上段 PO_2 在 60 ～ 100mmHg 时，曲线较平坦，表明 PO_2 的变化对血氧饱和度影响不大。氧离曲线的这一特性使生活在高原地区的人，或当呼吸系统疾病造成 VA/Q 比值减小时，只要 PO_2 不低于 60mmHg，血氧饱和度仍可维持在 90% 以上，从而保证了人体对 O_2 的需要。②中段比较陡直。相当于血液 PO_2 在 40 ～ 60mmHg 时的变化曲线，是反映 HbO_2 释放 O_2 的部分。表明血液流经组织后，PO_2 由 100mmHg 下降至 40mmHg 时，血氧饱和度由 98% 下降到 75%，血氧含量由 194ml/L 血液降至 144ml/L 血液，意味着每升血液可释放 50ml 的 O_2，表明在此范围内，只要 PO_2 稍有下降，血氧饱和度就会明显降低，有较多的 O_2 从氧合血红蛋白中解离出来。其生理意义是血液流经组织时可释放适量的 O_2，保证安静状态下组织代谢的需 O_2 量。③下段坡度最陡。相当于 PO_2 在 15 ~ 40mmHg 时的血氧饱和度，也是反映 Hb 与 O_2 解离的部分。表明 PO_2 稍有下降，HbO_2 就释放大量的 O_2。当组织活动加强时，耗氧增加，可促使 HbO_2 进一步大量解离，PO_2 进一步下降至 15mmHg，血氧饱和度降至 22% 左右，血氧含量只有 44ml/L 血液，说明每升血液能供给组织约 150mlO_2，是安静时的 3 倍。因此，这段曲线上述反应无需酶的参与，结合和解离都可迅速完成。调节这一反应的主要因素是氧合作用。氧离曲线的这一特性有利于对低 O_2 环境中的组织供 O_2。同时，氧离曲线的这一特性还提示，当动脉血 O_2 分压较低时，只要吸入少量的 O_2，就可以明显提高血氧饱和度和血氧含量。这为临床上慢性阻塞性呼吸系统疾病的低氧血症，进行低流量持续吸氧治疗提供了理论基础。

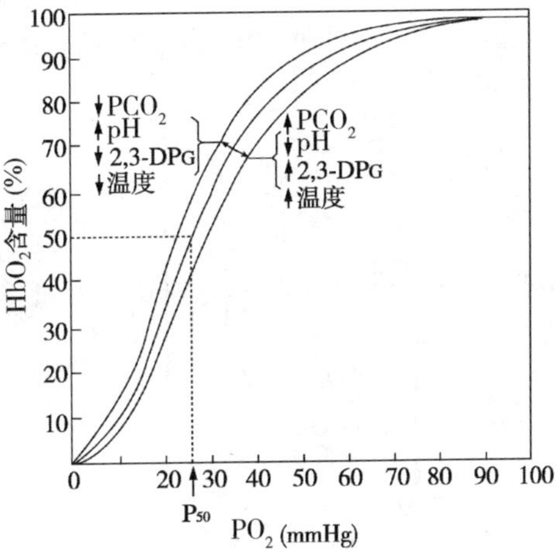

图 5-8 氧离曲线及主要影响因素

2．氧离曲线的主要影响因素　氧离曲线受许多因素的影响，主要影响因素有血液中 PCO_2、pH、温度和 2, 3- 二磷酸甘油酸（2, 3-DPG）。① CO_2 和 pH 的影响，当 PCO_2 升高或 pH 降低时，Hb 对 O_2 的亲和力降低，曲线右移；PCO_2 降低或 pH 升高时，Hb 对 O_2 的亲和力增加，曲线左移。②温度的影响，温度升高时，曲线右移，氧合血红蛋白可解离出更多的 O_2 以供组织利用。相反，温度下降，如低温麻醉时，曲线左移，则氧合血红蛋白不会解离出 O_2。③ 2, 3- 二磷酸甘油酸的影响，血液 PO_2 降低时，红细胞内无氧酵解增加，2, 3- 二磷酸甘油酸（2, 3-DPG）增加。2,3-DPG 增加，则血红蛋白与氧的结合力减弱，使氧解离曲线右移，有利于 O_2 的释放；反之，2, 3-DPG 减少，使氧解离曲线左移，有利于 O_2 与 Hb 结合。

二、二氧化碳的运输

（一）物理溶解

CO_2 的溶解度虽然比 O_2 大，但血浆中 CO_2 的物理溶解量也仅占血液运输 CO_2 总量的 5%。

（二）化学结合

CO_2 化学结合的形式有碳酸氢盐和氨基甲酰血红蛋白两种。

1．碳酸氢盐形式　此种形式运输的 CO_2 约占血液 CO_2 总量的 88%，基本过程如图 5-9 所示。血液流经组织时，组织生成的 CO_2 迅速扩散到血液，使血浆中的 PCO_2 升高，CO_2 很快透入红细胞内，在碳酸酐酶（CA）的作用下，CO_2 与 H_2O 结合生成 H_2CO_3，H_2CO_3 又很快解离成 H^+ 和 HCO_3^-。由于红细胞膜对负离子通透性很大，生成的 HCO_3^- 除小部分与红细胞内的 K^+ 结合成

$KHCO_3$ 外，大部分扩散到血浆并且与 Na^+ 结合成 $NaHCO_3$，同时为保持电平衡，血浆中的 $C1^-$ 则向红细胞膜内转移，以维持红细胞膜两侧正、负离子的平衡，此现象称为氯转移。红细胞中生成的 HCO_3^- 与血浆中的 Cl^- 互换，避免了 HCO_3^- 在红细胞内的堆积，有利于 CO_2 的运输。由于红细胞膜对正离子通透性极小，上述反应中 H_2CO_3 解离出的 H^+ 不能伴随 HCO_3^- 外移，则与 HbO_2 结合，同时释放出 O_2。由此可见，进入血浆的 CO_2 主要以 $NaHCO_3$ 的形式运输，但 HCO_3^- 则是在红细胞中生成的。当静脉血流至肺泡时，由于肺泡内 CO_2 分压较低，上述反应向相反的方向进行，CO_2 扩散入肺泡而排出体外。

2. 氨基甲酰血红蛋白形式　此种形式运输的 CO_2 约占血液 CO_2 总量的 7%，基本过程如图 5-9 所示。进入红细胞中的 CO_2 能直接与 Hb 的氨基结合，形成氨基甲酰血红蛋白（$HbNH_2+CO_2 \rightarrow HbNHCOOH \rightarrow HbNHCOO^-+H^+$）。这一反应迅速、可逆、无需酶的参与。其结合量主要受 Hb 含 O_2 的影响。当血液流经组织时，HbO_2 释放出 O_2，迅速与 CO_2 结合形成 HbNHCOOH；当血液流经肺时，Hb 与 O_2 结合成 HbO_2，CO_2 被释放。在肺排出的 CO_2 有 17.5% 是从氨基甲酰血红蛋白释放出来的。可见这种形式的运输对 CO_2 的排出有重要意义。

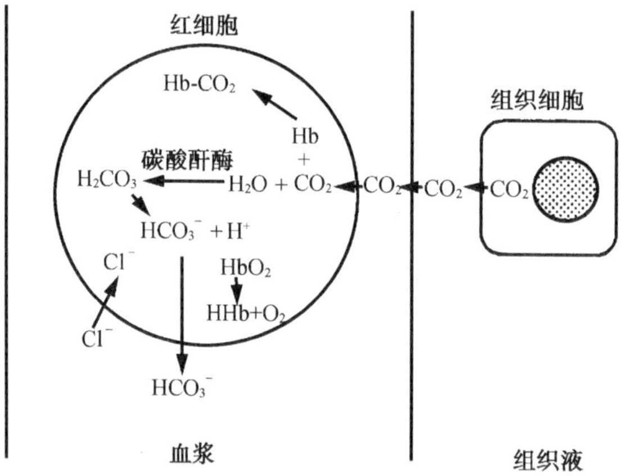

图 5-9　CO_2 的运输示意图

第四节　呼吸运动的调节

正常的呼吸运动是吸气与呼气交替进行的节律性活动，昼夜不停，并能随人体活动情况改变其频率和深度，从而使肺通气量与机体的代谢水平相适应，保持血液中 O_2 和 CO_2 含量的相对恒定。这是一种非意识节律性活动，受呼吸中枢的调节。此外，呼吸肌属于骨骼肌，在清醒状态下，呼吸运动可受大脑皮质的意识控制。因此，呼吸运动除了具有自主性外，还有一定的随意性。呼吸运动可分为节律性呼吸（亦称自动性呼吸）和随意性呼吸两种。本节主要介绍自主性呼吸调节。

一、呼吸中枢与呼吸节律的形成

（一）呼吸中枢

在中枢神经系统内产生和调节呼吸运动的神经细胞群，总称为呼吸中枢（respiratory center）。上自大脑皮质、间脑、脑桥、延髓，下至脊髓均存在与呼吸运动有关的神经元。脑的各级部位在产生和调节呼吸运动中的作用不同，正常节律性呼吸运动是在各级中枢的相互配合下实现的。

1．脊髓 脊髓前角的呼吸运动神经元发出膈神经和肋间神经，分别支配膈肌与肋间肌的活动。在动物实验中，若在脊髓与延髓之间横断，呼吸运动立即停止，这说明节律性呼吸运动不是在脊髓产生。脊髓只实现了高位呼吸中枢与呼吸肌的联系，是整合某些呼吸反射的初级中枢。

2．延髓 动物实验表明，在中脑与脑桥之间切断，对呼吸无明显影响；在脑桥与延髓之间切断，则出现一种规律的喘息样呼吸；在延髓与脊髓之间切断，则呼吸立即停止，并不再恢复。由此可见，调节呼吸活动的基本中枢位于延髓。在延髓呼吸中枢内，与呼吸运动有关的神经元主要可分为两组。一组与吸气有关，称为吸气神经元（IN）；另一组与呼气有关，称为呼气神经元（EN）。它们的轴突纤维支配脊髓前角的呼吸肌运动神经元，以控制吸气肌与呼气肌的活动。但是，仅保留延髓的动物，其呼吸运动节律很不规则，不能满足机体代谢的需要，这说明呼吸节律还需依靠延髓以上的中枢参与。

3．脑桥 脑桥有呼吸调整中枢，脑桥内呼吸神经元相对集中于臂旁内侧核及其外侧，主要为吸气 - 呼气神经元，它们与延髓呼吸神经元之间有广泛的双向联系。其主要作用是抑制吸气，使吸气向呼气转换。动物实验证明，保留脑桥与延髓的正常联系，动物可维持正常的呼吸节律，说明正常呼吸节律是延髓和脑桥呼吸中枢共同作用的结果（图 5-10）。

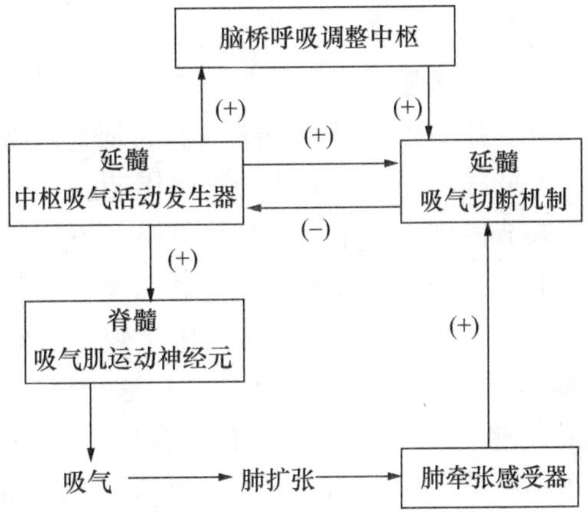

图 5-10 呼吸基本节律产生原理示意图

4．高位中枢 高位中枢虽不是形成节律性呼吸所必需的部位，但延髓、脑桥等呼吸中枢的活动常受到间脑、大脑皮质等高位中枢的调整作用。在大脑皮质的控制和精确调节下，人体可在一定限度内有意识地控制呼吸深度和频率，如做短时间的屏气或加速、加深呼吸。此外，可以建立呼吸的条件反射。讲话、唱歌等都需要呼吸运动的配合。大脑皮质对呼吸运动的调节系统是随意的呼吸调节系统。由于大脑皮质和低位脑干对呼吸运动调节的下行系统的通路是分开的，临床上有时可以观察到自主呼吸和随意呼吸分离现象。例如脊髓前外侧索下行的自主呼吸调控通路受损后，自主节律性呼吸运动出现异常甚至停止，但患者仍可通过随意呼吸或依靠人工呼吸机来维持肺通气，如果不给予患者人工呼吸，一旦患者入睡，呼吸运动就会停止。

（二）呼吸节律的形成

呼吸肌属于骨骼肌，本身无自律性，由躯体神经支配。但呼吸运动是不需要受意识支配的，这种自主性呼吸节律是如何形成的？目前正常呼吸节律的形成有两种假说：一是起步细胞学说，二是神经元网络学说。起步细胞学说认为，延髓内存在“起步神经元”，具有主动产生节律性兴奋的能力。正如心脏窦房结起搏细胞的节律性兴奋，引起整个心脏产生节律性收缩一样，由延髓内具有起搏样活动的神经元形成节律性呼吸。神经元网络学说认为，呼吸节律的产生依赖于延髓内呼吸神经元复杂的相互联系和相互作用。学者们在大量实验研究资料的基础上提出了多种模型，其中 20 世纪 70 年代提出了吸气活动发生器和吸气切断机制模型。吸气和呼气活动的节律性转换是中枢神经网络中不同神经元间相互作用的结果。该模型的核心是当中枢吸气活动发生器自发地兴奋时，其冲动沿轴突传至脊髓吸气运动神经元，引起吸气动作。当中枢吸气活动发生器的活动达到一定程度时，就被延髓另一部分神经元的活动所中断，这部分神经元被称为吸气切断机制。吸气切断机制接受中枢吸气活动发生器和脑桥呼吸调整中枢的冲动。当吸气切断机制神经元的活动增强时，能抑制中枢吸气活动发生器神经元的活动，使吸气活动停止，转为呼气。当吸气切断机制的活动逐渐减弱时，对中枢吸气活动发生器的抑制作用解除，吸气活动再次发生，如此周而复始。

二、呼吸运动的反射性调节

呼吸节律虽然产生于脑，但其活动除了受中枢神经系统相关的呼吸神经元控制以外，还受到来自呼吸器官本身和血液循环等其他系统感受器传入冲动的反射性调节。

（一）肺牵张反射

由肺的扩大或缩小引起的反射性呼吸运动变化，称为肺牵张反射（pulmonary stretch reflex），又称黑 - 伯反射（Hering Breuer reflex），包括肺扩张反射和肺缩小反射，以前者比较重要。肺扩张反射的感受器主要分布在支气管和细支气管的平滑肌层中，一般称为肺牵张感受器。吸气时，肺扩张，当肺内气量达到一定容积时，肺牵张感受器兴奋，发放冲动增加，冲动沿迷走神经传入纤维到达延髓。兴奋吸气切断机制，增强了吸气切断机制对中枢吸气活动发生器的抑制作用，结果终止吸气，发生呼气。呼气时，肺缩小，对牵张感受器的刺激减弱，传入冲动减少，使之作用减弱，吸气中枢兴奋，再次产生吸气，开始一个新的呼吸周期。

肺扩张反射是一种负反馈调节机制。其生理意义是使吸气不致过长、过深，促使吸气及时转为呼气。它与脑桥呼吸调整中枢共同调节着呼吸的频率和深度。家兔实验中，剪断双侧迷走神经后，吸气时间延长、吸气加深，呼吸变得深而慢，这是由于破坏了肺牵张反射调节的缘故。

肺牵张反射有明显的种属差异。在动物（尤其是兔）这一反射较明显。正常成人平静呼吸时，肺牵张反射不发挥作用；深吸气时，才能引起肺牵张反射。病理情况下，如肺炎、肺水肿等，由于肺顺应性降低，肺不易扩张，吸气时对肺牵张感受器的刺激作用增强，传入冲动增多，可引起这一反射，使呼吸变浅、变快。

（二）呼吸肌本体感受器反射

由呼吸肌本体感受器发放传入冲动增多而引起呼吸运动增强的反射，称为呼吸肌本体感受性反射。其感受器为骨骼肌内的肌梭。呼吸肌（主要见于肋间肌）同其他骨骼肌一样，除有大量的肌纤维（梭外肌）外，还含有肌梭。当肋间肌被拉长或当梭外肌不缩短而梭内肌纤维收缩时，肌梭受到刺激而兴奋，其神经冲动经传入脊髓中枢，使脊髓前角 α 运动神经元兴奋，引起该肌肉梭外肌收缩或收缩增强。但在平静呼吸时，这一反射并不明显，只有在运动或呼吸阻力增大（如支气管痉挛）时，肌梭受到较强的刺激，反射性引起呼吸肌收缩加强，以维持相应的肺通气量。该反射对克服气道阻力具有重要作用。

（三）化学感受性反射

血液中 PCO_2、PO_2 和 H^+ 浓度的改变，可通过化学感受器反射性地改变呼吸运动，从而改变肺通气量，以维持血液中 PCO_2、PO_2 和 pH 的相对恒定。化学感受器包括外周化学感受器和中枢化学感受器。

外周化学感受器位于颈动脉体和主动脉体，能及时和直接地感受动脉血中 CO_2、O_2 及 H^+ 浓度的变化，产生的冲动分别经窦神经和主动脉神经传入延髓呼吸中枢，反射性地引起呼吸加强。在呼吸调节中，颈动脉体作用较主动脉体大。当血液 PO_2 降低、PCO_2 升高或 pH 降低时，其传入冲动增加，反射性地引起呼吸加深、加快和心血管功能的变化（见第四章）。

中枢化学感受器位于延髓腹外侧浅表部位，对脑脊液中 H^+ 浓度的改变极为敏感。但血液中

H^+ 不易通过血脑屏障，CO_2 则易于通过。当血液 PCO_2 升高时，CO_2 从脑血管扩散进入脑脊液，在碳酸酐酶的作用下，与水结合成 H_2CO_3，随后解离出 H^+，使中枢化学感受器兴奋，反射性地引起呼吸变化，使呼吸加深、加快。但中枢化学感受器不感受缺氧刺激。

1．CO_2 对呼吸的调节　CO_2 是呼吸的生理性刺激物，为调节呼吸最重要的体液因素。人在过度通气后可发生呼吸暂停，是因为过度通气排出了较多的 CO_2，使血液 PCO_2 下降，以致对呼吸中枢的刺激减弱所造成。吸入气中 CO_2 含量适当增加，可使呼吸加深、加快。如吸入气中 CO_2 含量增加到 1% 时，肺通气量即可增加；吸入气中 CO_2 增加到 4% 时，肺通气量可增加 1 倍。临床上给某些患者吸氧时，要混入一定量的 CO_2（5%），以维持呼吸中枢兴奋性，有助于氧气的吸入。但这种关系有一上限，当吸入气中 CO_2 浓度过高（$>$ 7%）时，肺通气并不能随之按比例上升，肺泡气和动脉血中 CO_2 含量将明显升高，人体出现不安、头痛和头晕等症状。当吸入气中 CO_2 含量超过 15% 时，出现意识丧失；若超过 20%，则会出现惊厥，进而引起呼吸中枢麻痹而死亡。

CO_2 对呼吸的刺激作用是通过两条途径实现的：一是刺激中枢化学感受器，继而引起延髓呼吸中枢兴奋；另一条是刺激外周化学感受器，神经冲动传入延髓，使呼吸中枢兴奋。两条途径均可使呼吸加深、加快，但以前一条途径为主，约占总效应的 80%。

2．低氧对呼吸的调节　动脉血 PO_2 降低至 80mmHg 以下时，可刺激呼吸加深、加快，肺通气量增加。低 O_2 一方面可抑制呼吸中枢，另一方面 PO_2 降低可兴奋外周化学感受器，使呼吸中枢兴奋，即低 O_2 对呼吸的直接作用是抑制，其间接作用是兴奋。因此，呼吸中枢的活动变化将取决于低 O_2 的程度。轻度低 O_2 时，间接的兴奋作用大于直接的抑制作用，呼吸中枢兴奋，呼吸加快、加深，肺通气量增加。但是当严重低氧时，来自外周化学感受器的冲动对抗不了低氧对呼吸中枢的直接抑制作用，于是呼吸减弱，甚至停止。

3．H^+ 对呼吸的调节　动脉血中 H^+ 浓度增加，导致呼吸加深、加快，肺通气量增加；H^+ 浓度降低，呼吸则受到抑制。中枢化学感受器对 H^+ 变化更为敏感，约为外周化学感受器的 25 倍。但由于 H^+ 不容易通过血 - 脑屏障，从而限制了它对中枢化学感受器的作用。所以血液中 H^+ 对呼吸的影响主要是通过外周化学感受器实现的。临床上酸中毒患者，常出现呼吸加强现象。

上面分析了 CO_2、O_2、H^+ 每个单一因素对呼吸的影响。实际上，三者之间存在着相互关系，在整体内往往不会只有一个因素单独改变。例如，当 PCO_2 升高时，血液 H^+ 浓度也增高，两者共同使兴奋呼吸的作用大大增强。动脉血 H^+ 浓度增加时，引起呼吸增强，肺通气量增大，CO_2 排出增多，以致血液中 PCO_2 降低，使呼吸加强受到一定限制，从而抵消一部分 H^+ 兴奋呼吸的作用；低 O_2 时，也可因肺通气量增加，排出 CO_2 增多，血液的 PCO_2 和 H^+ 浓度均降低，使低 O_2 对呼吸的兴奋作用大大减弱。由此可见，低 O_2 对呼吸的刺激作用，不及血液 PCO_2 和 H^+ 浓度升高的刺激作用明显。研究证实，CO_2 对呼吸的刺激作用最强，H^+ 次之，低 O_2 作用最弱。

（四）防御性呼吸反射

防御性呼吸反射包括咳嗽反射（cough reflex）和喷嚏反射（sneeze reflex）。当呼吸道黏膜受到机械和化学刺激时，可引起防御性呼吸反射，以清除异物，避免其进入肺泡。

1．咳嗽反射　是最重要的防御性呼吸反射。它的感受器位于喉、气管和支气管的黏膜下层，传入神经为迷走神经。当机械或化学刺激作用于上述呼吸道感受器时所触发的一系列反射效应，称为咳嗽反射。咳嗽时，先是短促或深吸气，接着声门紧闭，随后呼气肌强烈收缩，使肺内压和胸膜腔内压急速上升，然后声门突然打开，由于气压极大，气体便以极高的速度从肺内冲出，将呼吸道内异物或分泌物排出。因此，咳嗽反射具有防御作用，有清洁、保护和维护呼吸道通畅的作用。但剧烈咳嗽时，因胸膜腔内压显著升高，可阻碍静脉回流，使静脉压和脑脊液压升高，而且过于强烈的咳嗽还可损伤肺组织，此时，应及时终止异常咳嗽反射。

2．喷嚏反射　它类似于咳嗽反射，其感受器位于鼻黏膜，传入神经为三叉神经。当鼻黏膜受到刺激时，反射性引起腭垂下降，舌压向软腭，而不是声门紧闭，使肺内气体从鼻腔喷出，可以清除鼻腔中的异物。

知识链接

临床常见的几种异常呼吸

临床上常见的异常呼吸有：①潮式呼吸，又称陈 - 施呼吸（Cheyne-Stokes 呼吸），特点是随着体内 CO_2 积聚，呼吸由浅慢逐渐变为深快，随着 CO_2 的呼出，呼吸再由深快转为浅慢直至暂停，如此反复像潮起潮落一般的呈周期性变化。常见于充血性心力衰竭、颅脑损伤等。②间停呼吸，又称比奥呼吸（Biots 呼吸），特点是在几次有规律的均匀呼吸后，突然停止一段时间，然后又开始有规律的均匀呼吸，形成周而复始的间停呼吸。常见于脑损伤、脑水肿、呼吸中枢抑制、中毒等。③酸中毒深大呼吸，又称库氏呼吸（Kussmaul's 呼吸），特点是呼吸深快且规则，常伴有鼾音，常见于代谢性酸中毒。

本章小结

1. 呼吸过程包括肺通气、肺换气、气体运输和组织换气几个环节。

2. 呼吸运动是肺通气的原动力，肺内压与大气压之差是肺通气的直接动力。

3. 肺泡内的压力称为肺内压。在呼吸运动过程中，肺内压随胸腔容积的变化而发生周期性变化。胸膜腔内压是指胸膜腔内的压力，其压力通常低于大气压，胸膜腔内压的大小由肺回缩力决定。

4. 肺泡表面活性物质能降低肺泡表面张力。

5. 肺容积包括潮气量、补吸气量、补呼气量和余气量四种互不重叠的基本肺容积。用力呼气量是评价肺通气功能的较好指标。肺泡通气量 =（潮气量 - 无效腔气量）× 呼吸频率，又称为有效通气量。

6. 气体交换的动力是换气部位生物膜两侧的气体分压差。肺通气 / 血流比值是指每分钟肺泡通气量与每分钟肺血流量之间的比值。正常约为 0.84，在这种情况下，气体交换的效率最高。

7. 血浆中溶解的 O_2 量极少，O_2 主要是化学结合形成氧合血红蛋白（HbO_2）运输。CO_2 在血液中的运输也是物理溶解（5%）和化学结合（95%）两种形式，主要是以碳酸氢盐形式运输。

8. 呼吸的反射性调节主要包括机械和化学两类感受性反射调节。CO_2 是呼吸的生理性刺激物，为调节呼吸最重要的体液因素。

思 考 题

1．胸内负压是怎样形成的？在平静呼吸中有何变化？有什么意义？
2．为什么深而慢的呼吸比浅而快的呼吸效率高？
3．肺换气与组织换气是怎样形成的？哪些因素可以影响肺换气？
4．血液 PO_2 降低、PCO_2 升高或 pH 降低时，对呼吸有何影响？作用途径如何？
5．何谓解剖无效腔？无效腔增大对呼吸运动有何影响？为什么？
6．家兔双侧的迷走神经损伤，动物的呼吸有何变化？为什么？

（伍爱荣）

第六章 消化与吸收

学习目标

通过本章内容的学习，学生应能：

1. 掌握消化、吸收、蠕动、分节运动、黏液-碳酸氢盐屏障的概念，胃液、胰液、胆汁的成分和作用，消化期胃液分泌的调节。
2. 熟悉胃、小肠的运动形式，主要营养物质吸收的基本过程。
3. 了解消化道平滑肌的生理特性，口腔内消化，大肠的运动和排便反射。

人体需要的营养物质主要有六类，包括蛋白质、脂肪、糖类、维生素、无机盐和水。其中前三类是大分子物质，不能被机体直接利用，需要通过消化才能被吸收，后三类为小分子物质，不需要消化就可以被机体吸收利用。

营养物质在消化道内被分解为可吸收的小分子物质的过程称为消化（digestion）。消化道对营养物质的消化有两种方式：一种是机械性消化（mechanical digestion），即通过消化道肌肉的收缩和舒张，将食物磨碎，并使之与消化液充分混合，同时把食物不断向消化道的远端推送的过程；另一种是化学性消化（chemical digestion），即通过消化液中的各种消化酶的作用，将食物中的大分子物质（主要是蛋白质、脂肪和淀粉）分解为可被吸收的小分子物质的过程。上述两种消化方式同时进行，相互配合，共同作用，为机体的新陈代谢源源不断地提供养料和能量。

经消化后的小分子物质，透过消化道黏膜进入血液或淋巴液的过程称为吸收（absorption），未被消化吸收的食物残渣，最后以粪便的形式排出体外。消化和吸收是两个相辅相成、紧密联系的过程。

第一节 机械性消化

一、消化道平滑肌的特性

在消化道中，除口腔、咽、食管上段与肛门外括约肌是骨骼肌外，其余部分都由平滑肌组成。消化道平滑肌具有肌肉组织的共同特性，如兴奋性、传导性和收缩性，同时又具有其自身的特点。

（一）消化道平滑肌的一般生理特性

1．兴奋性较低，舒缩迟缓　消化道平滑肌的兴奋性较骨骼肌低，完成一次收缩和舒张的时间比骨骼肌长得多，且变异较大。

2．具有节律性　将离体的消化道置于适宜的环境中，其平滑肌能呈现节律性收缩，但其节律缓慢且不规则，通常每分钟数次至十余次。

3．具有紧张性　消化道平滑肌经常保持一种微弱的持续收缩状态，称为平滑肌的紧张性。这种紧张性的生理意义在于使消化道腔内经常保持着一定的基础压力，并使消化道各部分保持一定的形状和位置。

4．富有伸展性　在外力作用下，消化道平滑肌能做很大的伸展。胃的伸展性尤其明显。胃可以容纳好几倍于自己原来体积的食物而不发生明显的压力改变，因而具有重要意义。

5．对不同刺激的敏感性不同　消化道平滑肌对机械牵拉、温度和化学性等刺激特别敏感，对电刺激不敏感。

（二）消化道平滑肌的电生理特性

消化道平滑肌的电活动比骨骼肌复杂，其表现形式大致可分为三种：静息电位、慢波电位和动作电位。

1．静息电位　消化道平滑肌的静息电位不稳定，波动较大，正常值为 -60 ～ -50mV，主要因 K^+ 的平衡电位产生，少量的 Na^+、Cl^-、Ca^{2+} 和生电性钠泵等也参与其形成。

2．慢波电位　消化道平滑肌在静息电位基础上可自发产生节律性去极化和复极化的电位波动，由于这种周期性波动的发生频率较慢而被称为慢波（slow wave），慢波可决定消化道平滑肌运动的方向、节律和速度，故又称基本电节律（basic electrical rhythm，BER）。慢波频率为 3 ～ 12 次 / 分，随所在消化道部位的不同而异，人类胃平滑肌的慢波频率为 3 次 / 分，十二指肠为 11 ～ 12 次 / 分，回肠末端为 8 ～ 9 次 / 分。慢波的幅度为 10 ～ 15mV，持续时间为数秒至十几秒。

3．动作电位　在慢波电位的基础上，消化道平滑肌受到各种理化因素刺激后，慢波可进一步去极化，当达到阈电位（约 -40mV）时，就会暴发动作电位。动作电位与收缩之间存在很好的相关性，每个慢波上所表现的动作电位数目可作为收缩力大小的指标。

平滑肌慢波、动作电位和收缩之间的关系可归纳为：在慢波去极化的基础上产生动作电位，由动作电位再引起平滑肌收缩（图 6-1）。因此，慢波被认为是平滑肌收缩的起步电位，是平滑肌收缩节律的控制波。

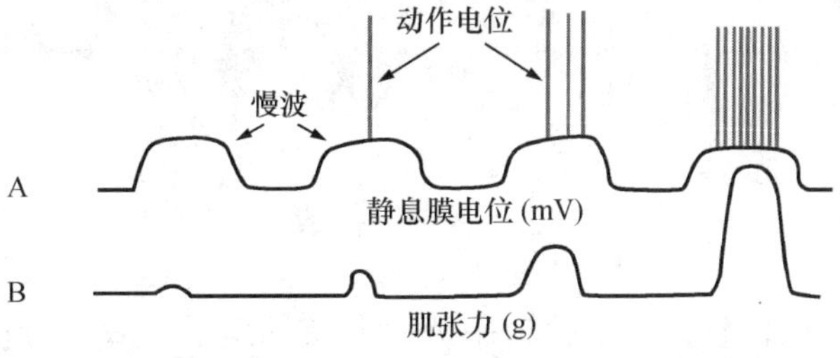

图 6-1　消化道平滑肌的电活动与肌肉收缩的关系

二、咀嚼和吞咽

（一）咀嚼

咀嚼（mastication）是咀嚼肌群顺序收缩所完成的复杂的节律性动作。咀嚼肌是骨骼肌，可做随意运动。咀嚼的作用是：①对食物进行机械性加工，磨碎食物并形成食团，便于吞咽；②使食物与唾液淀粉酶充分接触而引起化学性消化；③咀嚼动作能反射性地引起胃肠、胰、肝和胆囊等消化器官的活动，为食物的进一步消化做好准备。

（二）吞咽

吞咽（swallowing）是指口腔内的食团经咽和食管送入胃内的过程。吞咽动作由一系列高度协调的反射活动组成。根据食团在吞咽时经过的部位不同，可将吞咽动作分为 3 期。

1. 第 1 期（口腔期） 指食团由口腔进入咽，属于随意运动，受大脑皮质控制。
2. 第 2 期（咽期） 指食团由咽进入食管上端。
3. 第 3 期（食管期） 指食团由食管上端经贲门入胃，通过食管蠕动实现（图 6-2）。

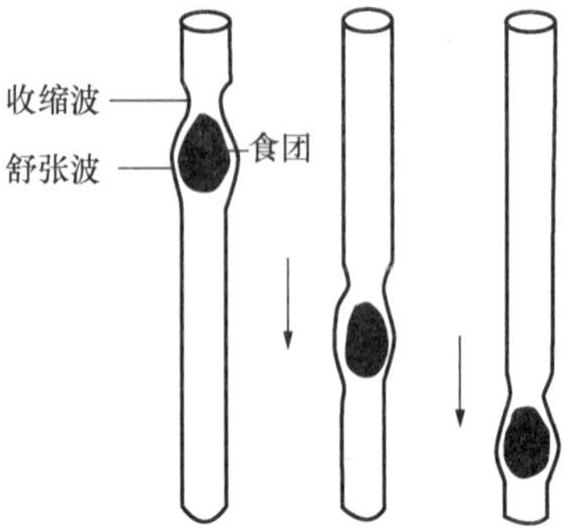

图 6-2 食管蠕动模式图

> **知识链接**
>
> **食管失弛缓症**
>
> 食管与胃之间虽然在解剖上不存在括约肌，但此处有一宽 1 ~ 3cm 的高压区，其内压比胃内压高 5 ~ 10mmHg，成为阻止胃内容物逆流进入食管的一道屏障，起到生理性括约肌的作用，故称为食管下括约肌。当食物进入食管后，刺激食管壁上的机械感受器，可反射性地引起食管下括约肌舒张，允许食物进入胃内。食团进入胃后，食管下括约肌收缩，恢复其静息时的张力，可防止胃内容物反流入食管。当食管下 2/3 部的肌间神经丛受损时，食管下括约肌不能松弛，导致食团入胃受阻，从而出现吞咽困难、胸骨下疼痛、食物反流等症状，称为食管失弛缓症。

三、胃的运动

（一）胃的运动形式

1. 紧张性收缩 紧张性收缩是消化道平滑肌共有的运动形式。可使胃腔内保持一定的压力，有助于胃液渗入食物内部，促进化学性消化；同时还可使胃保持一定的形状和位置，防止胃下垂。

2. 容受性舒张 当咀嚼和吞咽食物时，咽、食管等处感受器受到食物刺激，可以反射性引起胃底和胃体部平滑肌舒张，称容受性舒张，使胃能完成容纳和储存食物的功能。

3. 蠕动 食物入胃后约 5min，胃即开始蠕动。蠕动波从胃体中部开始，逐渐推向幽门。人胃的蠕动波频率约每分钟 3 次，约需 1min 到达幽门。通常是一波未平，一波又起。蠕动开始时较弱，在向幽门传播过程中，波幅和传播速度逐渐增加，当接近幽门时明显增强。每次可将少量食糜（1 ~ 2ml）推入十二指肠。当蠕动收缩波超越胃内容物到达胃窦末端时，由于该部位的有力收缩，可将部分食糜反向推回到近侧胃窦或胃体（图 6-3）。经多次往返运动，食糜与消化液得以充分混合和反复研磨，形成微小颗粒。胃蠕动的生理意义在于研磨、搅拌胃内食物，使胃内容物与胃液混合，促进化学性消化，并将食糜由胃排入十二指肠。

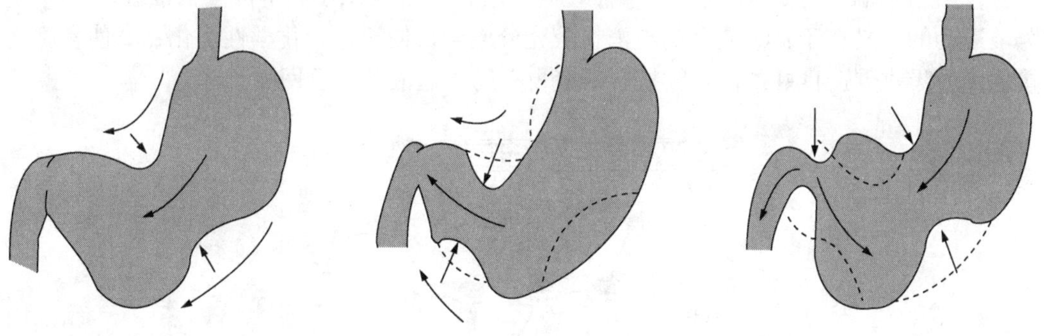

图 6-3　胃蠕动示意图

（二）胃排空及其控制

1．胃排空　食糜由胃排入十二指肠的过程称为胃排空。食物入胃后 5min 即有部分食糜被排入十二指肠。一般来说，稀的、流体状的食物比稠的、固体食物排空快；颗粒小的食物比大块的食物排空快；等渗溶液比非等渗溶液排空快。在三种主要营养物中，排空最快的是糖类，蛋白质次之，脂肪排空最慢。通常混合食物排空的时间为 4 ～ 6h。胃排空的动力是近端胃紧张性收缩和远端胃收缩产生的胃内压，排空的阻力是幽门及十二指肠的收缩。当胃内压超过十二指肠内压，并足以克服幽门部阻力时，胃的排空才能进行。

2．胃排空的控制

（1）胃内因素促进胃排空：胃排空的速率与胃内容物量的平方根呈正比，食物对胃的扩张刺激可通过迷走 - 迷走反射和壁内神经丛局部反射引起胃运动加强，促进胃排空。此外食物中某些化学成分可引起促胃液素释放，促进胃运动，加快胃排空。

（2）十二指肠内因素抑制胃排空：在十二指肠壁上存在多种感受器，酸、脂肪、高渗溶液及机械扩张均可刺激这些感受器，反射性地抑制胃的运动，使胃排空减慢，这个过程称为肠 - 胃反射。肠 - 胃反射可延缓酸性食糜进入十二指肠，保护十二指肠黏膜免受酸的侵蚀，同时可保证进入十二指肠和小肠上部的蛋白质得以充分消化。

（三）呕吐

呕吐是指胃和肠内容物被强力挤压，通过食管从口腔驱出的过程。呕吐是复杂的反射活动。机械和化学刺激作用于舌根、咽、肠、胆总管等处的感受器都可引起呕吐。胃肠道以外的器官，如泌尿生殖器官、视觉、味觉、嗅觉和内耳前庭位置觉等感受器受到异常刺激时也可引起呕吐。

呕吐可将胃内有害的物质排出，因此，它是一种具有保护意义的防御反射。但呕吐对人体也有不利的一面，长期剧烈的呕吐不仅影响正常进食和消化活动，而且使大量消化液丢失，造成体内水、电解质和酸碱平衡的紊乱。

四、小肠的运动

（一）小肠的运动形式

1．紧张性收缩　小肠平滑肌的紧张性收缩是小肠其他运动形式的基础。紧张性收缩可使肠道保持一定的形状，维持一定的肠内压，使食糜与肠黏膜密切接触，有利于吸收的进行。

2．分节运动　分节运动是一种以肠壁环行肌为主的节律性收缩和舒张活动。在食糜所在的一段肠道，环行肌在多点同时收缩，将肠管内的食糜分割成若干节段，随后，原来收缩的部位发生舒张，而舒张的部位发生收缩，使原来的每个节段的食糜分为两半，相邻的两半又各自合拢形成若干新的节段，如此反复进行（图 6-4）。分节运动在空腹时几乎不出现，进食后才逐渐变强。小肠各段分节运动的频率不同，上部频率较高，下部较低，呈阶梯式递减。在人的十二指肠约为 11 次 / 分，回肠末端约为 8 次 / 分。这种活动梯度有助于食糜从小肠上段向下推进。

分节运动的意义在于：①使食糜与消化液充分混合，便于进行化学性消化；②使食糜与肠壁紧密接触，为吸收创造良好条件；③挤压肠壁，有助于血液和淋巴回流。

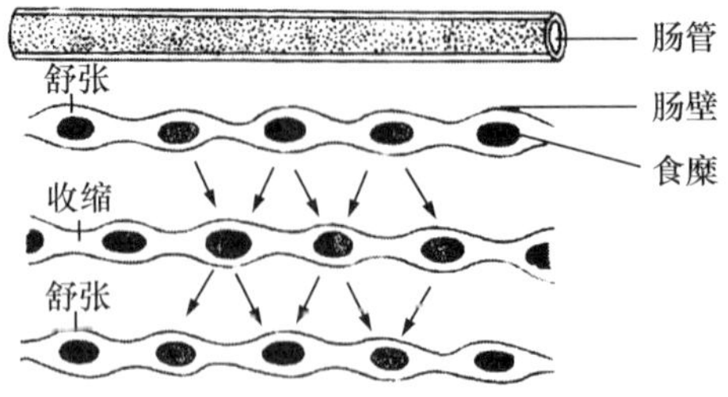

图 6-4　小肠分节运动模式图

3．蠕动　小肠的蠕动可发生于小肠的任何部位，并向肠的远端传播，速度为 0.5 ~ 2.0cm/s，近端大于远端。每个蠕动波只把食糜推进一小段距离（约数厘米）。进食后蠕动明显增强。蠕动的意义在于使分节运动作用后的食糜向前推进，到达一个新肠段，再开始新的分节运动。

小肠还有一种传播速度很快、传播距离较远的蠕动，称为蠕冲动，它可把食糜从小肠始端一直推送到小肠末端，有时还可至大肠，其速度为 2 ~ 25cm/s。此外，在十二指肠与回肠末端常常出现与蠕动方向相反的逆蠕动，其意义是防止食糜过早通过回盲瓣进入大肠，有利于食糜的充分消化和吸收。

（二）回盲括约肌的活动

回盲括约肌是位于回肠末端与盲肠交界处起着括约肌作用的环行肌，正常时处于关闭状态，将回肠和结肠分隔开。它的主要功能是防止回肠内容物过快地进入大肠，因而有利于小肠内容物的充分消化和吸收。

（三）小肠运动的调节

1．壁内神经丛反射　肌间神经丛对小肠运动具有调节作用。当机械和化学刺激作用于肠壁感受器时，通过局部反射可引起小肠蠕动。

2．外来神经调节　副交感神经的兴奋能加强小肠运动，而交感神经兴奋则抑制小肠运动。

3．体液调节　胃肠激素在小肠运动中起重要作用，如促胃液素、缩胆囊素可促进小肠的运动；而促胰液素、生长抑素和血管活性肠肽等可抑制小肠的运动。

五、大肠的运动和排便

（一）大肠运动的形式

1．袋状往返运动　是一种非推进性结肠运动，空腹和安静时最多见。

2．分节推进和多袋推进运动　这是人在餐后或副交感神经兴奋时的运动形式。分节推进运动是指环行肌有规则的收缩，将一个结肠袋的内容物推移到邻近肠段，收缩结束后，肠内容物不返回原处；如果在一段较长的结肠壁上同时发生多个结肠袋收缩，并使其内容物向下推移，则称为多袋推进运动。

3．蠕动　大肠的蠕动由一些稳定向前的收缩波所组成。收缩波前面的肠壁舒张，该段肠腔内常充有气体；收缩波后面的肠壁则保持在收缩状态，使这段肠管闭合并排空。结肠的蠕动和分节运动的频率较慢，这与大肠主要是吸收水分和暂时储存粪便的功能相适应。

（二）排便

正常人的直肠内通常没有粪便。当结肠发生强烈的推进性运动时，粪便即被送入直肠，当直肠内容物的量达 150 ~ 200ml，压力达 7.33kPa 时，可引起排便反射（defecation reflex）。排便反射是一个复杂的综合过程，粪便入直肠后，刺激直肠壁内的感受器，冲动沿盆神经和腹下神经中的传入纤维传至脊髓腰骶部的初级排便中枢，同时传入冲动还上传至大脑皮质，引起便意。若条件许可，冲动通过盆神经的传出纤维（副交感纤维）传出，引起降结肠、乙状结肠和直肠收缩，肛门内括约肌舒张；与此同时，阴部神经的传出冲动减少，肛门外括约肌舒张，粪便排出体外（图 6-5）。

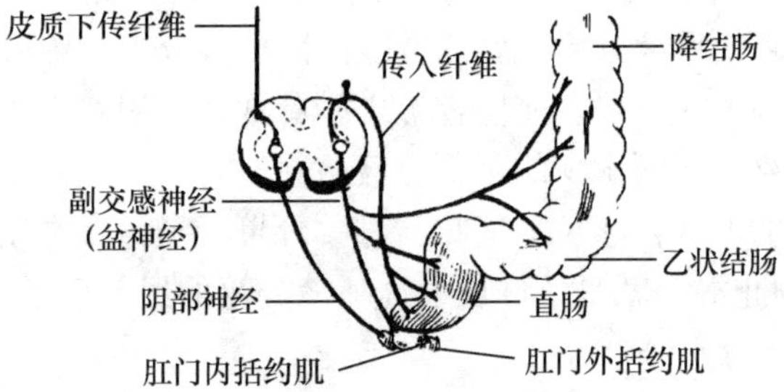

图 6-5　排便反射示意图

如果排便反射经常被抑制，会逐渐使直肠对粪便的压力刺激失去正常的敏感性。粪便在大肠中停留过久，会因过多的水分被吸收而变得干硬，不易排出，这是产生便秘的常见原因之一。排便的另一种异常现象是，当直肠黏膜由于炎症而敏感性增加时，肠内只有少量粪便、黏液就可以引起便意和排便反射。在排便后总有未尽的感觉，临床上称这种现象为“里急后重”，常见于痢疾或肠炎。

第二节　化学性消化

食物的消化首先是从口腔开始的。在口腔内，食物受到咀嚼和唾液的作用，大块或固体的食物被粉碎并与唾液混合成食团，经吞咽进入食管。

一、唾液

人的口腔有 3 对主要的唾液腺：腮腺、颌下腺和舌下腺。此外，还有众多散在于口腔黏膜内的小唾液腺。唾液就是由这些大、小腺体所分泌的混合液体。

（一）唾液的性质和成分

唾液是无色、无味近于中性（pH 6.6 ~ 7.1）的低渗液体。正常成人每日分泌量为 1.0 ~ 1.5L，最高分泌量达 4ml/min。其中水分约占 99%，其余成分主要是黏蛋白、唾液淀粉酶、溶菌酶、免疫球蛋白、尿素、尿酸等有机物和少量无机盐。

（二）唾液的作用

1．溶解食物　湿润和溶解食物，利于产生味觉。

2．清洁和保护口腔　唾液能冲洗、清除食物残渣和进入口腔中的异物。唾液中的溶菌酶和免疫球蛋白具有杀灭细菌和病毒的作用。

3．消化作用　唾液淀粉酶可使淀粉分解为麦芽糖。该酶的最适 pH 为中性。当 pH 低于 4.5 时将完全失活，因此随食物入胃后不久便失去作用。

4．排泄功能　进入体内的某些异物，如铅及某些药物可随唾液分泌被排出。

（三）唾液分泌的调节

在安静情况下，唾液腺以每分钟0.5ml左右的速度分泌，量少稀薄，其主要功能是湿润口腔，称为基础分泌。进食时唾液的分泌属神经反射性调节，包括条件反射和非条件反射。进食时，食物对口腔黏膜机械性、化学性和温热性刺激引起的唾液分泌称为非条件反射性分泌。其过程是：食物的上述刺激引起舌、口腔黏膜的感受器兴奋，冲动沿第Ⅴ、Ⅶ、Ⅸ、Ⅹ对脑神经传入，到达延髓的上涎核和下涎核初级中枢，以及下丘脑和大脑皮质的嗅觉、味觉感受区，然后通过第Ⅶ、Ⅸ对脑神经中的副交感和交感传出纤维到达唾液腺（以副交感神经为主）。副交感神经兴奋时其末梢释放ACh，作用于腺细胞膜上的M受体，使腺细胞的分泌功能加强，最终使唾液分泌增多。副交感神经兴奋引起的唾液分泌主要是量多而固体成分少的稀薄的唾液。M受体拮抗剂阿托品可阻断上述作用而抑制唾液分泌。交感神经末梢释放的去甲肾上腺素可作用于唾液腺细胞膜上的β受体，使唾液腺分泌量多而水少的黏稠唾液。

在进食过程中，食物的形状、颜色、气味、进食环境乃至语言文字引起的唾液分泌，称为条件反射性唾液分泌。“望梅止渴”就是条件反射性唾液分泌的经典例子。

二、胃液

胃黏膜内含有三种管状外分泌腺和多种内分泌细胞。胃的外分泌腺主要有三种：①贲门腺：分泌稀薄的碱性黏液；②幽门腺：分布在幽门部，分泌碱性黏液；③泌酸腺：分布在胃底和胃体部，数量最多，由主细胞、壁细胞和颈黏液细胞组成。壁细胞分泌盐酸和内因子，主细胞分泌胃蛋白酶原，颈黏液细胞分泌黏液。除上述三种胃腺外，还有分布于胃黏膜所有区域的上皮细胞，它们分泌的黏稠黏液是构成胃表面黏液层的主要成分。

胃黏膜内含有多种内分泌细胞，主要有：①G细胞：分布于胃窦部，分泌促胃液素和ACTH样物质；②D细胞：分布于胃底、胃体和胃窦部，分泌生长抑素；③肠嗜铬样（ECL）细胞：分布于胃泌酸区黏膜内，能合成和释放组胺。

（一）胃液的性质、成分和作用

胃液是胃多种细胞分泌的混合液。纯净的胃液是无色透明的酸性液体，pH为0.9～1.5，正常成人每日分泌量为1.5～2.5L。胃液中除含有大量水外，主要成分有盐酸、HCO_3^-、K^+、Na^+等无机物和胃蛋白酶原、内因子等有机物。

1．盐酸　又称胃酸。盐酸在胃液中有两种形式：一种呈游离状态，称为游离酸；另一种与蛋白质结合成盐酸蛋白盐，称为结合酸。两者在胃液中的总浓度称为胃液的总酸度，其中游离酸占绝大部分。

（1）盐酸的生理作用：①激活胃蛋白酶原，使其转变为有活性的胃蛋白酶。同时提供胃蛋白酶发挥作用所需的酸性环境；②促使食物中的蛋白质变性，使之易于消化；③抑制和杀死随食物进入胃内的细菌；④进入十二指肠后促进胰液、胆汁和小肠液的分泌；⑤促进小肠对铁和钙的吸收。

（2）盐酸的分泌机制：在正常情况下，胃液中的H^+浓度比血浆约高300万倍，壁细胞分泌H^+的过程是逆浓度梯度的主动转运过程。现已知，H^+来源于壁细胞内的水，即H_2O解离成OH^-和H^+。H^+借助存在于分泌小管的细胞膜上的H^+泵（即H^+，K^+-ATP酶，也称质子泵）的作用，主动转运入分泌小管内。合成盐酸所需要的Cl^-来自血浆，它一部分是顺浓度差弥散入壁细胞内，一部分借载体转运。当Cl^-入壁细胞后，则依靠细胞膜上的Cl^-通道进入分泌小管内。H^+和Cl^-在分泌小管中形成HCl，然后进入腺腔。壁细胞在分泌盐酸过程中所需的能量来自ATP（图6-6）。

2．胃蛋白酶原　胃蛋白酶原由泌酸腺主细胞合成与分泌。胃蛋白酶原是无活性的，可以在

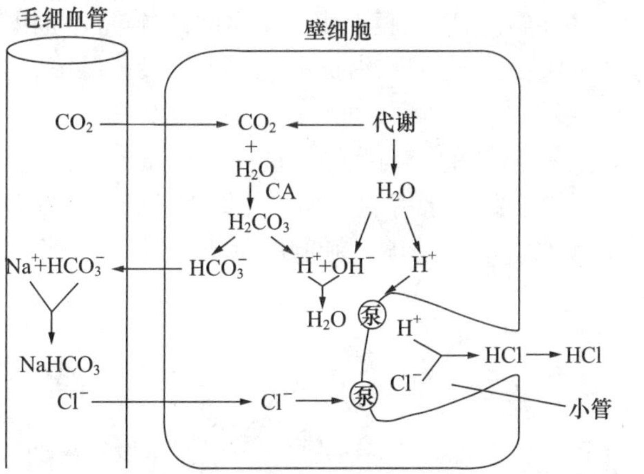

图 6-6　壁细胞分泌 HCl 的基本过程模式图

胃酸作用下转变为具有活性的胃蛋白酶。已具活性的胃蛋白酶对胃蛋白酶原也有激活作用。其功能是初步水解蛋白质，主要产物是胨和胨及少量多肽和氨基酸。胃蛋白酶最适 pH 为 2.0 ~ 3.5，随 pH 增加其活性降低，当 pH 达到 5.0 以上时，胃蛋白酶将发生不可逆的变性而失活。

3．黏液和碳酸氢盐　胃的黏液是由黏膜表面的上皮细胞、颈黏液细胞、贲门腺和幽门腺共同分泌的，其主要成分为糖蛋白。黏液覆盖于胃黏膜的表面，形成厚约 0.5mm 的凝胶层，为胃黏膜上皮细胞厚度的 10 ~ 20 倍。胃黏液的作用有：①具有润滑作用，有利于食糜在胃内的往返运动；②保护胃黏膜免受坚硬食物的机械性损伤；③黏液呈中性或弱酸性，可降低胃液的酸度，减弱胃蛋白酶的活性；④黏液具有较高的黏滞性，在胃黏膜表面形成的黏液层能减慢胃腔中的 H^+ 向胃壁扩散的速度。

胃内 HCO_3^- 主要是由胃黏膜的非泌酸细胞分泌的，少量从组织液渗入胃内。分泌的 HCO_3^- 并非直接进入胃液中，而是与胃黏膜表面的黏液联合作用形成一个屏障，称为黏液 - 碳酸氢盐屏障（mucus-bicarbonate barrier）（图 6-7），可有效地保护胃黏膜不受胃腔内盐酸和胃蛋白酶的损伤。由于胃黏液的黏稠度是水的 30 ~ 260 倍，因此，H^+ 和 HCO_3^- 等离子在黏液层内的扩散速率都明显减慢。当胃腔内的 H^+ 向黏液凝胶深层扩散时，其移动速度将明显减慢，同时还会不断地与黏液层下面的上皮细胞分泌并向腔面扩散的 HCO_3^- 相遇，两种离子在黏液层内发生中和，使胃黏液层存在一个 pH 梯度，靠近胃腔面一侧的黏液呈酸性，pH 为 1 ~ 2，靠近上皮细胞表面的黏液则呈中性或稍偏碱性，pH 为 7.0 左右。黏液 - 碳酸氢盐屏障不仅能有效地阻挡胃腔内 H^+ 向黏膜内弥散，保护胃黏膜免受 H^+ 的直接侵蚀，而且黏液深层的中性 pH 环境还使胃蛋白酶丧失了分解蛋白质的作用。

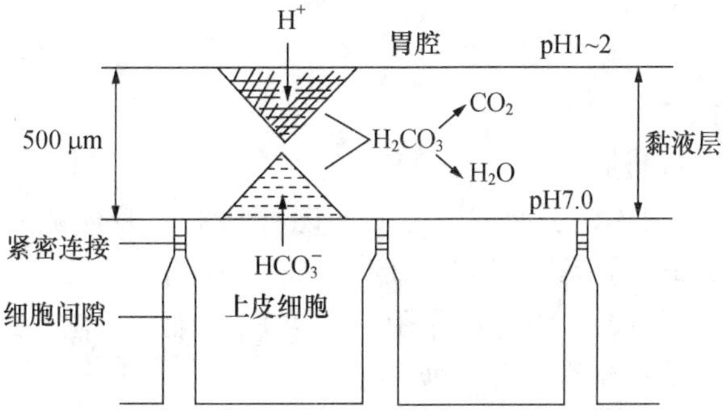

图 6-7　胃黏液 - 碳酸氢盐屏障模式图

除上述黏液-碳酸氢盐屏障外，胃黏膜上皮细胞之间的顶端膜和相邻细胞侧膜之间存在紧密连接，可防止胃腔内的 H^+ 向黏膜上皮细胞内扩散，称为胃黏膜屏障。此外，胃和十二指肠黏膜具有很强的细胞保护作用。

4．内因子　内因子是由泌酸腺的壁细胞分泌的一种糖蛋白。内因子可与进入胃内的维生素 B_{12} 结合，保护维生素 B_{12} 不被小肠内水解酶破坏，并促进回肠上皮细胞吸收维生素 B_{12}。若机体缺乏内因子，则维生素 B_{12} 吸收不良，影响红细胞的生成，造成巨幼红细胞性贫血。

知识链接

消化性溃疡

目前已公认，消化性溃疡发病的重要原因之一是由幽门螺旋杆菌感染。幽门螺旋杆菌导致了90%以上的十二指肠溃疡和80%以上的胃溃疡，它能产生大量活性很高的尿素酶，将尿素分解为氨和 CO_2。氨可以中和胃酸，从而使这种细菌能在酸度很高的胃内生存。尿素酶和氨的积聚还能损伤胃黏液层和黏膜细胞，破坏黏液-碳酸氢盐屏障和胃黏膜屏障，致使 H^+ 向黏膜反流，从而导致消化性溃疡的发生。

澳大利亚医生巴里·马歇尔和罗宾·沃伦，发现"幽门螺旋杆菌及其在胃炎与消化性溃疡疾病中所起的作用"，并于1984年在"柳叶刀"杂志上发表题为"胃炎和消化道溃疡患者胃中的未知弯曲菌"，提出"消化性溃疡的细菌学说"这一新的科学假说。2005年，他们因此而获诺贝尔生理学医学奖。

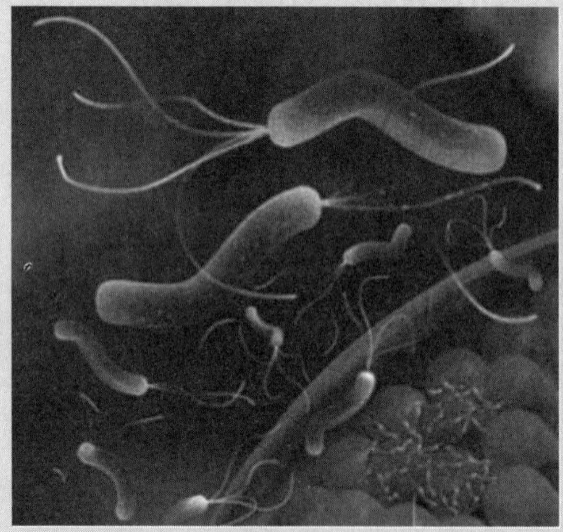

（二）胃液分泌的调节

1．促进胃酸分泌的内源性物质

（1）乙酰胆碱：乙酰胆碱是支配胃的迷走神经及部分肠壁内神经末梢释放的递质。ACh 可直接作用于壁细胞上的 M_3 受体，引起胃酸分泌，还可刺激胃泌酸腺黏膜内的 ECL 细胞和 G 细胞，使它们分别释放组胺和促胃液素，间接引起壁细胞分泌胃酸。

（2）组胺：组胺有极强的促胃酸分泌作用。它由 ECL 细胞分泌，通过局部扩散到达邻近的壁细胞，与壁细胞上的 H_2 受体结合引起胃酸分泌。

（3）促胃液素：促胃液素是由胃窦及十二指肠和空肠上段黏膜中 G 细胞分泌的一种胃肠激素，其作用广泛，主要刺激胃酸和胃蛋白酶原分泌，也能刺激 ECL 细胞分泌组胺，间接促进壁细胞分泌胃酸。

此外，Ca^{2+}、低血糖、咖啡因和乙醇等也可刺激胃酸分泌。

2．抑制胃酸分泌的内源性物质　生长抑素对胃的运动和分泌都有很强的抑制作用。其机制是：①抑制胃窦 G 细胞释放促胃液素；②抑制 ECL 细胞释放组胺；③直接抑制壁细胞的分泌。此外，促胰液素以及前列腺素、表皮生长因子等都能抑制促胃液素和胃酸分泌。

3．消化期胃液分泌的调节　空腹时胃液分泌很少，进食可刺激胃液大量分泌，称为消化期的胃液分泌。根据消化道感受食物刺激的部位，将消化期的胃液分泌分为头期、胃期和肠期三个时相。

（1）头期胃液分泌：引起胃液分泌的传入冲动主要来自位于头部的感受器，故称头期胃液分泌。用假饲的方法可以证明头期胃液分泌的存在（图 6-8）。引起头期胃液分泌的机制包括条件反射和非条件反射。前者是指食物的颜色、形状、气味、声音等对视、听、嗅觉器官的刺激引起的反射；后者则是当咀嚼和吞咽时，食物刺激口、咽等处的机械和化学感受器，经传入神经传到延髓、下丘脑、边缘叶和大脑皮质等反射中枢，经迷走神经传出，其末梢主要支配胃腺和胃窦部的 G 细胞，既可直接促进胃液分泌，也可通过促胃液素间接促进胃液分泌。

图 6-8　假饲的实验方法

1．食物从食管切口流出；2．胃；3．从胃瘘收集胃液

头期胃液分泌的特点是持续时间长（2 ～ 4h），分泌量多（约占消化期分泌总量的 30%），酸度及胃蛋白酶原的含量均很高，因而消化力强。但受食欲的影响十分明显，可口的食物引起的胃液分泌远高于不可口的食物，人在情绪抑郁或惊恐时，头期胃液分泌可受到显著抑制。

（2）胃期胃液分泌：食物入胃后继续刺激胃液分泌。其机制主要是：①食物对胃的扩张刺激作用于胃底、胃体部壁内感受器，通过迷走 - 迷走神经长反射和壁内神经丛短反射，引起胃腺分泌；②扩张刺激作用于幽门部，通过壁内神经丛引起胃幽门部 G 细胞释放促胃液素，刺激胃腺分泌；③食物的化学成分（主要是蛋白质消化产物）直接作用于 G 细胞，引起促胃液素释放。

胃期胃液分泌的特点是胃液分泌量大，约占进食后总分泌量的 60%，酸度高，但胃蛋白酶原的含量较头期少，故消化力较头期弱。

（3）肠期胃液分泌：胃内食糜进入小肠后能引起少量胃液分泌。这是由于食糜的机械性和化学性刺激作用于十二指肠黏膜中的 G 细胞并产生促胃液素所致。

肠期胃液分泌的特点是分泌量较少（约占总分泌量的 10%），总酸度和胃蛋白酶含量均较低（图 6-9）。

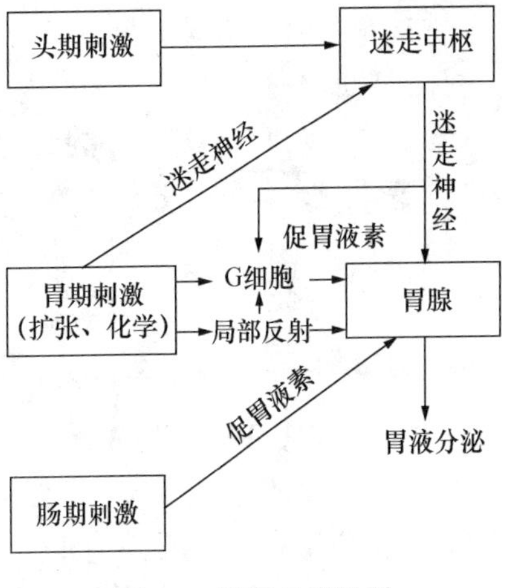

图 6-9　胃液分泌机制

4．消化期抑制胃液分泌的因素

（1）盐酸：当胃肠内的盐酸达到一定浓度（如胃幽门部的 pH 为 1.2 ～ 1.5，十二指肠内 pH 为 2.5）时，胃腺的分泌活动受到抑制，这是胃腺分泌的一种负反馈调节机制，对调节胃酸水平有重要意义。

（2）脂肪：脂肪及其消化产物通过幽门进入十二指肠后可刺激小肠黏膜分泌促胰液素、缩胆囊素、肠抑胃肽、血管活性肠肽和胰高血糖素等，它们具有抑制胃液分泌和胃运动的作用，这些激素统称为肠抑胃素。

（3）高张溶液：十二指肠内高张溶液可刺激小肠内的渗透压感受器，通过肠 - 胃反射抑制胃液分泌。

三、胰液

胰腺是整个消化道内最重要的分泌腺，兼有内分泌和外分泌双重功能。内分泌部又称为胰岛，能分泌多种激素，参与机体的代谢调节；外分泌部由腺泡和导管组成，可分泌消化酶和碱性液体，它们组成了消化道内最重要、消化功能最强的消化液。

（一）胰液的性质、成分和作用

胰液是无色、无臭的液体，呈弱碱性（pH 7.8 ～ 8.4），渗透压与血浆相等，成年人每日分泌量为 1 ～ 2L。胰液中除含有多种重要的消化酶外，还包括大量的水和无机物。

1．碳酸氢盐　胰液中含量最多的无机物是碳酸氢盐，主要由胰腺导管上皮细胞分泌。其主要作用是中和进入十二指肠的胃酸，使肠黏膜免受强酸的侵蚀，同时也为小肠内的多种消化酶提供最适宜的 pH 环境。

2．消化酶　胰腺分泌的消化酶种类很多，主要由胰腺腺泡细胞分泌。

（1）胰蛋白酶和糜蛋白酶：这两种酶刚分泌时都是以无活性的酶原形式存在，进入小肠后胰蛋白酶原被肠液中的肠激酶激活，活化后的胰蛋白酶既可激活胰蛋白酶原（正反馈），也可激活糜蛋白酶原转化为有活性的糜蛋白酶。胰蛋白酶和糜蛋白酶的作用相似，都能将蛋白质水解为䏡和胨，当它们协同作用于蛋白质时，则可使蛋白质进一步分解成小分子多肽和氨基酸。

（2）胰淀粉酶：胰淀粉酶分泌时就有活性，无需激活就可发挥作用，可将食物中的淀粉、糖原和大部分其他糖类（纤维素除外）水解成二糖和少部分三糖。

（3）胰脂肪酶：胰脂肪酶在有胆盐和辅脂酶存在的条件下，可将中性脂肪水解成甘油、单酰甘油及脂肪酸。

胰液是所有消化液中作用最强的一种。当胰腺分泌发生障碍时，即使其他消化腺的分泌都正常，食物中的脂肪和蛋白质仍不能完全消化，从而影响吸收，但对糖类的消化和吸收影响不大。

知识链接

急性胰腺炎

正常情况下，胰液中的蛋白水解酶并不消化胰腺本身，这是因为它们均是以无活性的酶原形式分泌，同时胰腺腺泡细胞还能分泌少量胰蛋白酶抑制物，后者在 pH 3 ～ 7 的环境中可与胰蛋白酶以 1 ∶ 1 的比例结合，使胰蛋白酶丧失活性。由于胰液中的其他蛋白水解酶都须经过胰蛋白酶激活，因此该抑制物同时也抑制了其他酶的活性，从而防止了胰腺自身被消化。但胰液中胰蛋白酶抑制物的含量较少，作用有限，当胰导管梗阻、痉挛或饮食不当引起胰液分泌急剧增加时，由于胰液排出受阻，胰管内压力升高，腺泡破裂，胰蛋白酶原渗入到胰腺间质而被组织激活，胰腺组织被自身消化，引起胰腺的炎症和坏死，发生急性胰腺炎。

（二）胰液分泌的调节

在非消化期，胰液几乎不分泌或很少分泌，食物是刺激胰腺分泌的自然因素。进食后胰液分泌受神经和体液双重调节（图 6-10），但以体液调节为主。

1．神经调节　食物的色、香、味以及食物对口腔、食管、胃和小肠的刺激都可通过神经反

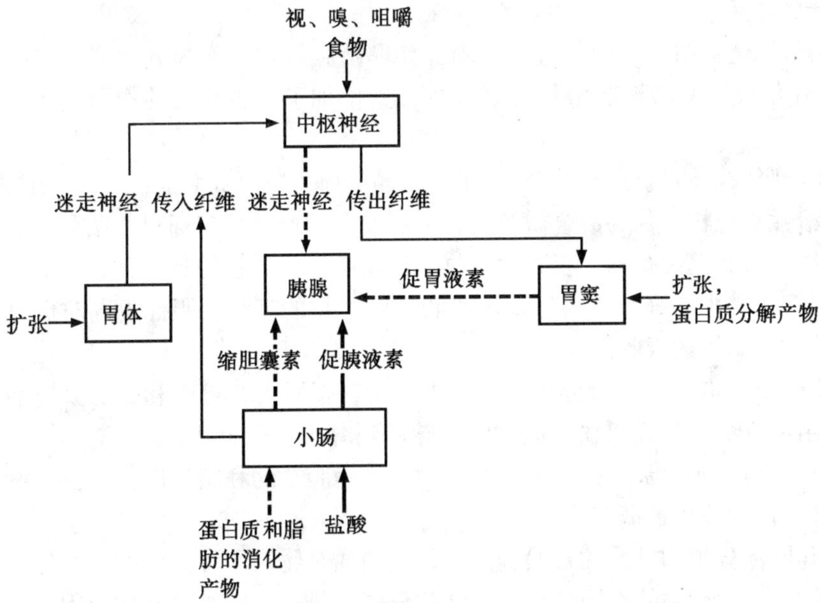

图 6-10 神经和体液因素对胰液分泌调节示意图
粗实线表示引起水样分泌；粗虚线表示引起酶样分泌

射（包括条件反射和非条件反射）引起胰液分泌，反射的传出神经主要是迷走神经，末梢释放递质为 ACh，ACh 直接作用于胰腺，也可通过引起促胃液素的释放，间接引起胰腺分泌。迷走神经主要作用于胰腺的腺泡细胞，对导管细胞的作用较弱，故迷走神经兴奋引起胰液分泌的特点是水和碳酸氢盐含量较少，而酶的含量很丰富。

2．体液调节

（1）促胰液素：促胰液素由小肠上段黏膜内的 S 细胞分泌，盐酸是其释放的最强刺激物，主要作用于胰腺的小导管上皮细胞，促进水和碳酸氢盐的分泌，表现为胰液量大增，而胰酶的含量并不高。

（2）缩胆囊素（CCK）：是小肠黏膜中 I 细胞分泌的一种多肽激素，主要作用是促进胆囊平滑肌强烈收缩，增加胆汁的排出，同时还能促进胰腺腺泡细胞分泌多种消化酶，故又称促胰酶素。

四、胆汁

胆汁由肝细胞生成，生成后由肝管流出，经胆总管至十二指肠，或由肝管转入胆囊管而存贮于胆囊，消化时再由胆囊排出至十二指肠。成人每日分泌量 800 ~ 1000ml。

（一）胆汁的性质和成分

胆汁是具有苦味的有色液汁，其颜色由所含胆色素的种类和浓度决定。由肝直接分泌的胆汁（肝胆汁）呈金黄色或橘棕色，胆囊胆汁则因浓缩使颜色变深。肝胆汁呈弱碱性，pH 约 7.4，胆囊胆汁因碳酸氢盐被吸收而呈弱酸性，pH 约 6.8。

胆汁的成分较复杂，但不含消化酶，除含水分及钠、钾、钙、碳酸氢盐等无机成分外，还有胆色素、胆盐、胆固醇、卵磷脂、脂肪酸等有机成分。胆汁中的胆盐为肝所分泌的胆汁酸与甘氨酸或牛磺酸结合的钠盐或钾盐，它是胆汁参与消化和吸收的主要成分。

正常情况下，胆汁中胆盐、胆固醇和卵磷脂的适当比例是维持胆固醇溶解状态的必要条件。若胆固醇分泌过多，或胆盐、卵磷脂合成减少时，胆固醇就容易沉积下来，这是形成胆结石的原因之一。

（二）胆汁的作用

1．促进脂肪消化　胆汁中的胆盐、胆固醇和卵磷脂等均可作为乳化剂，以降低脂肪的表面张力，使脂肪乳化成脂肪微滴，分散在肠腔内，这增加了胰脂肪酶的作用面积，有利于脂肪的消化。

2．促进脂肪吸收　胆盐可与不溶解于水的脂肪分解产物（如脂肪酸、单酰甘油和胆固醇等）结合，形成水溶性复合物，称为混合微胶粒，使脂肪分解产物得以通过小肠黏膜表面的水层而到达肠黏膜上皮细胞，这大大有利于脂肪的吸收，对脂肪消化产物的吸收具有重要意义。

3．促进脂溶性维生素吸收　通过促进脂肪分解产物的吸收，胆汁也同时促进脂溶性维生素（维生素 A、D、E、K）的吸收。

4．中和胃酸及促进胆汁自身分泌　胆汁排入十二指肠后，可中和一部分胃酸；进入小肠的胆盐绝大部分由回肠黏膜吸收入血，通过门静脉回到肝再形成胆汁，这一过程称为胆盐的肠 - 肝循环。返回到肝的胆盐有刺激肝分泌胆汁的作用，称为胆盐的利胆作用。

（三）胆汁分泌和排出的调节

食物是引起胆汁分泌和排放的自然刺激物，蛋白质食物对胆汁分泌的刺激作用最强，其次是脂肪和混合食物，糖类食物的作用最小。胆汁的分泌和排放均受神经和体液因素的调节，以体液调节为主。

1．神经调节　进食动作或食物对胃和小肠的刺激，都可通过神经反射引起胆汁分泌轻度增加，胆囊收缩也轻微加强。在此过程中，迷走神经是其传出路径，通过末梢释放 ACh 直接作用于肝细胞和胆囊，增加胆汁分泌和引起胆囊收缩，也可通过促胃液素的释放，间接引起胆汁分泌增加。

2．体液调节

（1）缩胆囊素：缩胆囊素可通过血液循环作用于胆囊平滑肌和壶腹括约肌引起胆囊收缩，壶腹括约肌舒张，促使胆汁排出。

（2）促胃液素：促胃液素作用于肝细胞引起胆汁分泌，也可先引起盐酸分泌，由盐酸作用于十二指肠黏膜释放促胰液素，进而促进胆汁分泌。

（3）促胰液素：促胰液素的主要作用是刺激胰液分泌，同时也能作用于胆管系统，刺激胆管分泌胆汁，但主要是增加胆汁中水和 HCO_3^- 的含量，胆盐的分泌并不明显增加。

（4）胆盐：如前所述，胆盐本身对肝细胞分泌胆汁有很强的刺激作用，排放到肠道内的胆盐 90% 在回肠末端被重吸收，经血液循环到达肝，以刺激肝分泌胆汁。

五、小肠液

小肠内有十二指肠腺和小肠腺两种腺体。小肠腺分布于全部小肠的黏膜层内，十二指肠腺位于十二指肠黏膜下层。

（一）小肠液的性质和成分

小肠液主要由小肠黏膜中的小肠腺所分泌，呈弱碱性，pH 约为 7.6，渗透压与血浆相等。成人每日分泌量为 1 ～ 3L。

小肠液中除水和电解质外，还含有黏液、免疫蛋白和肠致活酶。其中比较重要的是肠致活酶，它能激活胰液中的胰蛋白酶原。

（二）小肠液的作用

肠致活酶能激活胰蛋白酶原转变成有活性的胰蛋白酶；弱碱性的黏液能保护肠黏膜免受机械性损伤和胃酸的侵蚀；免疫蛋白能抵抗进入肠腔的有害抗原；大量的小肠液可降低肠腔渗透压，有利于消化产物的吸收。

（三）小肠液分泌的调节

神经和体液因素都参与小肠液分泌的调节，但在诸因素中，壁内神经丛的局部神经反射起重要作用。食糜对肠黏膜的局部机械刺激和化学刺激都可以通过壁内神经丛的局部反射引起小肠液分泌，其中以扩张刺激最为敏感。小肠内食糜的量越大，小肠液的分泌就越多。自主神经的作用并不明显。另外，促胃液素、促胰液素和血管活性肠肽等胃肠激素也有刺激小肠液分泌的作用。

六、大肠液的分泌及大肠内细菌的活动

（一）大肠液的分泌

大肠黏膜的上皮和大肠腺含有许多分泌黏液的柱状上皮细胞和杯状细胞。因此，大肠的分泌物富含黏液，黏液能保护肠黏膜和润滑粪便。结肠还分泌碳酸氢盐，故大肠液呈碱性（pH 8.3 ～ 8.4）。

大肠液的分泌主要由食物残渣刺激肠壁引起，可能通过局部反射完成。副交感神经兴奋可使大肠液的分泌增加，交感神经兴奋则使正在进行着的分泌减少。

（二）大肠内细菌的活动

大肠内有许多细菌，主要是来自食物和空气。大肠内的酸碱度和温度对细菌的繁殖极为适宜，故细菌在此大量繁殖。细菌含有能分解食物残渣的酶，对食物残渣中的糖类和脂肪的分解称发酵作用，其分解产物有单糖、醋酸、乳酸、二氧化碳、沼气、氢气等。当这类产物很多时，就会刺激大肠而引起腹泻。细菌对蛋白质的分解称为腐败作用，其分解产物除肽、氨基酸、氨等外，还有多种具有毒性的物质，如吲哚、酚等胺类物质，这类物质产生后，一部分被吸收入血液至肝，另一部分则随粪便排出。

大肠细菌能利用大肠的内容物合成人体必需的某些维生素，如硫胺素、核黄素及叶酸等 B 族维生素和维生素 K，对人体有营养作用。若长期服用广谱抗生素，肠内细菌被抑制或杀灭，就可引起 B 族维生素和维生素 K 的缺乏。

第三节 吸 收

经过上述的机械性消化和化学性消化，食物中原来的大分子营养物质则转变成为在小肠内可被吸收的小分子物质，这为营养物质的吸收创造了条件。

一、吸收的部位和途径

（一）吸收的部位

消化道不同部位的吸收能力有很大差异，在正常情况下，口腔和食管基本上没有吸收功能，胃仅能吸收少量的水分、乙醇和某些药物，如阿司匹林等。小肠是吸收的主要部位，大部分营养物质、水和电解质都是在小肠内吸收的。大肠主要吸收水和无机盐（图 6-11）。

食物经过在小肠内的消化作用，已被分解成可被吸收的小分子物质。食物在小肠内停留的时间较长，一般是 3 ～ 8h，这提供了充分的吸收时间。小肠具有强大的吸收能力，与其具有很大的吸收面积密切相关。小肠是消化道中最长的部分，人的小肠长 4 ～ 5m，小肠黏膜形成许多环形皱褶和大量绒毛突入肠腔，每条绒毛的表面是一层柱状上皮细胞，柱状上皮细胞顶端的细胞膜又形成许多细小的突起，称微绒毛。环形皱褶、绒毛和微绒毛的存在，使小肠黏膜的表面积比同样长短的简单圆筒管道的面积增加 600 倍，达到 200 ～ 250 m^2，这使小肠具有广大的吸收面积（图 6-12）。

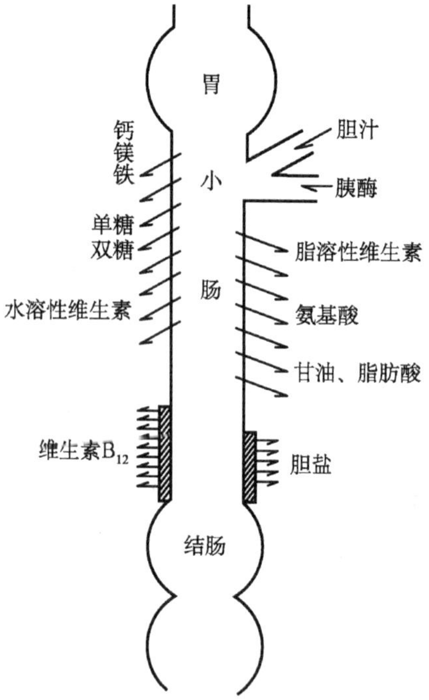

图 6-11　各种主要物质在小肠的吸收部位

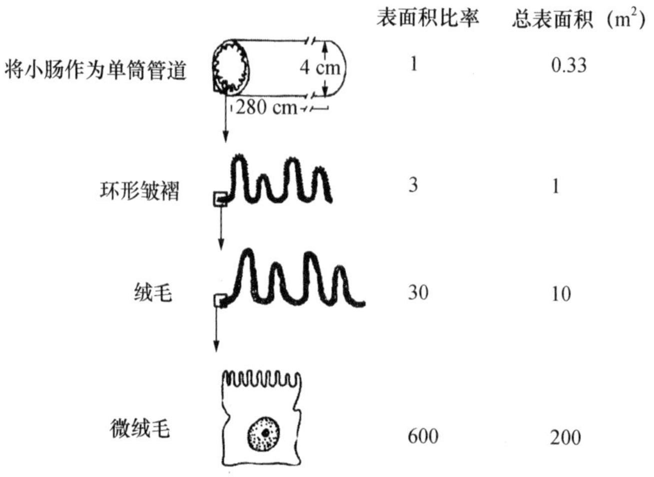

图 6-12　增加小肠表面积的结构

一般认为，糖类、蛋白质和脂肪的消化产物大部分是在十二指肠和空肠吸收的，回肠主要吸收胆盐和维生素 B_{12}。

（二）吸收的途径

在消化道，营养物质和水可通过跨细胞和旁细胞两条途径进入血液或淋巴液。跨细胞途径是指物质通过绒毛柱状上皮细胞腔面膜进入细胞内，再经细胞的基底侧膜进入血液或淋巴。旁细胞途径是指物质通过小肠上皮细胞间的紧密连接进入细胞间隙，再进入血液。营养物质通过细胞膜的方式有主动转运、被动转运（包括扩散、渗透和滤过）和入胞、出胞等形式。多数营养物质的吸收需经几种方式的配合才能完成。

二、小肠内主要营养物质的吸收

（一）糖的吸收

食物中的糖主要是低聚糖和多糖，必须在胃肠道中被彻底消化分解为单糖（如葡萄糖、果糖或半乳糖）才能被小肠上皮细胞吸收，被机体利用。在被吸收的单糖中主要是葡萄糖，约占总量的 80%。葡萄糖的吸收属于耗能的继发性主动转运，与 Na^+ 转运相耦联。小肠上皮细胞的基底侧膜上的 Na^+ 泵将细胞内的 Na^+ 主动转运出胞，导致胞内 Na^+ 浓度较低。在肠黏膜上皮细胞的纹状缘（细胞腔面膜）上存在着 Na^+- 葡萄糖同向转运体，它能选择性地与 Na^+ 和葡萄糖结合。由于肠腔中 Na^+ 的浓度高于细胞内，Na^+ 可与载体结合后顺浓度差以易化扩散的方式通过肠上皮细胞的刷状缘进入细胞，同时将葡萄糖逆浓度差同向转运入细胞内。由于载运 Na^+ 的转运蛋白必须与葡萄糖等物质结合后才具有转运钠的能力，因此葡萄糖便与 Na^+ 同时被转运入胞内。Na^+ 进入细胞后，可借细胞基底侧膜上的钠泵再主动转运到细胞膜外。在其他转运蛋白的帮助下，肠上皮细胞内的葡萄糖以易化扩散的形式通过细胞的基底侧膜出胞，并最终进入血液（图 6-13）。

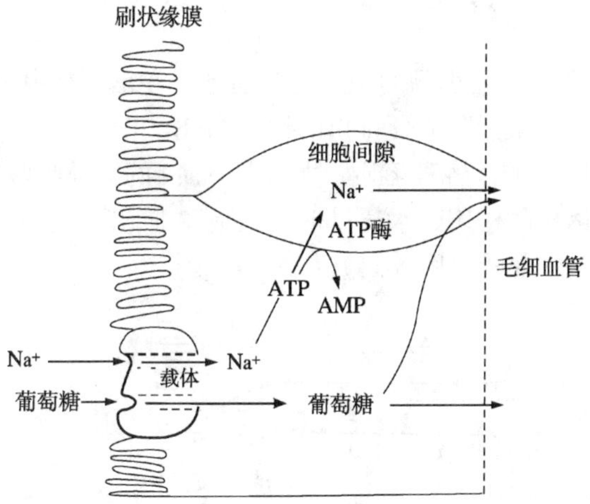

图 6-13 小肠上皮细胞吸收葡萄糖的机制

（二）蛋白质的吸收

食物中的蛋白质经过消化分解作用后，其最终产物包括自由氨基酸和一些二肽或三肽。氨基酸以及二肽或三肽的吸收与葡萄糖相似，是继发性主动转运，且都是同 Na^+ 转运耦联。当二肽或三肽进入肠黏膜上皮细胞后，立即被存在于细胞内的二肽酶和三肽酶水解为氨基酸。因此，当蛋白质被小肠吸收后，门静脉血液中的氨基酸含量即刻增高。

（三）脂肪的吸收

脂类消化产物中的脂肪酸、单酰甘油和胆固醇等都不溶解于水，但它们可很快与胆汁中的胆盐形成水溶性微胶粒。由于胆盐有亲水性，所以它能携带脂肪消化产物通过小肠黏膜表面的非流动水层而到达微绒毛，然后脂肪酸、单酰甘油、胆固醇等又从微胶粒中释出进入肠黏膜上皮细胞内，胆盐则被遗留于肠腔内被再利用，另一部分在回肠经主动转运入血液，经门静脉回到肝（肠 - 肝循环）。

进入上皮细胞内的长链脂肪酸和单酰甘油，大部分重新合成三酰甘油，并与细胞中的载脂蛋白和磷脂形成乳糜微粒，进入高尔基复合体中包装，若干乳糜微粒被包裹在一个囊泡内。当囊泡移行到细胞侧膜和基底膜时，便以出胞的方式离开上皮细胞，进入淋巴循环，然后汇入血液。中、短链脂肪酸和单酰甘油是水溶性的，在十二指肠和空肠，可通过扩散直接吸收进入血液循环，而不进入淋巴管。由于膳食中的动、植物油中含有 15 个以上碳原子的长链脂肪酸很多，所以脂肪的吸收途径以淋巴为主（图 6-14）。

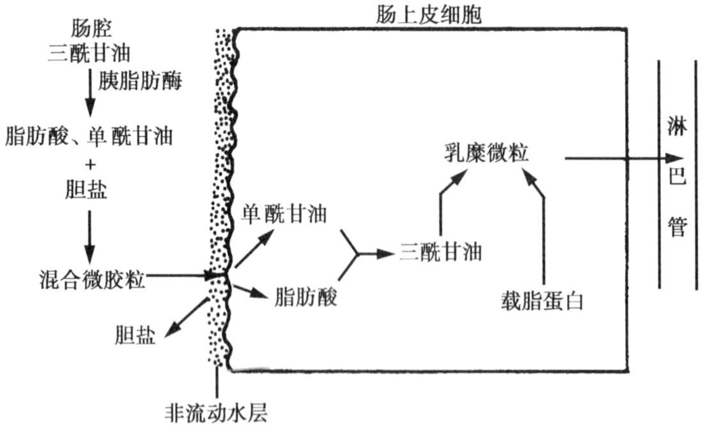

图 6-14　脂肪在小肠内的消化和吸收

（四）水的吸收

成人每日经过消化道吸收进入小肠的水的总量有 5 ~ 10L，其中绝大部分在小肠内被吸收，仅余下 0.5 ~ 1.0L 进入结肠，最后随粪便排出的约 150ml。

肠道内的水分是被动吸收的，各种溶质，尤其是 NaCl 的主动吸收所产生的渗透压梯度是水吸收的主要动力。由于渗透压的作用，水通过上皮细胞和细胞间紧密连接进入细胞间隙，使间隙内静水压增高，然后进入毛细血管（图 6-15）。

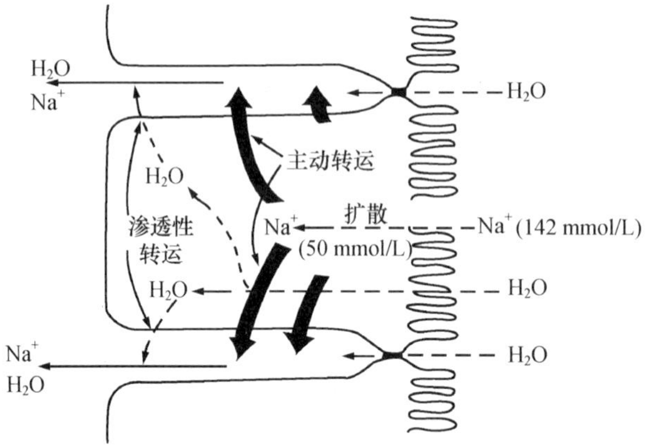

图 6-15　小肠黏膜对钠和水的吸收

（五）无机盐的吸收

1．钠的吸收　成人每日摄入的钠以及消化腺分泌入消化道的钠绝大部分（95% ~ 99%）都被吸收了，在小肠每日钠的吸收量为 25 ~ 35g。钠的吸收机制是顺电化学梯度扩散入肠黏膜上皮细胞内，然后通过细胞基底侧膜上钠泵的活动逆电化学梯度进行的主动转运过程。

2．铁的吸收　铁主要在十二指肠和空肠被吸收。人每日吸收的铁约为 1mg，仅为每日膳食中含铁量的 10% ~ 15%。铁的吸收量与机体对铁的需要有关，缺铁患者可比正常人的铁吸收量大。食物中的铁绝大部分是高铁（Fe^{3+}），需还原为亚铁（Fe^{2+}）后才易被吸收。维生素 C 能使 Fe^{3+} 还原成 Fe^{2+} 从而促进铁的吸收，胃酸也有促进铁吸收的作用，胃酸减少的患者，可发生缺铁性贫血。

3．钙的吸收　食物中的钙仅有一小部分被吸收，其余大部分随粪便排出。钙的吸收部位主要在十二指肠。食物中的钙必须转变成水溶性的离子状态才能被吸收。钙的吸收受到许多因素的影响，一些物质如维生素 D、胆汁酸能促进其吸收；而另一些物质能够抑制其吸收，如脂肪酸、磷酸盐可以与钙形成不溶性的钙盐而阻碍钙的吸收。钙的吸收主要是通过主动转运完成的。

（六）维生素的吸收

维生素分为脂溶性维生素和水溶性维生素两类。大部分维生素在小肠上段被吸收，只有维生素 B_{12} 是在回肠被吸收的。脂溶性维生素 A、D、E、K 的吸收和脂类消化产物的吸收相似，它们也需要与胆盐结合成水溶性复合物，才能通过小肠黏膜表面的非流动水层，然后与胆盐分离，通过细胞膜进入淋巴或血液。大多数水溶性维生素（如维生素 B_1、B_2、B_6 等）是通过依赖于 Na^+ 的同向转运体被吸收的，只有维生素 B_{12} 必须与内因子结合成复合物，才能被吸收。

第四节　消化器官活动的调节

消化器官的活动是与整个机体的需要相适应的。在非消化期，各种消化液的分泌量均较少，消化道的运动也较弱；当进食时和进食后，各种消化液的分泌量增多，消化道运动也增强。消化器官活动的这种适应性是在神经和体液因素的调节下实现的。

一、神经调节

（一）消化器官的神经支配及其作用

除口腔、咽、食管上段及肛门外括约肌为骨骼肌，受躯体神经支配外，其余大部分消化器官受自主神经系统的交感和副交感神经的双重支配。其中，传出神经直接调控消化腺的分泌和消化道的运动，传入神经则参与消化的反射活动。另外，食管中段至结肠的绝大部分管壁内，还有壁内神经丛分布。

1．交感神经　支配消化器官的交感神经节前纤维由胸腰段脊髓侧角发出，经过交感神经节更换神经元，其节后纤维分布到唾液腺、胃、肠、肝、胆囊、胰腺。节后纤维末梢释放去甲肾上腺素，属肾上腺素能纤维。

2．副交感神经　支配消化器官的副交感神经主要来自脑干发出的迷走神经，它支配肝、胆囊、胰腺、食管、胃、小肠和横结肠以上的大肠；降结肠及其以下的消化道则受骶段脊髓发出的盆神经支配；在节后纤维中，多数为兴奋性胆碱能纤维，对效应器官起兴奋作用。少数是抑制性纤维，其末梢释放的递质是肽类物质，被称为肽能神经。目前认为肽能神经的作用主要是舒张平滑肌（如胃的容受性舒张、机械刺激引起的小肠充血等）和加强小肠、胰腺的分泌活动。

3．壁内神经丛　胃肠壁内神经丛由肌间神经丛和黏膜下神经丛组成，其中许多神经细胞和神经纤维相互接触连接，形成一个完整的胃肠局部反射系统。壁内神经丛的感觉纤维与胃肠壁和黏膜中的感受器相连，其有效刺激是牵拉或扩张胃肠、pH 变化或食物的特殊化学成分。壁内神经丛的传出纤维的效应细胞包括平滑肌细胞、外分泌细胞和内分泌细胞。这样一个局部反射系统调节着胃肠活动。例如，胃肠蠕动就是通过肌间神经丛的局部反射而产生的。在切断胃肠道外来的迷走神经和交感神经后，蠕动仍然可以产生，但局部神经丛被麻痹后，蠕动就消失。

在正常情况下，各级神经中枢通过支配胃肠的交感神经和副交感神经，对壁内神经丛的活动进行调节。一般说来，副交感神经兴奋时，可引起胃肠运动加强，括约肌舒张，腺细胞分泌增加；交感神经兴奋时，其作用与副交感神经的作用相反，即上述活动抑制，但对唾液腺可引起少量分泌。

（二）消化器官活动的反射性调节

调节消化活动的反射包括非条件反射和条件反射两种。反射中枢在延髓、下丘脑、边缘叶和大脑皮质等处。

1．非条件反射　非条件反射是由食物的机械刺激、化学刺激直接作用于消化道黏膜相应的感受器引起。

当食物进入口腔内，则引起口腔黏膜和舌的感受器发生兴奋，冲动沿第Ⅴ、Ⅶ、Ⅸ、Ⅹ对脑神经中的传入纤维传至中枢，然后由副交感神经（在第Ⅶ、Ⅸ对脑神经中）和交感神经传出至唾液腺，两者均使唾液分泌增加，但以前者为主。由于副交感神经是通过释放乙酰胆碱起作用，因此用乙酰胆碱可促进唾液分泌，乙酰胆碱受体阻断剂阿托品则可抑制唾液分泌，引起口干。同时，副交感神经中的迷走神经还引起胃的容受性舒张和其他消化液的分泌，为食物即将进入胃和小肠继续进行消化创造条件。

当食物进入胃内和小肠内时，则刺激胃壁和小肠壁感受器，冲动一方面由迷走神经的传入纤维传入中枢，然后由迷走神经的传出纤维传出冲动，继续引起进入胃肠的各种消化液分泌和促进胃肠运动，这称为迷走 - 迷走长反射。另一方面，通过壁内神经丛的局部反射，可促进胃液和小肠液分泌及胃肠运动。此外，酸性食糜进入小肠还可通过肠 - 胃反射抑制胃运动。

2．条件反射　在上述非条件反射基础上，与食物有关的形象、颜色、气味、声音、语言、文字以及进食的环境等刺激分别作用于视、嗅、听觉感觉器，兴奋经视、嗅、听神经传入中枢形成条件反射，引起消化腺分泌和消化道运动。“望梅止渴”即是一例。

二、体液调节

（一）胃肠激素对消化活动的调节

胃肠激素与神经系统一起，共同调节消化器官的运动、分泌和吸收功能。调节消化器官活动的几种主要胃肠激素及其作用如下：

1．促胃液素　上述的神经反射性调节通过迷走神经和壁内神经丛，作用于胃窦和十二指肠黏膜的 G 细胞，使其释放促胃液素；此外，食物中的化学成分，主要是蛋白质分解产物还可直接作用于 G 细胞，促进促胃液素的释放。促胃液素的主要作用是促进胃酸和胰酶的分泌；其次，可促进胰液、胆汁、小肠液的分泌和胃肠运动。

2．促胰液素　当酸性食糜进入小肠后，可刺激小肠黏膜的 S 细胞释放促胰液素。盐酸是最强的刺激因素；其次为蛋白质分解产物和脂肪酸。促胰液素主要作用于胰腺小导管的上皮细胞，使其分泌大量的水分和碳酸氢盐，因而使胰液的分泌量大增；其次，还促进胰酶、胆汁和小肠液分泌，抑制胃酸分泌和胃肠运动。

3．缩胆囊素　食糜进入小肠能刺激小肠黏膜的 I 细胞释放缩胆囊素，其刺激因素由强至弱为：蛋白质分解产物、脂肪酸、盐酸、脂肪。缩胆囊素的主要作用有两个：一是促进胆囊强烈收缩，排出胆汁；二是促进各种胰酶的分泌，因而又称促胰酶素。此外，缩胆囊素还可促进胃酸、胰液、胆汁、小肠液的分泌和胃肠运动。缩胆囊素和促胰液素之间具有协同作用，即一种激素可以加强另一种激素的作用。

（二）局部体液因素对消化活动的调节

1．组胺　胃体和胃底的黏膜内含有大量的组胺，胃黏膜内的组胺是由固有膜中的肠嗜铬样细胞产生。正常情况下，胃黏膜恒定地释放少量组胺，通过局部弥散到达邻近的壁细胞，与壁细胞上的组胺 H_2 受体结合，促进胃酸分泌。组胺不仅刺激胃酸分泌的作用很强，而且还可以提高壁细胞对促胃液素和乙酰胆碱的敏感性。

2．前列腺素　在胃的黏膜和肌层中存在大量的由组织局部产生和释放的前列腺素，迷走神经兴奋和促胃液素都可引起前列腺素分泌增加。前列腺素对进食、组胺和促胃液素等引起的胃液分泌有明显的抑制作用，它可能是胃液分泌的负反馈调节物。

在上述的神经和体液两种调节机制总的规律作用下，某些消化器官又有其自身的特点。例如，唾液分泌的调节完全是纯神经反射性的；胰液分泌以及胆汁分泌和排出均受神经和体液双重控制，但以体液调节为主；胃液分泌也受神经和体液双重控制，其调节比较复杂。

本章小结

1．营养物质在消化道内被分解为可吸收的小分子物质的过程称为消化。包括机械性消化和化学性消化。经消化后的小分子物质，透过消化道黏膜进入血液或淋巴液的过程称为吸收。

2．胃和小肠的运动形式有紧张性收缩、容受性舒张、蠕动、分节运动。容受性舒张是胃特有的运动形式，使胃能完成容纳和储存食物的功能。分节运动是小肠特有的运动，使食糜与消化液充分混合，便于进行化学性消化；使食糜与肠壁紧密接触，为吸收创造良好条件；挤压肠壁，有助于血液和淋巴回流。

3．胃液主要成分有盐酸、HCO_3^-、K^+、Na^+ 等无机物和胃蛋白酶原、内因子等有机物。盐酸的主要作用有激活胃蛋白酶原；使食物中的蛋白质变性，使之易于消化；抑制和杀死随食物进入胃内的细菌；进入十二指肠后促进胰液、胆汁和小肠液的分泌；促进小肠对铁和钙的吸收。胃蛋白酶原转变为具有活性的胃蛋白酶，其功能是初步水解蛋白质，主要产物是 和胨及少量多肽和氨基酸。

4．胰液的主要成分有碳酸氢盐、胰蛋白酶和糜蛋白酶、胰淀粉酶、胰脂肪酶。碳酸氢盐的主要作用是中和进入十二指肠的胃酸，使肠黏膜免受强酸的侵蚀，同时也为小肠内的多种消化酶提供最适宜的 pH 环境。酶的主要作用是分解蛋白、淀粉、胰脂。

5．胆汁的主要成分有胆色素、胆盐、胆固醇、卵磷脂、脂肪酸等。主要作用有促进脂肪消化与吸收、促进脂溶性维生素吸收、中和胃酸及促进胆汁自身分泌。

6．小肠是吸收的主要部位，大部分营养物质、水和电解质都是在小肠内吸收的。

7．消化器官的活动是在神经调节和体液调节下实现的。神经调节包括非条件反射和条件反射。体液调节的主要胃肠激素有促胃液素、促胰液素、缩胆囊素。

思考题

1．胃液的主要成分有哪些？各有何生理作用？
2．为什么称胰液是最重要的消化液？
3．为什么小肠是营养物质的主要吸收部位？
4．胃的自身保护机制有哪些？
5．消化道平滑肌的一般生理特性有哪些？
6．消化期胃液分泌是如何调节的？

（杜　靖）

第七章　能量代谢与体温

学习目标

通过本章内容的学习，学生应能：

1．掌握影响能量代谢的因素，基础代谢的概念、正常值，体温的概念、正常值及生理性变动。

2．熟悉能量代谢测定原理和测定方法，机体的产热和散热的方式，体温调节的调定点学说。

3．了解机体能量的来源和转化。

第一节　能量代谢

新陈代谢是生命活动的基本特征之一。新陈代谢表现为机体与环境之间不断进行的物质交换及自我更新过程。物质代谢包括合成代谢和分解代谢，二者处于动态平衡。物质分解过程将伴有能量的释放，而物质合成过程将伴有能量的储存和利用。因此物质代谢和能量代谢紧密相连。通常把物质代谢过程所伴随的能量的储存、释放、转移和利用称为能量代谢（energy metabolism）。机体各种生理活动都需要能量，如肌肉的收缩、腺体的分泌、神经兴奋与传导等。

一、机体能量的来源和转化

1．机体能量的来源及储存　机体的能量来源于糖、脂肪和蛋白质的分解和氧化，也就是来源于这三种物质所蕴藏的化学能。在这三大营养物质中，糖是最主要和最基本的能源。机体所需能量的 70% 是由糖类物质提供的。糖的消化产物葡萄糖被吸收入血液后，可直接供全身细胞应用，也可以肝糖原和肌糖原的形式储存于肝和肌肉中。肝糖原的主要作用是维持血糖水平的相对稳定，肌糖原是骨骼肌活动时随时可以动用的能量储备。脂肪也是重要的供能物质，在一般情况下，人体所消耗的能源物质有 40% ～ 50% 来自脂肪（包括由糖转化的脂肪）。脂肪（三酰甘油）是体内各种能源物质储存的主要形式，其储存量占体内储存能量的 75%；在短期饥饿情况下，主要由体内脂肪供能。蛋白质所蕴含能量虽然占体内储存能量的 25%，但其主要功能是构成细胞的成分及合成酶和激素等生物活性物质，用于氧化分解供能的数量很少，如果蛋白质作为主要的能量来源，对机体是不利的，只有在长期饥饿脂肪几乎完全耗竭时才大量动用。

2．机体能量的转化　机体内的糖、脂肪和氨基酸经生物氧化产生的化学能 50% 以上被迅速转化为热能，用于维持体温，并向体外散发；其余不足 50% 是可以做功的自由能，这部分能量以三磷酸腺苷（ATP）的形式存在（在肌肉组织中，当能量产生过剩时 ATP 还可将它的高能磷酸键转移给肌酸，生成磷酸肌酸．将能量储存起来。肌肉组织的 ATP 不足时，磷酸肌酸又可将高能磷酸键转移给 ADP 生成 ATP 供肌肉活动所需）。机体细胞利用 ATP 所携带的能量完成各种功能活动，例如，合成各种细胞组成成分、各种生物活性物质及能源物质，生物电的产生和神经冲动的传导，分泌，肌肉收缩活动等。人体从糖、脂肪和蛋白质中获得的能量，除骨骼肌运动完成的机械外功以外，其余最终都将以热能形式向体外散发（图 7-1）。

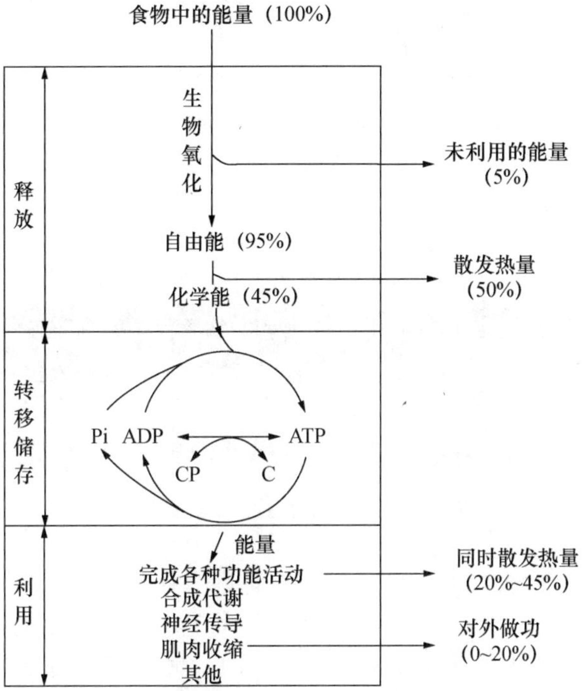

图 7-1 体内能量的释放、转移、储存和利用

C 肌酸；CP 磷酸肌酸，Pi 无机磷酸

二、能量代谢的测定原理和方法

（一）测定原理

机体的能量代谢过程遵循能量守恒定律，即在机体能量转化过程中，摄入的营养物质氧化所释放的化学能等于机体散发的热能和所做外功之和。如排除机体所做的外功，则一定时间内机体产生的热量即为机体消耗的全部能量。因此，测定单位时间内机体所散发的总热量就可以得到机体的能量代谢率。

（二）测定方法

能量代谢的测定方法有直接测热法、间接测热法两种。

1．直接测热法　直接测热法将被试者置于一特殊的检测装置中，收集被试者在安静状态下一定时间内发散出来的总热量，然后换算成单位时间的能量代谢量，即其能量代谢率。这种方法虽然测量精确，但由于仪器复杂，操作繁琐，其应用受到一定的限制。

2．间接测热法　糖、脂肪和蛋白质在体内通过氧化产生热能，而它们的氧化分解又需要消耗 O_2 并产生 CO_2。由于 O_2 的消耗量和 CO_2 的产生量与机体的产热量之间有着一定关系，即反应物的量与产物量之间呈一定的比例关系（定比定律），因此，测定机体在一定时间内的 O_2 消耗量和 CO_2 产生量，便可以间接地了解机体在此期间的产热量，从而测得能量代谢率。常用单位时间内的耗氧量来推算产热量。

（三）与间接测热法有关的几个概念

由于间接测热法是根据 O_2 消耗量和 CO_2 产生量推算各种食物的消耗量和产热量，因此必须了解以下几个概念。

1．食物的热价　食物的热价（caloric value）也称为卡价，是指 1g 食物在体内完全氧化（或在体外燃烧）所释放的热量。食物的热价分为物理热价和生物热价。前者指食物在体外燃烧时释放的热量，后者则是食物在体内氧化时所产生的热量。糖和脂肪在体内、外氧化产物完全相同，故物理热价和生物热价相等。蛋白质在体内不能被彻底氧化分解，它有一部分主要以尿素的形式从尿中排出，所以蛋白质的生物热价较其物理热价小。

2．食物的氧热价　食物的氧热价（thermal equivalent of oxygen）是指某种营养物质被氧化时，每消耗 1L 氧所产生的热量。可根据机体在一定时间内的 O_2 消耗量计算出能量代谢率。糖、脂肪、蛋白质的氧热价见表 7-1。

表 7-1　三种营养物质氧化时的几种数据

营养物质	耗氧量（L/g）	CO_2 产生量（L/g）	生物热价（kJ/g，kcal/g）	氧热价（kJ/L，kcal/L）	呼吸商
糖	0.83	0.83	17，4.1	20.5，5.0	1.00
脂肪	1.98	1.43	39，9.3	19.7，4.7	0.71
蛋白质	0.95	0.76	18，4.3	18.9，4.6	0.80

3．呼吸商和非蛋白呼吸商　某种营养物质在体内氧化时，一定时间内 CO_2 产生量与 O_2 消耗量的比值称为呼吸商（respiratory quotient，RQ），即 RQ=CO_2 产生量（ml）/O_2 消耗量（ml）。糖、脂肪、蛋白质分子结构中含氧量不同，因此，氧化时它们各自 CO_2 产生量和 O_2 消耗量不同，因而三者的呼吸商也不同。经测定，糖的呼吸商为 1.0，蛋白质的呼吸商为 0.80，脂肪的呼吸商较小，为 0.71。测定呼吸商可以估计在某一特定时间内机体氧化营养物质的种类和它们的大致比例。若呼吸商接近于 1.0，说明机体能量在当时一段时间内主要来自葡萄糖的氧化；若呼吸商接近 0.71，表明机体能量主要来自脂肪的分解。糖尿病患者因葡萄糖利用发生障碍，机体主要利用脂肪代谢供能，因此呼吸商即接近 0.71。在长期不能进食的情况下，能源主要是来自机体自身蛋白质的分解，则呼吸商接近于 0.80。在一般情况下，食入混合食物时的呼吸商常在 0.82 左右。三种营养物质的热价、氧热价和呼吸商等数据见表 7-1。在一般情况下，体内能量主要来自糖和脂肪的氧化，蛋白质的代谢量可忽略不计。由糖和脂肪氧化时 CO_2 产生量与 O_2 消耗量的比值称非蛋白呼吸商（non-protein respiratory quotient，NPRQ）。研究表明，非蛋白呼吸商与氧热价之间有一定的比例关系（表 7-2）。知道非蛋白呼吸商，就可从表 7-2 中查找氧热价，计算出能量代谢率。

表 7-2　非蛋白呼吸商及氧热价

非蛋白呼吸商	氧化百分比		氧热价（kJ/L，kcal/L）
	糖（%）	脂肪（%）	
0.71	1.1	98.9	17.62，4.69
0.75	15.6	84.4	19.83，4.74
0.80	33.4	66.6	20.10，4.80
0.82	40.3	59.7	20.20，4.82
0.85	50.7	49.3	20.36，4.86

续表

非蛋白呼吸商	氧化百分比		氧热价（kJ/L，kcal/L）
	糖（%）	脂肪（%）	
0.86	54.1	45.9	20.41，4.88
0.90	67.5	32.5	20.60，4.92
0.95	84.0	16.0	20.86，4.98
1.00	100.0	0.0	21.12，5.05

（四）能量代谢率的简化测定法

在一般情况下，蛋白质并不是主要的供能物质。由于氧化的蛋白质数量极少，故可把蛋白质氧化分解的产热量忽略不计。所以，可把测得的混合呼吸商值（即测得的一定时间内总的 CO_2 产生量与总 O_2 消耗量的比值）认为是非蛋白呼吸商，然后根据表 7-2 查出对应的氧热价，用 O_2 消耗量乘以氧热价，便得出该时间内的产热量。

还有一种更简便的方法，先测出一定时间内的 O_2 消耗量，然后以混合膳食的呼吸商 0.82 时的氧热价 20.20kJ/L 为标准，与 O_2 消耗量直接相乘，即可得出该时间内的产热量。实践表明，用简化测定法所得的数据与间接测定法的计算结果非常接近，因而被广泛应用。

三、影响能量代谢的因素

影响机体能量代谢的因素很多，其中比较重要的有下面几种因素。

1．肌肉活动　肌肉活动对能量代谢的影响最大，全身剧烈运动时，短时间内其总产热量可比安静时增加几倍到十几倍。可见能量消耗同劳动或运动强度有密切关系，运动或劳动的强度越大耗氧量越大，机体所消耗的能量就越多。

2．精神活动　精神和情绪活动对能量代谢也有显著影响。当人受刺激而引起精神高度紧张时，如恐惧、愤怒、焦急等，能量代谢往往显著升高。其原因之一是由于骨骼肌的紧张性增加；另一方面是由于交感神经兴奋．引起儿茶酚胺和甲状腺激素大量释放，它们可使代谢率增加。

3．环境温度　人在安静状态时的能量代谢，以在 20 ～ 30℃的环境中最稳定。当环境温度低于 20℃时，代谢率增加，主要是由于寒冷刺激使肌肉紧张性增强并反射性引起寒战而引起。当环境温度高于 30℃时，代谢率也会提高，主要是因为体内化学反应速度加快，出汗功能旺盛及呼吸和循环功能增强等因素的共同作用。

4．食物的特殊动力效应　人在安静状态下摄入食物后，机体产热量比摄入食物前有所增加。这种食物使机体“额外”产热的作用称为食物的特殊动力效应（specific dynamic effect）。实验证明，蛋白质食物的特殊动力效应最高，其额外增加的产热量可达摄入蛋白质总热量的 30% 左右。其效应在进食 1 ～ 2h 即开始，2 ～ 3h 可达高峰，持续 7 ～ 8h；脂肪和糖的食物特殊动力效应较低，其额外增加的产热量约为 4% 和 6%。糖类食物的特殊动力效应仅持续 2 ～ 3h。食物的特殊动力效应产生的原因目前还不十分清楚。有关研究提示，可能与氨基酸在肝的脱氨基作用以及尿素的形成过程产热有关，而与消化道运动无关。

四、基础代谢

（一）基础代谢的概念

由于能量代谢易受上述各种因素的影响，因此，在一般情况下测定的代谢率不能互相比较，也就不能依此判断人的能量代谢是否正常。为此，规定在基础状态下测定的代谢率作为衡量代谢的一个标准，并作为诊断某些疾病的一种辅助方法。所谓基础代谢（basal metabolism）是指人体在基础状态下的能量代谢，而在单位时间内的基础代谢，称为基础代谢率（basal metabo1ism rate，BMR）。基础状态是指：①受试者空腹（清晨未进餐以前），且距前次进餐 12 小时以上，排除食物的特殊动力效应的影响；②静卧，目的使肌肉处于松弛状态；③清醒、安静，以排除精神紧张的影响；④环境温度保持在 20 ～ 25℃。在基础状态下，人体的能量消耗只用来维持心跳、呼吸及神经活动等基本生理活动，没有做外功。这时所消耗的能量最终都将转化为热能，代谢率也较稳定。BMR 比一般休息时的代谢率要低 8% ～ 10%。但基础代谢不是机体最低水平的代谢率，因为睡眠时代谢率更低（低 10% ～ 15%）。

（二）基础代谢率的测定

能量代谢率主要与体表面积具有比例关系。因此，能量代谢率通常以单位时间每平方米体表面积的产热量为单位，即 kJ/（m^2·h）。测量人体的体表面积比较困难，但可从身高和体重两项数值来推算。中国人的推算公式是：

体表面积（m^2）= 0.0061 × 身高（cm）+0.0128 × 体重（kg）- 0.1529。

另外，体表面积还可根据图 7-2 直接求出。具体用法是：将受试者的身高（cm）与体重（kg）两点间连成一线，则此线与中间体表面积标尺的交点即为其体表面积的数值。

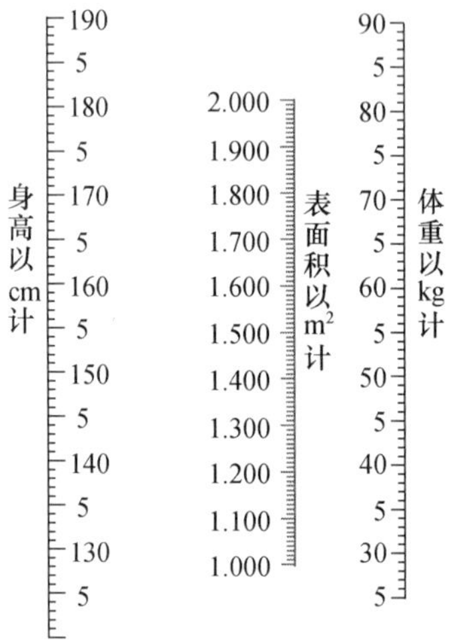

图 7-2　体表面积测算用图

通常采用简化法来测定和计算 BMR，即用代谢测定仪测出受试者在一定时间内的 O_2 消耗量。由于受试者一般都进食混合食物，故将其在基础状态下的呼吸商定为 0.82，查表 7-2，得氧热价为 20.20kJ/L，然后按产热量 = 20.20 × O_2 消耗量（kJ）的公式来计算产热量。将产热量除以体表面积，可得每平方米体表面积每小时的产热量［kJ/（m^2· h）］，即为 BMR。

临床上 BMR 用相对值表示，即用实际测得的数值（实测值）与正常平均值相差的百分率来表示，即：

$$基础代谢率 = \frac{实测值 - 正常平均值}{正常平均值} \times 100\%$$

（三）测定基础代谢率的意义

我国正常人 BMR 的平均值如表 7-3 所列。

表 7-3　我国正常人基础代谢率的平均值［kJ/（cm^2 · h）］

年龄（岁）	11 ～ 15	16 ～ 17	18 ～ 19	20 ～ 30	31 ～ 40	41 ～ 50	51 以上
男性	195.5	193.5	166.3	157.9	158.8	154.2	149.2
女性	172.6	181.8	154.2	147.1	147.1	142.5	138.7

BMR 随着性别、年龄等不同而有生理变动。同年龄段男性的 BMR 比女性高，随年龄增大，BMR 值逐渐降低。

一般说来，判定对某受试者所测的 BMR 值正常与否，是将其 BMR 值与正常平均值相比较，相差在 ±15% 之内均属于正常。只有当相差超过 ±20% 时，才有可能是病理变化。在临床上，一些疾病常伴有 BMR 的异常变化。如甲状腺功能减退时，BMR 将低至 −40% ～ −20%；甲状腺功能亢进时将高于正常值 25% ～ 80%。因此，BMR 的测定成为临床诊断甲状腺疾病的主要辅助方法。其他疾病如糖尿病、红细胞增多症、白血病以及伴有呼吸困难的心脏病等，也伴有 BMR 升高。艾迪生病、肾病综合征、垂体性肥胖症以及机体处于病理性饥饿（营养不良）时，将出现 BMR 降低。体温的改变对 BMR 也产生重要影响，一般体温每升高 1℃，BMR 将升高 13% 左右。

第二节　体温及其调节

人和动物的机体都具有一定的温度。人和鸟类、哺乳类动物能保持体温的相对恒定，称为恒温动物；两栖类等低等动物则不能在环境温度变化时保持体温恒定，称为变温动物。人体生存依赖的新陈代谢活动需要有合适而稳定的温度。维持体温的相对恒定对人类的正常生命活动至关重要。因此，体温（body temperature）是人体的一项重要生命体征。

一、体温及生理变动

（一）体表温度和体核温度

人体各部位的温度并不相同。机体表层的温度称为体表温度（shell temperature），包括皮肤、皮下组织、肌肉等部位的温度。体表各处的温度差异很大，而且易受环境温度变化的影响。机体深部温度称为体核温度（core temperature），主要指心、脑、肺、腹腔脏器的温度，其受环境温度变化的影响较小，比较稳定。

生理学所说的体温是指机体核心部分的平均温度。虽然机体深部各器官因代谢水平不同，其温度略有差别，但是血液循环的进行使各器官的温度趋向一致。由于全身血液回流于右心房，所以心房血液温度可作为机体深部温度的平均值（即体温）的代表。在临床上，右心房血液温度不易测量，故通常测量口腔、直肠和腋窝的温度来反映体温。直肠温度的正常值为 36.9 ～ 37.9℃，口腔温度为 36.7 ～ 37.7℃，腋窝温度为 36.0 ～ 37.4℃。值得强调的是，在测量直肠温度时，应该将温度计插入直肠 6cm 以上，所测得的温度才能接近体核温度；在测量腋窝温度时，应让被测者上臂紧贴胸廓，使腋窝紧闭形成人工体腔，机体内部的热量才能逐渐传到腋窝，而使腋窝温度上升至接近于体核温度。因此，测量腋窝温度的时间一般需要持续 5 ～ 10min，还应保持腋窝干燥。此外，在实验研究中，也可测量鼓膜和食管的温度来分别反映脑组织和机体的深部温度。

（二）体温的生理变动

在生理情况下，人体的体温可受昼夜周期、年龄、性别和肌肉活动等因素的影响而发生变化。但体温变化的幅度不大，一般不超过 1℃。

1．昼夜周期　正常人（新生儿除外）体温按昼夜变化呈周期性波动，清晨 2 ～ 6 时体温最低；午后 1 ～ 6 时体温最高。体温的这种昼夜周期性波动称为体温的昼夜节律或日周期节律（circadian rhythm）。这种节律性是生物节律的一种，与肌肉活动及 O_2 消耗量无关，主要受体内生物钟的控制。

2．年龄　新生儿的体温调节系统尚未发育成熟，其体温不规则，易受机体活动及环境温度变化的影响。新生儿体温一般高于成人，且没有昼夜节律；老年人代谢率较低，其体温低于正常成人；新生儿和老年人对环境温度的剧烈变化耐受力差，临床护理中值得注意。

3．性别　成年女子的体温平均比男子高 0.3℃。除体温的昼夜节律外，成年女子的基础体温还随月经周期而变动（图 7-3）。排卵前较低，排卵之日体温最低，排卵后体温又回升，并维持此高体温状态至下一月经周期。因此，测定成年女子的基础体温有助于了解有无排卵和排卵日期。这种周期现象与体内孕激素水平的周期性变化有关。

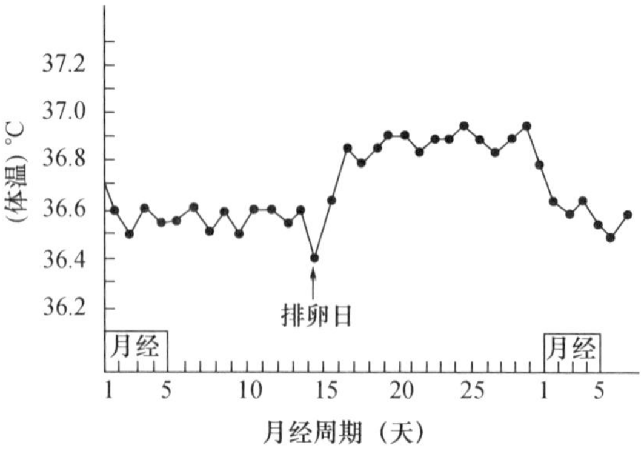

图 7-3　女性月经周期中基础体温曲线

4．肌肉活动　肌肉活动时，代谢增强，产热量明显增加，导致体温升高对体温的影响。如临床上测小儿体温时，应避免其哭闹。

5．其他因素　测量体温时除了应排除肌肉活动引起的体温变动影响外，情绪激动、精神紧张、环境温度和进食等情况都会影响体温，量体温时应考虑这些因素。另外，麻醉药物可通过抑制神经冲动的传导和体温调节中枢，并扩张皮肤血管，增加机体散热。所以，对于麻醉手术患者，术中和术后应注意保温护理。

二、机体的产热与散热

机体之所以能够维持稳定的体温是由于在体温调节机制的控制下，产热和散热两个生理过程取得动态平衡，即体热平衡（body heat equipoise）的结果。一旦由于某种原因，体热平衡被打破，体温就将升高或降低。

（一）机体产热

1．主要产热器官　机体安静时主要产热器官是内脏器官，尤其是肝。运动或劳动时，肌肉为主要产热器官。

2．产热形式　在基础状态下或在机体安静时，机体的主要产热器官是内脏和脑，产热量主要来自基础代谢产热。当机体处于寒冷环境之中时，增加产热的形式主要有寒战产热和非寒战产热。

（1）寒战产热：寒战产热（shivering thermogenesis）是指在寒冷环境中骨骼肌发生的不随意的节律性收缩，表现为屈肌和伸肌的同时收缩，能量全部转化为热量，不做外功。寒战产热是人在寒冷环境中主要的产热形式。通过寒战产热，机体的代谢率可增加 4 ～ 5 倍，可以维持寒冷环境下的体热平衡。

（2）非寒战产热：非寒战产热（non shivering thermogenesis）又称为代谢产热，是指寒冷刺激加强了机体代谢而增加产热的形式。机体的所有组织、器官均有代谢产热的功能，其中机体褐色脂肪组织的代谢产热量最大，约占非寒战产热总量的 70%。褐色脂肪组织主要分布在人体的肩胛骨间、颈背部、腋窝和腹股沟等处。体内褐色脂肪量在婴幼儿期所占比例较高，随着年龄的增长体内褐色脂肪量逐渐减少。成年人体内褐色脂肪的重量一般都低于体重的 2%。由于新生儿不能发生寒战，所以非寒战产热对新生儿在寒冷环境中维持体温恒定尤为重要。

（二）机体散热

人体在新陈代谢过程中会产生大量的热量，为了维持体温恒定，这些热量必须不断向外界散发。机体的主要散热部位是皮肤、当外界温度低于皮肤温度时，大部分体热随血液带到体表血管，通过皮肤的辐射、传导和对流等方式发散到外界，还有小部分体热则随呼吸、尿、粪等排出体外。当环境温度等于或高于体表温度时，蒸发散热就成为惟一的散热途径。

1．辐射散热（thermal radiation） 是机体以热射线（电磁波）的形式将热量传给外界较冷物体的散热方式。在适宜的气候，人体在安静状态下．以辐射方式放散的热量占机体产热量的60%。

2．传导散热（thermal conduction） 是指机体将热量直接传给和它接触的较冷物体的散热方式。

3．对流散热（thermal convection） 是传导散热的一种特殊形式，是体热传导给与皮肤接触的较冷空气的一种散热方式。对流散热量的多少，除取决于皮肤与周围环境之间的温度差和机体的有效散热面积外，受风速影响也很大。风速越大，对流散热量也越多；反之越少。

4．蒸发散热（thermal evaporation） 是指体表水分汽化时吸收热量而散发体热的一种散热方式。人体蒸发散热又分为不感蒸发和出汗两种形式。

不感蒸发（insensible perspiration）是指体内的水分直接透出皮肤和呼吸道黏膜，在未形成明显的水滴之前就蒸发掉的一种散热方式，其中发生在皮肤的水分蒸发又称为不显汗。人每天通过不感蒸发散失的体液量一般为1000ml。

出汗（sweating）发汗是指汗腺分泌汗液的活动。当气温高于皮肤温度时，发汗散热是机体发散热量的有效途径。因为出汗是可以感觉到的，故又称之为可感蒸发（sensible perspiration）。发汗是反射性活动，通常认为在生理情况下主要的发汗中枢在下丘脑附近。人在安静状态时，当环境温度达到30℃左右开始出汗。如果空气湿度大而且着衣较多时，气温在25℃便可出汗。劳动或运动时，气温虽在20℃以下也可出汗。出汗的速度可受多种因素的影响，如劳动强度、环境温度和湿度、风速及机体对高温的适应程度等。正常情况下，汗液中的水分占99%以上，固体成分不到1%。固体成分中，大部分为NaCl，也有少量KCl、尿素和乳酸等。一般排出的汗液是低渗的。故当机体大量发汗而造成的脱水为高渗性脱水。但发汗速度过快时，可使汗液中NaCl增高，机体除丢失大量水分外，还丢失大量NaCl，应注意及时补充水分和NaCl。

人在高温、高湿、小风速环境中，不但辐射、传导、对流散热停止，蒸发散热也很困难，容易出现中暑现象。

三、体温调节

人体体温的相对恒定，有赖于自主性和行为性两种体温调节的活动。自主性体温调节（automatic thermoregulation）是在下丘脑体温调节中枢控制下，随机体内外环境温热性刺激信息的变动，通过增减皮肤血流量、发汗、寒战等生理反应，调节体热的发散和产生，使体温保持相对恒定的体温调节方式。行为性体温调节是机体对自主性体温调节的补充。人类行为性体温调节（behavioral thermoregulation）是指机体通过一定的行为来保持体温的相对稳定，如冬天天气转凉时人们增加所穿衣服的厚度。行为性体温调节的内容随着科技水平的发展而高度发展。自主性体温调节是体温调节的基础，行为性体温调节是体温调节的补充。两者相互配合，使人体能更好地适应自然环境的变化。生理学仅讨论自主性体温调节。自主性体温调节是以生物控制系统来实现的。即通过机体不同部位的温度感受器，将内、外环境温度变化的刺激信息传给下丘脑体温调节中枢，通过传出信息，控制产热器官及散热器官的活动．使体核温度维持在一个稳定水平。

（一）温度感受器

温度感受器是感受机体各处温度变化的特殊结构。按照其分布的位置不同，分为外周温度感受器和中枢温度感受器。

1．外周温度感受器　外周温度感受器是指分布在中枢神经系统以外的温度感受器，主要位于皮肤、黏膜和腹腔等处的感受温度变化的感受器。包括对热温度刺激敏感的热感受器（warm receptor）和对冷温度刺激敏感的冷感受器（cold receptor）。其中以冷感受器数量较多，它一般在25℃时放电频率最高。它们共同对机体外周的温度变化起监测作用。

2．中枢温度感受器　中枢温度感受器是指分布在中枢神经系统中对温度变化敏感的神经元。主要分布在脊髓、延髓、脑干网状结构、下丘脑以及大脑皮质运动区等部位。根据它们对温度变化的反应也分为两类：一类在温度升高时放电频率增多，称为热敏神经元（warm sensitive neuron）；另一类在温度降低时放电频率增多，称为冷敏神经元（cold sensitive neuron）。实验发现，在视前区 - 下丘脑前部（PO/AH）存在着约 30% 的热敏神经元和约 10% 的冷敏神经元。它们对局部温度变化非常敏感，温度变化达 0.1℃时，它们的放电频率就会发生相应的变化，而且不出现适应现象。

（二）体温调节中枢

体温的基本调节中枢在下丘脑部位。从多种动物分段切除脑的实验中发现，切除大脑皮质及部分皮质下结构，只保留下丘脑及其以下神经结构的动物，仍能维持体温的相对稳定。如果进一步切除动物的下丘脑，则不能维持体温的相对稳定。因此认为体温调节的基本中枢在下丘脑。进一步实验表明，破坏 PO/AH 后，动物的体温调节能力明显减弱或消失；电刺激 PO/AH 的不同部位，可引起动物出现产热或散热反应；PO/AH 中部分神经元有整合其他部位传入的温度信息的作用；PO/AH 的温度敏感神经元还接受致热原等物质的作用，使体温发生变化。因此，目前认为 PO/AH 是体温调节中枢整合的关键部位。

（三）体温的调节机制——调定点学说

正常人体体温维持在 37℃左右，这一生命体征可以用调定点学说（set-point theory）来解释。调定点学说认为：体温的调节类似于恒温器的调节方式。PO/AH 中有个预先设定的调定点，调定点有规定的温度数值（如 37℃）。如果实际体温偏离此规定数值，则由反馈系统将偏差信息输送到控制系统，然后经过对受控系统的调整来维持体温的恒定。如 PO/AH 实际局部温度恰是 37℃，热敏神经元和冷敏神经元的放电活动是平衡的；若实际温度高于 37℃，则冷敏神经元放电频率减少，热敏神经元放电频率增多，结果使散热增多，产热减少，导致体温降低；反之，当实际局部温度在 37℃以下时，热敏神经元放电频率降低，而冷敏神经元放电频率增加，导致产热增加，散热减少，体温上升（图 7-4）。

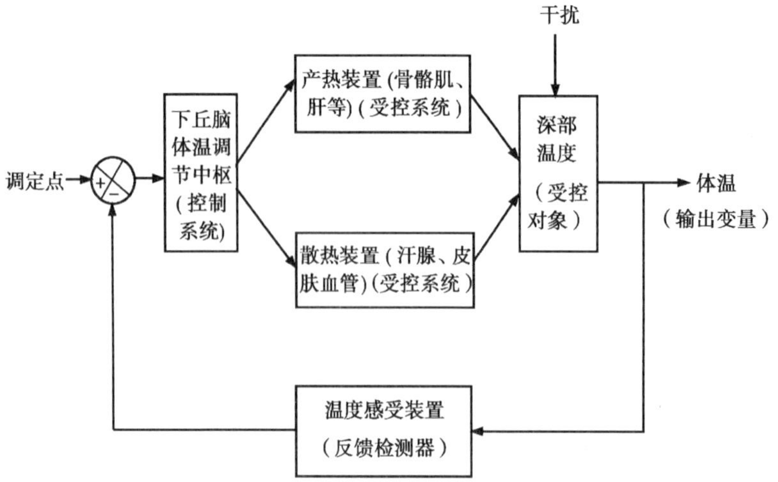

图 7-4　体温调节自动控制示意图

体温调定点学说能较好地解释临床上的有些发热现象。一般认为，由微生物、细菌引起的发热，是由于这些致热原使热敏神经元对温度反应的兴奋性下降，温度反应阈值升高，而冷敏神经元的温度反应阈值降低，结果使调定点上移，这称为体温调定点重调定。如调定点上移到 39℃，而实际体温为 37℃，在体温调节中枢的作用下，机体产热活动增加，散热活动减弱，使体温升高到 39℃。因此，在体温升高之前常有畏寒和寒战等症状。如果致热原不被清除，则产热和散热将在此新的体温调定点水平上保持平衡，使机体持续处于发热状态。解热镇痛药（如阿司匹林）可使被致热原重调定的体温调定点重新回到正常水平，因而能使发热患者的体温恢复正常，但对正常人的体温并不产生影响。

本章小结

1．影响能量代谢的因素包括肌肉活动、精神活动、环境温度、食物的特殊动力效应。基础代谢是指人体在基础状态下的能量代谢，而在单位时间内的基础代谢，称为基础代谢率。生理学所说的体温是指机体核心部分的平均温度，机体深部温度称为体核温度，主要指心、脑、肺、腹腔脏器的温度，其受环境温度变化的影响较小，比较稳定；在生理情况下，人体的体温可受昼夜周期、年龄、性别和肌肉活动等因素的影响而发生变化，但体温变化的幅度不大，一般不超过 1℃。

2．能量代谢的测定方法有直接测热法、间接测热法两种。机体安静时的主要产热器官是内脏器官，尤其是肝；运动或劳动时，肌肉为主要的产热器官；当机体处于寒冷环境中时，增加产热的形式主要有寒战产热和非寒战产热。机体的主要散热方式为辐射散热、传导散热、对流散热和蒸发散热。正常人体体温维持在 37℃左右，这一生命体征可以用调定点学说来解释。

3．机体的能量来源于糖、脂肪和蛋白质的分解和氧化，也就是来源于这三种物质所蕴藏的化学能。机体内的糖、脂肪和氨基酸经生物氧化产生的化学能 50% 以上被迅速转化为热能，用于维持体温，并向体外散发，其余不足 50% 是可以做功的自由能。

思考题

1．中暑引起体温升高时该采用哪些方法降低其体温？
2．发热时为什么体温上升并伴有寒战畏寒等症状？
3．影响能量代谢的常见因素有哪些？

（张薇薇）

第八章　肾的排泄功能

学习目标

通过本章内容的学习，学生应能：

1. 掌握排泄、肾小球滤过率、滤过分数、有效滤过压、肾糖阈、渗透性利尿和水利尿的概念，尿生成过程及其影响因素、肾小管重吸收功能及其调节，Na^+、HCO_3^-、水、葡萄糖重吸收的部位、方式和途径，抗利尿激素、醛固酮对尿生成的调节。
2. 熟悉肾的结构和血液循环的特点和意义、肾血流量的自身调节，H^+、K^+、NH_3 分泌的机制和意义；球 - 管平衡、尿量的概念。
3. 了解肾在排泄及维持内环境稳态中的意义，尿液浓缩和稀释的基本原理和过程，排尿活动。

排泄（excretion）是指机体将物质代谢的终产物、体内过剩的物质以及进入体内的异物，经血液循环由排泄器官排出体外的过程。机体的排泄器官有肾、肺、皮肤、消化道等，其主要排泄产物见表 8-1。

表 8-1　人体主要的排泄器官、排出的代谢产物及排泄形式

排泄器官	排出的代谢产物	排泄形式
肾	水、各种无机盐、尿素、尿酸、肌酐等	尿
肺	CO_2、水等	气体
皮肤	水、NaCl、尿素等	汗液
消化道	胆色素、无机盐等	粪便

肾是最重要的排泄器官，排出的代谢产物种类最多、数量最大，并且可随机体的需要选择性排出和保留不同物质，从而维持机体的水、电解质平衡，渗透压平衡以及酸碱平衡。因此，肾在维持内环境的相对稳定中起着重要的作用。肾还能合成分泌促红细胞生成素、肾素和前列腺素等多种生物活性物质。因此肾具有排泄、维持内环境相对稳定和内分泌的功能。

第一节　肾的结构与血液循环特点

一、肾的结构特点

（一）肾单位和集合管

肾单位（nephron）是肾的基本结构和功能单位。它与集合管共同完成尿的生成过程。正常

人两肾有 170 万～ 240 万个肾单位，每个肾单位由肾小体和肾小管组成（图 8-1）。

- 肾单位
  - 肾小体
    - 肾小球
    - 肾小囊
  - 肾小管
    - 近端小管
      - 近曲小管
      - 髓袢降支粗段
    - 髓袢细段
      - 髓袢降支细段
      - 髓袢升支细段
    - 远端小管
      - 髓袢升支粗段
      - 远曲小管

图 8-1 肾单位组成示意图

肾单位按其所在的部位不同分为皮质肾单位和近髓肾单位两种（图 8-2）。皮质肾单位主要与尿生成和肾素分泌有关，而近髓肾单位与尿的浓缩和稀释有关。两种肾单位的结构和功能比较见表 8-2。

表 8-2 皮质肾单位和近髓肾单位的结构和功能特点比较

	皮质肾单位	近髓肾单位
分布	肾皮质的外层和中层	肾皮质的近髓层
数量	多（占 80% ～ 90%）	少（占 10% ～ 15%）
肾小球体积	小	大
小动脉口径	入球小动脉大于出球小动脉	差异很小
出球小动脉分支	形成皮质部肾小管周围的毛细血管网	形成肾小管周围的毛细血管网和直小血管
髓袢	短，至外髓部	长，至内髓部
肾素	多	几乎无
功能	肾小球的滤过和肾小管的重吸收	尿的浓缩和稀释

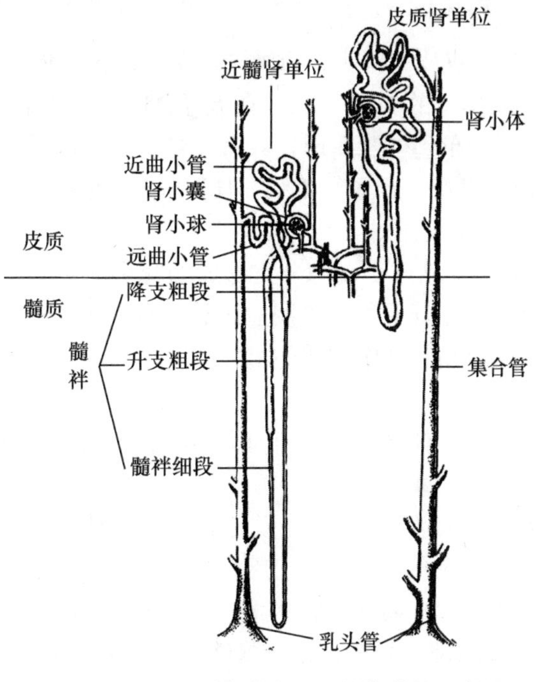

图 8-2 皮质肾单位、近髓肾单位示意图

集合管不属于肾单位，每一集合管收集多条远曲小管的小管液，集合管再汇入肾盂、输尿管进入膀胱。集合管在尿生成过程中，特别是在尿的稀释和浓缩过程中起着重要的作用。

（二）球旁器

球旁器（图 8-3）又称近球小体，由球旁细胞、致密斑和球外系膜细胞组成，主要分布于皮质肾单位。球旁细胞是位于入球小动脉中膜内的肌上皮样细胞，分泌肾素。致密斑由远曲小管起始部的呈高柱状的上皮细胞组成，能感知小管液中 Na^{+}、Cl^{-} 含量的变化，并将信息传递给球旁细胞，调节肾素的释放。

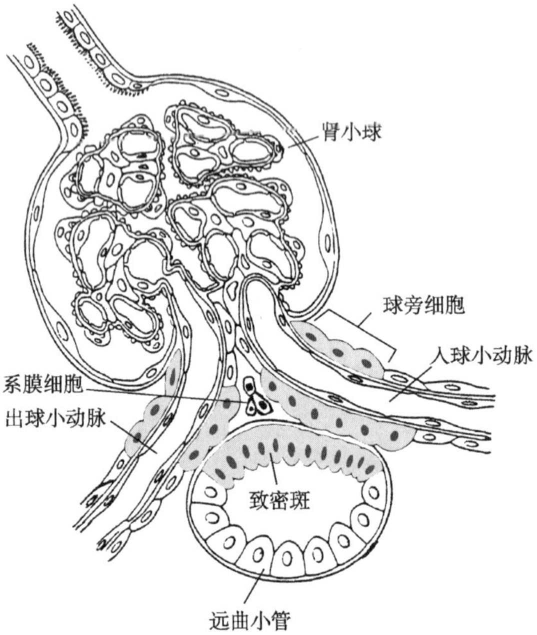

图 8-3　球旁器示意图

二、肾血液循环的特点

（一）肾血液供应特点

1. 肾血流量大，主要分布在皮质　肾占体重的 5% 左右，正常成人安静状态时流经肾的血流量为 1200ml/min，相当于心输出量的 1/5 ～ 1/4。在流经肾的血流量中，94% 分布在肾皮质，6% 分布在肾髓质，其中 5% ～ 6% 分布到外髓质层，只有不到 1% 分布到内髓部。剧烈运动、大失血、休克等情况下，肾交感神经兴奋，肾血管收缩，使肾血流量减少，血液重新分配以保证心、脑等重要器官的血液供应。

2. 形成两套毛细血管网　包括入球小动脉分支形成的肾小球毛细血管网和出球小动脉分支形成的肾小管周围毛细血管网。肾小球毛细血管网血压高，有利于肾小球的滤过；肾小管周围毛细血管网血压低，有利于肾小管对小管液中物质的重吸收。

（二）肾血流量的调节

肾血流量的调节包括神经调节、体液调节和自身调节三种方式。安静状态时，主要通过自身调节使肾血流量保持相对稳定。

1. 肾血流量的神经调节和体液调节　入球小动脉和出球小动脉受肾交感神经的支配。肾交感神经兴奋时，肾血管收缩，肾血流量减少。肾上腺素、去甲肾上腺素、血管升压素和血管紧张素等也使肾血管收缩，肾血流量减少；而前列腺素、一氧化氮和缓激肽等使肾血管舒张，肾血流量增加。当机体剧烈运动时，交感神经兴奋，肾上腺髓质分泌大量的肾上腺素、去甲肾上腺素，使肾血管收缩、肾血流量减少，从而使大量血液分配到骨骼肌以满足机体剧烈运动的需要。大失血、缺氧、中毒性休克时，肾交感神经兴奋，并伴有血管升压素、血管紧张素以及肾上腺素、去甲肾上腺素分泌增加，使肾血流量减少，血液重新分配，保证了心、脑等重要器官的血液供应。

正常人在安静状态下，交感神经的紧张性很低，肾上腺素、去甲肾上腺素、血管升压素和血管紧张素浓度也很低，对肾血流量无明显影响。

2．自身调节 肾血流量的自身调节是指动脉血压在一定范围（80 ~ 160mmHg）内变动时，肾血管通过调节可保持肾血流量相对稳定。这种调节不依赖于神经和体液因素的作用，属于自身调节。其生理意义在于使肾血流量和肾小球滤过率能保持相对恒定，以适应肾尿生成功能的需要，防止尿生成量因动脉血压的波动而出现大幅度的波动。当动脉血压超出 80 ~ 160mmHg 时，肾血流量将随动脉血压的改变而发生相应的变化。

第二节 尿生成的过程

尿生成是一个连续的过程，包括肾小球的滤过、肾小管和集合管的重吸收以及肾小管和集合管的分泌三个过程。

一、肾小球的滤过功能

肾小球滤过是指血液流经肾小球毛细血管时，除血细胞和血浆蛋白外，血浆中的水和小分子溶质透过滤过膜进入肾小囊腔形成原尿的过程。血浆、原尿和终尿中物质含量比较见表 8-3。

表 8-3 血浆、原尿和终尿中物质含量及每天的滤过量和排出量

成分	血浆（g/L）	原尿（g/L）	终尿（g/L）	终尿 / 血浆（倍数）	滤过总量（g/d）	排出量（g/d）	重吸收率（%）
Na^+	3.3	3.3	3.5	1.1	594.0	5.3	99
K^+	0.2	0.2	1.5	7.5	36.0	2.3	94
Cl^-	3.7	3.7	6.0	1.6	666.0	9.0	99
碳酸根	1.5	1.5	0.07	0.05	270.0	0.1	99
磷酸根	0.03	0.03	1.2	40.0	5.4	1.8	67
尿素	0.3	0.3	20.0	67.0	54.0	30.0	45
尿酸	0.02	0.02	0.5	25.0	3.6	0.75	79
肌酐	0.01	0.01	1.5	150.0	1.8	2.25	0
氨	0.001	0.001	0.4	400.0	0.18	0.6	0
葡萄糖	1.0	1.0	0	0	180.0	0	几乎 100%
蛋白质	80	0	0	0	微量	0	几乎 100%
水					180L	1.5L	99

（一）肾小球滤过率和滤过分数

1．肾小球滤过率 单位时间（每分钟）内两肾所生成原尿的量，称肾小球滤过率（glomerular filtration rate，GFR）。正常成人肾小球滤过率平均为 125ml/min。

2．肾小球滤过分数 肾小球滤过率与肾血浆流量的比值称为滤过分数（filtration fraction，FF）。每分钟流经两肾的总血浆量，称为肾血浆流量，约为 660ml/min。如肾小球滤过率为

125ml/min，则滤过分数为 125/660×100% ≈ 19%，即流经肾的血浆约有 1/5 由肾小球滤过到肾小囊形成原尿。

（二）滤过的结构基础——滤过膜

1．滤过膜的组成　滤过膜是肾小球毛细血管内的血液与肾小囊中超滤液之间的结构屏障（图 8-4），包括三层结构：①肾小球毛细血管内皮细胞：细胞上有许多直径为 70 ~ 90nm 的微孔，称为窗孔。血细胞不能通过窗孔，但小分子的溶质及相对分子质量小的蛋白质可以自由通过。②中层为基膜：基膜上有许多直径为 2 ~ 8nm 的网孔。基膜是肾小球滤过的主要屏障，网孔允许水分子和部分溶质通过，但阻碍蛋白质通过。③肾小囊上皮细胞：肾小囊上皮细胞足突之间有裂孔，裂孔上有裂孔膜，膜上有直径为 4 ~ 11nm 的微孔。微孔可防止蛋白质滤过。

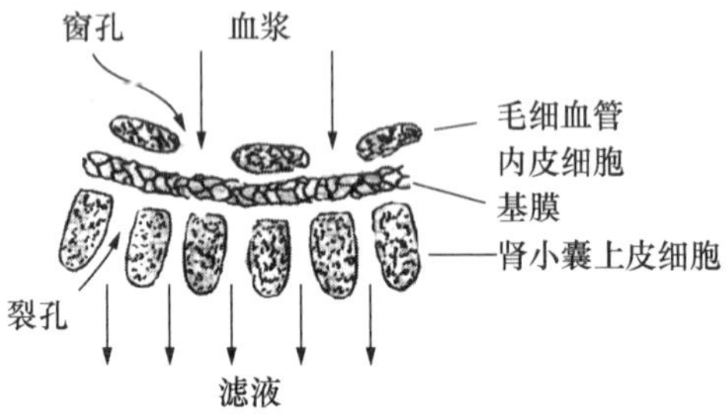

图 8-4　滤过膜的结构示意图

2．滤过膜的通透性　滤过膜具有机械屏障和电学屏障作用，物质能否通过肾小球滤过膜取决于被滤过物质的分子大小及其所带的电荷。①机械屏障：由肾小球毛细血管内皮细胞层的窗孔、基膜层的网孔以及肾小囊上皮细胞足突裂孔膜上的微孔组成。有效半径小于 2.0nm（相对分子质量小于 1000）的中性物质可以自由滤过，有效半径大于 4.2nm（相对分子质量大于 70 000）的物质不能通过，有效半径在 2.0 ~ 4.2nm 之间的各种物质，被滤过的量随有效半径的增大而减小。②电学屏障：滤过膜各层均含有带负电荷的糖蛋白，带正电荷的物质易于通过，带负电荷的物质不容易通过。如白蛋白相对分子质量为 69 000，因带负电荷，几乎不被滤过。以上两道屏障以机械屏障为主，相对分子质量很小的物质，即使带负电荷也能滤过，相对分子质量大于 70 000 的物质，即使带正电荷也不能通过。

（三）滤过的动力——有效滤过压

促使肾小球滤过的有效动力称有效滤过压（effective filtration pressure，EFP）（图 8-5）。

有效滤过压＝肾小球毛细血管血压－（血浆胶体渗透压＋肾小囊内压）

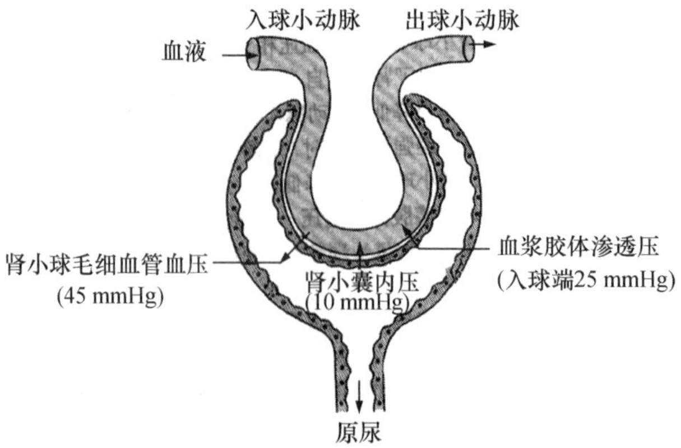

图 8-5　肾小球有效滤过压示意图

用微穿刺法测得大鼠肾小球毛细血管血压平均为 45mmHg，入球小动脉和出球小动脉的压力几乎相等。肾小囊内压约为 10mmHg，血浆胶体渗透压在入球小动脉端为 25mmHg，入球小动脉端的有效滤过压为 45-（25+10）= 10mmHg，说明在入球小动脉端是滤出的。但血液在肾小球毛细血管内流动时，由于血浆中的水和小分子物质不断被滤出，血浆中的蛋白质不能被滤出，而导致血浆中的蛋白质浓度逐渐增加，使血浆胶体渗透压逐渐升高。当血浆胶体渗透压升至 35mmHg 时，有效滤过压为 45-（10+35）= 0mmHg，说明此时肾小球已停止滤过。尽管肾小球毛细血管全长都具有滤过功能，但从入球小动脉端到出球小动脉端移行过程中，有效滤过压逐渐下降至零，只是有效滤过压为零之前的一段毛细血管才产生了滤过作用。

（四）影响肾小球滤过的因素

1．滤过膜的通透性和面积　正常情况下滤过膜的通透性比较稳定，但病理情况下，通透性的改变可使尿液的成分出现异常。如某些肾疾病，滤过膜上带负电荷的糖蛋白减少，使其电学屏障功能减弱，带负电的白蛋白滤出增多，出现蛋白尿。如果滤过膜的机械屏障被破坏，通透性增大，使平常不能滤出的物质，如红细胞滤出，出现血尿。

人两肾滤过膜的面积约为 $1.5m^2$，滤过膜的面积大，有利于肾小球滤过。生理情况下，滤过面积保持相对稳定。在急性肾小球肾炎时，由于肾小球毛细血管上皮细胞增生、肿胀，致使毛细血管管腔狭窄甚至完全阻塞，以致活动的肾小球数量减少，滤过面积下降，滤过率必然降低，出现少尿或无尿。

知识链接

急性肾小球肾炎

急性肾小球肾炎是以血尿、蛋白尿、水肿、高血压和肾小球滤过率下降为特点的肾小球疾病。临床上表现为急性起病，多有前驱感染。分为急性链球菌感染后肾小球肾炎和非链球菌感染后肾小球肾炎。

2．有效滤过压　有效滤过压＝肾小球毛细血管血压－（血浆胶体渗透压＋肾小囊内压）。构成有效滤过压的任何一个因素发生改变，都会引起有效滤过压的改变。

（1）肾小球毛细血管血压：肾血流量具有自身调节作用，当动脉血压在 80 ～ 160mmHg 范围内波动时，肾血流量保持相对稳定，肾小球毛细血管血压保持不变，肾小球滤过率也不变。当动脉血压低于 80mmHg 时，肾血流量减少，肾小球毛细血管血压下降，有效滤过压减小，滤过率降低，尿量减少。当动脉血压降至 40mmHg 时，有效滤过压为零，导致无尿。休克引起的少尿、无尿，其原因即是如此。

（2）血浆胶体渗透压：正常生理情况下，血浆胶体渗透压保持相对稳定。在某些特殊情况下，血浆胶体渗透压会发生变化。如静脉大量快速注射生理盐水，血浆被稀释，使血浆蛋白浓度降低，或某些病理情况使血浆蛋白质浓度明显下降，引起血浆胶体渗透压下降，有效滤过压增大，肾小球滤过率增多，尿量增加。

（3）肾小囊内压：正常情况下，肾小囊内压变化不大。肿瘤压迫、输尿管结石等造成尿路梗阻，肾小囊内液体流出不畅，肾小囊内压升高，有效滤过压下降，滤过率减少。

3．肾血浆流量　虽然肾小球全段都具有滤过功能，但滤过的长度与血浆胶体渗透压的升高速度有关。在其他条件不变时，肾血浆流量对滤过率的影响是通过改变血浆胶体渗透压上升的速度进而改变肾小球毛细血管滤过长度来实现的。一般情况下，肾血流量保持相对稳定。如大量输液时，肾血浆流量增大，即使有部分血浆内容物滤出，血浆胶体渗透压上升速度也会减慢，肾小球毛细血管有效滤过的长度延长，肾小球滤过率增加。反之，在剧烈运动、失血性休克、缺 O_2

时，肾交感神经强烈兴奋引起肾血管收缩，肾血浆流量减小，随着血浆内容物滤出，血浆胶体渗透压上升速度加快，肾小球毛细血管有效滤过长度缩短，肾小球滤过率减少。

二、肾小管和集合管的重吸收功能

原尿流入肾小管后称为小管液。小管液在流经肾小管各段和集合管时，其中的水和溶质将全部或部分由小管上皮细胞吸收回到血液。小管液中的物质通过小管上皮细胞进入管周毛细血管血液的过程称为重吸收（reabsorption）。

肾小管各段和集合管都具有重吸收功能，但具有选择性。从成分来看，葡萄糖、氨基酸全部重吸收，水、Na^+、HCO_3^- 等绝大部分重吸收，尿素、磷酸根部分重吸收，而肌酐等代谢产物以及进入人体的异物，不被重吸收而全部排出体外。从量来看，按两肾生成的原尿量为 125ml/min 计算，每 24h 生成的原尿为 180L，而终尿一般为 1.5L。因此原尿、终尿的质和量都有很大区别。

（一）重吸收的部位

尽管肾小管各段和集合管都具有重吸收功能，但近端小管是重吸收的主要部位。近端小管重吸收小管液中全部的葡萄糖、氨基酸，80% ～ 90% 的 HCO_3^-，65% ～ 70% 的水、Na^+、K^+、Cl^- 等。余下的水和盐类在髓袢细段、髓袢升支粗段、远曲小管和集合管被重吸收，少量随尿排出。远曲小管和集合管重吸收的物质较少，受抗利尿激素、醛固酮等因素的影响，在调节机体的水平衡、电解质平衡和酸碱平衡中起重要作用。

（二）重吸收的方式

重吸收的方式有主动重吸收和被动重吸收两种。主动重吸收是指肾小管上皮细胞将小管液中的溶质逆浓度差和（或）电位差转运到管周组织液并入血的过程，需要消耗能量。根据主动转运过程中能量来源不同，分为原发性主动转运和继发性主动转运。原发性主动转运是直接水解 ATP 提供能量，如近端小管钠泵逆浓度差转运 Na^+ 和 K^+。继发性主动转运是指间接利用钠泵的能量进行逆浓度差和（或）电位差的转运，如葡萄糖、氨基酸等物质的重吸收。被动转运是指小管液中的水和溶质顺浓度差、电位差或渗透压差转运到管周组织液并入血的过程。

（三）几种重要物质的重吸收

1．Na^+ 的重吸收　原尿中的 Na^+ 99% 以上被重吸收，近端小管是 Na^+ 重吸收的主要部位，重吸收量占滤出量的 65% ～ 70%。其余的 Na^+ 分别在髓袢升支、远曲小管和集合管重吸收，髓袢降支细段不重吸收 Na^+。各段肾小管重吸收 Na^+ 的机制不同。

（1）近端小管：近端小管对 Na^+ 的重吸收为主动重吸收，其重吸收机制可用“泵 - 漏学说”来解释（图 8-6）。在近端小管上皮细胞的基底侧膜上有丰富的钠泵。钠泵通过水解 ATP 提供能

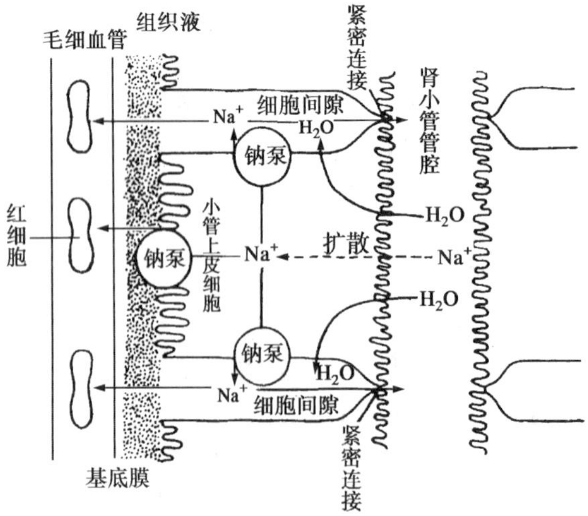

图 8-6　近端小管重吸收 Na^+ 示意图

量，可逆浓度梯度和电位梯度转运 Na^+，即不断将细胞内的 Na^+ 转运到组织液，使上皮细胞内的 Na^+ 保持极低的浓度。Na^+ 的泵出使细胞内呈负电性。所以，在浓度梯度和电位梯度推动下，小管液中的 Na^+ 不断进入细胞，即在 Na^+ 被泵至组织液的同时，小管液中的 Na^+ 迅速地、源源不断地进入细胞。随着 Na^+ 不断地被钠泵主动转运至细胞间隙，细胞间隙的渗透压也相应提高，在渗透压的作用下，水随之进入细胞间隙，使细胞间隙内的静水压升高，升高的静水压可使间隙内的 Na^+ 和水透过基膜进入管周组织液和毛细血管；同时也可使 Na^+ 和水通过紧密连接少量回漏至小管腔内。因此，Na^+ 的重吸收量应等于主动重吸收量减去回漏量。

（2）髓袢升支粗段：髓袢升支粗段对 Na^+ 的重吸收是主动重吸收。在髓袢升支粗段上皮细胞的管腔膜上有转运 Na^+、Cl^-、K^+ 的同向转运体，以 1 Na^+ ∶ $2Cl^-$ ∶ $1K^+$ 同向转运模式进行物质转运（图 8-7）。3 种离子进入细胞后，Na^+ 由钠泵泵至组织液，Cl^- 由于浓度差经基底膜进入组织液，K^+ 由于浓度差经管腔膜返回小管腔内。在髓袢升支粗段重吸收 Na^+ 属于主动转运，而 Cl^- 的重吸收属于继发性主动转运。呋塞米、依他尼酸（又称利尿酸）等利尿药物，能抑制管腔膜的 Na^+、Cl^-、K^+ 同向转运体，使髓袢升支粗段 Na^+、Cl^- 的重吸收受到抑制，从而增加尿 NaCl 的排泄，导致利尿。

髓袢升支细段上皮细胞对 Na^+ 有一定通透性，小管液流经此段时有少量 Na^+ 顺浓度差扩散出管腔。远曲小管和集合管对 Na^+ 的重吸收与 K^+ 和 H^+ 的分泌有关。

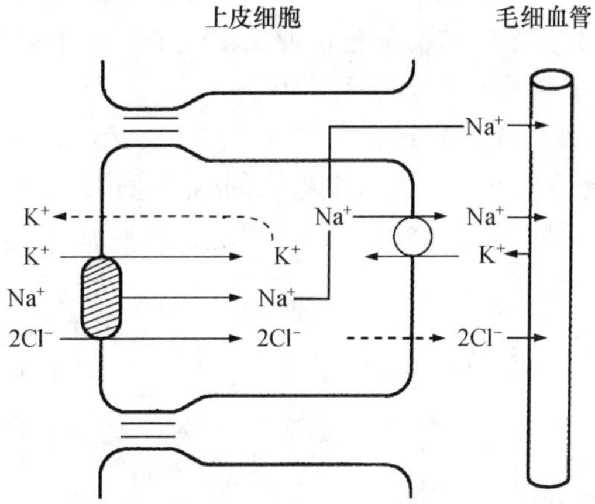

图 8-7　髓袢升支粗段转运 Na^+、K^+、Cl^- 示意图

▨为 Na^+、K^+、Cl^- 的同向转运载体；○钠泵

2．水的重吸收　小管各段中，除髓袢升支对水不通透外，其余各段都能重吸收。其中近端小管重吸收量最大，达 65% ～ 70%，髓袢 10% ～ 15%，远曲小管 10%，其余 10% ～ 15% 在集合管重吸收。

水的重吸收分为调节性重吸收和必然性重吸收两种。在远曲小管和集合管，水的重吸收属于调节性重吸收，远曲小管和集合管的上皮细胞对水的通透性受抗利尿激素的作用，根据机体是否缺少水分来进行调节。如大量出汗、严重腹泻、呕吐等情况下，机体缺乏水分，抗利尿激素分泌增加，水重吸收增加，尿量减少；而大量饮清水，抗利尿激素分泌减少，水重吸收减少，尿量增加。在肾小管其他段，特别是近端小管水的重吸收是伴溶质的重吸收而进行的，属于必然性重吸收，重吸收的量总是占原尿中水的 65% ～ 70%，与机体是否缺水无关。

3．HCO_3^- 和 Cl^- 的重吸收　小管液中的 HCO_3^-80% ～ 85% 在近端小管被重吸收，与上皮细胞的 Na^+-H^+ 交换耦联进行（图 8-8）。小管液中 HCO_3^- 不易通过管腔膜，它与分泌入小管液中的 H^+ 结合生成 H_2CO_3，H_2CO_3 再分解成 CO_2 和 H_2O。CO_2 以单纯扩散的方式进入小管上皮细胞，在碳酸酐酶的作用下，与细胞内的 H_2O 又生成 H_2CO_3，H_2CO_3 再解离成 H^+ 和 HCO^-_3。H^+ 通过 Na^+-H^+

交换分泌入肾小管腔内，HCO_3^- 与 Na^+ 一起吸收回血液。所以 HCO_3^- 的重吸收是以 CO_2 的形式进入小管上皮细胞。

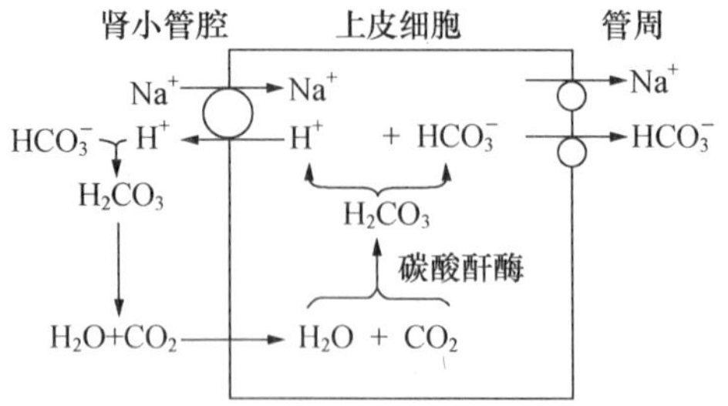

图 8-8　近端小管重吸收 HCO_3^- 和分泌 H^+ 示意图

65% ~ 70% 的 Cl^- 是在近端小管被动重吸收的。由于 Na^+ 的主动重吸收，造成小管内外之间的电位差，Cl^- 即顺管内外的电位差而被吸收。

4．K^+ 的重吸收　从肾小球滤过的 K^+ 约 67% 在近端小管被重吸收，髓袢约重吸收 20%。远曲小管和集合管重吸收的 K^+ 分别为 3% 和 9%。因此肾小球滤过的 K^+ 几乎全被肾小管和集合管重吸收。近端小管 K^+ 的重吸收是逆电 - 化学梯度进行的主动重吸收。终尿中的 K^+ 主要由远曲小管和集合管分泌，其分泌量的多少取决于体内血 K^+ 的浓度，受醛固酮的调节。

5．葡萄糖的重吸收　小管液中的葡萄糖在近端小管全部被重吸收。若小管液中的葡萄糖在近端小管没有完全被重吸收，终尿中会出现葡萄糖。

葡萄糖的重吸收属于继发性主动转运，是与 Na^+ 同向转运的，即葡萄糖、Na^+ 都与管腔膜上的同一转运载体结合而转运进入细胞。进入细胞内的 Na^+ 通过基底侧膜上的 Na^+ 泵移入组织液，葡萄糖即顺浓度差通过基底侧膜进入组织液，两者再进入血液循环（图 8-9）。

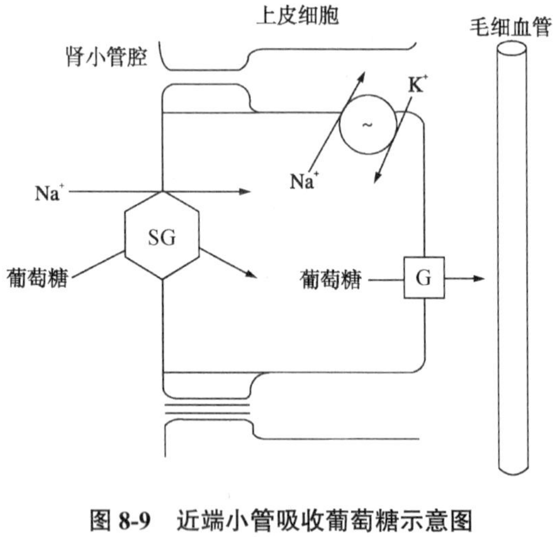

图 8-9　近端小管吸收葡萄糖示意图

SG. 钠依赖性葡萄糖转运体；G. 葡萄糖转运体

由于肾小管管腔膜上同向转运载体数量是有限的，所以肾小管对葡萄糖的重吸收有一定限度，当血糖浓度超过 8.88 ~ 10.00mmol/L 时，有一部分肾小管上皮细胞对葡萄糖的吸收已达极限，此时尿中即可出现葡萄糖。通常将尿中不出现葡萄糖时的最高血糖浓度称为肾糖阈（renal glucose threshold），一般为 8.88 ~ 10.00mmol/L。肾糖阈越高，说明肾小管对葡萄糖重吸收能力愈大，反之则愈小。

6．其他物质的重吸收　小管液中氨基酸、HPO_4^{2-}、SO_4^{2-} 的重吸收均为继发性主动重吸收，即与 Na^+ 经载体同向转运而重吸收。

（四）影响肾小管和集合管重吸收的因素

1．小管液中溶质浓度　小管液中溶质所形成的渗透压是对抗水重吸收的力量。小管液中溶质浓度升高，渗透压升高，水重吸收减少，引起尿量增加。这种由于小管液中溶质浓度增高所引起尿量增多的利尿方式，称渗透性利尿（osmotic diuresis）。临床上静脉大量注射甘露醇或山梨醇利尿消肿，是因为甘露醇、山梨醇可经肾小球滤过，而不被肾小管、集合管重吸收，从而提高了小管液中溶质的浓度，达到利尿的目的。糖尿病患者多尿是由于患者胰岛素分泌不足，葡萄糖不能被组织细胞充分利用，血糖浓度升高，超过了肾糖阈，使部分葡萄糖不能被重吸收，从而使小管液中溶质浓度升高所引起。

2．肾小球滤过率　无论肾小球滤过率增多或减少，近端小管对滤液的重吸收率始终占肾小球滤过率的 65% ～ 70%，这种现象称为球 - 管平衡。其生理意义是使终尿量不致因肾小球滤过率的增减而发生大幅度变动，从而保持尿量的相对稳定。球 - 管平衡现象与 Na^+ 在近端小管的定比重吸收有关，近端小管重吸收 Na^+ 的量始终占滤过量的 65% ～ 70%。

三、肾小管和集合管的分泌功能

在肾小管和集合管，小管上皮细胞将自身代谢所产生的物质或血液中的物质转运至小管液的过程称为分泌（secretion）。由肾小管、集合管分泌的物质主要有 H^+、K^+ 和 NH_3 等。

（一）H^+ 的分泌

近端小管、远端小管和集合管都能分泌 H^+，但分泌 H^+ 能力最强的是近端小管。小管液及管周组织液的 CO_2 可扩散入小管上皮细胞，细胞本身也产生 CO_2，CO_2 在碳酸酐酶的作用下，与细胞内的 H_2O 生成 H_2CO_3，H_2CO_3 再解离成 H^+ 和 HCO_3^-。HCO_3^- 与 Na^+ 一起吸收回血液。H^+ 通过 Na^+-H^+ 交换分泌入肾小管腔内（图 8-8）。肾小管上皮细胞每分泌 1 个 H^+，即有 1 个 $NaHCO_3$ 重吸收回血液，从而实现排酸保碱作用，这对维持机体酸碱平衡有重要意义。

（二）K^+ 的分泌

肾小球滤过的 K^+，基本上在肾小管全部被重吸收，尿液中的 K^+ 主要由远曲小管和集合管所分泌（图 8-10）。

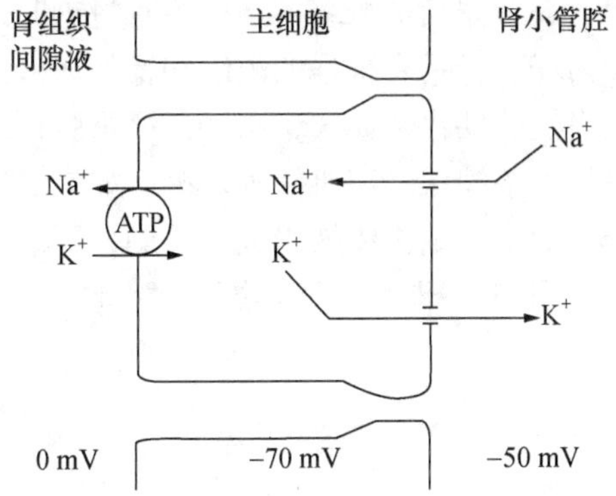

图 8-10　远曲小管和集合管分泌 K^+ 示意图

K^+ 分泌与 Na^+ 的重吸收是相耦联进行的，即为 K^+-Na^+ 交换（小管液中的 Na^+ 进入肾小管上皮细胞，肾小管上皮细胞内的 K^+ 分泌到小管液）。K^+ 的排泄具有“多吃多排，少吃少排，不吃也排”的特点，临床上对于 K^+ 摄入不足的患者应注意补 K^+，以防止低血 K^+ 的发生。

K^+-Na^+ 交换与 H^+-Na^+ 交换之间存在竞争抑制作用。临床上常见酸中毒伴有高血 K^+，是因为小管细胞内的碳酸酐酶活性增强，H^+ 生成量增加，导致 H^+-Na^+ 交换增加，K^+-Na^+ 交换减少。出现尿的酸度增加，K^+ 的排出量减少而导致血 K^+ 浓度增加；当机体高血 K^+ 时，又因 K^+-Na^+ 交换增加，而 H^+-Na^+ 交换减少，使 H^+ 在体内堆积而出现酸中毒。

（三）NH_3 的分泌

NH_3 主要由远曲小管和集合管分泌。酸中毒时，近端小管也可分泌 NH_3。NH_3 是小管上皮细胞的代谢产物，主要由谷氨酰胺脱氨生成，其次来自其他氨基酸。NH_3 属于脂溶性物质，容易向 pH 较低的小管液自由扩散。进入小管液后，NH_3 与远曲小管和集合管分泌的 H^+ 结合形成 NH_4^+，NH_4^+ 与强酸盐（如 NaCl）的负离子生成铵盐（NH_4Cl）随尿排出。而 Na^+ 与 H^+ 交换进入肾小管细胞，随后和进入细胞内的 HCO_3^- 一起被转运回血液（图 8-11）。

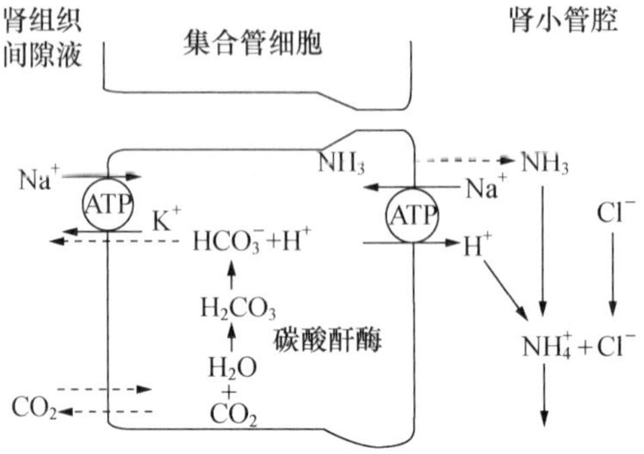

图 8-11　远曲小管和集合管分泌 NH_3 示意图

H^+ 的分泌可促进 NH_3 的分泌，铵盐的排出不仅有排酸的作用，而且能促进 $NaHCO_3$ 的重吸收，具有“排酸保碱”的作用。

第三节　尿液的浓缩和稀释

尿液的浓缩与稀释是尿液渗透压与血浆渗透压相比较而言。当机体缺水时，尿液渗透压明显高于血浆渗透压，称高渗尿，表示尿液被浓缩；当机体水过剩时，尿液渗透压明显低于血浆渗透压，称低渗尿，表示尿液被稀释。肾具有很强的浓缩和稀释尿液的功能，对维持机体的渗透压平衡、水平衡具有重要意义。当机体缺水，如大量出汗、严重腹泻或剧烈呕吐时，晶体渗透压升高，机体尽可能地保留水分，排出浓缩尿；当机体水过剩，如大量饮清水，晶体渗透压降低，尿液被稀释，以排出多余的水分。如果不论机体缺水或水过剩，尿液渗透压总是与血浆渗透压相等或相近，称等渗尿，表明肾的浓缩和稀释功能严重减退。因此，对尿液渗透压的测定，有利于了解肾对尿液的浓缩和稀释功能。

一、尿液的浓缩和稀释

尿液的浓缩和稀释过程主要在肾髓质内进行。肾皮质组织液的渗透压与血浆渗透压相等。肾髓质组织液是高渗的，其渗透压高于血浆渗透压，而且从外髓质到内髓质，越向乳头部深入，渗透压越高，具有明显的高渗透压梯度。

尿浓缩和稀释过程主要在远曲小管和集合管中进行，受抗利尿激素（ADH）的调节。

（一）尿液的浓缩

当机体缺水时，ADH 释放增加，使远曲小管、集合管对水的通透性增加。当小管液流经远曲小管和集合管时，由于髓质高渗梯度的存在，其中水分不断进入组织液被重吸收，小管液的溶质浓度不断升高，小管液变为高渗，尿液被浓缩，尿量减少。

（二）尿液的稀释

当机体水过剩时，ADH释放减少，远曲小管、集合管对水的通透性降低，水重吸收减少，而远曲小管、集合管仍继续主动重吸收NaCl，小管液渗透压不断降低，尿液被稀释，尿量增加。

知识链接

尿崩症

尿崩症分为中枢性尿崩症和肾性尿崩症两种。其特点是多尿、烦渴、低比重尿和低渗尿。前者因头部感染、缺血、损伤导致下丘脑分泌或神经垂体释放抗利尿激素不足，使远曲小管和集合管吸收水分减少而产生大量稀释尿；后者因肾疾病导致不能维持肾髓质高渗梯度或抗利尿激素不能正常调节远曲小管和集合管对水的重吸收，而产生大量稀释尿。

二、尿液浓缩的基础——肾髓质高渗梯度

（一）肾髓质高渗梯度的形成机制

肾髓质高渗梯度的形成与肾小管各段的不同生理特性有关（图8-12）。

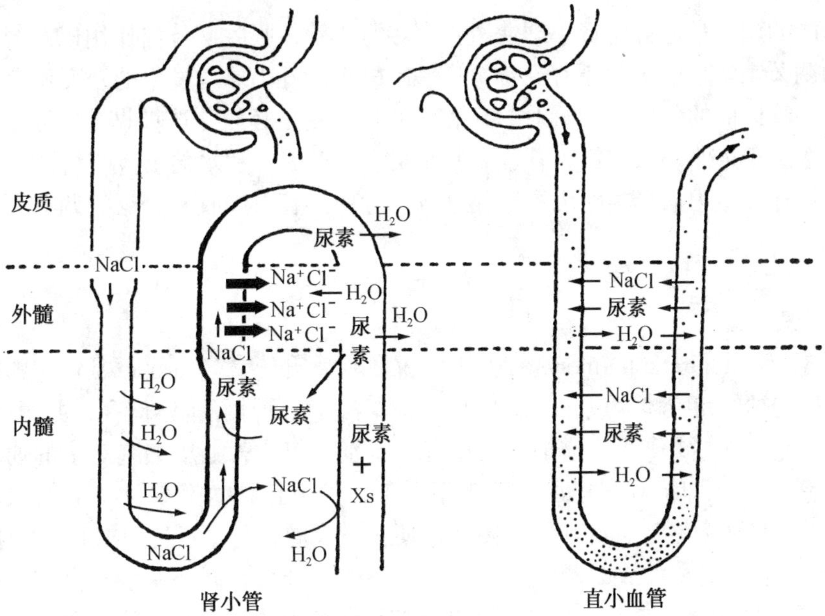

图8-12 肾髓质高渗梯度的形成和保持机制示意图

1．内髓部高渗梯度的形成 与髓袢升支细段对NaCl被动扩散和尿素再循环有关。

远曲小管、皮质部和外髓部的集合管对尿素不通透，但集合管对水易通透，在抗利尿激素的作用下水被重吸收，小管液中的尿素浓度逐渐增大。而内髓部的集合管对尿素易通透，尿素顺浓度差进入内髓部组织液，导致内髓部组织液渗透压升高。髓袢升支细段对尿素易通透，内髓部组织液中的尿素顺浓度差扩散进入升支细段，经远端小管、皮质部和外髓部集合管到达内髓部集合管，再扩散至内髓部组织液，形成尿素的再循环。尿素的再循环使尿素滞留在内髓部组织液，有利于内髓部高渗梯度的形成。

髓袢降支细段、髓袢升支细段和集合管位于内髓部。其中髓袢降支细段对NaCl不通透，对水易通透，小管液中的水分不断进入周围组织液，使降支细段中NaCl不断被浓缩，至髓袢顶端时，小管液中 NaCl 浓度最高。髓袢升支细段对 NaCl 易通透，对水不通透，NaCl 顺浓度差经小管上皮细胞被动扩散进入内髓组织液，使内髓部渗透压升高，并且越靠近乳头部，渗透压越高。

2．外髓部高渗梯度的形成　与髓袢升支粗段主动重吸收 NaCl 有关。

髓袢升支粗段位于外髓部，对水不通透，但能主动重吸收 Na^+ 和 Cl^-。随着 NaCl 的主动重吸收，髓袢升支粗段管周组织液的渗透压逐渐升高，形成外髓部的高渗梯度。

（二）髓质高渗梯度的保持——直小血管的逆流交换作用

直小血管与髓袢伴行，呈“U”字形。血液沿直小血管降支下行时，因肾髓质组织液是高渗的，周围组织液中 NaCl 和尿素浓度高于直小血管中的浓度，于是 NaCl 和尿素顺浓度差进入直小血管，直小血管中的水渗出到组织液中。越渗入内髓层，直小血管中的 NaCl 和尿素浓度越高，至折返处浓度最高。当血液沿升支上行时，直小血管中的 NaCl 和尿素浓度高于同一水平的组织液，于是直小血管中的 NaCl 和尿素顺浓度差扩散至组织液，水从组织液又重渗入直小血管。这样 NaCl 和尿素在直小血管的降支和升支之间循环，通过直小血管的这种逆流交换作用，带走多余的水分，保持肾髓质的高渗梯度。

第四节　尿生成的调节

肾泌尿功能的调节是通过对肾小球滤过作用和肾小管重吸收、分泌作用以及肾对尿液的浓缩和稀释作用的调节来实现的。由于存在球 - 管平衡机制，肾小球滤过率的改变不会大幅度地改变尿量，而远曲小管以前的各段肾小管对 Na^+ 和水的重吸收是必然性重吸收，对尿量影响不大。尿量的多少主要取决于远曲小管和集合管，尤其是集合管对 Na^+ 和水的重吸收量。

本节主要论述体液因素、神经因素对集合管和远曲小管重吸收和分泌的调节。

一、体液调节

（一）抗利尿激素

抗利尿激素（antidiuretic hormone，ADH），又称血管升压素（vasopressin，VP），由下丘脑的视上核和室旁核的神经元胞体合成，经下丘脑 - 垂体束运输到神经垂体储存，并由此释放入血液。

1．抗利尿激素的主要作用　增加远曲小管，特别是集合管上皮细胞对水的通透性，使水重吸收增加，尿量减少，即抗利尿作用。病理情况下，如下丘脑病变累及视上核和室旁核或下丘脑 - 垂体束时，抗利尿激素的合成和释放障碍，使尿量大增，每日可达 10L 以上，称为尿崩症。

2．抗利尿激素分泌和释放的调节　血浆晶体渗透压升高、循环血量减少和血压下降，均可刺激抗利尿激素分泌和释放增加。反之，则抑制抗利尿激素的分泌和释放（图 8-13）。

（1）血浆晶体渗透压：下丘脑视上核及其周围区域存在渗透压感受器，对血浆晶体渗透压的改变非常敏感。当机体大量出汗、严重呕吐或腹泻时，失水多于失钠，使血浆晶体渗透压升高，刺激渗透压感受器，ADH 释放增加，使肾对水重吸收增加，尿量减少，有利于纠正失水造成的血浆晶体渗透压升高。而大量饮清水，血浆晶体渗透下降，对渗透压感受器的刺激减弱，抗利尿激素合成、释放减少，肾对水的重吸收减少，从肾排出大量多余水分，尿量增多，有利于血浆晶体渗透压恢复。这种大量饮入清水引起尿量增多的现象称水利尿（water diuresis）。

（2）循环血量：左心房和胸腔大静脉中有容量感受器，循环血量的变化可作用于容量感受器，经迷走神经传入中枢，反射性调节抗利尿激素的释放。机体大失血，循环血量减少 5% 以上时，对容量感受器刺激减弱，同时心输出量减少，血压降低，对颈动脉窦压力感受器的刺激减弱，两者经迷走神经传入冲动减少，抗利尿激素释放增加，水重吸收量增加，有利于循环血量恢复。反之，当循环血量增加如静脉大量输液时，对容量感受器的刺激增强，同时心输出量增多，血压升高，对颈动脉窦压力感受器的刺激增强，两者经迷走神经传入冲动增多，导致抗利尿激素释放减少，肾对水的重吸收减少，尿量增加，使循环血量下降。

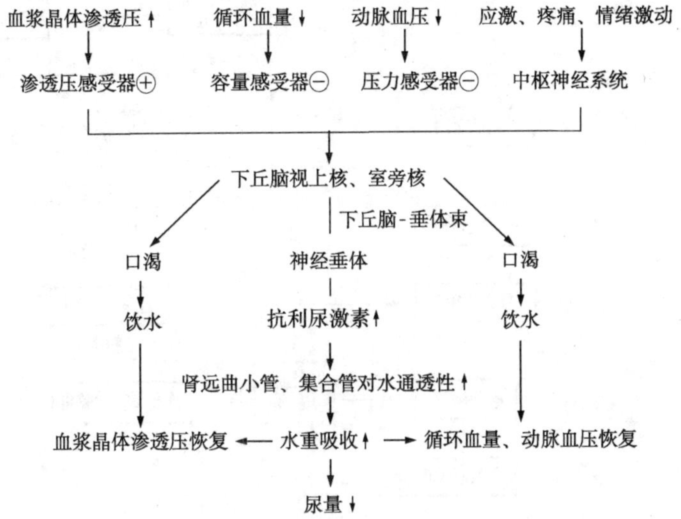

图 8-13　抗利尿激素分泌调节示意图

⊕兴奋；⊖抑制

（二）醛固酮

醛固酮由肾上腺皮质球状带合成和分泌。

1．醛固酮的作用　主要是促进远曲小管和集合管对 Na^+ 的重吸收，同时促进 K^+ 的排出，即有保 Na^+ 排 K^+ 的作用。在保 Na^+ 的同时，Cl^- 和水的重吸收也增加，细胞外液量增加。

2．醛固酮分泌的调节　醛固酮的分泌主要受肾素 - 血管紧张素 - 醛固酮系统及血 Na^+、血 K^+ 浓度的调节。

（1）肾素 - 血管紧张素 - 醛固酮系统：肾素由肾球旁细胞分泌，受多种因素的调节：①当动脉血压降低，循环血量减少时，入球小动脉的压力降低，对动脉壁的牵张刺激减弱，激活牵张感受器，使肾素分泌增加。动脉血压若降低到 80mmHg 以下，肾血流量和肾小球滤过率也降低，使滤液中 Na^+ 减少，激活致密斑化学感受器，也使肾素释放增加。②交感神经兴奋及儿茶酚胺类激素释放均促进肾素的释放。

肾素能将血浆中的血管紧张素原水解为血管紧张素Ⅰ。血管紧张素Ⅰ可刺激肾上腺髓质分泌肾上腺素。血管紧张素Ⅰ在血液和组织中的血管紧张素转换酶的作用下，生成血管紧张素Ⅱ。血管紧张素Ⅱ有较强的缩血管作用，并能刺激肾上腺皮质球状带分泌醛固酮。血管紧张素Ⅱ在氨基肽酶的作用下水解为血管紧张素Ⅲ。血管紧张素Ⅲ主要刺激肾上腺皮质球状带分泌醛固酮（图 8-14）。

（2）血 Na^+、血 K^+ 浓度：血 Na^+ 浓度下降和血 K^+ 浓度升高，均可刺激肾上腺皮质球状带分泌醛固酮。

（三）心房钠尿肽

心房钠尿肽由心房肌合成和释放，具有明显的促进肾 NaCl 和水的排出作用。当心房壁受牵拉时，如血量过多、中心静脉压过高、头低足高位和身体浸入水中时，心房钠尿肽分泌增加。

二、神经调节

肾主要受交感神经支配。肾交感神经兴奋，节后纤维末梢释放去甲肾上腺素，使入球小动

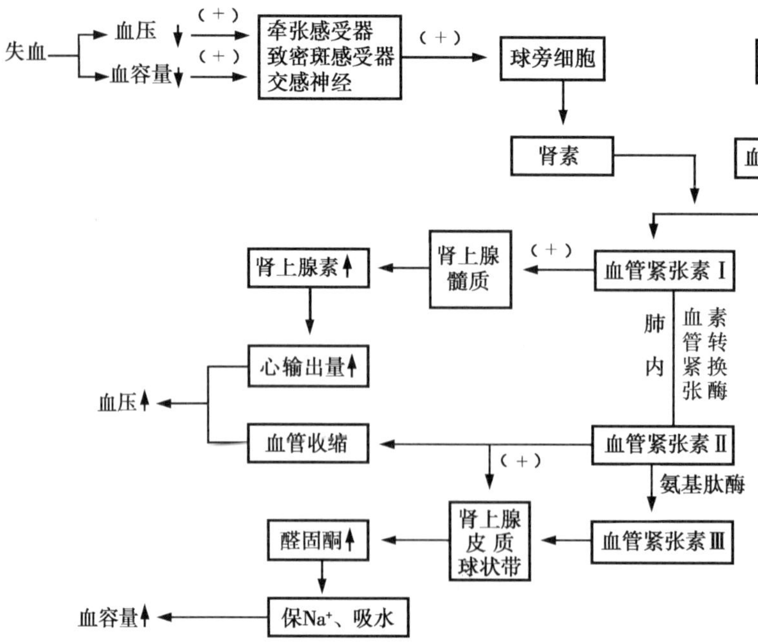

图 8-14 肾素 - 血管紧张素 - 醛固酮系统示意图

脉、出球小动脉收缩，但前者收缩的程度大于后者，使肾血流量减少，肾小球滤过率降低；肾素分泌增多，通过肾素 - 血管紧张素 - 醛固酮系统的调节，使 Na^+ 和水的重吸收增加，尿量减少。但正常人在安静状态下，肾交感神经的紧张性很低，对肾血流量无明显影响。只有在机体大量失血、腹泻、呕吐等情况下体液大量丢失时，肾交感神经对尿液的生成具有一定的调节作用。

第五节 尿液及其排放

一、尿液

（一）尿量

正常成人每昼夜尿量为 1000 ～ 2000ml，平均为 1500ml。尿量的多少与水摄入量和经其他途径所排出的液体量有关。病理情况下，每昼夜尿量如长期超过 2500ml，为多尿。多尿会导致机体脱水，水、电解质代谢紊乱。每昼夜尿量在 100 ～ 500ml 之间，为少尿。每昼夜尿量少于 100ml，为无尿。少尿和无尿会使代谢产物在体内积蓄，导致尿毒症。

（二）尿的成分和理化性质

尿中 95% ～ 97% 是水，其余是电解质和非蛋白含氮化合物。正常尿液中糖和蛋白质的含量很少，临床常规方法不能将其测出。

正常尿液为淡黄色，比重为 1.015 ～ 1.025。大量饮清水后，尿液被稀释，尿量增加，尿液颜色变浅，比重和渗透压都降低；反之，机体缺水时，尿液被浓缩，尿量减少，尿液颜色变深，比重和渗透压都升高。尿液的 pH 为 5.0 ～ 7.0。尿液的颜色和酸碱度受食物、药物的影响。

二、排尿反射

尿生成是一个连续过程。尿液由集合管、肾盂经输尿管进入膀胱储存。而排尿是间歇性的，当膀胱内储存的尿液达一定量时，才能引起反射性排尿，将尿液经尿道排出体外。

膀胱逼尿肌与尿道内、外括约肌由三组神经支配：①盆神经：兴奋时可使逼尿肌收缩，尿道内括约肌松弛，促进排尿。②腹下神经：兴奋时可使逼尿肌松弛，尿道内括约肌收缩，抑制排尿。③阴部神经：兴奋时可使尿道外括约肌收缩，阻止排尿。

排尿活动是一种反射活动。当膀胱内尿量达 0.4 ～ 0.5L、膀胱内压达 7.5mmHg 时，膀胱壁上的牵张感受器受到刺激而兴奋，冲动沿盆神经传入骶髓的初级排尿中枢，同时冲动上传至大脑皮质的高级排尿中枢，产生尿意。如条件许可，高级排尿中枢加强初级排尿中枢的兴奋。如条件不许可，则抑制初级排尿中枢的活动。排尿反射进行时，骶髓初级排尿中枢发出的冲动沿盆神经传出，引起膀胱逼尿肌收缩，尿道内括约肌松弛，同时，阴部神经抑制，尿道外括约肌舒张使尿液进入尿道。进入尿道的尿液刺激尿道壁上的感受器，冲动沿盆神经传至骶髓初级排尿中枢，使排尿反射加强。这是一种正反馈过程，可以使排尿反射一再加强，直到尿液排完为止（图 8-15）。

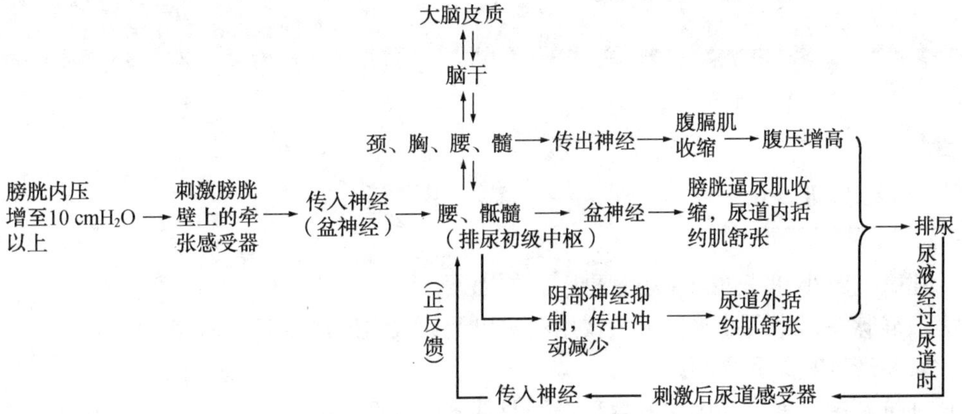

图 8-15　排尿反射过程示意图

三、排尿异常

骶髓初级排尿反射中枢与高位中枢失去联系，或排尿反射的反射弧中任何一个环节受损，都将导致排尿异常。

临床上常见的排尿异常包括尿失禁、尿潴留和尿频。尿失禁是指脊髓受损，骶髓初级排尿反射中枢与大脑皮质失去功能联系时，排尿失去意识控制。尿潴留是指膀胱内尿液充盈过多而不能排出，多因腰骶部脊髓损伤使初级排尿反射中枢的活动发生了障碍所致。尿频是指排尿次数过多，主要是膀胱炎症或膀胱结石刺激所致。

本章小结

1．肾是最重要的排泄器官，具有排泄、维持内环境相对稳定和内分泌的功能。

2．肾血流量的调节包括神经调节、体液调节和自身调节三种方式。安静状态时主要通过自身调节使肾血流量保持相对稳定。

3．尿生成的基本过程包括肾小球的滤过、肾小管和集合管的重吸收和分泌作用三个环节。有效滤过压是肾小球滤过的动力。影响肾小球滤过的因素主要有滤

本章小结

过膜的面积和通透性、有效滤过压和肾血浆流量。肾小管各段和集合管都具有重吸收功能，近端小管是各类物质重吸收的主要部位。肾小管和集合管上皮细胞主要分泌 H^+、NH_3 和 K^+。

4．尿液的浓缩和稀释关键取决于肾髓质渗透梯度的形成、维持以及血液中 ADH 的浓度。

5．尿生成的调节包括体液调节、神经调节和肾内自身调节。远曲小管和集合管对 Na^+ 和水的重吸收，主要受抗利尿激素和醛固酮的调节。

6．排尿反射的初级中枢在骶髓。

思考题

1．简述影响肾小球滤过、肾小管重吸收的因素。

2．大量静脉注射生理盐水、大量饮用清水以及大失血时尿量各有何变化？为什么？

3．比较渗透性利尿和水利尿。

4．试述抗利尿激素、醛固酮的生理作用及其分泌的调节。

5．HCO_3^- 重吸收和 H^+ 分泌之间有何内在关系？

（舒安利）

第九章 感觉器官

学习目标

通过本章内容的学习，学生应能：

1. 掌握感受器的一般生理特性，眼的调节，瞳孔对光反射的临床意义，视网膜的感光换能功能，鼓膜和中耳听骨链的增压效应，耳蜗的感觉功能。
2. 熟悉色觉和色觉异常，暗适应和明适应，眼的折光异常和矫正方法；声波的传导途径，平衡觉的产生过程。
3. 了解感受器、简化眼、近点、视敏度、视野的概念；眼的折光成像原理；瞳孔近反射和瞳孔对光反射；视网膜与耳蜗的生物电现象；人耳的听阈、听域和声音强度的表示方法。

人对客观事物的认识是从感觉开始的。感觉（sensation）是客观事物作用于感受器官，经过神经系统的信息加工所产生的对该刺激物个别属性的反映。人类生活的外界环境和机体的内在环境经常处于变化之中，这些内、外环境的变化，只有通过机体的感受器或感觉器官感受后，转变为相应的神经冲动，沿一定的神经传导通路到达大脑皮质的特定部位，才能产生相应的感觉。由此可见，感觉是由感受器或感觉器官、神经传入通路和感觉中枢三部分共同作用的结果。

第一节 概 述

一、感受器与感觉器官的定义

感受器（receptor）是指分布在体表或组织内部的专门感受机体内、外环境变化的结构或装置。感受器的种类很多，结构形式多种多样。有的是外周感觉神经末梢，如与痛觉感受有关的游离神经末梢；有的是在裸露的神经末梢周围再包绕一些由结缔组织构成的被膜样结构，如与触、压觉有关的环层小体和触觉小体等。另外，体内还存在着一些在结构和功能上都高度分化了的感受细胞，如视网膜中的视锥细胞和视杆细胞、耳蜗中的毛细胞等。

机体的感受器种类很多，形态和功能各异，分类方法也不相同。有接触外界环境位于皮肤内的痛觉、温度觉、触觉的感受器；有位于内脏和血管壁内的感受器；有的接受物理刺激，如接受光波的视觉感受器、接受声波刺激的听觉感受器；有接受化学刺激的感受器，如嗅觉感受器、味觉感受器。

根据感受器所在的部位、接受刺激的来源将其分为三类：①内感受器：分布于身体内部的器官或组织中，如颈动脉窦和主动脉弓压力感受器、肺牵张感受器等，其特点是冲动传入中枢后，往往不引起主观意识上的感觉，只能产生模糊的感觉。②外感受器：分布在皮肤、黏膜、视器和听器等处，感受机体外环境变化的信息，如痛、温、触、压、光波和声波等物理刺激和化学刺激。其特点是冲动传入中枢后，能产生清晰的主观感觉。外感受器对人类认识客观世界和适应外环境具有重要意义。③本体感受器：分布在肌、肌腱、关节和内耳的位觉器等处，接受机体运动和平衡变化时所产生的刺激。

感觉器官（sense organ）由感受器及其非神经附属结构组成。如视觉器官，除含有感光细胞外，还包括眼球壁的一些其他结构和眼球的内容物等。在感觉器官中，由于附属结构的存在，可使其感觉功能更加灵活和完善。附属结构还可对感受器细胞起到支持、营养和保护作用。人体内的主要感觉器官有视觉器官、听觉器官、前庭器官、嗅觉器官和味觉器官等。

二、感受器的一般生理特征

感受器的种类很多，功能也各不相同，但是都具有下列一些共同的生理特征：

（一）感受器的适宜刺激

一种感受器通常只对某种特定形式的能量变化最敏感，这种形式的刺激称为该感受器的适宜刺激（adequate stimulus）。适宜刺激只需要极小的强度就能引起相应的感觉。如一定波长的光波是视网膜中视锥细胞和视杆细胞的适宜刺激，一定频率的声波是耳蜗中毛细胞的适宜刺激。适宜刺激作用于感受器，必须达到一定的刺激强度和作用时间，才能引起某种相应的感觉。此外，感受器对于一些非适宜刺激也可起反应，只是需要的刺激强度一般要比适宜刺激大得多。这一特性是由于动物在长期进化过程中逐步形成的结果，其意义是有利于机体对内、外环境的各种变化进行灵敏的感受和精确的分析。

（二）感受器的换能作用

各种感受器能将感受到的刺激能量转换成生物电信号，并以神经纤维上动作电位的形式传入中枢，这种作用称为感受器的换能作用（transducer function）。所以，感受器是一种生物换能器。在换能过程中，一般在把刺激能量转变为传入神经的动作电位之前，先在感受器细胞（或感觉神经末梢）出现过渡性电位变化，称为感受器电位（receptor potential）或发生器电位（generator potential）。感受器电位与终板电位一样，具有局部电位的特点：能以电紧张的形式向周围短距离扩布，可以发生时间总和及空间总和。刺激强度增大时，感受器电位也随之增大，当达到阈电位水平时，即可在传入神经上引发动作电位。

（三）感受器的编码作用

感受器把外界刺激转换成神经动作电位时，不仅发生了能量形式的转换，而且把刺激所包含的环境变化的信息，也转移到动作电位的序列和组合之中，这一作用称为感受器的编码作用（coding）。在同一感觉系统或感觉类型的范围内，不同强度的刺激作用于感受器时，是通过单一传入神经纤维动作电位的频率高低和参加这个信息传输的神经纤维数目多少来编码。因此，刺激强度不同，所引起的感觉程度也不同。不同性质的刺激作用于不同的感受器后，产生不同的感觉和反应，则是取决于传入冲动最终所达到的高级中枢部位。

（四）感受器的适应现象

当某一恒定强度的刺激连续作用于一个感受器时，虽然刺激在持续作用，但传入神经纤维上动作电位的频率却逐渐下降，主观感觉也随之减弱，这种现象称为感受器的适应现象（adaptation）。

适应是所有感受器的共同功能特点，适应的速度可因感受器的类型不同有很大的差异。有的感受器的适应过程发展较慢，称为慢适应感受器，如肌梭、颈动脉窦压力感受器、痛觉感受器等。慢适应过程有利于机体对某些功能状态进行长时间持续的监测，并根据其变化随时调整机体的功能。有的感受器较快出现适应现象，称为快适应感受器，如触觉、嗅觉感受器。快适应感受器对于刺激的变化十分敏感，它有利于机体探索新异的刺激物，有利于中枢接受新的信息。

第二节 视觉器官

视觉功能是通过视觉器官、视神经和视觉中枢三部分共同活动完成的。引起视觉的外周感觉器官是眼，它是由折光系统和感光系统两部分组成，折光系统的功能是将外界射入眼内的光线经过折射后，能在视网膜上形成清晰的物像；感光系统的功能是将物像的光刺激转变成生物电变化，然后产生神经冲动，由视神经传入中枢产生视觉。人眼的适宜刺激是波长为 370 ~ 740nm 的光波。它可以使人对外界的事物产生形态与色彩等方面的感觉。研究表明，在人脑获得的全部信息中，至少有 70% 以上来自视觉系统，因此，眼是人体最重要的感觉器官。

人眼的基本结构见图 9-1。眼内与视觉传入信息产生直接有关的结构是位于眼球正中线上的折光系统和位于眼球后部的视网膜。

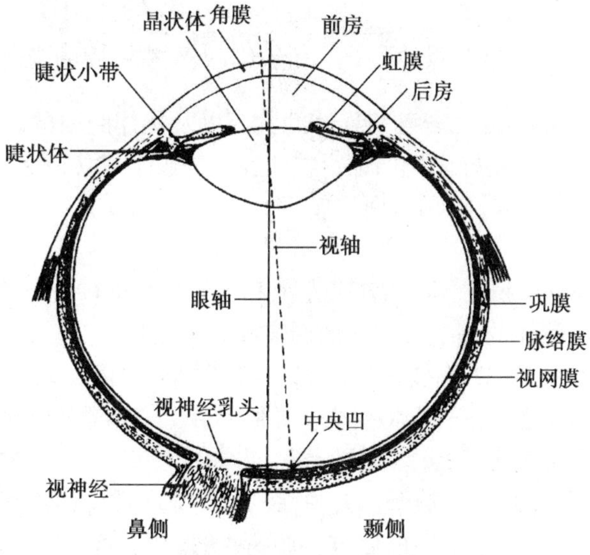

图 9-1 右眼球的水平切面

一、眼的折光与成像

（一）眼的折射成像与简化眼

眼的折光系统（refractive system）是一个复杂的光学系统，它是由角膜、房水、晶状体、玻璃体构成，并且它们的曲率半径和折光系数也不一致。所以，外界物体发出的光线通过眼要经过多次折射，才能成像在视网膜上。晶状体在眼的折光系统中起着重要作用，因为晶状体的曲率半径可以随机体视物距离的远近而改变。

眼的成像原理与物理学上凸透镜成像原理基本相似，但眼对光的折射情况要比单片凸透镜复杂得多，因为它的折光体不止一个，而是由四种折光体共同构成的一个折光系统，并且各个折光体的曲率半径和折光系数也不相同。为了便于理解和应用，通常用简化眼模型来描述折光系统的成像功能。

简化眼（reduced eye）（图 9-2）是一种假想的人工模型，假设眼球由一个单球面折光体构成，其前后径为 20mm，折光率为 1.33，外界光线由空气进入眼内时，只在角膜表面发生一次折射，角膜的曲率半径为 5mm，节点在球形界面后 5mm 的位置，后主焦点在节点后 15mm 处，正好是简化眼的后极，相当于视网膜的位置。这个模型和正常安静时的人眼一样，正好能使平行光线聚焦于视网膜上，形成一个清晰的物像。

利用简化眼可以方便地计算出不同远近的物体在视网膜上成像的大小，如图 9-2 所示，ΔAnB 和 Δanb 是具有对顶角的两个相似三角形，因此可以用下式表示：

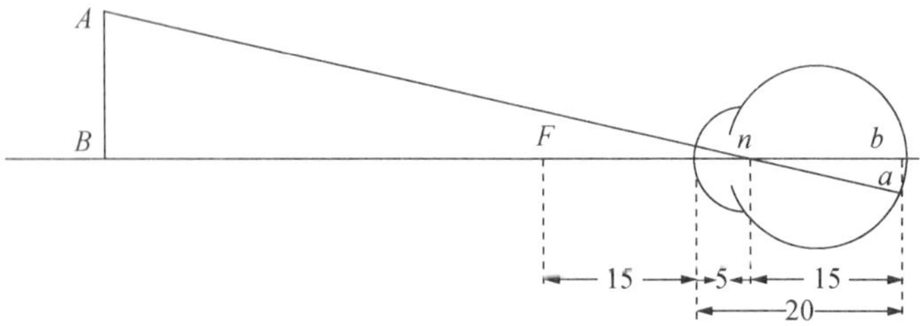

图 9-2　简化眼及其成像示意图

n 为节点，ΔAnB 和 Δanb 是两个相似三角形，如果物距为已知，就可以由物体大小算出物像的大小，也可算出两三角形对顶角（即视角）的大小。图中数字单位为 mm

$$\frac{AB\text{（物体的大小）}}{Bn\text{（物体至节点的距）}}=\frac{ab\text{（物像的大小）}}{nb\text{（节点至视网膜的距离）}}$$

式中 nb 为 15mm，固定不变，若已知物体的大小以及物体距眼的距离，就可以计算出视网膜上物像的大小。正常人眼在良好的光照下，物体在视网膜上成像的大小，一般不能小于 5μm，这相当于视网膜中央凹处一个视锥细胞的平均直径。

（二）眼的调节

正常情况下，眼可根据所视物体的大小、距离和明暗情况进行适当的调节，从而看清楚所看的物像。眼的调节包括晶状体的调节、瞳孔的调节和眼球会聚，这三种调节方式是同时进行的，其中以晶状体的调节最为重要。如当物体从 6m 以外移向 6m 以内，入眼的光线由平行变为辐散，经折射后物像必然在视网膜之后，视觉将变模糊。但实际上，随着物体的移近，眼发生了一系列的活动，使物体仍能成像在视网膜上。

1．晶状体调节　晶状体是一个透明、有弹性、形似双凸透镜的组织，其四周通过睫状小带（悬韧带）附着于睫状体上，位于虹膜的后方、玻璃体的前方。它通过晶状体囊膜吸收房水中的营养物质并排出代谢产物。如果房水成分或晶状体膜的渗透性发生变化，或某种因素影响到它的新陈代谢过程，都可引起晶状体蛋白变性、浑浊而形成白内障。

当看远物时，睫状肌处于松弛状态，睫状小带拉紧，晶状体呈扁平状，远物的平行光线进过折射后正好聚焦在视网膜上，眼不需要调节。当看近物时，视网膜上模糊物像的信息传到皮质视觉中枢后，可反射性引起动眼神经中的副交感纤维兴奋，使睫状体中的环形肌收缩，从而睫状小带放松，晶状体因自身的弹性而向前后变凸（以前凸较为明显），折光能力增加，使辐散的光线聚焦前移，将物像前移于视网膜上（图 9-3）。因此，实际上晶状体的调节是指眼视近物（6m 以内）时，晶状体变凸的反射活动，它可以增加折光系统的折光能力，使近物在视网膜上形成清晰的物像。由于睫状肌和环形肌都受副交感神经支配，其递质为乙酰胆碱，所以临床上做某些眼科检查时，常用副交感神经受体阻断剂阿托品滴眼以达到放大瞳孔的目的。

晶状体的调节能力主要取决于晶状体的弹性，其弹性越强，变凸的能力就越强，所能看清物体的距离就越近。晶状体的调节能力可用近点来反映，近点（near of vision）是指眼作最大程度的调节时所能看清最近物体的距离。正常眼的近点越近，调节能力越大，说明其晶体状的弹性越好。晶状体的弹性随着年龄的增长而减弱，近点也因此而变远。如 8 岁左右的儿童近点平均约为

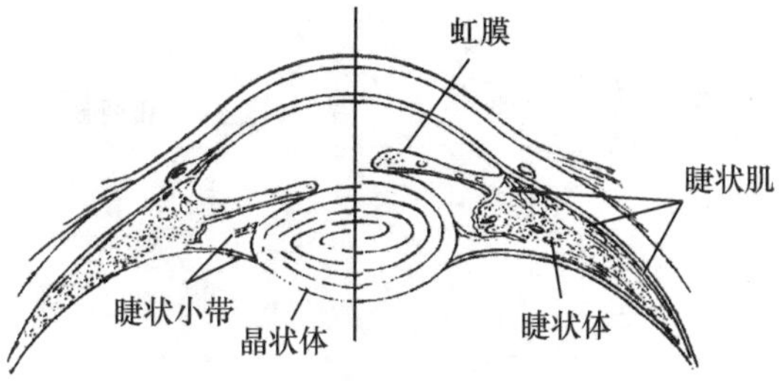

图 9-3 视近物时睫状体位置和晶状体形态的改变

8.6cm，20 岁左右的青年人近点平均约为 10.4cm，60 岁时近点增大到 83.3cm。这说明晶状体的弹性和调节能力随着年龄的增加而逐渐减弱。一般人在 40 岁以后晶状体的弹性明显减弱，看近处物体时因眼的调节能力不够而视物不清，称为老视（persbyopia）（俗称老花眼）。老年人看近物时可戴适当的凸透镜进行矫正。

2．瞳孔调节 在生理状态下，瞳孔的大小可随视物距离和光线强弱而改变。正常人瞳孔的直径可在 1.5 ~ 8.0mm 之间变动，瞳孔的调节是指改变瞳孔的大小而进行的一种调节方式。瞳孔的调节包括瞳孔近反射和瞳孔对光反射两种。

（1）瞳孔近反射：人眼视近物时发生的反射性瞳孔缩小，称为瞳孔近反射（near reflex of the pupil），也称瞳孔调节反射（pupil accommodation reflex）。其生理意义是减少进入眼内的光线量和减少折光系统的球面像差和色像差，使视网膜上形成清晰的物像。

（2）瞳孔对光反射：人眼在强光下瞳孔缩小，在弱光下瞳孔扩大，瞳孔这种随着光照强弱而改变大小的现象称为瞳孔对光反射（pupil light reflex）。瞳孔对光反射的过程是，当强光照射到视网膜时，产生的神经冲动经视神经传入对光反射中枢，再经动眼神经中的副交感纤维传出，使瞳孔括约肌收缩，使瞳孔缩小。瞳孔对光反射具有双侧效应，即当光照一侧瞳孔时，两侧瞳孔同时缩小，称为互感性对光反射（consensual light reflex）。瞳孔对光反射的生理意义在于随着所视物体的明亮程度，改变瞳孔的大小，调节进入眼内的光线，使视网膜上的物像保持适宜的亮度，以便既可以在光线弱时能看清物体，又可以在光线强时不至受到损伤。瞳孔对光反射的中枢在中脑的顶盖前区，反应灵敏，便于检查，临床上检查瞳孔对光反射，有助于判断中枢神经系统病变的部位、全身麻醉的深浅度及病情危重程度等。

3．眼球会聚 当双眼注视近物时，可反射性地发生两眼球同时向鼻侧会聚的现象，称为眼球会聚。眼球会聚是由两眼球的内直肌反射性收缩完成的，是一种反射活动，也称辐辏反射，受动眼神经中的躯体运动纤维支配。其生理意义是可使双眼看近物时所形成的物像位于两眼视网膜的对称点上，从而产生清晰的单一视觉，避免形成复视。

（三）眼的折光异常

正常人眼在看远物时，折光系统不需要进行调节就可以使来自远处的平行光线聚焦在视网膜上；看近物时，如果物体离眼睛的距离不小于近点，经过调节，眼也可看清楚 6m 以内的近物，该种眼称为正视眼（emmetropia）。若眼的折光能力异常或眼球的形态异常，在安静状态下不能使平行光线聚焦在视网膜上，则称为非正视眼或屈光不正。常见的有近视眼、远视眼和散光三种（图 9-4）。其主要原因和矫正方法见表 9-1。

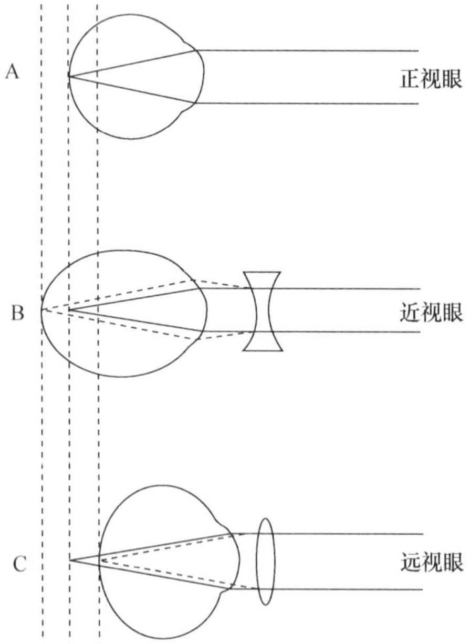

图 9-4　眼的折光异常及其矫正

表 9-1　眼的三种折光异常比较

	近视	远视	散光
产生原因	眼球前后径过长或折光系统折光能力过强	眼球前后径过短或折光系统折光能力过弱	多由角膜表面不呈正球面所致，即角膜表面不同方位的曲率半径不相等
物体成像	视网膜前	视网膜后	不能聚焦
视物特点	视远物不清	不论看近物还是远物都需要进行调节，故容易发生视疲劳	光线不能聚焦在视网膜上，造成视物不清或物像变形
矫正措施	适宜的凹透镜	适宜的凸透镜	适宜的柱面镜

1．近视眼　近视眼（myopia）是由于眼球前后径过长（轴性近视）或由于折光系统的折光能力过强（屈光性近视），致使远物发出的平行光线聚焦在视网膜之前，此后光线分散，到视网膜时形成扩散光点，以致形成模糊的图像。但近点移近，看近物时无须或轻微调节，就可以在视网膜上聚焦成像。少数高度近视与遗传有关，多数近视主要是不良用眼习惯造成的。长时间近距离读写、做作业、看电视，照明不良，字小不清，姿势不正等，可使睫状肌持续紧张收缩，造成眼球由于眼内压及眼外肌的压迫向后扩张，前后径变长，形成近视。纠正不良用眼习惯，劳逸结合，增强体质，注意营养，做眼保健操等，是预防近视的有效办法。对确诊的真性近视，矫正方法是配戴合适的凹透镜，以能矫正视力的最低度数为宜。

2．远视眼　远视眼（hyperopia）是由于眼球前后径过短（轴性远视）或折光系统的折光能力过弱所致。新生儿的眼轴往往过短，多呈远视，在发育过程中眼轴逐渐变长，一般至 6 岁成为正视眼。在远视眼，来自远物的平行光线聚焦在视网膜的后方，因而不能清晰地成像于视网膜上。远视眼的特点是在看远物时就需进行调节，看近物时，则需要做更大程度的调节才能看清物体，因此，远视眼的近点比正视眼远。由于远视眼不论看近物还是看远物都需要进行调节，故易发生调节疲劳，尤其是进行近距离作业或长时间阅读时可因调节疲劳而产生头痛。矫正远视眼的方法是配戴合适的凸透镜。

3．散光　正常人眼的角膜表面呈正球面，球面上各个方向的曲率半径都相等，因而到达角膜表面各个点上的平行光线经折射后均能聚焦于视网膜上。散光（astigmatism）多由角膜表面不呈正球面所致，即角膜表面不同方位的曲率半径不相等，不是正球面，所以折光力不等，平行光线入眼后不能同时聚焦在视网膜上，造成视物不清或物像变形。矫正散光的方法是配戴合适的柱面镜。

二、眼的感光功能

眼的感光系统由视网膜构成。来自外界物体的光线，通过眼的折光系统在视网膜上形成清晰的物像，这是一种物理学现象。要产生主观意识上的视觉，还必须通过视网膜的感光换能作用，将光能转换为视神经上的动作电位，并传入视觉中枢才能实现。

（一）视网膜的感光换能系统

视网膜的结构很复杂，由外向内分为 4 层：色素上皮细胞层、感光细胞层、双极细胞层和神经节细胞层（图 9-5）。

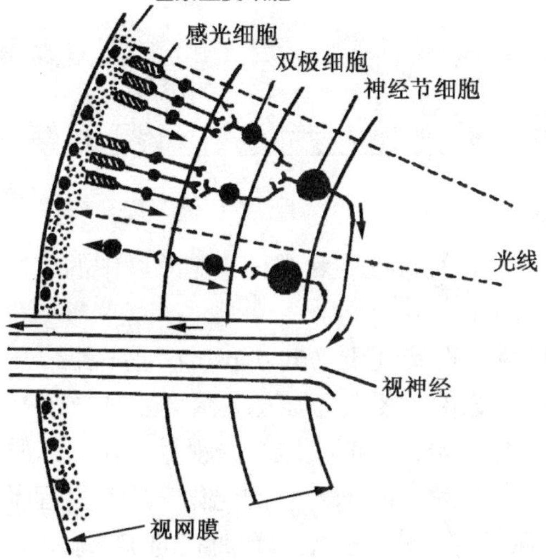

图 9-5 视网膜的主要细胞层次及其神经元联系模式图

在视网膜中，能感受光线刺激的是视锥细胞和视杆细胞，它们的细胞内都含有大量的感光色素。两种感光细胞都通过终足与双极细胞形成突触联系，双极细胞再和神经节细胞联系。神经节细胞发出的轴突构成视神经。在视神经穿出的部位为视神经乳头，此处没有感光细胞，因而无感光功能，称为生理盲点（blind spot），生理盲点大约在中央凹鼻侧的 3mm 处。如果物体的成像正好落在此处，则不能成像。正常时由于用两眼视物，一侧盲点可被另一侧视觉补偿，所以，平时人们不觉得有盲点的存在。

人眼视网膜中存在着两种感光换能系统。一种是视锥系统（retinal cone system）或明视觉系统，另一种是视杆系统（retinal rod system）或暗视觉系统。

1．视锥系统 由分布在中央凹的视锥细胞和与其相联系的双极细胞、神经节细胞等构成。视锥细胞主要分布在视网膜的中心部位，尤其在黄斑中央凹处最密集，周边部分相对较少。其功能特点是：对光的敏感性较差，只有在较强的光线刺激下才能发生反应，可分辨物体的细微结构和颜色，有很高的分辨率。由于视锥系统的主要功能是白昼视物，故视锥系统也称为昼光觉系统（或明视觉系统）。以白天活动为主的动物，如鸡、鸽等，其视网膜的感光细胞几乎全是视锥细胞。

2．视杆系统 由视杆细胞和与其相联系的双极细胞、神经节细胞等构成。视杆细胞主要分布在视网膜的周边部位。其功能特点是：对光的敏感度较高，能感受昏暗环境下弱光的刺激，对物体细微结构的分辨力差，不能辨别物体的颜色。由于视杆系统的主要功能是在暗光下视物，故视杆系统也称为晚光觉系统（或暗视觉系统）。以夜间活动为主的动物，如老鼠、猫头鹰等动物，其视网膜的感光细胞以视杆细胞为主。

视锥系统和视杆系统的比较见表 9-2。

表 9-2 视锥系统和视杆系统的比较

	视锥系统	视杆系统
组成	视锥细胞、双极细胞、神经节细胞	视杆细胞、双极细胞、神经节细胞
分布	视网膜中心部位多	视网膜周边部位多
视觉	明视觉	暗视觉（对光敏度高）
色觉	有	无
光敏性	对光敏感性差，感受强光	对光敏感性高，感受弱光
外段形状	圆锥状	长杆状
会聚现象	单线联系	多
空间分辨力	强	弱
感光色素	视锥色素（3 种）	视紫红质
功能特点	能精细辨别物体的形状，分辨率高，昼光觉	不能精细辨别物体的形状，分辨率低，暗光觉

（二）视网膜的光化学反应

光线刺激感光细胞后，先是在视锥细胞和视杆细胞外段中的感光色素发生光化学反应，才能把光能转化为生物电信号。

1．视紫红质的光化学反应 视紫红质（rhodopsin）是一种结合蛋白质，由视蛋白和视黄醛组成，它对波长 500nm 的电磁波最敏感，这与人眼在暗处对光谱上蓝绿光区域（相当于 500nm 波长附近）的感觉最明亮的现象一致，说明人眼的暗视觉与视紫红质的光化学反应有直接关系。

视紫红质是视杆细胞的感光色素，目前对它的光化学反应过程了解得比较清楚。视紫红质在暗光条件下为紫红色，其中视黄醛的分子构型为卷曲状的 11- 顺型。当光线照射视紫红质时，可使它迅速分解，颜色变成白色，视蛋白和视黄醛分离，视黄醛的分子构型变成一种较直形状的全反型。视黄醛分子构型的变化可导致视蛋白分子构型的变化，诱发视杆细胞膜上部分 Na^+ 通道失活，Na^+ 内流比 Na^+ 的外流相对减少，产生超极化的感受器电位，是使光刺激在视网膜中转换为电信号的关键一步。以这种电位变化为基础，在视网膜内经过复杂的电信号的传递过程，最终诱发神经节细胞产生动作电位，然后传入中枢。

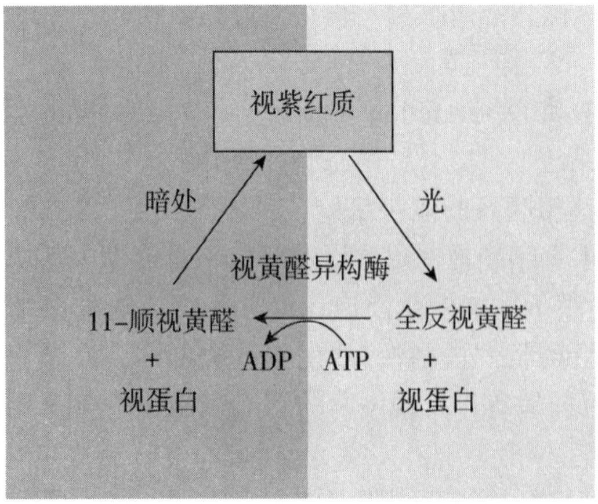

图 9-6 视紫红质的光化学反应示意图

在生理情况下，视紫红质既有分解过程，又有合成过程，是一个可逆的光化学反应，两者处于动态平衡状态。合成过程和分解过程的快慢，取决于光线的强弱。在弱光下，视紫红质的合成过程超过分解过程，视杆细胞内视紫红质增多，对光敏感性高，能感受弱光的刺激。在强光下，视紫红质的分解过程大于合成过程，视杆细胞内的视紫红质很少，对光的刺激不敏感，甚至失去感光能力。视紫红质在分解和合成过程中，有部分视黄醛被消耗，要靠食物中的维生素 A 来补充。若体内维生素 A 长期缺乏，势必影响视紫红质的光化学过程，影响暗光觉，引起夜盲症（图 9-6）。

知识链接

夜盲症

夜盲就是在夜晚或暗环境下视力很差或完全看不见东西。造成夜盲症的原因概括起来有3个方面：①暂时性夜盲：由于饮食中缺乏维生素A或因某些消化系统疾病影响维生素A的吸收，致使视网膜杆状细胞没有合成视紫红质的原料而造成夜盲。这种夜盲是暂时性的，只要多吃猪肝、胡萝卜、鱼肝油等，即可补充维生素A的不足，很快就会痊愈。②获得性夜盲：往往是由于视网膜杆状细胞营养不良或本身的病变引起。常见于弥漫性脉络膜炎、广泛的脉络膜缺血萎缩等，这种夜盲随着有效的治疗、疾病的痊愈而逐渐改善。③先天性夜盲：系先天遗传性眼病，如视网膜色素变性，杆状细胞发育不良，失去了合成视紫红质的功能，所以发生夜盲。

2. 视锥细胞的光化学反应　视锥细胞的感光色素是三种不同的结合蛋白质，其差别只是视蛋白的分子结构不同，它们分别存在于三种不同的视锥细胞中，分别对波长420nm、535nm和565nm波长的刺激最敏感，相当于蓝光、绿光和红光的波长。由于视锥细胞感光色素中视蛋白分子结构的差异，决定了与之结合的视黄醛分子对某种波长的光线最为敏感。光线作用于视锥细胞时，也是先发生同视杆细胞相似的感受器电位，最后在相应神经节细胞上产生动作电位。

三、与视觉有关的几种生理现象

（一）暗适应与明适应

1. 暗适应　从明亮处突然进到黑暗处时，起初对任何东西都看不清楚，经过一段时间后，视觉敏感度逐渐升高，在暗处的视觉逐渐恢复，此过程称为暗适应（dark adaptation）。其机制是由于在亮处时，视网膜上视杆细胞中的视紫红质大量分解，剩余量少，到暗处后不足以引起对暗光的感受，所以在进入暗处的开始阶段什么也看不清，等待一段时间后，在暗处视紫红质的再合成增多，对暗光的感受能力增强，于是在暗处的视力又逐渐恢复。整个暗适应过程大约经历30min。

2. 明适应　从暗处突然来到明亮处时，起初感到光亮耀眼，不能视物，须待片刻后才能恢复视觉，此过程称为明适应（light adaptation）。其机制是在暗处视杆细胞内蓄积的大量视紫红质，到亮处遇强光迅速分解，因而产生耀眼的光感。待视紫红质大量分解后，视锥细胞便能维持亮光下的明视觉。明适应过程较快，约需1min即可完成。

（二）视敏度

视敏度（visual acuity）又称视力，是指眼分辨物体细微结构的能力，以能分辨空间两点间最小距离为衡量标准。通常以视角的大小来衡量视力是否正常。视角（visual angle）是指物体上两个点发出的光线投射入眼内时，通过节点相交时所形成的夹角。眼睛能分辨物体上两点所构成的角越小，表明视力越好。国际视力表就是根据这一原理设计的。在良好的光照条件下，人眼能看清5m远处的视力表上字形符号相距1.5mm缺口方向时，此时所形成的视角为1′角。此时能看清楚者，说明其视力正常，按照国际标准视力表表示为1.0，按照对数视力表表示为5.0。由于中央凹处的视锥细胞较密集，直径较小，所以视力可大于此数值。当视角为1′角时，在视网膜上所形成的物像大致相当于视网膜上一个视锥细胞的直径，这样两条光线分别刺激两个视锥细胞，而两点间刚好间隔有一个未被刺激的视锥细胞，冲动传入中枢后可形成清晰的视觉（图9-7）。

（三）色觉与色觉功能障碍

辨别颜色是视锥细胞的重要功能。正常人眼可区分约150种不同波长的颜色。有关色觉的

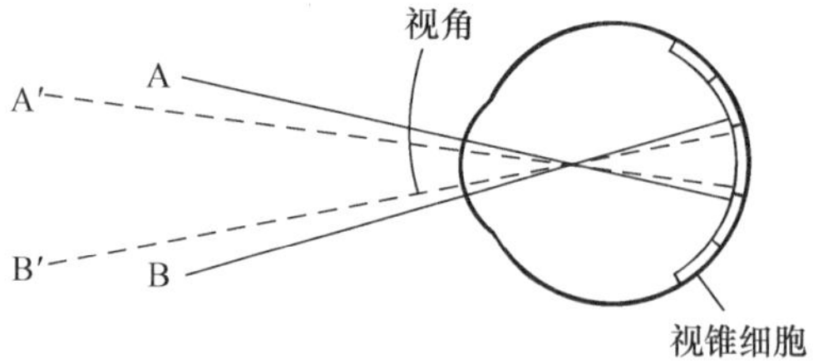

图 9-7 视敏度原理示意图

产生是一个复杂过程，具体机制尚不完全清楚，目前一般用三原色学说（trichromatic theory）解释。三原色学说认为，当不同波长的光线照射视网膜时，会使三种视锥细胞产生不同程度的兴奋，这样的信息传到中枢，会产生不同颜色的感觉。如红、绿、蓝三种视锥细胞兴奋程度的比值为4 ∶ 1 ∶ 0时，产生红色的感觉；比值为2 ∶ 8 ∶ 1时，产生绿色感觉；当三种视锥细胞同等程度的兴奋时，将会引起白色的感觉等。

色觉障碍包括色盲和色弱两种。色盲（color blindness）是一种色觉障碍，即对全部颜色或某些颜色缺乏分辨能力，色盲可分为全色盲和部分色盲。全色盲极少见，表现为只能分辨光线的明暗，呈单色视觉。部分色盲主要是红色盲与绿色盲，可能是由于分别缺乏相应的视锥细胞所致。红色盲与绿色盲较为多见，而蓝色盲较为罕见。色盲绝大多数是由遗传因素引起的，只有极少数是由视网膜病变引起的。色弱是指对某种颜色的识别能力较正常人稍差，常由后天因素引起，一般与某种视锥细胞的反应能力减弱有关。

（四）视野

视野（visual field）是指单眼固定注视正前方一点不动时，该眼所能看到的空间范围。用视野计测定，将结果记录在图纸上，称为视野图。正常人视野范围以白色最大，其颞侧约 90°、下方约 70°、鼻侧约 60°、上方约 55°，即颞侧视野大于鼻侧视野、下方视野大于上方视野。在同一光照条件下，不同颜色的目标物所测得的视野大小不一，其大小依次为：白色＞黄色和蓝色＞红色＞绿色（图 9-8）。蓝色、红色、绿色视野在各个方向依次递减约 10°，这可能与感光细胞在视网膜中的分布范围有关。临床上检查视野，有助于诊断某些视网膜或视觉传导通路的病变。

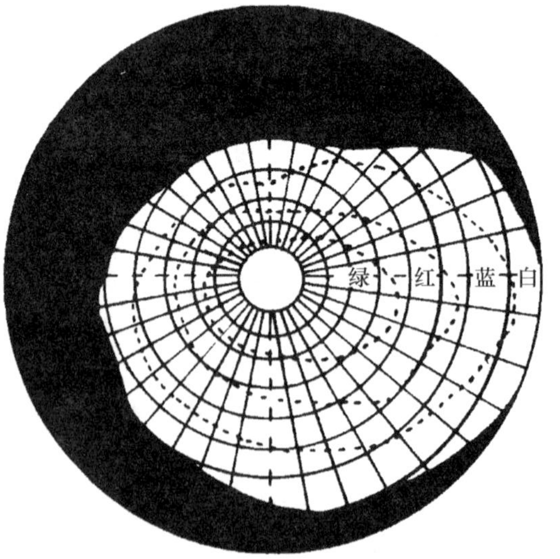

图 9-8 人右眼视野图

（五）双眼视觉和立体视觉

双眼视觉（binocular vision）是指双眼同时看一个物体时产生的视觉。人和高等哺乳类动物的双眼都在面部的前方，两眼视野有很大一部分是重叠的。双眼视物时，双眼视网膜上各形成一个完整的物像，两眼视网膜的物像又各自按照自己的神经通路传向中枢。但正常时，人在感觉上只产生一个物体的感觉，而不产生两个物体的感觉，这是由于从物体的同一部分发出的光线，成像于两眼视网膜的对应点上。

双眼视觉可以弥补单眼视野中的生理盲点，扩大视野范围，感知物体的一些“厚度”，形成立体视觉（stereoscopic vision），可增强对物体的距离、大小判断的准确性。两眼注视同一物体时，右眼看物体的右侧面较多，而左眼看物体的左侧面较多，这样在两侧视网膜上所形成的物像并不完全一样，但来自两眼的图像信息经过视觉高级中枢处理后，就产生立体视觉。单眼视物也可根据眼球运动、生活经验及物体表面的阴影等估计物体是否立体，但精确性较差。

第三节　听觉器官

听觉的外周感觉器官是耳，它是由外耳、中耳和内耳的耳蜗构成，耳的适宜刺激为16～20000Hz的声波。声源振动引起空气产生疏密波，通过外耳和中耳的传递，引起内耳耳蜗中淋巴液和基底膜的振动，使耳蜗螺旋器的毛细胞产生兴奋，经内耳耳蜗的换能作用，将声波的机械能最后转变为前庭蜗神经纤维上的神经冲动，由前庭蜗神经将神经冲动传入大脑皮质的听觉中枢，产生听觉。因此，听觉是由耳、前庭蜗神经和听觉中枢的共同活动而完成的。

一、外耳和中耳的功能

（一）外耳的功能

外耳包括耳郭和外耳道。耳郭的形状有利于收集声波，通过头部运动，对声源方向的判断起一定作用。外耳道长约2.5cm，不仅是声波传导的通路，还有扩音作用（可作为一个共鸣腔），使其强度增大。

（二）中耳的功能

中耳包括鼓膜、听骨链、鼓室和咽鼓管等结构。其作用主要是将声波振动的能量高效率地传递到内耳淋巴液中去，其中鼓膜和听骨链在传音过程中起着重要作用。

1．鼓膜　鼓膜呈椭圆形，面积为50～90mm^2，厚度约0.1mm。鼓膜没有固定的振动，具有较好的频率响应和较小的失真度，因此，能将声音如实地传到内耳，而且与声波振动同始同终，很少有残余振动，有利于把声波振动如实地传递给听骨链。

2．听骨链　听骨链从外向内依次由锤骨、砧骨和镫骨相连组成。锤骨柄附着于鼓膜内侧中心处，镫骨底与卵圆窗膜相连，砧骨居中。听骨链构成一个有固定角度的杠杆，锤骨柄为长臂，砧骨长突为短臂（图9-9），支点的位置刚好在整个听骨链的重心上，因此在能量传递过程中惰性最小，效率最高。

声波在由鼓膜经听骨链向卵圆窗的传递过程中，由于鼓膜和听骨链的特殊结构，使振幅减小，而声强增大，发生中耳的增压效应。中耳的这种增压效应既可提高传音效率，又可避免对内耳和卵圆窗膜造成损伤。声波在整个中耳传递过程中的增压效应约为22.4倍，极大地提高了传递声波的效率。

3．咽鼓管　咽鼓管是连通鼓室和鼻咽部的通道，也称耳咽管，因此，鼓室内的空气与外界大气相通。咽鼓管在鼻咽部的开口一般情况下处于闭合状态，在吞咽、打哈欠或喷嚏时，可暂时

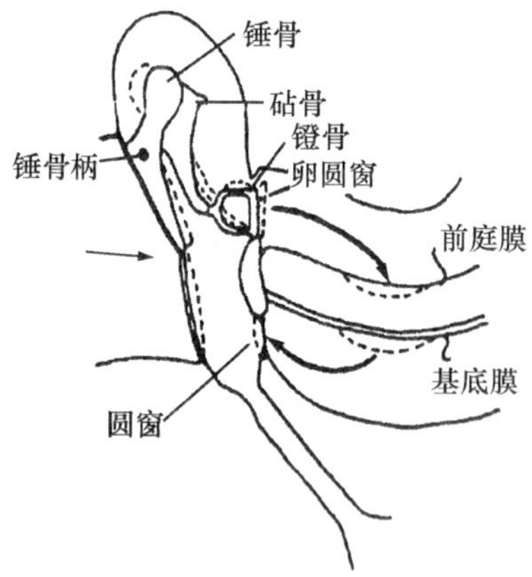

图 9-9　人中耳和耳蜗关系模式图

虚线表示鼓膜向内侧移动时各有关结构的移动情况

开放。咽鼓管的主要功能是调节鼓室内空气的压力，使之与外界大气压之间保持平衡，这对于维持鼓膜的正常位置、形状和振动性能具有重要意义。如果由于某种原因（如炎症等）使咽鼓管发生阻塞，鼓室内的空气将被吸收而使压力降低，引起鼓膜内陷，将产生耳鸣、听力下降等症状。人在坐飞机升降时，通过吞咽动作可保持鼓膜内外的气压平衡，避免耳痛。

（三）声波传入内耳的途径

声波通过气传导和骨传导两条途径传入内耳。

1．气传导　声波经外耳、鼓膜、听骨链和卵圆窗传入耳蜗，这是声波传导的主要途径。此外，鼓膜振动也可引起鼓室内空气振动，再经蜗窗传入耳蜗。这一气传导途径在正常情况下并不重要，但听骨链运动障碍时，也可发挥一定的传音作用。

2．骨传导　指声波直接引起颅骨振动，经耳蜗骨质部传入耳蜗淋巴液的过程。骨传导极不敏感，一般振动的物体直接和颅骨接触时，才能引起听觉。在平时，我们接触到的一般的声音，不足以引起颅骨的振动。只有较强的声波，或者是自己的说话声，才能引起颅骨较明显的振动。

在临床工作中，常用音叉检查患者气传导和骨传导的情况，这有助于诊断听觉障碍的病变部位和原因。例如：当外耳道或中耳发生病变时（如化脓性中耳炎），气传导途径受损，引起的听力障碍称为传音性耳聋，此时气传导的作用减弱而骨传导的作用相对增强；当耳蜗发生病变时（如耳毒性药物庆大霉素），所引起的听力障碍称为感音性耳聋，此时气传导和骨传导的作用均减弱。

（四）人耳的听阈和听域

正常人对不同频率声音的敏感度和忍受的最大强度是不一致的。对于每一种频率的声波，人耳都有一个刚能引起听觉的最小振动强度，称为听阈（auditory threshold）。当声强继续增加时，听觉的感受也增强，但声强增加到某个数值时，不仅听觉增强，还引起鼓膜的疼痛感，这个强度称为最大可听阈。每一频率的声波都有其自己的听阈和最大可听阈。听阈与最大可听阈曲线包绕的面积称为听域，它显示人耳对声频和声强的感觉范围。正常人的声音频率为 1000 ~ 3000Hz 时听阈最低，即听觉最敏感，随着频率的升高或降低，听阈都会升高。声音强度通常以分贝（dB）为相对单位。一般讲话的声音强度在 30 ~ 70dB 之间。长期受 60dB 以上声音强度刺激，可导致听力下降。

二、内耳耳蜗的感音功能

内耳由耳蜗和前庭器官组成，耳蜗的功能是感音换能，即把传到耳蜗的声波机械能转变成前庭蜗神经纤维上的神经冲动。

（一）耳蜗的结构特点

耳蜗由一条骨质管道围绕一个锥形骨轴（耳蜗轴）盘旋而成。在螺旋形管道的横切面上，管腔被斜行的前庭膜和横行的基底膜分隔为三个腔，即前庭阶、鼓阶和蜗管。前庭阶、鼓阶内充满外淋巴液，通过耳蜗顶部的蜗孔两阶的外淋巴液相通。在耳蜗底部，前庭阶和鼓阶分别与卵圆窗膜和圆窗膜相接。声音感受器位于基底膜上，称为螺旋器或柯蒂器（Corti organ），由内、外毛细胞及支持细胞等构成。每个毛细胞的顶端表面有上百条排列整齐的听毛，其中一些较长的听毛其顶端埋置在盖膜的胶冻状物质中，这些共同构成感受声波的结构基础（图 9-10）。

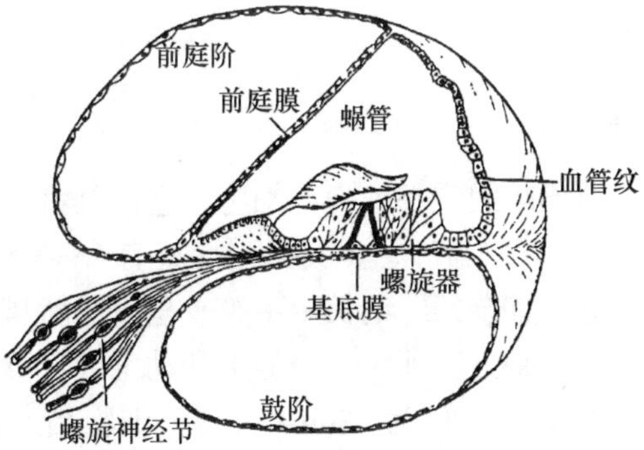

图 9-10 耳蜗的横切面示意图

（二）基底膜的振动与行波学说

正常人感受声波的频率范围是 20 ～ 20000Hz，其中对 1000 ～ 3000Hz 的声波最为敏感。当振动的声波通过听骨链传向卵圆窗时，就会引起卵圆窗膜内陷，并将压力变化传给前庭阶的外淋巴，再依次传到前庭膜和蜗管的内淋巴，进而使基底膜下移，最后是鼓阶的外淋巴压迫圆窗膜向外凸起。相反，当卵圆窗膜外移时，则整个耳蜗内的淋巴和膜性结构均作反方向的移动，如此反复，便形成了基底膜的振动。在基底膜振动时，基底膜与盖膜之间的相对位置也会随之发生相应的变化，于是，使毛细胞受到刺激而引起生物电的变化。

基底膜的振动通常用行波学说来加以解释。所谓行波，就是行走的波，当声音振动卵圆窗后，使基底膜以行波方式随之震荡，就像人在抖动一条绸带时，有行波沿绸带底部向远端传播一样。行波理论认为，不同频率的声音引起的行波都是从基底膜底部开始，向耳蜗顶方向推进，振动的幅度也随之逐渐加大，到基底膜某一部位时振幅达到最大，然后振动波逐渐消失。声波频率不同，行波传播的远近和最大行波振幅出现的部位也不同。声波频率越低，行波传播的距离越远，最大行波振幅出现的部位越接近基底膜顶部；声波频率越高，行波传播的距离越近，最大行波振幅部位越靠近基底膜底部，即卵圆窗附近。

临床和动物实验证明，耳蜗底部受损时主要影响高频听力，耳蜗顶部受损时主要影响低频听力。

（三）耳蜗的感音换能作用

声波不论是从卵圆窗还是从圆窗传入内耳，都可通过内、外淋巴的振动引起基底膜的振动，基底膜振动时，排列在它上面的螺旋器也会发生相应的振动，使毛细胞和盖膜的相对位置不断发生变化，于是毛细胞受到刺激而兴奋，将声波振动的机械能转变为耳蜗微音器电位，即将机械能转换为生物电能。当微音器电位变化达到阈电位时，便触发与其相连的蜗神经产生动作电位，经听神经传入大脑皮质的听觉中枢，产生听觉。

当耳蜗受到声波刺激时，在耳蜗及其附近结构中，可记录到一种类似声波作用于微音器（麦克风）时所产生的电变化。把耳蜗所产生的这种电位变化称为耳蜗微音器电位（cochlea microphonic potential）或耳蜗微音电位，其特点是它的波形和频率与作用的声波完全相同。微音器电位潜伏期极短，小于 0.1ms，没有不应期，可以总和，对缺氧和深度麻醉相对不敏感。

第四节　前庭器官

前庭器官由内耳中的椭圆囊、球囊和三个半规管组成。它们是感受人体进行旋转运动和直线运动的速度变化及头在空间位置变化的感觉器官，在维持人体的正常姿势和身体平衡方面起着重要作用。

一、前庭器官中的毛细胞

椭圆囊、球囊和半规管内的感受细胞都称为毛细胞，它们具有类似的结构与功能。每个毛细胞的顶部有 60 ~ 100 条纤细的毛，称为纤毛。其排列形式有一定规律，有一条最长的纤毛位于细胞顶端一侧边缘处，称为动毛；其余的纤毛长短不等，呈阶梯状排列，靠近动毛的较长，远离动毛的较短，称为静毛。电生理实验方法证明，当静毛和动毛处于静止的自然位置时，毛细胞膜内外存在着电位差，即毛细胞的静息电位为 -80mV，与毛细胞相连的神经纤维上有一定频率的神经冲动传入。在外力的作用下，当静毛倒向动毛一侧时，毛细胞的电位出现去极化，如果达到阈电位 -60mV 水平，传入神经发放的神经冲动增加，表现为兴奋效应；当动毛倒向静毛一侧时，毛细胞的电位变化出现超极化，传入神经发放的神经冲动减少，表现为抑制效应（图 9-11）。

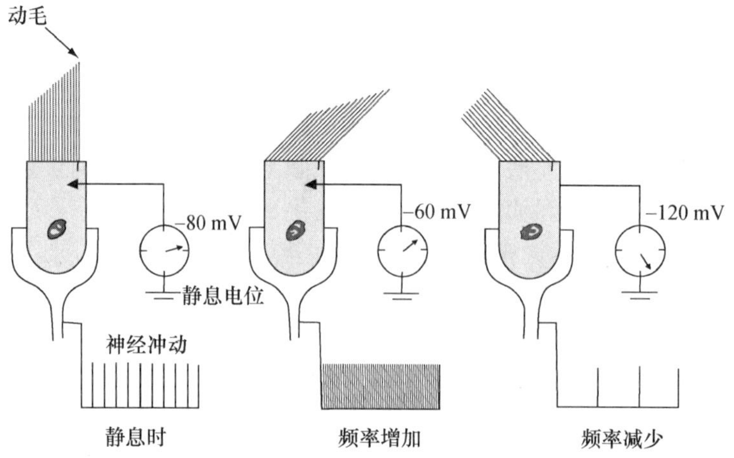

图 9-11　前庭器官中毛细胞顶部纤毛受力时，神经纤维发放冲动频率示意图

二、半规管的功能

人体两侧内耳中各有上、外、后三条半规管，三条半规管相互垂直，分别代表空间的三个平面。半规管内充满内淋巴。每个半规管的一端有一个膨大的部分，称为壶腹（ampulla）。壶腹内有一隆起的结构，称为壶腹嵴（ampullar crest）。壶腹嵴中有一排面对管腔的毛细胞，毛细胞顶部的纤毛较长，互相集成束，包埋在一种胶质性的圆顶形状的壶腹帽结构之内，前庭神经末梢分布于壶腹嵴的底部。毛细胞受到刺激时，静毛向动毛一侧弯曲时引起前庭神经兴奋，而动毛向静毛一侧弯曲时则引起其抑制。

半规管壶腹嵴的适宜刺激是旋转变速运动。当身体围绕不同方向的轴做旋转运动时，相应半规管壶腹嵴中的毛细胞因管腔中内淋巴的惯性运动而受到冲击，顶部纤毛向某一方向弯曲；当旋转停止时，又由于管腔中内淋巴的惯性作用，使顶部纤毛向相反方向弯曲。这些信息经前庭神经传入中枢，可引起眼震颤和躯体、四肢骨骼肌紧张性的改变，以调整姿势，保持平衡；同时冲动上传到大脑皮质，引起旋转的感觉。

三、椭圆囊和球囊的功能

椭圆囊和球囊的壁上有特殊分化的结构，称为囊斑（macula）。囊斑的表面覆盖有一片均质性蛋白样胶质膜，称为耳石膜，其浅部含有极小的结晶体，称为耳石。耳石是由碳酸钙结晶、黏多糖和蛋白质组成的混合物，比重大于内淋巴。毛细胞位于囊斑上，其纤毛游离端穿插在耳石膜结构中。当人体直立时，椭圆囊的囊斑平面处于水平位，毛细胞的顶部朝上，耳石膜在毛细胞纤毛上方；球囊的囊斑平面则垂直于地平面，毛细胞的纵轴与地面平行，耳石膜悬在毛细胞纤毛的外侧。

椭圆囊和球囊的功能是感受头部的空间位置和直线变速运动。当这些刺激作用于毛细胞后，耳石膜与毛细胞的相对位置就会发生改变，因为耳石的比重大于淋巴，因此，耳石就向一个方向牵拉毛细胞的纤毛，使纤毛发生弯曲倒向某一方向，对毛细胞的刺激引起传入神经纤维发放的神经冲动变化，这些信息传入中枢后，可引起运动觉和位置觉，同时引起姿势反射以保持身体平衡。

四、眼震颤

人体运动状态的变化和头在空间位置的改变刺激前庭器官后，引起的神经冲动传入中枢神经系统的不同部位，可以产生运动觉、位置觉、各种姿势反射以及自主性功能变化，称为前庭反应。

前庭反应中最特殊的是机体在旋转运动时引起眼球不随意的往返运动，称为眼震颤（nystagmus）。它主要是由半规管受刺激引起的。眼震颤的方向因刺激不同的半规管而不同，两侧水平半规管受刺激时，引起水平方向的眼震颤，上半规管受刺激时引起垂直方向的眼震颤，后半规管受刺激时引起旋转性眼震颤。当人体向左侧旋转时，左侧半规管壶腹嵴中的毛细胞受刺激增强而右侧减弱，这时两侧眼球先缓慢向右侧移动，称为眼震颤的慢动相；当眼球移动到两眼裂右侧不能再移动时，又突然快速返回到眼裂正中，称为眼震颤的快动相；以后接着出现新的慢动相和快动相，如此往返不已。当旋转突然停止时，眼震颤的方向与旋转开始时正好相反（图 9-12）。正常人眼震颤为中等强度，持续 15 ～ 40s，临床上常以快动相代表眼震颤的方向，同时，

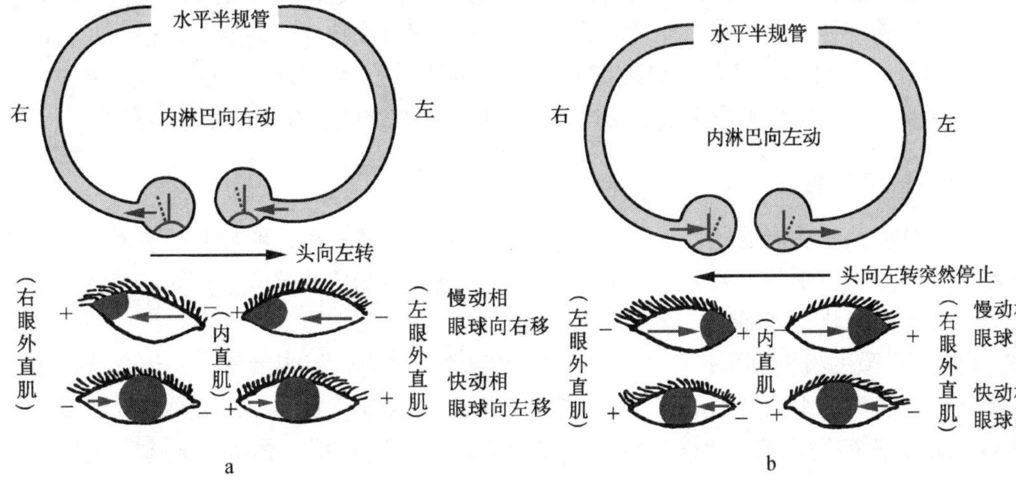

图 9-12 旋转运动时眼震颤的产生机制及眼球运动方向

a．头前倾 30° 旋转开始时的眼震颤方向；b．旋转突然停止后的眼震颤方向

常用检查眼震颤的方法，来判断前庭器官的功能是否正常。眼震颤的生理意义是在机体运动过程中的某一段时间内，使眼内的物像暂时不动，可以看清物体，辨别机体自身的运动方向。

前庭器官受到过强或过久的刺激，常会引起自主性功能反应，如恶心、呕吐、眩晕、皮肤苍白等现象，严重时称为晕车、晕船或航空病。前庭功能过敏者，微弱的刺激就会引起上述反应。

第五节 其他感觉器官

人类的感觉器官，除上面提到的以外，还有其他几种，如鼻、舌、皮肤，这些器官都属于多功能器官，感觉功能是它们的功能之一。

一、嗅觉器官

人的嗅觉器官是鼻。嗅觉的感受器是嗅细胞，存在于鼻腔上端的黏膜中。此处是一个隐窝，且位置较高，平时吸入鼻腔的空气很少到达这里，因此在嗅一些不太显著的气味时，要用力吸气，使气流上冲，增加对嗅细胞的刺激。

嗅觉感受器的适宜刺激是有气味的挥发性和水溶性的有机化学物质。嗅觉的产生过程归纳为：当这些物质与嗅细胞纤毛膜上的受体结合后，就引起生物电变化，产生的神经冲动经嗅球传到嗅觉中枢，从而引起嗅觉。嗅觉的敏感程度常以嗅阈来评定，也就是能引起嗅觉的某种物质在空气中的最小浓度。不同动物的嗅觉敏感程度差异很大，即使同一动物，对不同气味的敏感程度也不一样。人随着年龄的增长，嗅觉的灵敏度会逐渐下降。

嗅觉的明显特点是较快产生适应现象，但对某种气味适应之后，对其他气味仍然很敏感。

二、味觉器官

人的味觉器官是舌。味蕾是味觉感受器，主要分布在舌背部和舌缘的黏膜内。每一味蕾由味细胞、支持细胞和基底细胞组成。味细胞的顶端有纤毛，称为味毛。能够引起味觉的适宜刺激是一些水溶性的化学物质。味觉的产生过程归纳为：当舌表面的水溶性化学物质刺激味毛后，使味细胞兴奋以不同的换能机制转换成神经冲动，以不同的组合经传入神经纤维传向味觉中枢，形成不同的味觉感受。

味觉可分为酸、甜、苦、咸四种，其他复杂的味觉被认为是这四种味觉不同比例的组合。舌尖部对甜味比较敏感，舌两侧对酸味比较敏感，舌两侧前部对咸味比较敏感，舌根部对苦味比较敏感，但这种划分是相对的。味觉的灵敏度随着年龄的增长而逐渐降低，故老年人嗜偏咸味食物。味觉的灵敏度还受刺激物本身温度的影响，在 20 ～ 30℃之间，味觉的敏感度最高。

三、皮肤的感觉功能

皮肤是具有多种感觉功能的器官，感觉功能是皮肤功能中的一种。在皮肤的表面点状分布着多种感受器，它们分别接受各自的适宜刺激，在有关中枢产生相应的感觉。皮肤的感觉主要有四种：即触压觉、冷觉、热觉和痛觉。

1．触压觉　轻微的机械刺激作用于皮肤浅层的触觉感受器可引起触觉，而压觉是由于较强的机械刺激导致皮肤深部组织变形所引起的感觉。因两者在性质上类似，故统称为触压觉。触压觉感受器可以是游离神经末梢、毛囊感受器或带有附属结构的环层小体等。人体不同部位的皮肤，触压觉的敏感程度有较大的差别，如手指、口唇等处的触压觉很敏感，躯干背部等处的触压觉则较迟钝。触觉适应快，而压觉适应慢。

2．温度觉　冷觉和热觉统称为温度觉，分别由冷感受器和热感受器受刺激所引起。冷、热觉感受器均为游离神经末梢。皮肤的温度感觉受皮肤的基础温度、温度的变化速度和被刺激的皮肤范围等因素的影响。人体能适应的温度范围一般为 20 ～ 40℃，过冷和过热的刺激均可导致组织释放致痛物质而引起疼痛。

3．痛觉　痛觉是指各种伤害性刺激作用于人体时所引起的一种复杂的感觉，常伴有防御反应和情绪变化。痛觉感受器是游离的神经末梢，广泛分布于皮肤、肌肉、关节和内脏器官。其特点是不易产生适应，易产生敏感性增强。

本章小结

1．感受器的一般生理特性：适宜刺激、换能作用、编码作用、适应现象。

2．眼的调节包括晶状体的调节、瞳孔的调节和眼球会聚，这三种调节方式是同时进行的，其中以晶状体的调节最为重要。

3．眼的折光异常有三种：近视、远视、散光。

4．视网膜上有两种感光换能系统：视锥系统和视杆系统。

5．与视觉有关的生理现象有：暗适应与明适应、视敏度、色觉与色觉功能障碍、视野、双眼视觉和立体视觉。

6．声波的传导途径有两种：气传导和骨传导。

7．前庭器官由内耳中的椭圆囊、球囊和三个半规管组成。

思考题

1．简述感受器的一般生理特性。
2．瞳孔对光反射的中枢在什么位置？其临床意义是什么？
3．简述视锥系统和视杆系统的比较。
4．简述声波的传导途径。
5．简述中耳在传音过程中的增压效应。

（彭兰桂　袁　静）

第十章　神经系统

学习目标

通过本章内容的学习，学生应能：

1. 掌握突触传递的过程、原理和特征，中枢抑制的类型，感觉投射系统的分类及主要功能，牵涉痛的概念，牵张反射的概念，自主神经系统的主要功能，外周神经递质的种类、分布及受体。
2. 熟悉神经纤维兴奋传导的特征，神经元间相互作用的方式，中枢的感觉功能，皮肤痛觉与内脏痛觉的特点，脑干对肌紧张的调节，大脑皮质对躯体运动的调节，各级中枢对内脏的调节，条件反射与非条件反射的概念，条件反射形成过程，第一信号系统与第二信号系统。
3. 了解神经纤维的分类，突触的基本结构及突触的分类，中枢神经递质，丘脑的感觉功能，脑的高级功能，大脑皮质的语言中枢，学习与记忆的机制，脑电波形成的机制，睡眠与觉醒。

人体是由不同器官、系统组成的极其复杂的有机体。从局部看，机体内各器官、系统都具有自己特殊的作用；从整体看，它们之间的功能又相互联系、相互协调、相互制约。同时，机体生活在经常变化的外环境中，外环境的变化随时影响着体内的各种功能，要求机体对环境变化迅速做出反应，使机体内环境保持稳定。这都需要对体内各种生理功能不断做出迅速而完善的调节，使机体内部器官和系统发挥功能都要服从整体需要，并且要适应内、外环境的不断变化。在机体的三大功能调节中，神经调节起主导作用。神经系统还具有学习、思维、记忆等高级功能，使人类不仅能不断地认识和适应环境，而且能主动地改造环境。

神经系统由中枢神经系统和外周神经系统组成，前者指脑和脊髓部分，后者是指分布于全身的脑神经和脊神经。根据支配器官的不同功能特点，外周神经又分为躯体神经和内脏神经两部分。

第一节　神经元和突触

一、神经元和神经纤维

（一）神经元的基本结构和功能

神经细胞又称为神经元（neuron），是神经系统的基本结构和功能单位。人类中枢神经系统中含有约1000亿个神经元。一个典型的神经元由胞体和突起两部分组成，突起又分为树突（dendrite）和轴突（axon）。胞体是神经元的核心部分，它能合成各种蛋白质（包括酶类），合成后的蛋白质再经过运输系统运送到突起之中。一个神经元可有一个或多个树突，神经元的树突较短，由胞体发出后逐渐变细，分支较多，其功能主要是接受刺激，将产生的局部兴奋向胞体扩布。神经元一般只有一个轴突，轴突一般较长，自胞体发出后一般不分支。轴突发出的部位称为轴丘，轴突的起始部分称为始段，轴突内的细胞质称为轴浆，内有囊泡、滑面内质网、线粒体、微管、微丝等。轴突外面一般包有髓鞘（myelin sheath），末梢分成许多分支，每个分支末梢的膨大部分称为突触小体（图 10-1）。

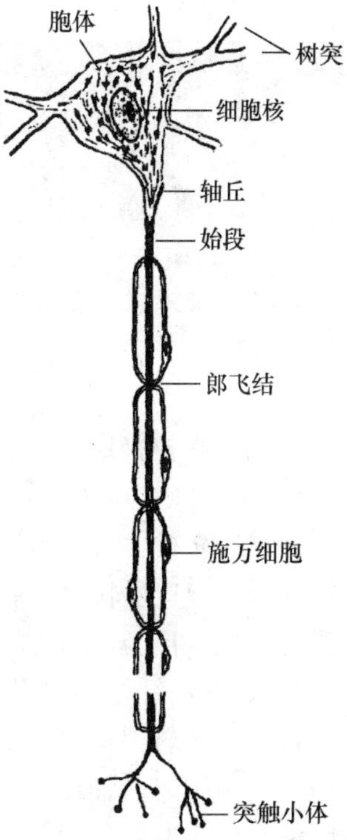

图 10-1　神经元模式图

神经元的主要功能是接受、整合、传递和储存信息，还有部分神经元兼有内分泌功能，可以分泌化学物质。

（二）神经纤维

神经纤维的主要功能是以电信号形式传导兴奋，通常将在神经纤维上传导的兴奋（动作电位）称为神经冲动（nerve impulse）。

1．神经纤维传导兴奋的特征

（1）生理完整性：兴奋在神经纤维上的传导要求神经纤维在结构上和功能上都是完整的。如果神经纤维被切断，破坏其结构上的完整性，冲动就不能通过被损伤的部位继续向前传导。即使不破坏神经纤维结构的完整性，冷冻、化学药品麻醉等因素使其功能产生障碍，也会使冲动的传导发生阻滞。

（2）绝缘性：一条神经干内包含许多条神经纤维，在传导兴奋时能够互不干扰，称为神经纤维的绝缘性，这一特征保证了神经调节的精确性。

（3）双向性：刺激神经纤维的任何一点，产生的冲动可沿着神经纤维同时向相反的两个方向传导。但是在体内自然条件下，由于轴突总是将神经冲动由胞体传向末梢，表现为传导呈单向性。

（4）相对不疲劳性：与突触相比，神经纤维不容易疲劳。有实验证实，在适宜的条件下，用每秒 50 ～ 100 次电脉冲连续刺激神经纤维 9 ～ 12h，神经纤维仍保持传导冲动的能力。

2．神经纤维的分类　生理学上通常用三种分类法来区分各类神经纤维：

（1）根据电生理学特性分类：主要根据传导速度和动作电位中后电位成分的差异，将神经纤维分为 A、B、C 三类，其中 A 类纤维再分为 α、β、γ、Δ 四个亚类（表 10-1）；

（2）根据神经纤维的直径和来源来源分类：共分为Ⅰ、Ⅱ、Ⅲ、Ⅳ四类，其中Ⅰ类纤维再分为 $Ⅰ_a$ 和 $Ⅰ_b$ 两个亚类。前一种分类法多用于传出纤维，后一种分类法则常用于传入纤维（表 10-2）。

表 10-1　神经纤维的分类（一）

类别	来源	传导速度（m/s）
A 类（有髓）		
α	初级肌梭传入纤维，支配梭外肌传出纤维	70 ～ 120
β	皮肤触、压觉传入神经	30 ～ 70
γ	皮肤梭内肌的传出纤维	15 ～ 30
Δ	皮肤痛、温觉传入纤维	12 ～ 30
B 类（有髓）	自主神经节前纤维	3 ～ 15
C 类（无髓）	自主神经节前纤维	0.7 ～ 2.3
	后根中痛觉传入纤维	0.6 ～ 2.0

* 根据电生理特性（主要是传导速度和电位的差异）将外周神经纤维分为 A、B、C 三类

表 10-2 神经纤维分类（二）

类别	来源	纤维直径（μm）	传导速度（m/s）	电生理学分类
Ⅰ	肌梭及腱器官的传入纤维	12 ～ 22	70 ～ 120	A
Ⅱ	皮肤的机械感受器传入纤维（触、压和振动感受器传入纤维）	5 ～ 12	25 ～ 70	A
Ⅲ	皮肤痛、温觉传入纤维，肌肉的深部压觉传入纤维	2 ～ 5	10 ～ 25	A
Ⅳ	无髓的痛觉、温度、机械感觉器传入纤维	0.1 ～ 1.3	1	C

* 根据神经纤维直径及来源将传入神经分为Ⅰ、Ⅱ、Ⅲ、Ⅳ四类

（3）根据神经纤维轴突上有无髓鞘分类：将神经纤维分为有髓神经纤维和无髓神经纤维两类。

3．神经纤维的传导速度　不同种类的神经纤维，其传导兴奋的速度有很大的差别。这与神经纤维的直径、有无髓鞘、髓鞘的厚度以及温度高低等有关。一般来说，直径粗的神经纤维比直径细的传导速度快；有髓鞘的纤维比无髓鞘的传导速度快。温度对传导速度的影响也很大，随着温度降低，神经冲动传导速度也减慢。当温度降至 0℃时，传导终止，这就是冷冻麻醉的原理。

4．神经纤维的轴浆运输　神经轴突内的胞质称为轴浆。神经纤维轴突内的轴浆经常在流动，此现象称为轴浆运输（axoplasmic transport），其作用在于物质交换和运输。轴浆流动是双向的，即轴浆由胞体向轴突末梢流动称为顺向运输（anterograde transport），轴浆由轴突末梢反向地流向胞体，称为逆向运输（retrograde transport）。

顺向运输可分为快速顺向运输、中速顺向运输和慢速顺向运输。快速顺向运输的速度为 250 ～ 500mm/d，主要是指含有递质的囊泡、神经分泌颗粒、滑面内质网等的运输；中速顺向运输的速度为 15 ～ 70mm/d，主要指线粒体的运输；慢速顺向运输的速度为 1 ～ 12mm/d，是指细胞内微管、微丝等结构的运输。

逆向运输的速度为 150 ～ 200mm/d，通过逆向运输转运的物质有轴突末梢摄取的神经营养因子和其他化学物质。某些病毒，如破伤风毒素、狂犬病病毒和脊髓灰质炎病毒可能是通过逆向运输从神经末梢到达中枢神经系统的。

轴浆运输与神经纤维的信息传递以及轴突的生长、再生有密切关系。

二、突触

中枢神经系统中有大量的神经元，它们之间以各种不同的方式建立联系，以完成神经元之间信息的传递。神经元之间虽然没有原生质的直接相连，但它们在功能上却存在密切的联系，正是神经元之间的相互作用，才能完成神经系统的各项功能。神经元之间的相互联系方式有多种，其中最重要的联系方式是突触联系。

（一）突触的概念与结构

神经元之间相互接触并传递信息的部位，称为突触（synapse）。神经元的轴突末梢经过多次分支，最后每一小支的末端膨大成突触小体。这些突触小体可以与其他神经元的胞体或突起接触，形成突触。电子显微镜下观察可以看到，突触由突触前膜、突触间隙和突触后膜三部分构成（图 10-2）。

突触小体的胞质中有许多囊泡，也称突触小泡，内含有神经递质。突触小体胞质中还有与递质合成与失活有关的线粒体，可以提供能量。突触小体的膜称为突触前膜，与突触前膜相对的胞体膜或突起膜称为突触后膜。突触的前、后膜稍增厚，两者之间存在约 20 ～ 40nm 的空隙称为突触间隙。突触间隙内有黏多糖和糖蛋白。在突触前膜内侧有网格形成囊泡栏栅，能引导囊泡与突触前膜接触。在突触后膜上，存在着能与突触前膜递质相结合的特异性受体。

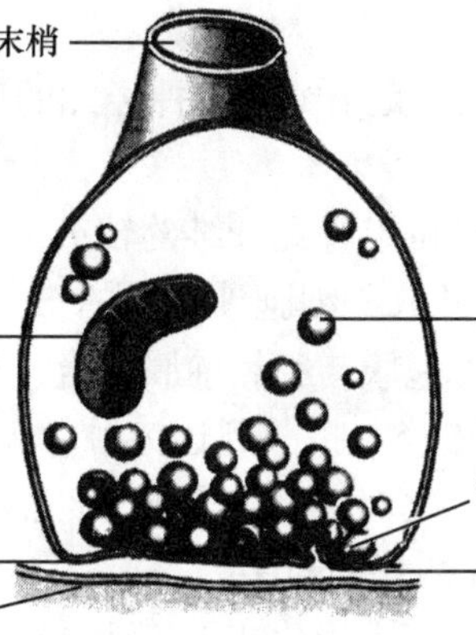

图 10-2　突触结构模式图

（二）突触的分类

1．根据突触接触部位的部位分类　分为三类：①轴 - 树突触：前一神经元的轴突与后一神经元的树突相接触；②轴 - 体突触：前一神经元的轴突与后一神经元的胞体相接触；③轴 - 轴突触：前一神经元的轴突与后一神经元的轴突相接触（图 10-3）。

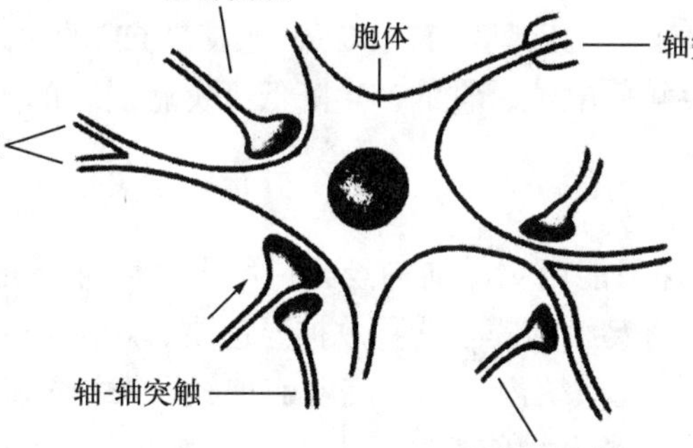

图 10-3　突触类型示意图

2．根据突触对后继神经元功能活动的影响分类　分为两类：①兴奋性突触：其作用是使突触后膜产生去极化，使后继神经元兴奋；②抑制性突触：其作用是使突触后膜产生超极化，使后继神经元抑制。

3．根据突触处信息传递的方式分类　分为两类：①化学突触：突触的信息传递是以化学递质为中介完成的，是神经元信息传递的主要形式；②电突触：突触小体中没有含神经递质的囊泡，突触的信息传递是电信号直接以电流的方式传递的。电突触的结构基础是缝隙连接（表 10-3）。

表 10-3　电突触与化学突触的特征比较

特征	电突触	化学突触
突触前、后膜之间的距离	3.5 nm	30 ～ 50nm
突触前后细胞之间胞质的连续性	有	无
超微结构	缝隙连接	通道突触前活性区与囊泡；突触后受体
传递因子	离子流	化学递质
突触延搁	基本无	明显，最短 0.3ms，通常 1 ～ 5ms 或更长
传递方向	通常双向	通常单向

（三）突触传递过程

突触传递（synaptic transmission）是指突触前神经元的信息通过传递，引起突触后神经元活动的过程。

当突触前神经元兴奋时，动作电位沿神经纤维的轴突下传到神经末梢，神经末梢细胞膜产生去极化，使突触前膜上的 Ca^{2+} 通道开放，细胞外液中的 Ca^{2+} 进入突触小体。胞质中 Ca^{2+} 浓度增加，使囊泡向突触前膜移动，然后囊泡膜与突触前膜融合、破裂，通过出胞作用，将所含的递质释放到突触间隙。递质在突触间隙中经过扩散到达突触后膜，与突触后膜上的受体特异性结合，引起突触后膜上某些离子通透性发生改变，发生离子的跨膜移动，从而引起突触后膜的膜电位发生变化，产生突触后电位（postsynaptic potential）。

突触后膜的电变化有两种情况，即去极化或超极化，分别称为兴奋性突触后电位（excitatory postsynaptic potential，EPSP）和抑制性突触后电位（inhibitory postsynaptic potential，IPSP）。

1．兴奋性突触后电位　其特征是突触后膜出现局部去极化。由于突触前膜释放兴奋性递质，与突触后膜上的受体结合，提高了突触后膜对 Na^+、K^+、Cl^-，特别是 Na^+ 的通透性，由于 Na^+ 内流，使突触后膜去极化，产生兴奋性突触后电位。兴奋性突触后电位是一种局部电位，当突触前神经元活动增强或参与活动的数目增多时，兴奋性突触后电位可以总和，若达到阈电位，便引起动作电位。

2．抑制性突触后电位　其特征是突触后膜产生超极化。是由于突触前膜释放抑制性递质，与突触后膜受体结合，提高了突触后膜对 K^+、Cl^-，尤其是 Cl^- 的通透性，由于 Cl^- 内流，使突触后膜超极化，产生抑制性突触后电位。它的产生降低了突触后膜的兴奋性，阻止突触后神经元产生兴奋，呈现抑制效应。

（四）突触传递的特征

1．单向传递　突触传递只能由突触前神经元传给突触后神经元，而不能逆向传递。这是由突触的结构决定的，因为只有突触前膜才能释放神经递质。

2．总和作用　在中枢神经系统内，单个突触前神经元末梢的单个冲动，不能使突触后神经元产生传出效应。这是因为单个突触前神经元末梢传来的单个冲动产生的 EPSP 太小，达不到阈电位的缘故。如果单个突触前神经元末梢快速、连续传入一连串的动作电位，则在突触后神经元相继产生多个 EPSP，可以叠加起来，达到阈电位水平，即可暴发动作电位，称为时间总和。如果许多突触前神经元末梢同时传出冲动到同一中枢神经元，则在同一突触后神经元上同时产生多个 EPSP，可以叠加起来，达到阈电位水平，暴发动作电位，产生传出效应，称为空间总和。抑制性突触后电位也能总和。

3．突触延搁　由于神经冲动经过突触传递，必须经历递质释放、扩散、作用于后膜受体、总和后产生动作电位等一系列复杂的化学过程，耗时相对较长。兴奋通过一个突触的时间为 0.3 ～ 0.5ms，比兴奋在相同距离的神经纤维上的传导所需的时间多得多。

4．兴奋节律的改变　在反射活动中，传入神经和传出神经的冲动频率不一定相同。因为传出神经的兴奋节律，除取决于传入冲动的节律外，还与传出神经元和中间神经元的功能状态有关。

5．后放　在反射活动中，当刺激停止后，传出神经仍可在一定时间内继续发放冲动，这种现象称后放（after discharge）。产生后放的原因是多方面的，中间神经元的环状联系是产生后放的基础。

6．对内环境变化敏感和易疲劳性　突触最易受内环境变化的影响，如缺氧、酸碱度变化、离子浓度变化等均可影响突触的传递能力。突触也最易发生疲劳，因为突触传递需要释放神经递质，如果连续快速刺激突触前神经元，递质释放速度大于合成速度，导致递质的耗竭，信息通过突触的传递效率就会下降，一段时间后，突触后神经元的放电频率会逐渐减少，出现疲劳。疲劳的出现是防止中枢过度兴奋的一种保护性抑制。

三、神经递质和受体

(一) 神经递质

神经递质（neurotransmitter）是指由突触前神经元合成并在末梢处释放，经突触间隙扩散，特异性地作用于突触后神经元或效应器细胞上的受体，能传递信息的化学物质。神经递质可根据其产生部位不同分为外周神经递质和中枢神经递质。

1．外周神经递质

（1）乙酰胆碱：释放乙酰胆碱（acetylcholine，ACh）作为递质的神经纤维，称为胆碱能纤维（cholinergic fiber）。副交感神经的节前和节后纤维（少数释放肽类的除外）、交感神经的节前纤维、少数交感神经节后纤维（引起汗腺分泌和支配骨骼肌血管的舒血管纤维）、支配骨骼肌的躯体运动神经纤维都属于胆碱能纤维。

（2）去甲肾上腺素：释放去甲肾上腺素（norepinephrine，NE）作为递质的神经纤维，称为肾上腺素能纤维（adrenergic fiber）。大部分交感神经节后纤维释放的递质为去甲肾上腺素。

（3）其他递质：外周神经递质除乙酰胆碱和去甲肾上腺素外，还有肽类、嘌呤类等。如属于肽类的 P 物质、脑肠肽，属于嘌呤类的腺苷、ATP，属于气体的一氧化氮等。

2．中枢神经递质

（1）乙酰胆碱：乙酰胆碱在中枢神经系统的分布极为广泛，如在脊髓前角运动神经元（包括其轴突发出到闰绍细胞的侧支），丘脑后部腹侧核的特异性感觉投射神经元，脑干网状结构上行激活系统的各个环节，纹状体、边缘系统的梨状区、杏仁核和海马等部位都有乙酰胆碱递质的存在。

中枢胆碱能系统几乎参与了神经系统所有的功能，包括感觉与运动、学习与记忆、觉醒与睡眠、内脏活动以及情绪等多方面的调节活动。

（2）单胺类：单胺类递质包括去甲肾上腺素、肾上腺素、多巴胺（dopamine，DA）和 5- 羟色胺，它们分别组成不同的递质系统。

肾上腺素能神经元主要位于低位脑干，尤其是中脑网状结构、脑桥蓝斑以及延髓网状结构的腹外侧部分，其纤维投射分为上行、下行和支配低位脑干三部分。去甲肾上腺素有维持脑电和行为觉醒，维持血压、体温、情绪以及某些神经内分泌功能的重要作用。

多巴胺能神经元主要存在于脑内的三个部位，分别发出纤维形成投射通路：①中脑黑质的 DA 能神经元，形成黑质 - 纹状体投射，对纹状体内胆碱能神经元起抑制作用；②中脑脚间核头端背侧部的 DA 能神经元，形成中脑 - 边缘系统通路；③下丘脑弓状核的 DA 能神经元，形成结节 - 漏斗部通路。因此 DA 能系统的生理功能主要与调节躯体运动、精神活动和内分泌功能等有关。

5- 羟色胺能神经元主要位于低位脑干近中线区的中缝核内，其纤维投射也可分为上行、下行和支配低位脑干三部分，其主要功能是调节痛觉、精神情绪、睡眠、体温、性行为、垂体内分泌等功能活动。

（3）氨基酸类：谷氨酸（glutamate）、门冬氨酸（aspartate）、γ- 氨基丁酸（γ aminobutyric，GABA）和甘氨酸（glycine）可作为神经递质。前两种为兴奋性递质，在中枢神经系统分布广泛，尤以大脑皮质和脊髓背侧部等处含量较高；后两种为抑制性递质，主要分布于脊髓与脑干中。

（4）肽类：某些下丘脑肽能神经元分泌的调节腺垂体活动的多肽类神经激素，也起着神经递质的作用。脑内具有吗啡样活性的肽类物质称为阿片肽，在纹状体、下丘脑前区、中脑中央灰质及杏仁核等部位含量较高，可能是调控痛觉传入的递质。脑内还有脑肠肽，如缩胆囊素、血管活性肠肽、促胃液素、胃动素、促胰液素等，与摄食活动等生理过程有关。

脑内还有其他肽类，如 P 物质、心房钠尿肽等。其中，P 物质可能参与痛觉传入，心房钠尿肽具有中枢性调节水、电解质代谢的作用。

此外，还有其他一些物质也可成为递质，如嘌呤类递质主要有腺苷（adenosine）和 ATP，腺苷是中枢神经系统中的抑制性递质；一氧化氮（NO）和一氧化碳（CO）可能作为脑内气体分子的神经递质，透过细胞膜，直接激活鸟苷酸环化酶。

3．递质的合成、储存、释放和失活　乙酰胆碱的合成是由胆碱和乙酰辅酶 A 在胆碱乙酰化酶的催化下合成的。合成多在胞质中进行，然后被摄入囊泡储存。去甲肾上腺素的合成主要在神经末梢进行。酪氨酸是合成去甲肾上腺素的基本原料，在酪氨酸羟化酶的催化作用下合成多巴，再经多巴脱羧酶作用合成多巴胺（dopamine，DA）。后者进入囊泡，在多巴胺 β- 羟化酶催化下，合成去甲肾上腺素。

乙酰胆碱发挥作用后，被胆碱酯酶水解成胆碱和乙酸。去甲肾上腺素一部分随血液循环带走，在肝中被破坏失活；另一部分在效应细胞内由儿茶酚氧位甲基转移酶和单胺氧化酶的作用而被破坏失活；大部分是由突触前膜将去甲肾上腺素再摄取，回收到突触前膜处的轴浆内并重新加以利用。多巴胺的失活与去甲肾上腺素的失活相似，它也是由儿茶酚氧位甲基转移酶和单胺氧化酶的作用而被破坏失活。

（二）受体

受体（receptor）是指细胞膜或细胞内能与某些化学物质（如递质、调质、激素等）发生特异性结合并诱发生物效应的特殊生物分子。能与受体发生特异性结合并产生生物效应的化学物质称为激动剂（agonist）。只发生特异性结合，但不产生生物效应的化学物质称为阻断剂（blocker）或拮抗剂（antagonist）。激动剂和阻断剂统称为配体（ligand），一般认为受体与配体的结合具有特异性、饱和性和可逆性。

1．胆碱受体　以乙酰胆碱为配体的受体称为胆碱受体。胆碱受体可分为毒蕈碱受体（muscarinic receptor，M 受体）和烟碱受体（nicotinic receptor，N 受体）两种。

（1）毒蕈碱受体：存在于副交感神经节后纤维（除少数释放肽类的纤维外）和少数交感神经节后纤维（引起汗腺分泌和骨骼肌血管舒张的舒血管纤维）所支配的效应器细胞膜上。当乙酰胆碱作用于这些受体时，可产生一系列自主神经节后胆碱能纤维兴奋的效应，包括心脏活动的抑制、支气管平滑肌的收缩、胃肠平滑肌的收缩、膀胱逼尿肌的收缩、虹膜环行肌的收缩、消化腺分泌的增加，以及汗腺分泌的增加和骨骼肌血管的舒张等。这些效应可被一种从有毒伞菌科植物中提取的毒蕈碱所模拟，故称为毒蕈碱样作用（M 样作用），其相应的受体称为毒蕈碱受体（M 受体）。M 受体的作用能被阿托品所阻断。M 受体已发现 5 种亚型，但命名法还没有标准化。

（2）烟碱受体：存在于所有自主神经节神经元的突触后膜和神经 - 肌肉接头的终板膜上。当乙酰胆碱与这类受体结合后，可使自主神经节后神经元兴奋，也能引起骨骼肌收缩。这些效应可被从烟草叶上提取的烟碱所模拟，因此这些作用称为烟碱样作用（N 样作用），其相应的受体称为烟碱受体（N 受体）。N 受体的作用能被筒箭毒碱阻断。

N 受体可以分为 N_1 和 N_2 受体两种亚型。分布于自主神经节突触后膜上的 N 受体为 N_1 受体，可被六烃季铵特异性阻断；分布于神经 - 肌肉接头处的 N 受体为 N_2 受体，可被十烃季铵特异性阻断。

2．肾上腺素受体　能与肾上腺素和去甲肾上腺素结合的受体称为肾上腺素受体。肾上腺素受体主要分为 α 型肾上腺素受体（α 受体）和 β 型肾上腺素受体（β 受体）。α 受体又能分为 α_1 和 α_2 受体两种亚型，β 受体又可分为 β_1、β_2 和 β_3 受体三种亚型。肾上腺素受体的分布极为广泛，分布于多数交感神经节后纤维末梢支配的效应器细胞膜上，有的效应器细胞膜上有两种受体，有的只有其中之一（表 10-4）。

表 10-4　肾上腺素受体分布及效应

效应器	受体	效应
眼		
扩瞳肌	α	收缩
睫状肌	β_2	舒张
心脏		
窦房结	β_1	心率加快
房室传导系统	β_1	传导加快
心肌	α，β_1	收缩加强
血管		
冠状血管	α，β_2	α 收缩，β 舒张（主要）
皮肤、黏膜血管	α	收缩
脑血管	α	收缩（轻度）
腹腔内脏血管	α，β_2	α（收缩），β_2 舒张
唾液腺血管	α	收缩
支气管平滑肌		
胃肠道	β_2	舒张
胃平滑肌	β_2	舒张
小肠平滑肌	α_2，β_2	α_2 舒张，β_2 舒张
括约肌	α	收缩
膀胱		
逼尿肌	β_2	舒张
三角区和括约肌	α	收缩
子宫平滑肌	α	收缩
竖毛肌	α	收缩
糖酵解代谢	β_2	增加
脂肪分解代谢	β_2	增加

（1）α 受体：α 受体兴奋后，主要使平滑肌产生兴奋效应，如扩瞳肌收缩，使瞳孔开大；血管收缩，使外周阻力增大，血压升高。但对平滑肌也有抑制效应，如使小肠平滑肌舒张（α_2 受体）。酚妥拉明可以阻断 α_1 和 α_2 受体；哌唑嗪可以选择性阻断 α_1 受体；育亨宾可以选择性阻断 α_2 受体。

（2）β 受体：β 受体兴奋后产生的平滑肌效应是抑制性的（β_2），如冠状血管舒张、支气管舒张、小肠舒张。但对心肌的效应却是兴奋的（β_1 受体），如促使心率加快、心收缩力加强。普萘洛尔（心得安）可阻断 β_1 和 β_2 受体；阿替洛尔可选择性阻断 β_1 受体；丁氧胺（心得乐）可选择性阻断 β_2 受体。

3．其他受体

（1）嘌呤受体：此类受体可以分为两种，P_1 受体对腺苷产生效应，并与腺苷酸环化酶偶联；P_2 受体对 5- 三磷酸腺苷（ATP）和 5′- 二磷酸腺苷（ADP）产生效应。P_2 受体又可分为 P_2X 受体和 P_2Y 受体两种。

（2）多巴胺受体：目前已知的多巴胺受体可分为 D_1、D_2、D_3、D_4、D_5 五种亚型，其中 D_1、

D_5 受体激活后升高细胞内 cAMP 水平，D_2、D_3、D_4 受体激活后降低细胞内 cAMP 水平。

（3）5- 羟色胺受体：脑内 5 - 羟色胺受体可分为 5-HT_1 ～ 5-HT_7 七种亚型，其中 5-HT_3 受体是离子通道型受体，其余大多数是 G- 蛋白耦联受体。

（4）氨基酸类受体：有兴奋性氨基酸受体和抑制性氨基酸受体两类。兴奋性氨基酸主要包括谷氨酸和门冬氨酸。谷氨酸受体可分为促离子受体和促代谢受体两类。促代谢受体共有三种类型：海人藻酸（KA）受体、AMPA 受体和 NMDA 受体。抑制性氨基酸受体有 γ- 氨基丁酸受体和甘氨酸受体，γ- 氨基丁酸受体可分为 $GABA_A$ 和 $GABA_B$ 两种亚型。荷包牡丹碱能阻断 $GABA_A$ 受体，印防己素能阻断 $GABA_B$ 受体，士的宁能阻断甘氨酸受体。

（5）阿片受体：有研究表明，阿片受体分为五种类型，但目前公认的有 μ、Δ、κ 三种类型，均为 G- 蛋白耦联受体。阿片受体能被纳洛酮阻断。

第二节　反射活动的一般规律

一、反射和反射中枢

神经调节的基本方式是反射（reflex）。反射是反应的一种特殊类型，内、外环境的刺激是其发生的必备条件，但它不同于普通的反应，它的实现必须要有中枢神经系统参与。如生理实验中，用电刺激器刺激离体的坐骨神经，导致腓肠肌收缩。不通过神经中枢，就不能称为反射。

反射的结构基础是反射弧（reflex arc），包括感受器（sensor）、传入神经（afferent fiber）、神经中枢（center）、传出神经（efferent fiber）和效应器（effector）五个部分（图 10-4）。

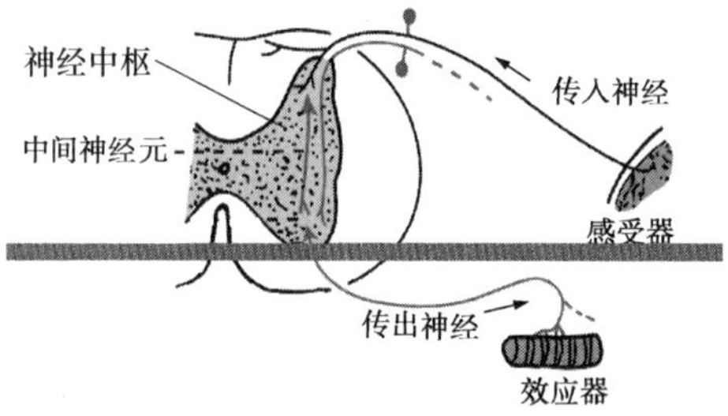

图 10-4　反射弧的组成

感受器的功能是将刺激的能量转化为电信号，沿传入神经传至神经中枢，再经中枢整合，将信号经传出神经传给效应器，产生适当的反应。反射活动正常进行的必要条件是反射弧具有完整性，其任何一个部位受到破坏，均会导致反射消失。例如脊髓灰质炎损伤了脊髓前角的运动神经，导致反射消失，出现肢体的弛缓性瘫痪。

反射可分为非条件反射（unconditioned reflex）和条件反射（conditioned reflex）两类。非条件反射是先天就有的、出生后无需训练就具有的反射，如防御反射、吸吮反射等。条件反射是机体在生活过程中，于一定条件下形成的反射（详见后述）。

中枢神经系统内存在大量的神经元，功能相同的神经元相对集中在一起，通过共同活动调节机体的某项生理功能，通常将中枢神经系统内对某一特定生理功能具有调节作用的神经细胞群称为反射中枢（reflex center）。例如，位于下丘脑的体温调节中枢，位于延髓的心血管中枢等。它们接受感受器经传入神经传来的环境变化信息，经过分析整合后，再把调节信息经传出神经传导到效应器，产生与环境变化相适应的生理活动。

二、中枢神经元的联系方式

中枢神经系统内存在大量的神经元，按其在反射弧中所处位置不同，分为传入神经元、中间神经元和传出神经元三类。神经元数量巨大，联系方式必然非常复杂，概括起来主要有辐散式、聚合式、环式、链锁式等几种（图 10-5）：

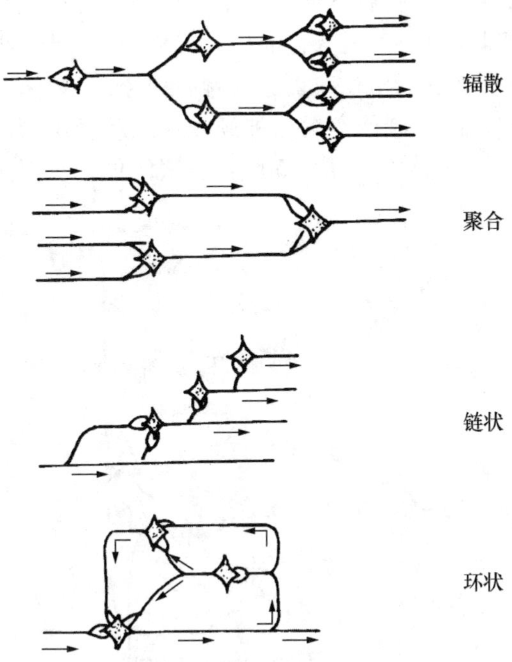

图 10-5 中枢神经元之间的联系方式示意图

（一）辐散

一个神经元的轴突末梢通过其分支与多个神经元建立突触联系的方式称为辐散（divergence）。主要见于感觉传入神经元与其他神经元发生联系时。辐散式联系的意义在于使传入神经的信息扩布到许多神经元，使它们同时发生兴奋或抑制。

（二）聚合

许多神经元通过其轴突末梢与同一个神经元建立突触联系称为聚合（convergence）。主要见于其他神经元与传出神经元发生联系时，是中枢总和功能的结构基础。聚合式联系的意义在于使来自许多神经元的兴奋作用在同一神经元上，使不同来源而同时到达的兴奋和抑制效应在同一神经元上进行整合。

（三）链状与环状联系

链状联系（chain circuit）是指中间神经元在扩布冲动的同时，通过其发出的侧支依次接替，将冲动扩布到许多其他神经元。这种联系方式能加强空间作用范围。

环状联系（recurrent circuit）是指一个神经元通过轴突侧支与中间神经元发生联系，中间神经元反过来直接或间接地再作用到该神经元。环状联系是后放和反馈调节的结构基础。如果中间神经元都是兴奋性神经元，则兴奋通过环路得到加强和延续，使某些反射活动在刺激停止后仍然持续一段时间，这种现象称为后放，属于正反馈作用。如果环路中存在抑制性中间神经元，则通过环状联系使原神经元活动减弱或中止，属于负反馈作用。

三、中枢抑制

中枢神经系统的活动，既有兴奋活动又有抑制活动。两者协调活动可保证各种反射活动按一定次序和强度协调进行。根据中枢抑制产生的部位和机制的不同，将中枢抑制分为突触后抑制（postsynaptic inhibition）和突触前抑制（presynaptic inhibition）两类。

（一）突触后抑制

指通过突触后膜产生抑制性突触后电位而发生的抑制。其特点是需要通过抑制性中间神经元活动来发挥作用。当抑制性中间神经元兴奋时，其末梢释放抑制性递质，使与其发生突触联系的神经元突触后膜产生抑制性突触后电位，引起突触后神经元产生抑制。因为抑制发生在突触后神经元，故称为突触后抑制。此抑制使突触后神经元突触后膜出现超极化，也称为超极化抑制（hyperpolarization inhibition）。根据神经元之间联系方式不同，突触后抑制可分为传入侧支性抑制和回返性抑制两种形式（图 10-6）。

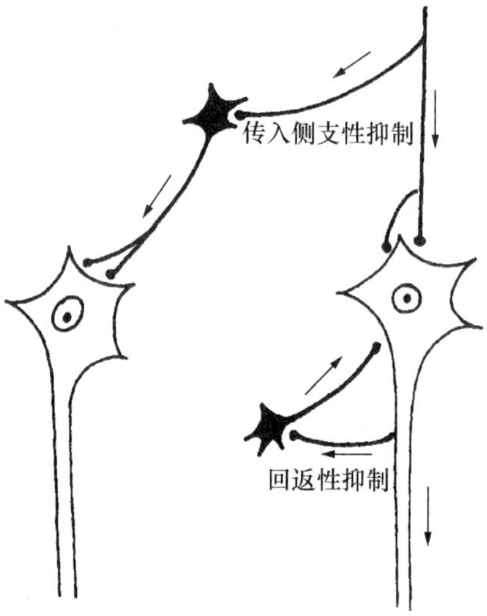

图 10-6　两类突触后抑制

1．传入侧支性抑制　传入神经纤维进入中枢后，在兴奋某一中枢的神经元的同时，还发出侧支兴奋另一个抑制性中间神经元，进而使另一中枢神经元发生抑制。例如，在牵张反射过程中，当伸肌兴奋传入冲动进入脊髓后，在兴奋伸肌运动神经元的同时，发出侧支兴奋抑制性中间神经元，使抑制性中间神经元兴奋，释放出抑制性递质，抑制屈肌运动神经元，反射结果是伸肌收缩，屈肌舒张。传入侧支性抑制又称为交互抑制，生理意义是使不同中枢之间的活动协调一致。

2．回返性抑制　某一中枢的神经元兴奋时，其传出冲动沿轴突外传，同时又经其轴突侧支兴奋另一抑制性中间神经元，该抑制性中间神经元兴奋后，其轴突释放抑制性递质，回返作用于原先发动兴奋的神经元及同一中枢的其他神经元，抑制它们的活动。例如，脊髓前角 α 运动神经元兴奋时，发出轴突支配外周的骨骼肌，同时发出侧支兴奋中枢内的闰绍细胞，闰绍细胞是抑制性神经元，其轴突回返作用于脊髓前角 α 运动神经元，使其放电减弱或停止。这种抑制是一种负反馈控制形式，能使神经元的活动及时终止，促使同一中枢内许多神经元之间相互制约和协调一致。

（二）突触前抑制

指通过改变突触前膜的活动而使突触后神经元产生的抑制。突触前抑制产生的结构基础是轴 - 轴突触，神经末梢释放的递质量与其产生动作电位的幅度呈正比，而动作电位的幅度大小又取决于安静时膜电位的大小。由于传入神经受到轴 - 轴突触的影响，而发生突触前膜去极化，使膜电位绝对值减小，发生兴奋时动作电位的幅度便会减小，释放的递质量就会减少，导致突触后膜上产生的兴奋性突触后电位减小，呈现出抑制效应。

如图 10-7 所示，轴突 2 和神经元 3 构成轴 - 体突触，轴突 1 和轴突 2 构成轴 - 轴突触，两者均为兴奋性突触。当神经冲动到达轴突 2 末梢时，其释放的兴奋性递质能引起神经元 3 产生兴奋性突触后电位，电位幅度约 10mV。轴突 1 与神经元 3 不直接构成突触联系，当仅有轴突 1 兴奋时，神经元 3 不产生反应。但如果在轴突 2 兴奋之前，先使轴突 1 兴奋，兴奋性递质作用于轴突 2 使其发生部分去极化，从而使其静息电位绝对值减小，紧随其后轴突 2 的神经冲动到达末梢时，其末梢的动作电位幅度减小，其释放的兴奋性递质减少，神经元 3 的兴奋性突触后电位就会减小到约 5mV。因为抑制是是通过改变突触前膜的活动实现的，故称为突触前抑制。此抑制是由于突触前神经元的末梢去极化引起的，也称为去极化抑制（depolarization inhibition）。

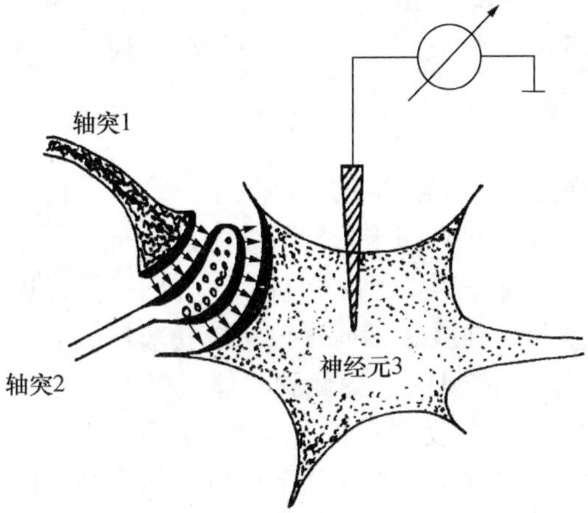

图 10-7　突触前抑制示意图

突触前抑制在中枢神经系统内广泛存在，多见于感觉传入途径，对调节感觉传入活动有重要作用。由于突触前抑制产生的潜伏期较长，因此认为传入神经必须通过两个以上中间神经元的多突触接替，才能与其他感觉传入神经末梢形成轴 - 轴突触联系。

第三节　神经系统的感觉功能

感觉是神经系统的一项重要功能。内、外环境中的各种信息，首先由感受器感受，并将各种形式的能量转换为传入神经上的动作电位，通过各自的传导通路传向中枢，经过中枢神经系统的分析和整合，从而形成各种感觉。中枢神经系统从脊髓到大脑皮质都与感觉功能有关，它们在产生感觉的过程中发挥不同的作用。

躯体感觉的传入通路一般由三级神经元接替。第一级神经元位于脊髓神经节或脑神经感觉神经节中，其周围突起与感受器相连。第二级神经元位于脊髓后角或脑干有关神经核内。第三级神经元在丘脑的感觉接替核内，最后由丘脑的投射系统作用于大脑皮质，加以分析产生各种感觉。

一、脊髓的感觉传导功能

脊髓是感觉信号传入高级中枢的重要通路，除头面部以外，来自四肢、躯体和内脏的各种感觉信息经脊髓后根传入脊髓，沿着特定的上行传导路径到达大脑皮质。

由脊髓上传到大脑皮质的感觉传导通路可分为两类：一类为浅感觉传导通路（superficial sensory pathway），传导痛觉、温度觉和粗略触 - 压觉，其传入纤维由后根的外侧部进入脊髓后角，在此更换神经元，再发出第二级神经纤维在中央管前交叉到对侧，分别经脊髓丘脑侧束（痛、温觉）和脊髓丘脑前束（粗略触 - 压觉）上行抵达丘脑，更换第三级神经元投射至大脑皮质。另一类为深感觉传导通路（deep sensory pathway），传导肌肉和关节的本体感觉及精细触 - 压觉，其传入纤维由后根的内侧部进入脊髓后角，在同侧后索上行，抵达延髓下部薄束核和楔束核后更换第二级神经元，再发出纤维交叉到对侧，经内侧丘系至丘脑，更换第三级神经元投射至大脑皮质。因此，浅感觉传导路径是先交叉再上行，而深感觉传导路径是先上行再交叉。在脊髓半离断的情况下，浅感觉的障碍发生在离断的对侧，而深感觉障碍发生在离断的同侧。因此，在脊髓半离断时，浅感觉的传导障碍发生在离断对侧的断面以下的肢体，而深感觉的传导障碍发生在离断同侧的断面以下肢体。

来自头面部的痛、温觉传入冲动，由三叉神经脊束核中继，触觉和本体感觉由三叉神经主核和中脑核中继，二级纤维越至对侧组成三叉丘系，上行至丘脑。

二、丘脑的感觉投射系统

在大脑皮质不发达的动物，丘脑是感觉的最高级中枢。在大脑皮质发达的动物，丘脑是除嗅觉以外各种感觉的换元站，对感觉进行初步分析与综合，并向大脑皮质发出投射纤维。

丘脑的核团大致分为三类：第一类为感觉接替核，它们接受感觉的投射纤维，经换元后进一步投射到大脑皮质的特定感觉区。主要包括后腹核（接受来自躯干、肢体、头面部的纤维，换元后投射到大脑皮质中央后回体表感觉区）、内侧膝状体（接受听觉传入纤维，换元后投射到大脑皮质颞叶听觉区）和外侧膝状体（接受视觉传入纤维，换元后投射到大脑皮质枕叶视觉区）。第二类是联络核，接受丘脑感觉接替核和其他皮质下中枢来的纤维，换元后发出纤维投射到大脑皮质某些特定区域。主要的神经核团有丘脑前核、外侧腹核，丘脑枕等。第三类是髓板内核群，主要包括中央中核、束旁核、中央外侧核等。这些核群接受来自脑干网状结构的纤维，不能向大脑皮质直接投射，但可以间接地通过多突触接替，弥散地投射到大脑皮质的广泛部分，起着维持大脑皮质兴奋性的重要作用。

根据丘脑各部分向大脑皮质投射特征的不同，可把感觉投射系统分为两大系统。

（一）特异性投射系统

特异性投射系统（specific projection system）是指丘脑感觉接替核及其投射至大脑皮质的神经通路。经典的感觉传导通路（除嗅觉外）上行到丘脑，经感觉接替核和联络核换元，投射到大脑皮质特定区域。特异性投射系统的每一种感觉投射都具有专一性，与皮质具有点对点的投射关系。特异性投射系统的主要功能是引起特定感觉，并激发大脑皮质发出传出神经冲动。联络核在结构上大部分也与大脑皮质有特定的投射关系，因此，也归入该系统，但它不引起特定的感觉，主要起联络和协调作用。

（二）非特异性投射系统

非特异性投射系统（nonspecific projection system）是指丘脑非特异投射核及其投射至大脑皮质的神经通路。经典的感觉传导通路（除嗅觉外）上行纤维经过脑干时，发出侧支与脑干网状结构的神经元发生突触联系，并在脑干网状结构内多次换元，到达丘脑第三类核群换元后，弥散地投射到大脑皮质的广泛区域。由于这一系统在脑干网状结构中多次换元，形成了各种感觉的共同上行通路，失去了感觉的专一性，抵达丘脑髓板内核群换元后，又弥散地投射到大脑皮质广泛区域，因而不具有点对点的投射特征，不能产生特定感觉。非特异投射系统的功能是维持和改变大脑皮质的兴奋状态。

特异性和非特异性投射系统虽然功能不同，但是两者之间的作用和配合才使大脑皮质既能处于觉醒状态，又能产生各特定的感觉（表 10-5）。

表 10-5 两类投射系统比较

特异性投射系统	非特异性投射系统
一般由三级神经元接替而完成，最终投射到大脑皮质的特定区域	经典传导通路的第二级神经元纤维通过脑干时，发出侧支与脑干网状结构内神经元发生联系，然后在网状结构内反复换元上行，抵达丘脑的第三类细胞群，进一步向大脑皮质弥散投射
上行纤维进入大脑皮质，主要与第四层神经元形成突触联系	上行纤维进入大脑皮质后分散在各层，与皮质神经元的树突形成突触联系
形成特定感觉	维持与改变大脑皮质的兴奋状态
不易受药物作用的影响	易受药物作用的影响

（三）脑干网状结构上行激活系统

实验观察到，刺激中脑网状结构，能唤醒动物，若在中脑头端切断网状结构，动物由清醒转入昏睡状态。这说明在脑干网状结构内具有上行唤醒作用的功能系统，这一系统称为网状结构上行激活系统（ascending reticular activating system）。上行激活系统主要是通过丘脑非特异性投射系统发挥作用的。由于这一系统是一个多突触接替的上行系统，因此易受药物的影响而发生传导阻滞。例如，巴比妥类药物可能就是由于阻断了上行激活系统的传导，而产生镇静和催眠作用。一些全身麻醉药（如乙醚）也可能是首先抑制了上行激活系统和大脑皮质的活动而发挥麻醉作用的（图 10-8）。

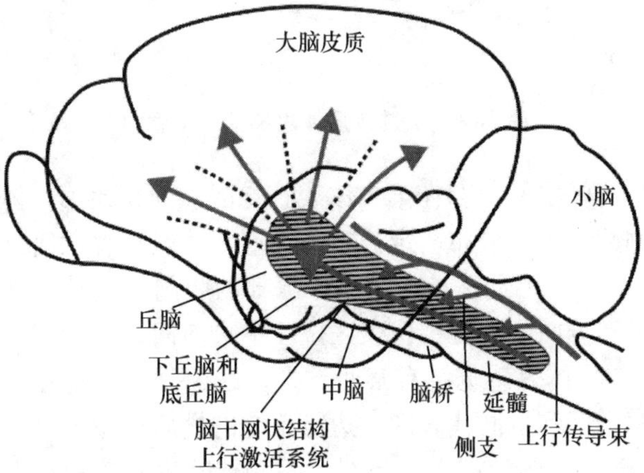

图 10-8 脑干网状结构上行激活系统

三、大脑皮质的感觉分析功能

各种感觉传入冲动，最终都抵达大脑皮质，通过分析和综合，产生感觉。因此，大脑皮质是感觉分析的最高级中枢。不同性质的感觉在大脑皮质有不同的代表区。

（一）大脑皮质的结构特点

人类大脑皮质厚 3 ～ 5mm，内含神经元约 140 亿个，神经元之间具有复杂的联系。大脑半球内侧面的古皮质有三层：分子层、锥体细胞层、多形细胞层。外侧面的新皮质有六层：分子层、外颗粒层、外锥体细胞层、内颗粒层、内锥体细胞层、多形细胞层。根据神经元成分与结构特征，Brodmann 把大脑皮质分成 52 个区。

（二）大脑皮质的感觉投射区

1．体表感觉代表区 大脑皮质的体表感觉代表区包括第一体表感觉区和第二体表感觉区。第一体表感觉区位于中央后回，感觉投射有如下特征：①交叉投射：一侧体表感觉传入投射到对侧大脑皮质的相应区域，但头面部的感觉投射是双侧性的。②上下倒置：下肢感觉代表区在顶部，上肢感觉代表区在中间部，头面部感觉代表区在底部，但头面部感觉代表区的内部安排是正立的。③代表区的大小与体表部位的感觉分辨精细程度有关（图 10-9）。

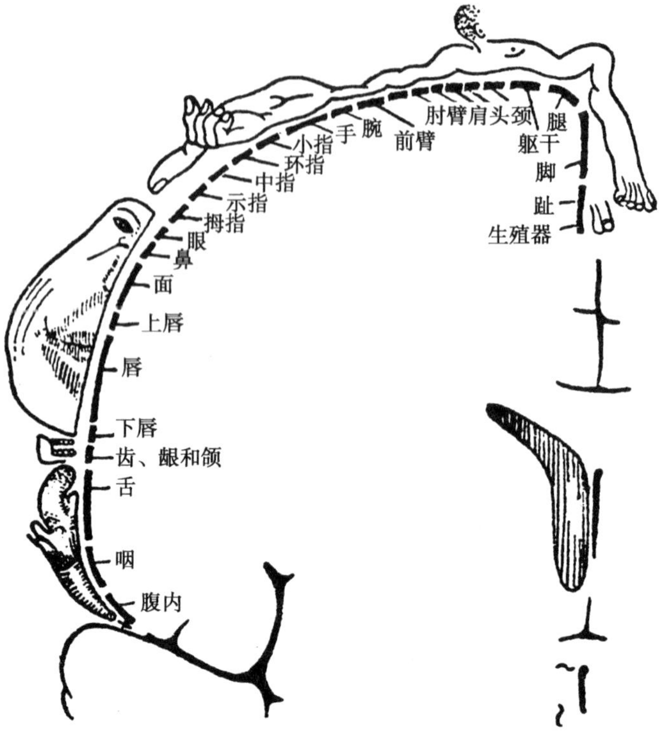

图 10-9 大脑皮质体表感觉区示意图

在人脑，中央前回与岛叶之间还存在第二体表感觉区，面积比第一体表感觉区小。全身体表感觉在此区的投射呈双侧性，正立分布，定位精确性差，此区对感觉信息具有粗略的分析功能。

2．本体感觉代表区　本体感觉是指来自躯体深部的肌肉、肌腱、骨膜和关节等处对躯体空间位置、姿势、运动状态和方向的感觉。代表区位于中央前回。

3．内脏感觉代表区　与体表感觉区有某些重叠，区域分散。腹腔和盆腔的内脏传入纤维可能投射到体表感觉区的躯干区和下肢代表区。边缘系统的皮质部位也是内脏感觉的投射区。

4．视觉代表区　位于枕叶距状裂上、下缘。左侧枕叶皮质接受左眼颞侧视网膜和右眼鼻侧视网膜传入纤维的投射，右侧枕叶皮质接受右眼颞侧视网膜和左眼鼻侧视网膜传入纤维的投射。电刺激人脑的距状裂上、下缘，可以使受试者产生主观光感觉，但不能引起完整的视觉形象。

5．听觉代表区　位于颞叶皮质。听觉的投射是双侧性的，即一侧耳蜗的传入纤维投射到两侧皮质代表区。电刺激颞横回和颞上回能产生铃声或吹风样的主观感觉。

6．嗅觉和味觉代表区　高等动物的嗅觉代表区只有边缘皮质的前底部区域，包括梨状区皮质的前部、杏仁核的一部分等。电刺激人脑的这些区域可引起特殊的主观嗅觉，如焦橡胶气味等。味觉代表区在中央后回头面部感觉投射区的下方。

四、痛觉

痛觉（pain）是机体受到伤害性刺激时产生的一种不愉快的感觉，常伴有情绪变化、防卫反应和自主神经反应。痛觉对机体具有保护作用。

（一）痛觉感受器

一般认为，痛觉感受器是游离的神经末梢，有些传入神经的末梢失去髓鞘，成为裸露纤细的分支，就是痛觉感受器。游离神经末梢分布十分广泛，位于组织细胞之间，直接与组织液接触，易于感受其中化学物质的刺激。

引起痛觉不需要特殊的适宜刺激，任何形式的刺激，只要达到一定强度都能引起疼痛。痛觉感受器还具有不易产生适应、容易产生敏感性增强的特点。

在伤害性刺激作用下，损伤的组织释放出 K^+、H^+、组胺、5- 羟色胺、前列腺素等。这些物质作用于痛觉感受器，产生痛觉的传入冲动，进入中枢引起痛觉。可以引起疼痛的物质称为致痛物质。

（二）躯体痛

皮肤痛觉和来自肌肉、关节、肌腱等处的深部痛，属于躯体痛（soma pain）。伤害性刺激作用于机体时，除产生痛觉的主观感觉外，还表现出不同程度的痛反应。痛反应一般包括局部反应、反射性反应和行为反应。局部反应仅局限于受刺激部位对伤害性刺激做出的一种简单的反应，如皮肤受到伤害性刺激时，受刺激部位出现不同程度的血管扩张，引起皮肤潮红。反射性反应包括躯体性反射和心血管反应。当伤害性刺激作用于皮肤或深部组织时，可以引起以骨骼肌收缩为主的躯体反射，以逃避伤害性刺激对机体的进一步伤害。如伤害性刺激非常强，在出现躯体反应的同时，常常会诱发交感神经系统兴奋，使心率加快，外周血管收缩，血压升高，瞳孔扩大，汗腺和肾上腺髓质分泌等。行为反应是在脑的高级部位参与下，对伤害性刺激所做出的躲避、反抗、攻击等整体性的反应。常常带有强烈的情绪色彩，如痛苦、焦虑、害怕等。疼痛的主观体验及所伴随的各种反应，常因机体当时的状态、心理情境和所处的环境不同而有很大的差别，如在战场上战士负伤的当时，往往不会立即感觉到明显的疼痛。临床上给某些疼痛患者使用安慰剂（如生理盐水），可暂时缓解疼痛。

疼痛按发生部位的差异可分为来自皮肤的浅表痛以及来自肌肉、关节和内脏的深部痛。皮肤的浅表痛又可分为快痛和慢痛两种。快痛是一种尖锐而定位清楚的“刺痛”，它出现和消失都很快。慢痛是一种定位模糊的“烧灼痛”，出现较慢，持续时间长，并伴有情绪反应及心血管和呼吸等方面的变化。一般认为，快痛由外周神经中 AΔ 纤维传导，它直径较粗、有髓鞘、传导速度较快而兴奋阈较低；慢痛由外周神经中的 C 类纤维传导，它直径较细、无髓鞘、传导速度慢而兴奋阈较高。

（三）内脏痛和牵涉痛

内脏痛（visceral pain）是内脏器官受到伤害性刺激时产生的疼痛感觉。它与皮肤痛相比较有下列特征：①缓慢、持续、定位不精确，对刺激的分辨能力差；②内脏器官对能使皮肤致痛的刺激，如针刺、切割、烧灼等不敏感，而对机械性牵拉、缺血、痉挛和炎症等刺激敏感；③能引起不愉快的情绪活动，并伴有出汗、恶心、血压降低和心血管及呼吸活动的改变。

还有一种内脏痛是由于体腔浆膜受到刺激而产生的疼痛，称为体腔壁痛（parietal pain）。如胸膜或腹膜受到炎症、摩擦等刺激时，也会产生疼痛。这种疼痛与躯体痛类似，也是由躯体神经，如膈神经、肋间神经和腰上部脊神经传入的。

某些内脏疾病引起体表部位发生疼痛或痛觉过敏的现象，称为牵涉痛（referred pain）。例如，心肌缺血时，可发生心前区、左肩和左上臂的疼痛；胆囊病变时，右肩区会出现疼痛；阑尾炎时，常感觉上腹部或脐区疼痛（表 10-6）。

表 10-6　常见内脏疾病牵涉痛的部位和压痛区

患病脏器	心脏	胃、胰	肝、胆囊	阑尾炎	肾结石
牵涉痛部位	心前区	左上腹	右肩胛	上腹部	腹股沟区
	左臂尺侧	肩胛间		脐部	

发生牵涉痛的部位与真正发生痛觉的患病内脏部位有一定的解剖关系，它们都受同一脊髓节段的后根神经支配，即患病内脏的传入神经纤维和被牵涉皮肤部位的传入神经纤维由同一后根进入脊髓。因此，对牵涉痛的发生机制有两种解释：

1．会聚学说　患病内脏和被牵涉皮肤的传入纤维在进入脊髓时会聚到同一个脊髓神经元，由同一上行纤维上传到大脑。由于平时皮肤痛经常发生，而内脏痛很少发生，所以将来自内脏的痛觉传入冲动误认为来自体表（图 10-10a）。

2．易化学说　来自患病内脏的传入冲动进入脊髓后，兴奋向周围扩散，提高了邻近的躯体感觉神经元的兴奋性，使脊髓神经元阈值降低，即产生易化效应，因而较弱的皮肤传入冲动也能引起较强的兴奋，产生疼痛或痛觉过敏（图 10-10b）。

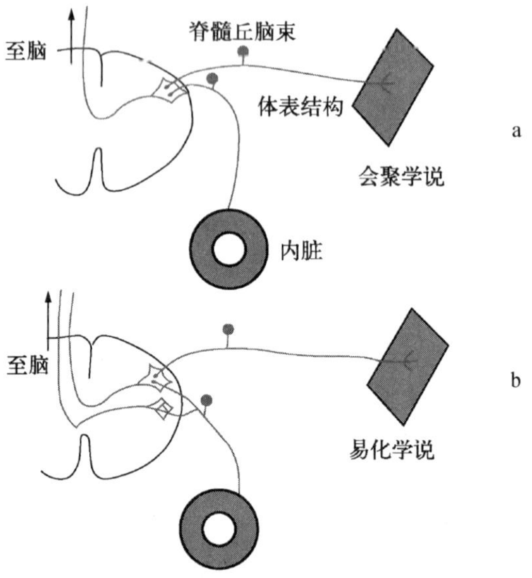

图 10-10　牵涉痛解释的两种学说

第四节　神经系统对躯体运动的调节

人体的躯体运动都是在骨骼肌活动的基础上进行的。不同肌群在神经系统的调节下，相互协调与配合，进行收缩和舒张。神经系统不同部位对躯体运动的整合作用也存在着明显的不同，越是复杂的躯体运动，越需要高级神经中枢的调节。

一、脊髓对躯体运动的调节

脊髓是调节躯体运动最基本的初级反射中枢，通过脊髓可以完成一些比较简单的反射活动。

（一）脊髓的运动神经元和运动单位

在脊髓的前角中，存在大量运动神经元，主要为 α 和 γ 运动神经元，它们的轴突经前根出脊髓后直达所支配的肌肉。

1．α 运动神经元　α 运动神经元的数量较多，约占前角运动神经元的 2/3，它们的胞体大，纤维较粗。α 运动神经元既接受来自皮肤、肌肉和关节等外周传入的信息，也接受从脑干到大脑皮质等各级高位中枢的下传信息，经整合后产生一定的反射传出冲动。由于骨骼肌所接受的传出冲动均来自 α 运动神经元，因此，被认为是脊髓躯体反射的最后公路（final common path），脑干躯体运动神经元也是如此。

α运动神经元的轴突在末梢分成了许多小分支，每一条小分支支配一条骨骼肌纤维（梭外肌纤维）。当一个α运动神经元发生兴奋时，兴奋可传导到受它支配的全部肌纤维，使其同时收缩。一个α运动神经元及其所支配的全部肌纤维组成一个功能单位，称为运动单位（motor unit）。运动单位大小不一，一般是肌肉越大，运动单位也越大。例如，一个眼外肌的运动神经元只支配6～12条肌纤维，而一个四肢肌的运动神经元所支配的肌纤维可达2000条。前者有利于肌肉进行精细的运动，后者有利于产生巨大的肌张力。

2．γ运动神经元　γ运动神经元的数目较少，分散在α运动神经元之间，其胞体较α运动神经元为小。它们所发出的轴突支配骨骼肌内的梭内肌纤维，可调节肌梭感受器的敏感性，与肌紧张的产生有关。

（二）脊髓反射

脊髓是调节躯体运动最基本的反射中枢，通过脊髓能完成一些比较简单的躯体运动反射，包括牵张反射、屈肌反射和交叉伸肌反射等。脊髓反射的基本反射弧较为简单，在整体内受高位中枢调节。

1．牵张反射　有神经支配的骨骼肌受到外力牵张而伸长时，能反射性地引起被牵拉肌肉收缩，此种反射称为牵张反射（stretch reflex）。这在伸肌表现得特别明显。牵张反射的感受器和效应器都存在于骨骼肌内，是维持姿势最基本的反射。

（1）牵张反射的类型：牵张反射分为腱反射（tendon reflex）和肌紧张（muscle tonus）两类。腱反射是指快速牵拉肌腱时发生的牵张反射。如叩击股四头肌腱时，股四头肌发生收缩，膝关节伸直，称为膝反射；叩击跟腱时，腓肠肌收缩，踝关节伸直，称为跟腱反射。临床上常检查不同部位的腱反射来了解神经系统的功能状态。若腱反射减弱或消失，常提示反射弧的某一部分受损；若腱反射亢进，则提示控制脊髓的高级中枢发生病变（表10-7）。

表10-7　临床常检查的腱反射

反射名称	检查方法	传入神经	中枢部分	传出神经	效应器	反应
膝反射	叩击膝下股四头肌肌腱	股神经	$L_{2\sim4}$	股神经	股四头肌	膝关节伸直
跟腱反射	叩击跟腱	胫神经	$S_{1\sim2}$	胫神经	腓肠肌	踝关节伸直
肱二头肌反射	叩击肱二头肌肌腱	肌皮神经	$C_{5\sim6}$	肌皮神经	肱二头肌	肘关节屈曲
肱三头肌反射	叩击肱三头肌肌腱	桡神经	$C_{6\sim7}$	桡神经	肱三头肌	肘关节伸直

肌紧张是指缓慢、持续牵拉肌腱时发生的牵张反射。表现为被牵拉的肌肉发生缓慢而持久的紧张性收缩，产生一定的肌张力，以阻止肌肉被拉长。当人体站立时，由于重力的影响，支持体重的关节趋向于被重力所弯曲，关节弯曲使伸肌肌腱受到持续的牵拉，从而发生持续的肌紧张，以对抗关节弯曲，维持站立姿势。肌紧张的生理意义是维持身体的姿势，是姿势反射的基础。

（2）牵张反射的反射弧：腱反射和肌紧张的感受器都是肌梭（muscle spindle）。肌梭是一种感受肌肉长度变化或牵拉刺激的梭形感受器，其外层为一结缔组织囊，囊内一般含6～12根肌纤维，称为梭内肌纤维，而囊外的一般肌纤维称为梭外肌纤维，分别受γ运动神经元和α运动神经元支配。整个肌梭附着于梭外肌纤维上，并与其平行排列呈并联关系。梭内肌纤维的收缩成分位于纤维的两端，而感受装置位于其中间部，两者呈串联关系。肌梭及牵张反射纤维有Ⅰa类和Ⅱ类传入纤维两类（图10-11）。

当骨骼肌受到外力牵拉使梭外肌拉长时，梭内肌也被拉长，肌梭内的感受装置受到刺激，Ⅰa类纤维传入中枢的冲动增加，引起支配同一肌肉的α运动神经元兴奋，使梭外肌收缩。当α运动神经元兴奋性增强时，梭内肌纤维收缩，提高了肌梭内感受装置对牵拉的敏感性，使其传入冲动增多，也可引起支配同一肌肉的α运动神经元兴奋，使梭外肌收缩，这一反射途径称为γ环

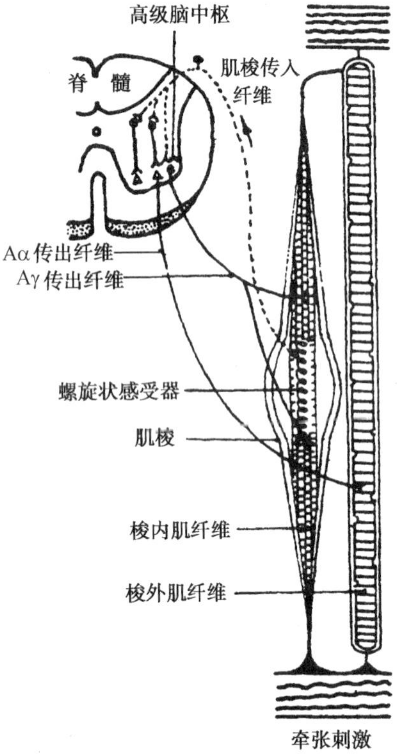

图 10-11 肌梭及牵张反射示意图

路（γ-loop）。

2．腱器官反射 腱器官（tendon organ）是分布于肌肉和肌腱连接处的肌肉张力感受器，包裹于肌腱内的胶原纤维束内，与梭外肌纤维呈串联关系。当梭外肌纤维发生等长收缩时，腱器官兴奋冲动传入脊髓，对同一肌肉的 α 运动神经元起抑制作用。一般认为，当肌肉受到牵拉时，首先兴奋肌梭发动牵张反射，使受牵拉的肌肉收缩；当牵拉力量进一步加大时，则可兴奋腱器官，使牵张反射受到抑制，这样可保护肌肉不致因受到过分的牵拉而受到损伤。

3．屈肌反射和对侧伸肌反射 肢体皮肤受到伤害性刺激时，受刺激一侧的肢体屈肌收缩，伸肌舒张，该侧肢体屈曲，称为屈肌反射（flexor reflex）。屈肌反射的强度与刺激强度有关，具有保护性意义，可使肢体避开伤害性刺激。如刺激强度再加大，在同侧肢体发生屈肌反射的同时，对侧肢体出现伸直的反射活动，称为对侧伸肌反射（crossed extensor reflex）。对侧伸肌反射具有支持体重，保持身体平衡，维持姿势的意义。屈肌反射和对侧伸肌反射的中枢在脊髓。

（三）脊休克

将动物脊髓与高位中枢离断，断面以下的脊髓暂时丧失反射活动的能力，进入无反应状态，这种现象称为脊休克（spinal shock）。脊休克的主要表现为：在横断面以下脊髓所支配的骨骼肌反射消失，肌紧张减弱或消失，外周血管扩张，血压下降，发汗反射消失，大、小便潴留。脊休克是一种暂时的现象，以后一些以脊髓为中枢的反射活动可逐渐恢复，恢复的速度与动物的进化程度有关，越是低等的动物恢复越快；同种动物反射恢复的速度与反射的复杂程度有关，越是简单、原始的反射恢复越快。

脊休克的产生并不是由于切断损伤的刺激本身引起，而是由于离断的脊髓突然失去了高位中枢（主要是大脑皮质、前庭核和脑干网状结构）对它的易化作用，使脊髓的兴奋性处于极度低下的状态，导致反射的暂时消失。

二、脑干对躯体运动的调节

（一）抑制区和易化区

网状结构中存在抑制和加强肌紧张和肌运动的部位，分别称为抑制区和易化区。抑制区位于延髓网状结构的腹内侧部分，易化区包括延髓网状结构的背外侧部分、脑桥的被盖、中脑的中央灰质及被盖，以及下丘脑和丘脑中缝核群等部位。

在正常情况下，脑干网状结构的肌紧张抑制区和易化区的活动保持着动态的平衡，使肌紧张维持在正常状态。如果由于某种原因破坏了原有的平衡，将导致肌紧张加强或减弱（图 10-12）。

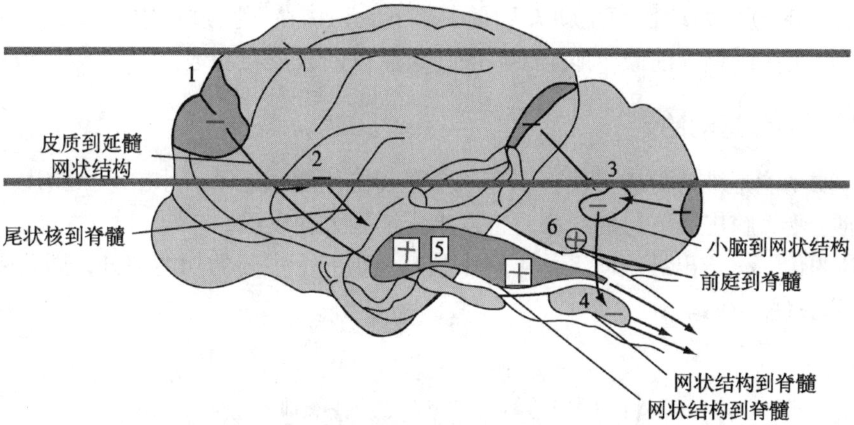

图 10-12　猫脑肌紧张的抑制区和易化区及其路径

+：代表易化区；-：代表抑制区

1. 皮质　2. 尾状核　3. 小脑　4. 延髓网状结构　5. 脑干网状结构　6. 前庭核

（二）去大脑僵直

在动物的中脑上、下丘之间横断脑干，动物立即出现全身肌紧张明显加强。主要表现是：四肢伸直、脊柱挺硬、头尾昂起，呈现角弓反张状态，称为去大脑僵直（decerebrate rigidity）（图 10-13）。去大脑僵直主要是一种反射性伸肌紧张性亢进。原因是由于切断了大脑皮质运动区和纹状体等区域与网状结构的功能联系，造成抑制区和易化区活动失去平衡，易化区活动相对增强的结果。

图 10-13　猫去大脑僵直

从牵张反射的角度来分析，肌紧张加强的机制有 α 僵直和 γ 僵直。α 僵直（α rigidity）是由于高位中枢的下行性作用，直接或间接通过脊髓中间神经元提高 α 运动神经元的活动而出现的僵直。γ 僵直（γ rigidity）是由于高位中枢的下行性作用，提高了 γ 运动神经元的活动，使肌梭的传入冲动增多，转而增强 α 运动神经元的活动而出现的僵直。

（三）脑干对姿势反射的调节

在中枢神经系统的调节下，骨骼肌能保持肌紧张或产生相应的运动，以保持或改正身体在空间的姿势，这种反射称为姿势反射（postural reflex）。牵张反射、对侧伸肌反射是最简单的姿势反射，状态反射、翻正反射、直线或旋转加速运动反射是比较复杂的姿势反射。

1．状态反射　头部在空间的位置改变以及头部与躯干的相对位置改变时，可以反射性地改变躯体肌肉的紧张性，这种反射称为状态反射（attitudinal reflex）。状态反射包括迷路紧张反射和颈紧张反射。

迷路紧张反射（tonic labyrinthine reflex）是指内耳迷路的椭圆囊和球囊的传入冲动对躯体伸

肌紧张性的调节反射。在去大脑动物实验中见到，当动物仰卧时伸肌紧张性最高，而当动物俯卧时则伸肌紧张性最低。这是由于不同头部位置会引起内耳迷路不同刺激的结果而造成的。其反射中枢主要是前庭核。颈紧张反射（tonic neck reflex）是指颈部扭曲时，颈椎关节韧带或肌肉受刺激后对四肢肌肉紧张性的调节反射。实验证明，头向一侧扭转时，下颏所指一侧的伸肌紧张性加强；如头后仰时，则前肢伸肌紧张性加强，而后肢伸肌紧张性降低；如头前俯时，则后肢伸肌紧张性加强，而前肢伸肌紧张性降低。正常人体由于高级中枢的存在，状态反射受抑制不易表现出来。其反射中枢位于颈部脊髓。

2．翻正反射　正常动物可保持站立姿势，如将其推倒，则可翻正过来，这种反射称为翻正反射（righting reflex）。如动物四足朝天从空中落下，动物在下坠过程中，会发生一系列反射活动，翻正的次序是头、颈、前肢、躯干、后肢，最后以四肢灵巧着地。

三、小脑对躯体运动的调节

小脑的主要功能是维持身体平衡、调节肌紧张和协调随意运动。小脑与大脑皮质有双向纤维联系，即小脑接受大脑皮质下行的纤维，也发出纤维到大脑皮质。

根据小脑的传入、传出纤维联系，可将小脑划分为三个主要的功能部分，即前庭小脑、脊髓小脑和皮质小脑（图 10-14）。

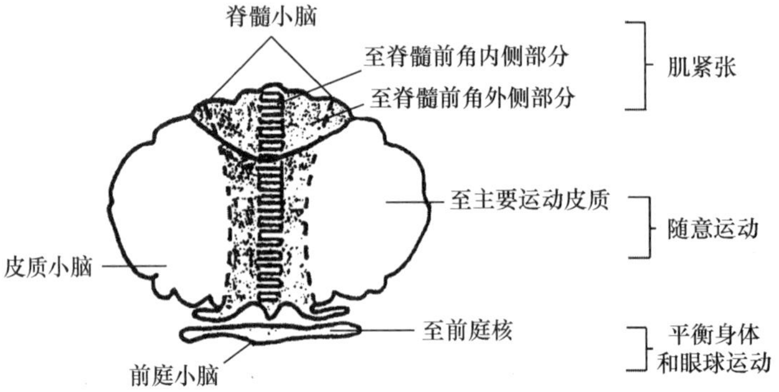

图 10-14　小脑的功能分区示意图

（一）维持身体平衡

前庭小脑主要由绒球小结叶构成，与身体平衡的调节有密切关系。如果这一部分发生病变，则患者站立不稳，但其肌肉运动协调仍良好。

（二）调节肌紧张

主要与脊髓小脑有关。脊髓小脑主要接受脊髓小脑束和三叉小脑束传入纤维的投射，也接受视觉和听觉的传入信息，对肌紧张的调节具有易化和抑制双重作用。由于进化过程中，小脑易化作用逐渐占优势，故人类小脑损伤后只表现为肌紧张降低。

（三）协调随意运动

主要与皮质小脑有关。皮质小脑仅接受由大脑皮质广泛区域传来的信息，与大脑皮质运动区、感觉区、联络区之间的联合活动和运动计划的形成及运动程度的编制有关。这一部分受损会出现患者不能完成精巧动作，在肢体运动时抖动而把握不住方向，快达到目标时发生震颤，称为意向性震颤。行走不稳、步态蹒跚、动作缺乏次序或条理、不规则、不协调、易摔倒是患者早期的主诉，称为小脑性共济失调。

四、基底神经节对躯体运动的调节

基底神经节包括尾状核、壳核、苍白球、丘脑底核、黑质和红核，前三者称为纹状体。纹状体与丘脑底核、黑质在功能上有密切的联系，苍白球是纤维联系的中心，尾状核、壳核、丘脑底核、黑质均发出纤维与苍白球相联系（图 10-15）。

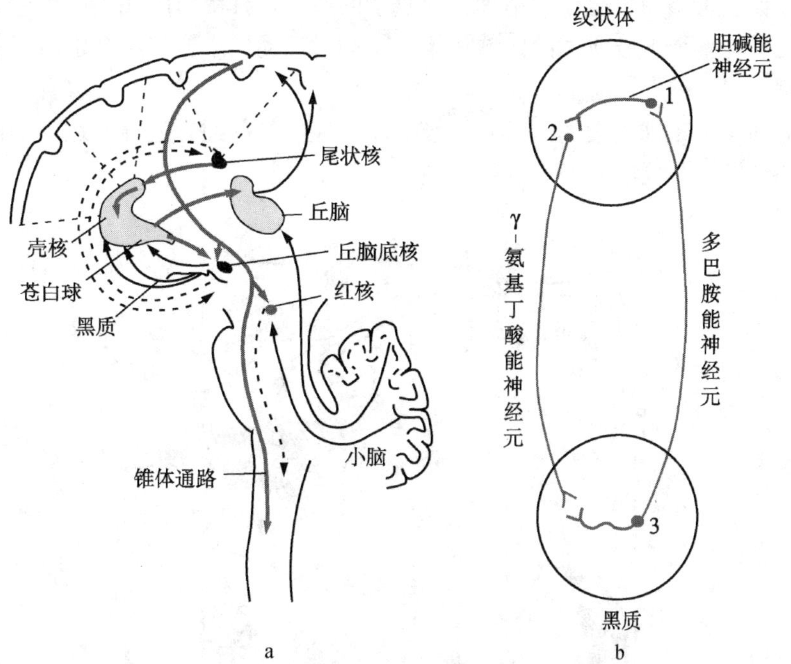

图 10-15　基底神经节及其纤维联系示意图

a．基底神经节及其纤维联系　b．黑质纹状体环路示意图

从黑质纹状体环路联系可见，黑质的多巴胺能神经元的轴突上行抵达纹状体，通过释放递质多巴胺，控制纹状体内的胆碱能神经元的活动，转而改变纹状体内 γ- 氨基丁酸能神经元的活动，然后 γ- 氨基丁酸能神经元的轴突下行抵达黑质，释放递质 γ- 氨基丁酸，反馈控制多巴胺能神经元的活动。

基底神经节对躯体运动具有重要的调节作用，它与随意运动的稳定、肌紧张的调节和本体感受传入冲动的处理都有关。临床上基底神经节损伤后，主要表现为运动功能障碍，其表现可分为两大类：①亨廷顿病：又称舞蹈病，其主要表现为不自主的上肢和头部的舞蹈样动作，伴肌张力降低等症状。病变主要在新纹状体，此病是由于纹状体内胆碱能神经元和 γ- 氨基丁酸能神经元功能减退，减少了对多巴胺能神经元的抑制，使该系统功能相对亢进所致。用利血平耗竭多巴胺可缓解此症状。②帕金森病：又称震颤麻痹，其主要表现为全身肌紧张增高、肌肉强直、随意运动减少、动作缓慢、面部表情呆板，常伴有静止性震颤（static tremor），多见于上肢，病变在中脑黑质。黑质多巴胺能神经元受损，脑内多巴胺含量降低，对纹状体乙酰胆碱递质系统的抑制作用减退，导致其功能相对亢进。用多巴胺的前体左旋多巴能明显改善肌肉强直和动作缓慢的症状，用 M 受体拮抗剂东莨菪碱或苯海索等也能治疗帕金森病。

五、大脑皮质对躯体运动的调节

机体随意运动受大脑皮质的控制，大脑皮质是调节躯体运动的最高级中枢，大脑皮质控制躯体运动的部位称为皮质运动区（cortical motor area）。

（一）大脑皮质运动区

大脑皮质运动区主要位于中央前回和运动前区，相当于 Brodmann 分区的 4 区和 6 区。刺激这些部位能引起对侧一定部位肌肉的收缩（图 10-16）。运动区有以下特点：①交叉性支配，即一侧皮质支配对侧躯体的肌肉，但对头面部的支配是双侧性的。②功能定位精确，其安排大体呈身体的倒影，即下肢的代表区在皮质顶部，膝关节以下肌肉的代表区在皮质内侧面，上肢肌肉的代表区在中间部，头面部肌肉的代表区在底部。头面部代表区内部的安排是正立的。③代表区的面积与运动的精细程度正相关，运动愈精细、愈复杂的肌肉，其皮质的代表区也愈大。例如手部的代表区很大，几乎与整个下肢所占的区域相等。④刺激运动区主要引起个别肌肉的收缩，不产生肌肉的协调收缩。

在皮质内侧面（两半球纵裂的侧壁）下肢运动代表区的前面，还存在运动辅助区，刺激该区可引起肢体运动和发声，反应一般为双侧性。

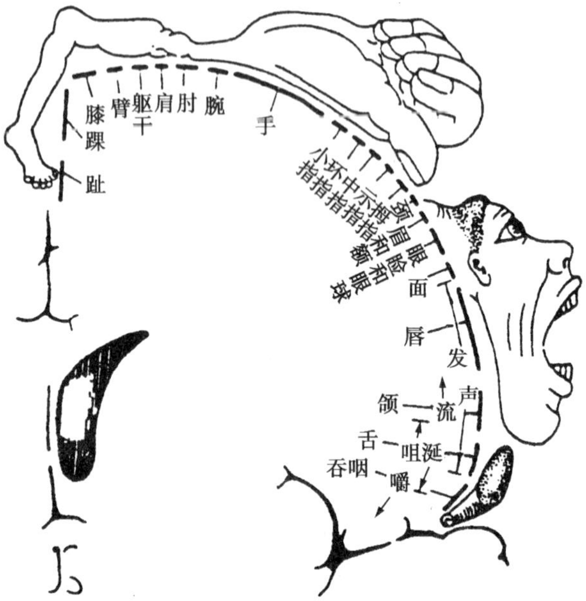

图 10-16 大脑皮质运动区示意图

（二）运动传出通路

大脑皮质运动区主要通过皮质脊髓束和皮质脑干束来调节躯体的运动。

1．皮质脊髓束　由皮质发出，经内囊、脑干下行，到达脊髓前角运动神经元的传导束，称皮质脊髓束。包括：①皮质脊髓束中约 80% 的纤维在延髓锥体跨越中线到达对侧，沿对侧脊髓外侧束下行而形成皮质脊髓侧束。其纤维与同侧脊髓前角外侧部的运动神经元构成突触联系，功能是控制四肢远端肌肉的活动，与精细的、技巧性的运动有关。在人类损伤皮质脊髓侧束后将出现巴宾斯基征阳性，即以钝物划足跖外侧时出现大趾背屈，其他四趾向外展开如扇形的体征。平时，脊髓是在高位中枢控制下，这一原始反射被抑制而表现不出来。婴儿皮质脊髓束发育不完全。成人在深睡或麻醉状态下，可出现巴宾斯基征阳性。临床上常用此征来检查皮质脊髓侧束功能是否正常。②皮质脊髓束其余约 20% 的纤维不跨越中线，在同侧脊髓前束下行而形成皮质脊髓前束。皮质脊髓前束一般只下降到胸部，其纤维通过中间神经元接替，与双侧前角内侧部分的运动神经元构成突触联系，功能是控制躯干和四肢近端肌肉的活动，尤其是屈肌的活动，与姿势的维持和粗大的运动有关。

2．皮质脑干束　由皮质发出，经内囊下行到达脑干内各脑神经运动核的传导束称为皮质脑干束。其纤维下行终止于双侧脑神经的运动核，但面神经核的下部和舌下神经核只接受对侧皮质脑干束的纤维。脑神经运动核发出的纤维支配头、颈、咽、喉等部位的肌肉。

此外，上述通路发出的侧支和一些直接起源于运动皮质的纤维，经脑干某些核团接替后形成顶盖脊髓束、网状脊髓束、前庭脊髓束以及红核脊髓束。前三者的功能与皮质脊髓前束相似，参与对躯干和四肢近端肌肉粗大运动和姿势的调节；而红核脊髓束的功能与皮质脊髓侧束相似，参与对四肢远端肌肉精细运动的调节。

在以往的教科书上，一般将运动传出通路分为锥体系和锥体外系。锥体系一般是指皮质脊髓束和皮质脑干束，即所谓的上运动神经元。锥体外系则为锥体系以外所有控制脊髓运动神经元活动的下行通路。但由于两者在皮质的起源上相互重叠，且它们之间存在复杂的纤维联系，而且锥体系的下行纤维也并非全部通过延髓锥体，所以，从皮质到脑干之间的通路损伤而引起的运动障碍，往往难以区分究竟是锥体系还是锥体外系的功能受损。临床上的锥体束综合征，实际上是这两个系统合并损伤的结果。

第五节　神经系统对内脏活动的调节

调节内脏器官活动的神经系统称自主神经系统（autonomic nervous system），包括交感神经系统和副交感神经系统两部分。

一、自主神经系统的结构和功能特征

（一）自主神经系统的结构特征

自主神经从中枢神经系统发出后，不是直接到达效应器，而是进入外周神经节换元，换元后再由神经节发出纤维支配效应器。由中枢发出的纤维称为节前纤维，由神经节发出的纤维称节后纤维。交感神经节离效应器官较远，故节前纤维短，节后纤维长；副交感神经节通常位于效应器官内，故节前纤维长，节后纤维短。

交感神经系统起源于脊髓胸腰段（$T_1 \sim L_3$）灰质侧角，副交感神经系统起源于脑干内副交感神经核和脊髓骶段（$S_{2\sim4}$）灰质侧角。

人体多数器官都受交感和副交感神经双重支配，但交感神经的分布要比副交感神经广泛得多，有些器官，如大部分血管、一般的汗腺、竖毛肌、肾及肾上腺髓质只受交感神经的支配。故交感神经兴奋时产生的效应广泛，副交感神经兴奋时效应比较局限（图 10-17）。

（二）自主神经系统的功能特征

自主神经的主要功能在前面的章节中已经学习，现归纳于表 10-8。

表 10-8　自主神经的主要功能

比较项目	交感神经	副交感神经
循环器官	心率加快，心肌收缩力加强，腹腔内脏、皮肤以及分布于唾液腺与外生殖器官的血管收缩，肌肉血管可以收缩（肾上腺素受体）或舒张（胆碱受体）	心率减慢，心肌收缩力减弱，少数器官（如外生殖器）血管舒张
呼吸器官	支气管平滑肌舒张	支气管平滑肌收缩，促进黏液分泌
消化器官	抑制胃肠运动，促进括约肌收缩，促进唾液腺分泌黏稠的唾液	促进胃肠运动和胆囊收缩，使括约肌舒张，唾液腺分泌稀薄唾液，胃液、胰液、胆汁分泌增加
泌尿生殖器官	尿道内括约肌收缩，逼尿肌舒张有孕子宫收缩，无孕子宫舒张	尿道内括约肌舒张，逼尿肌收缩
眼	瞳孔开大肌收缩，瞳孔开大睫状肌松弛	瞳孔括约肌收缩，瞳孔缩小睫状肌收缩
皮肤	汗腺分泌，竖毛肌收缩	
内分泌和代谢	促进肾上腺髓质激素分泌、肝糖原分解	促进胰岛素分泌

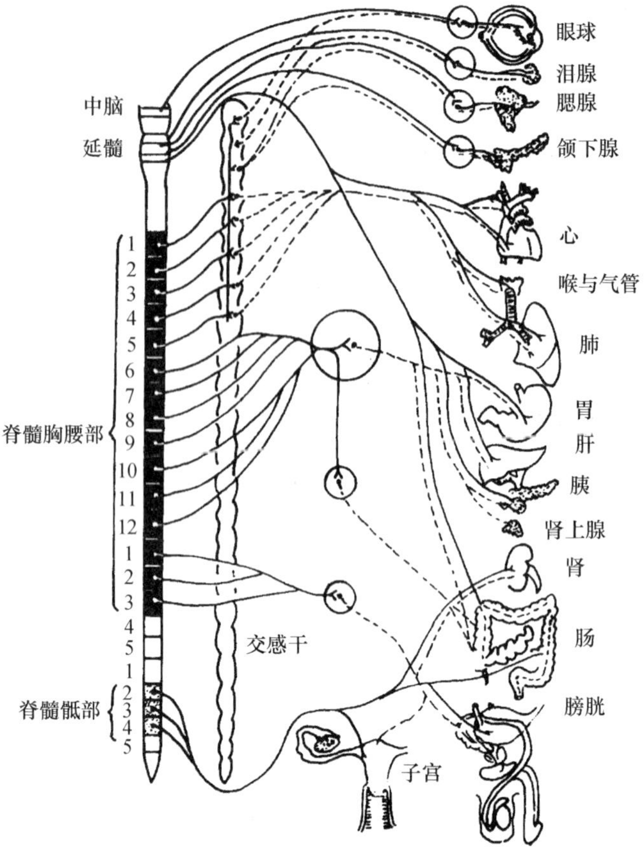

图 10-17 人体自主神经分布示意图

自主神经的功能有以下一些特征：

1．双重支配　许多组织、器官都受交感和副交感神经的双重支配，它们的作用往往相互拮抗。如心交感神经能加强心脏活动，而心迷走神经则起抑制作用。但有时两者对某一器官的作用也有一致的方面，如交感和副交感神经都能促进唾液腺的分泌。

2．紧张性作用　自主神经对效应器的支配均具有持久的紧张性作用，这对维持这些器官的正常生理功能具有重要意义。如交感缩血管纤维的紧张性作用，对产生外周阻力、维持动脉血压具有重要意义。

3．受效应器所处功能状态的影响　自主神经的外周作用与效应器本身的功能状态有关。如胃幽门处于收缩状态时，刺激迷走神经能使其舒张，而幽门处于舒张状态时，刺激迷走神经则使其收缩。

4．对整体生理功能调节的意义　交感神经的活动一般比较广泛，在环境急骤变化时，如在肌肉剧烈运动、窒息、失血或寒冷环境等情况下，交感神经系统可以动员机体许多器官的潜在力量，以适应环境的变化。副交感神经系统的活动相对比较局限，整个系统活动的主要意义在于保护机体、休整恢复、促进消化、积蓄能量以及加强排泄和生殖功能。

二、脊髓对内脏活动的调节

脊髓是调节内脏活动的初级中枢，基本的血管张力反射、发汗反射、排尿反射、排便反射、勃起反射等活动可在脊髓中枢内完成，但平时这些反射活动在高位中枢的控制之下。如果仅依靠脊髓本身的反射活动而没有高位中枢的控制，就不能很好适应生理功能的需要。脊髓离断患者在脊休克过去后，由平卧位转成站立时，会感到头晕，因为这时体位性血压反射的调节能力很差，高位中枢还不能控制脊髓的初级中枢，外周血管阻力不能及时发生适应性改变。

三、低位脑干对内脏活动的调节

延髓是Ⅶ、Ⅸ、Ⅹ三对脑神经中副交感神经的发源地，由延髓发出的副交感神经传出纤维支配头面部的所有腺体、心、支气管、喉、食管、胃、胰腺、肝和小肠等；同时，脑干网状结构中存在许多与内脏活动调节有关的神经元，其下行纤维支配脊髓，调节脊髓的自主神经功能。许多基本生命现象（如循环、呼吸等）的反射调节在延髓水平已能初步完成，同时延髓也是咳嗽、喷嚏、吞咽、呕吐等反射的整合中枢。延髓一旦受到损伤，心跳、呼吸会立即停止，故常常将延髓称为基本生命中枢（basic vital center）。中脑是瞳孔对光反射的中枢部位。脑桥中存在呼吸调整中枢和角膜反射中枢。

四、下丘脑对内脏活动的调节

下丘脑大致可分为前、中、后三群核团。前核团包括视前核、视上核、视交叉上核、室旁核和下丘脑前核，中核团包括腹内侧核、背内侧核、结节核和弓状核，后核团包括下丘脑后核和乳头体核（图 10-18）。

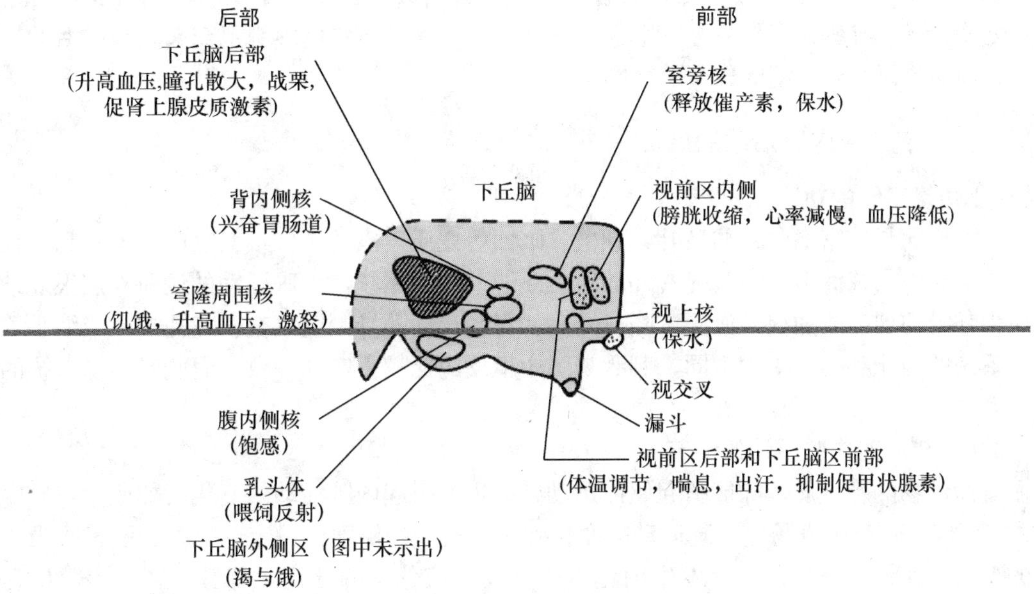

图 10-18 下丘脑核团的自主神经功能示意图

下丘脑是调节内脏活动的较高级中枢。它能把内脏活动和其他生理活动联系起来，调节体温、摄食、水平衡、内分泌、情绪反应、生物节律等重要的生理活动。

（一）体温调节

哺乳动物在间脑以上水平切除大脑皮质，其体温基本保持相对稳定；而在下丘脑以下部位横切脑干，动物则不能维持其体温的稳定，表明体温调节的基本中枢位于下丘脑。视前区 - 下丘脑前部存在着温度敏感神经元，它们既能感受所在部位的温度变化，也能对传入的温度信息进行整合，通过控制散热和产热活动，使体温能保持相对稳定。

（二）摄食的调节

用埋藏电极刺激动物下丘脑外侧区可引起动物多食；破坏下丘脑的腹内侧核，则动物食欲增加而逐渐肥胖，刺激此核则动物拒绝进食。由此认为，下丘脑外侧区存在摄食中枢（feeding center），腹内侧核存在饱中枢（satiety center）。摄食活动取决于两者活动的平衡，两者的神经元活动还存在交互抑制关系。血糖水平的高低可能调节摄食中枢和饱中枢的活动，将葡萄糖注射到腹内侧核神经元旁，能使神经元放电频率增加，说明饱中枢神经元对葡萄糖敏感。

（三）水平衡的调节

水平衡维持取决于两个机制，引起摄水的渴觉和调节排尿的抗利尿激素。下丘脑外侧区存在控制饮水量的饮水中枢。该中枢兴奋时，动物饮水量增多；该中枢损毁后，动物拒绝饮水。下丘脑控制排尿的功能是通过改变抗利尿激素的分泌来完成的。

（四）对垂体激素分泌的调节

下丘脑内某些神经内分泌细胞能合成与分泌调节腺垂体激素的肽类物质，称为下丘脑调节性多肽（regulatory peptides）。这些肽类物质经垂体门脉系统运送到腺垂体，促进或抑制腺垂体激素的分泌。此外，下丘脑视上核和室旁核能合成抗利尿激素和催产素，这两种激素经下丘脑 - 垂体束运送到神经垂体储存并释放。

（五）对生物节律的控制

机体的许多活动能按一定的时间顺序发生周期性变化，称为生物节律（biorhythm）。日周期节律是最普遍的生物节律，如体温、生长激素和促肾上腺皮质激素分泌等都有表现出昼夜节律。控制机体昼夜节律活动的中枢位于下丘脑，下丘脑的视交叉上核可能是控制日周期的关键部位。将动物双侧视交叉上核破坏后，正常的昼夜节律就会消失。视交叉上核的作用可能是通过视网膜 - 视交叉上核束与视觉感受装置发生联系，外界的昼夜光照变化影响视交叉上核的活动，从而使体内日周期节律和外环境的昼夜节律同步。

五、大脑皮质对内脏活动的调节

（一）边缘系统的功能

边缘叶连同与其密切联系的岛叶、颞极、眶回等皮质，以及杏仁核、隔区、下丘脑、丘脑前核等皮质下结构，统称为边缘系统（limbic system）。边缘系统对内脏活动的调节作用很复杂，可以表现为呼吸的抑制或加快、血压下降或升高、胃肠运动的抑制或兴奋、瞳孔扩大或缩小等。说明边缘系统的功能和初级中枢不同，刺激初级中枢反应比较肯定和一致，而刺激边缘系统的结果变化较大。

（二）新皮质对内脏活动的调节

电刺激动物的新皮质，除能引起躯体运动外，也能引起内脏活动的变化。如刺激皮质内侧面4区一定部位，会产生直肠与膀胱运动的变化；刺激皮质外侧面的一定部位，会引发呼吸、血管运动的变化；刺激4区底部，会发生消化道运动及唾液分泌的变化；刺激6区一定部位，会出现竖毛、出汗；刺激8区和19区等，可引起眼外肌运动及瞳孔的反应。说明新皮质与内脏活动有关。

第六节　脑的高级功能

一、条件反射

反射可以分为非条件反射和条件反射两类。非条件反射是指在出生后就有的无需后天训练的反射。它们是通过遗传而获得的先天性反射，这种反射有固定的反射途径，不易受外界环境影响而发生改变。非条件反射数量有限，只能保证动物的各种基本生命活动的正常进行，很难适应复杂的环境变化。条件反射是动物在后天的生活过程中，为了适应个体所处的生活环境而逐渐建立起来的反射，它没有固定的反射途径，容易受环境影响而发生改变或消失。在一定条件下，条件反射可以建立，也可以消退，数量可以不断增加。俄国生理学家伊万·巴甫洛夫（Ivan Pavlov，1870—1932）最早提出了经典性条件反射理论。他通过对条件反射的研究，建立了高级神经活动学说。

（一）条件反射的建立

条件反射必须建立在非条件反射的基础上，是个体在生活中获得的，它的建立有一个过程。巴甫洛夫研究条件反射，以狗作为研究对象。给狗进食会引起狗的唾液分泌，这是非条件反射，食物是非条件刺激。给狗听铃声不会引起唾液分泌，铃声与唾液分泌无关，称为无关刺激。但是，如果在每次给狗进食之前，均先出现铃声，这样把铃声与进食时间结合，多次之后，当铃声一出现，狗就有唾液分泌。这时，铃声已转化成为唾液分泌的条件刺激。条件刺激单独出现便可引起唾液分泌，建立起了食物性唾液分泌的条件反射。可见，形成条件反射的基本条件是把非条件刺激与无关刺激在时间上结合起来，这个过程称为强化（reinforcement）。

（二）条件反射的消退、泛化和分化

条件反射建立之后，如果反复应用条件刺激而不给予非条件刺激强化，条件反射就会逐渐减弱，最后完全不出现，这种现象称为条件反射的消退（vanish）。例如，当建立起铃声引起狗唾液分泌的条件反射后，反复单独应用铃声而不给予食物强化，则铃声引起的唾液分泌量会逐渐减少，最后完全不能引起分泌。条件反射的消退是由于在不强化的条件下，原来引起唾液分泌的条件刺激，转化成了引起大脑皮质发生抑制的刺激。这种由条件反射消退产生的抑制，称为消退抑制（vanish inhibition）。

在条件反射建立的初期，除条件刺激外，与条件刺激近似的刺激也具有一定的条件刺激效应。如用100Hz的音响与进食相结合，建立了唾液分泌的条件反射。在条件反射形成的初期，其他近似的音调（如80Hz或120Hz）同样可以引起唾液分泌条件反射，这种现象称为条件反射的泛化（generalization）。如果以后只对条件刺激（100Hz）进行强化，而对近似的刺激不予强化，这样动物就只对条件刺激产生条件反射，而对其他近似刺激则产生抑制效应，这种现象称为条件反射的分化（differentiation）。巴甫洛夫认为，条件反射的分化是由于那些近似刺激引起了大脑皮质的抑制，并把这种抑制称为分化抑制（differential inhibition）。

（三）条件反射的生物学意义

在个体生活过程中，如果只有非条件反射而不建立条件反射，就无法在多变的环境中生存。条件反射与非条件反射相比，前者的数量是无限的，后者是有限的。条件反射能使机体在某些非条件刺激到来之前，就发生反应，扩展了机体对外界复杂环境的适应范围，使机体能够识别还在远方的刺激物的性质，预先做出不同的反应，使机体具有更好的预见性、灵活性和适应性。

二、人类大脑皮质的活动特征

（一）两类信号系统

巴甫洛夫提出的两个信号系统的学说，从本质上区别了人和动物大脑反射活动。第一信号系统是指现实的具体的信号，如食物的色、香、味，光线的强弱等。对第一信号发生反应的大脑皮质功能系统称为第一信号系统（first signal system）。第二信号是第一信号的信号，是对现实的具体的信号进行抽象概括的信号，主要以文字和语词来表示。对第二信号发生反应的大脑皮质功能系统称为第二信号系统（second signal system）。第二信号系统是人类特有的，是人类区别于动物的主要特征。第二信号系统的发生和发展是人类社会活动的产物。

（二）在大脑侧裂附近存在与语言有关的区域

在颞上回后部的Wernicke区，与理解听觉和视觉信息有关。它有纤维投射到中央前回底部前方的Broca区，此区能将接受到的信息处理为具体协调的发声形式。角回能将阅读的文字信息转化为Wernicke区能接受的听觉文字形式的信息（图10-19）。

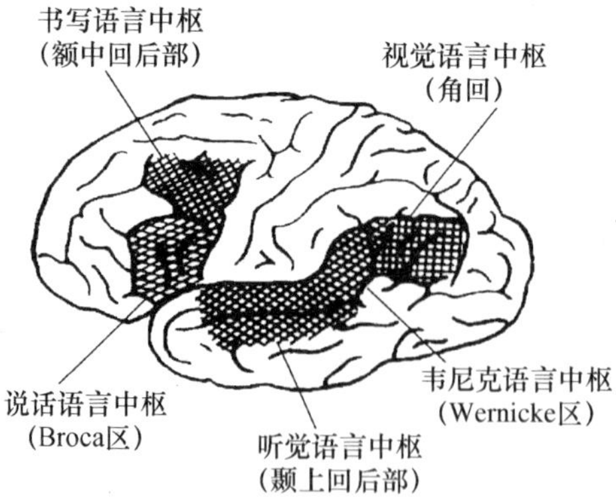

图 10-19 人大脑皮质语言功能的区域

临床发现，人类大脑皮质一定区域的损伤，可引起各种特殊的语言活动功能障碍：

1．流畅失语症（fluent aphasia） 损伤在颞上回后部的 Wernicke 区，患者有两种不同表现：一种是说话流畅，但话语中夹杂许多杂乱语和自创词，有时也不理解别人说话和书写的含义；另一种是说话相当好，也可以理解别人的说话，就是对部分词不能很好地组织或想不起来。

2．运动失语症（motor aphasia） 损伤在中央前回底部前方的 Broca 区，患者表现为能看懂文字与听懂别人说话，自己却不会说话，不能用语词来表达自己的思想，而与发音有关的肌肉并不麻痹。

3．失写症（agraphia） 损伤在额中回后部接近中央前回的手部代表区，患者表现为能听懂别人说话，看懂文字，自己也会说话，但不会书写，手部的其他运动并不受到影响。

4．感觉失语症（sensory aphasia） 损伤在颞上回后部，患者表现为可以讲话及书写，也能看懂文字，但听不懂别人说话。患者不是听不到别人的声音，而是听不懂说话的含义，好像听到听不懂的外国语一样。

5．失读症（alexia）损伤在角回，患者表现为看不懂文字的含义，但视觉和其他语言功能（包括书写、说话和听懂别人谈话等）均健全。

（三）大脑皮质语言功能的一侧优势

对主要使用右手的成年人而言，若左侧大脑皮质损伤，会产生上述各种语言活动功能障碍，而损伤在右侧并不产生明显的语言活动功能障碍。说明人类的大脑半球功能是不对等的，与语言有关的中枢主要集中在左侧大脑皮质，这种现象称为一侧优势（laterality cerebral dominance）。语言功能的一侧优势现象为人类所特有。

左侧半球在语言功能上占优势，与遗传因素有关，但主要还是由于后天习惯使用右手劳动所致。右侧半球在非语词性的认识功能上占优势，如对三度空间的辨认、深度知觉、触觉认识、身体语言、音乐欣赏和语言音调分辨等。人类的一侧优势在 10 ~ 12 岁逐步确立，在这以前如果左侧半球受损，尚可能在右侧重新建立，但发育为成年人后，左侧优势已经形成，如果发生左侧半球损害，就很难在右侧半球重建。

三、学习与记忆

学习（learning）是指人和动物通过神经系统接受外界环境变化的信息而获得新的行为习惯或经验的过程。记忆（memory）是指将获得的信息在脑内储存和“读出”的神经活动过程。学习是记忆的前提，记忆是新的学习的基础。

（一）学习的形式

学习可以分为非联合型学习和联合型学习两种形式：

1．非联合型学习（nonassociative learning）是一种简单的学习方式，其不需要在刺激和反应之间形成某种明确的联系。习惯化和敏感化属于这种类型的学习。习惯化（habituation）是指当一个不产生伤害性效应的刺激重复作用时，机体对该刺激的反射性行为反应逐渐减弱的过程。习惯化可以使机体去除对许多无意义信息的应答。敏感化（sensitization）是指对刺激反应增强的过程。如在强伤害性刺激作用后，对弱刺激的反应也会明显加强。在这里，强刺激与弱刺激之间并不需要建立什么联系。敏感化可以使机体强化对有意义信息的应答。

2．联合型学习（associative learning）是两个在时间上靠近的事件按严格时间顺序重复发生，在脑内逐渐形成联系，从而发生行为学的恒定变化。前面讲到的条件反射的建立就属于这种学习类型。

（二）记忆过程

记忆的形成包括信息的识记或获得、储存和巩固以及再现和再认三个过程。从信息加工的时间顺序来看，人类的记忆过程可以分为四个连续的阶段，即感觉性记忆、第一级记忆、第二级记忆和第三级记忆。前两个阶段为短时记忆（short term memory），其信息的储存是不牢固的，容易遗忘，只是为了满足某项简单工作的需要；后两个阶段为长时记忆（long term memory），记忆痕迹牢固，不易遗忘。

感觉性记忆是指感觉系统获得信息后，首先在脑的感觉区内储存，此阶段持续时间不超过1秒，如不经过处理，则很快消失。例如，一辆汽车从你眼前开过，你尽管也看见了它的车号，但没有注意，却记不住它的号码，就属于这类记忆。如信息在此阶段经过了加工处理，将不连续的、先后进来的信息整合成连续印象，则可转入第一级记忆。这种转移一般有两条途径：一是将感觉性记忆资料变成口头表达性符号，如语言符号，这是最常见的；二是非口头表达性途径，是幼儿学习必须采取的途径。信息在第一级记忆中平均停留约几秒。通过反复运用学习，信息在第一级记忆中循环，从而延长信息在第一级记忆中停留的时间，这就使信息容易转入第二级记忆之中。第二级记忆是一个大而持久的储存系统。有些记忆通过常年累月的运用，不易遗忘，这一类记忆储存在第三级记忆中（图10-20）。

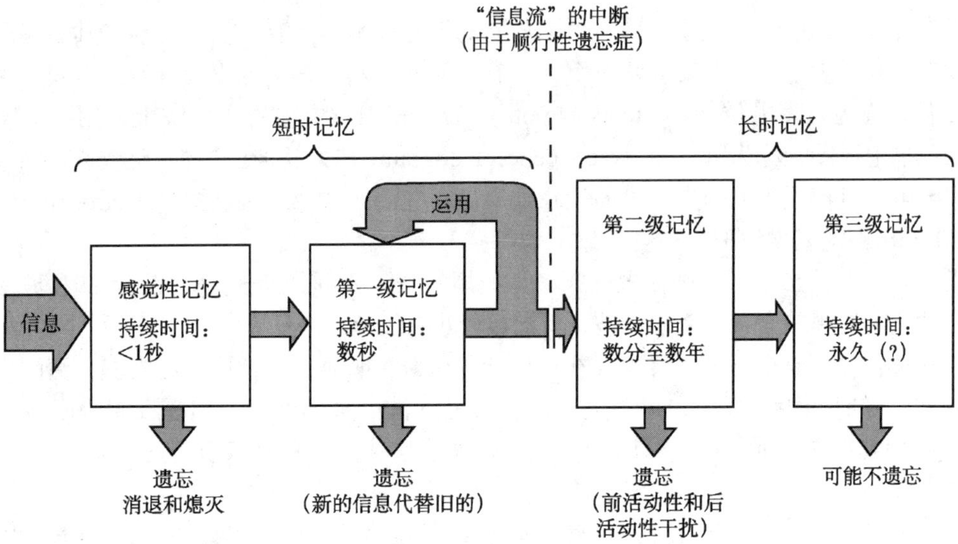

图10-20　从感觉性记忆至第三级记忆的信息图解

（三）学习和记忆的机制

从神经生理的角度看，感觉性记忆和第一级记忆主要是神经元生理活动的功能表现。神经元活动具有一定的后作用，在刺激停止后，活动仍持续一定时间，这是记忆的最简单的形式，感觉性记忆的机制可能属于这一类。神经元之间许多环路的连续活动也是记忆的一种形式，第一级记忆的机制可能属于这一类。

从神经生化的角度看，长时记忆必然与脑内的物质代谢有关，尤其是与脑内蛋白质的合成有关，第二级记忆的机制可能属于这一类。逆行性遗忘症可能就是由于脑内蛋白质合成代谢受到了破坏，致使前一段时间的记忆丧失。

中枢递质与学习记忆活动也有关。如给动物注射拟胆碱药毒扁豆碱可加强记忆活动，而注射抗胆碱药东莨菪碱可使学习记忆减退。用利血平使脑内儿茶酚胺耗竭，则破坏学习记忆过程。动物在训练后，在脑室内注入γ-氨基丁酸可加速学习，将血管升压素注入海马齿状回也可增强记忆，而注入催产素则使记忆减退。老年人血液中垂体后叶素的含量减少，用血管升压素喷鼻可使记忆效率提高，治疗遗忘症效果满意。

从神经解剖的角度来看，持久性记忆可能与新的突触联系的建立有关。生活在复杂环境中的大鼠，其大脑皮质的厚度大，突触联系多，而生活在简单环境中的大鼠，其大脑皮质的厚度小。人类的第三级记忆的机制可能属于这一类。

（四）遗忘

遗忘（loss of memory）是指对识记过的材料部分或完全失去再认和回忆的能力，或者错误的再认和回忆。遗忘是一种正常的生理现象，在学习后就已经开始，最初遗忘的速度很快，以后逐渐减慢。遗忘并不意味着记忆痕迹的消失，因为复习已经遗忘的内容要比学习新内容容易。产生遗忘的原因与条件刺激久不强化所引起的消退抑制和后来的干扰信息有关。

临床上将病理性遗忘称为遗忘症（amnesia），它是指记忆的完全丧失，可分为顺行性遗忘症和逆行性遗忘症。顺行性遗忘症表现为不能保留新近获得的信息，不能回忆记忆缺失之后一段时间的经历。发病机制可能是缺少了把短时记忆转化为长时记忆的能力，多见于慢性酒精中毒。逆行性遗忘症为不能回忆发病之前一段时间的经历。发病机制可能是第二级记忆发生了紊乱，多见于颅脑外伤患者。

四、大脑皮质的电活动

与肌肉等细胞的生物电现象一样，大脑皮质的神经细胞也具有生物电活动。其表现形式有两种：自发电位和诱发电位。在安静状态下，没有任何外界刺激，大脑皮质神经元自发产生的节律性电位变化，称为自发电位（spontaneous potential）。将引导电极置于头皮上，用脑电图机将皮质自发电位描记成图，称为脑电图（electroencephalogram，EEG）。在动物实验或进行脑外科手术时，将引导电极直接置于大脑皮质表面记录到的自发电活动称为皮质电图（electrocorticogram）。

（一）脑电图的基本波形

人类的脑电图波形很不规则，根据频率与振幅的不同，可分为α、β、θ、Δ四种波形。通常频率慢的波，其波幅较大；频率快的波，其波幅较小（图10-21）。

（1）α波：在大脑皮质各区普遍存在，枕叶皮质最为明显，正常成人在安静、清醒、闭目时出现。其波幅随时间由小变大，再由大变小，形成α波的梭形波群。当受试者睁眼或进行紧张性思维或受到其他刺激时，α波立即被低振幅快波所取代，这种现象称为α波阻断（α block）。如受试者在安静闭目时，α波又重新出现。

（2）β波：是一种不规则的低振幅快波，在额叶部位最易引出。当兴奋、觉醒和α波阻断时，都能观察到。

（3）θ波：在额叶部位最明显，在受试者困倦时可以出现。幼儿时期，脑电图频率较慢，一般常出现θ波。病理情况下，θ波多见于精神病和癫痫病患者。

（4）Δ波：是一种大而不规则的慢波，正常人在睡眠时出现。在婴儿时期，一般常见Δ波。当受试儿童处于困倦、不活跃或感到悲伤、愤怒时，也容易记录到Δ波，估计Δ波与儿童的情绪行为有关。

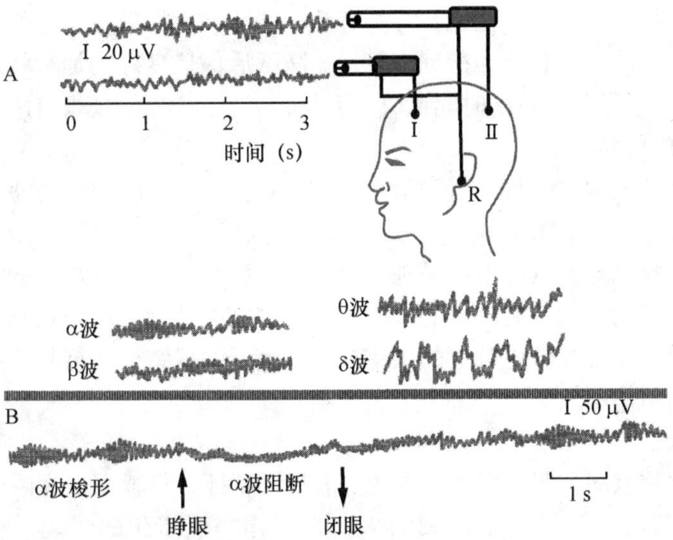

图 10-21 正常脑电图波形

A．记录方法示意图 B．各种波形

Ⅰ．额叶电极 Ⅱ．枕叶电极 Ⅲ．参考电极

一般认为，脑电波由高振幅低频率转化为低振幅高频率时称为去同步化，表示大脑皮质兴奋过程的增强；反之，由低振幅高频率转化为高振幅低频率时，称为同步化，表示大脑皮质抑制过程的加深。

皮质表面的电位变化是由大量的神经元同步性的突触后电位总和所形成的。大量皮质神经元的同步电活动需要依靠丘脑的功能。丘脑非特异性投射系统的节律性活动可能是α波的形成原因。

（二）皮质诱发电位

在动物实验中，当人工刺激某一感觉传入途径时，在皮质相应的区域产生较为局限的电变化，称为皮质诱发电位（cortical evoked potential）。皮质诱发电位可分为主反应和后发放两部分。主反应为先正后负的一个双相反应慢波，潜伏期稳定，其长短取决于刺激部位离皮质的距离、神经纤维的传导速度和所经过的突触数目等因素。后发放为一系列正相的周期性电位波动，可能是由皮质与丘脑接替核之间环路的活动所引起（图 10-22）。

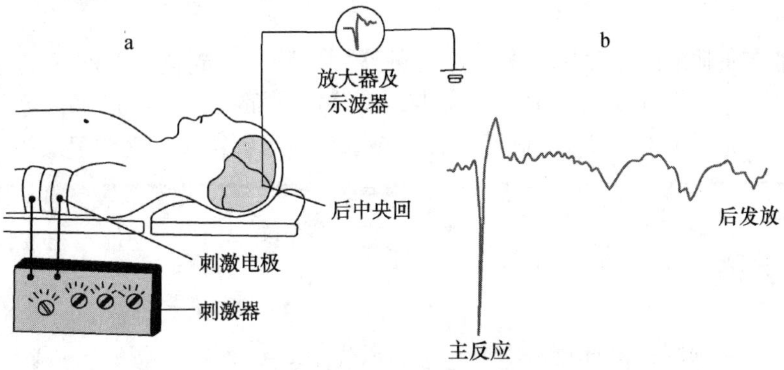

图 10-22 大脑皮质感觉运动区诱发电位

a．大脑皮质诱发电位记录方法；b．诱发电位

五、觉醒与睡眠

觉醒和睡眠是人和动物必需的两个生理过程，这两种生理活动与昼夜交替节律大致同步，称

为昼夜节律。在觉醒状态下，人才能进行各种有意识的活动，如学习、工作、感知和应付环境变化等。通过睡眠使人体的精力和体力得到恢复，于睡眠后保持良好的觉醒状态。成年人一般每天需要 7 ~ 8h 睡眠，儿童需要的睡眠时间比成年人长，老年人需要的睡眠时间比较短。

（一）觉醒状态的维持

各种传入冲动经脑干网状结构上行激活系统的传导，并以乙酰胆碱为递质，使大脑皮质处于觉醒状态。

觉醒状态可分为脑电觉醒（脑电波呈现快波表现）和行为觉醒（通常的清醒状态下的各种行为表现）两种状态。它们的维持有不同的机制。黑质多巴胺系统与行为觉醒的维持有关，蓝斑上部的去甲肾上腺素递质系统与脑电觉醒的维持有关。脑干网状结构上行激活系统的乙酰胆碱递质系统对上述作用起调制作用。

（二）睡眠的时相

根据睡眠过程中脑电图、肌电图和眼电图的表现和特征，将睡眠分为两个时相：

1．慢波睡眠　慢波睡眠（slow wave sleep）时脑电呈同步化的慢波，嗅、视、听、触等感觉功能减退，骨骼肌反射活动和肌紧张减弱，自主神经功能普遍下降，但胃液分泌和发汗功能增强，生长激素分泌明显升高。慢波睡眠有利于消除疲劳，促进生长和恢复体力。

2．快波睡眠　快波睡眠（fast wave sleep）也称异相睡眠（paradoxical sleep），这一时期脑电呈去同步化的快波，各种感觉和躯体运动功能进一步减退。此外，还可有间断性的阵发性表现，如部分肢体抽动、心率加快、血压升高、呼吸加快而不规则。这种自主神经的明显而不规则的变化，易导致某些疾病在夜间发作，如心绞痛、哮喘、阻塞性肺气肿缺氧的发作等。快波睡眠期间，脑内蛋白质合成加快，有利于幼儿神经系统的发育与成熟，促进学习和记忆活动。快波睡眠的特征之一是约有 80% 的人在做梦，另一个特征是能观察到眼球的快速运动，所以此期又称快速眼球运动睡眠。

成人睡眠开始后首先进入慢波睡眠，持续 80 ~ 120min 转入快波睡眠，持续 20 ~ 30min 后再转入慢波睡眠，如此互相交替。整个睡眠期间反复 4 ~ 5 次，两种时相的睡眠都可以直接转为觉醒状态。

（三）睡眠发生的机制

睡眠发生的机制仍不十分清楚。目前认为，睡眠不是网状结构上行激活系统因疲劳而停止活动的被动抑制，而是由中枢神经系统内发生的主动抑制过程。有人认为，在脑干尾端存在能引起睡眠和脑电波同步化的中枢，这一中枢发出的上行抑制系统主动地将抑制过程向大脑皮质广泛扩散，引起睡眠。

中枢神经递质在睡眠的发生中也起着重要的作用。脑干中缝核上部的 5- 羟色胺递质系统与慢波睡眠有关，该部受损则慢波睡眠明显减少。中缝核下部的 5- 羟色胺递质系统作用于蓝斑下部去甲肾上腺素递质系统，引起快波睡眠。该两个部位受损则快波睡眠明显减少。

本章小结

1．神经元是神经系统的基本结构与功能单位，具有接受、整合和传递信息的重要功能。神经元之间信息传递主要是通过突触来完成的。按对突触后神经元的作用方式不同，突触分化学性突触和电突触。化学性突触传递以神经递质为信息传递的媒介物。按突触传递产生的效应不同，分为兴奋性突触和抑制性突触等；抑制性突触包括突触后抑制和突触前抑制。突触后抑制为超极化抑制；突触前抑制则为去极化抑制。

本章小结

2．躯体感觉的传入通路一般由三级神经元接替，其中丘脑是除嗅觉以外各种感觉的换元站，对感觉进行初步分析与综合，并向大脑皮质发出特异性和非特异性投射系统。大脑皮质感觉代表区的感觉投射具有交叉投射、倒置安排（头面部内部正立）和投射区域大小与不同体表部位的感觉灵敏度正相关的特点。躯体运动受脊髓、脑干、基底神经节、小脑和大脑皮质的调节。

3．牵张反射包括腱反射和肌紧张，临床上检查不同部位的腱反射来了解神经系统的功能状态。脑干网状结构存在易化区和抑制区，两者在一定的水平上保持相对平衡，但易化区活动相对占优势以维持正常的肌紧张。若在中脑的上、下丘脑之间切断脑干，平衡被打破，易化区的活动明显占优势，可产生去大脑僵直现象。小脑对于维持身体平衡、调节肌紧张、协调随意运动均有重要作用。大脑皮质是调节躯体运动的最高级中枢，对运动的发展起重要作用，其信息通过皮质脑干束下行抵达脊髓前角和脑干的运动神经元来控制躯体运动。大脑皮质运动代表区具有交叉支配、倒置安排（头面部内部正立）和代表区域大小与运动精细复杂程度正相关的特点。

4．人体存在交感和副交感神经系统，共同调节内脏活动，下丘脑是调节内脏活动的较高级中枢。人类神经系统已高度进化，人的大脑除了产生感觉、支配躯体运动和协调内脏活动外，还具备了学习、记忆、抽象思维和语言运动等高级功能。

思考题

1．试述突触传递的过程及其特点。何谓兴奋性突触后电位和抑制性突触后电位。
2．说明突触后抑制与突触前抑制的异同。
3．基底神经节在运动调节中有何作用？举例说明临床基底神经节损害的常见疾病。
4．胆碱受体和肾上腺受体有哪些？各有何作用？
5．何谓脊休克？其主要表现是什么？
6．何谓去大脑僵直？其产生机制如何？
7．试述小脑的功能。

（彭丽花）

第十一章　内分泌

学习目标

通过本章内容的学习，学生应能：

1. 掌握生长激素、甲状腺激素、糖皮质激素的生理功能，胰岛素与胰高血糖素对血糖的作用，甲状旁腺素与降钙素对血钙的调节。
2. 熟悉下丘脑和垂体的功能联系，腺垂体激素的种类和生理作用，肾上腺素、去甲肾上腺素的生理作用。
3. 了解激素的分类、激素作用的一般特征和机制、各类激素分泌的调节。

第一节　概　述

一、内分泌系统和激素

内分泌（endocrine）是指细胞所分泌的物质直接进入血液或其他体液的过程。具有内分泌功能的细胞称为内分泌细胞（endocrine cell）。典型的内分泌细胞集中位于垂体、甲状腺、甲状旁腺、肾上腺、胰岛等，形成内分泌腺（endocrine gland）。此外，内分泌细胞也广泛分散在不同的组织、器官中，如胃肠道黏膜、下丘脑、心血管、肺、肾、胎盘、皮肤等。内分泌系统（endocrine system）是由内分泌腺和内分泌细胞所组成的一个体内信息传递系统（图 11-1），它与神经系统密切联系，相互配合，共同调节机体的各种功能活动，使机体更好地适应内、外环境变化。

（一）激素的概念及分类

激素（hormone）是指由内分泌腺或散在的内分泌细胞所分泌的高效能生物活性物质。激素由体液传递，作为“化学信使”对组织细胞发挥调节作用从而影响机体的生理功能。激素作用的细胞、组织、器官和内分泌腺，分别称为该激素的靶细胞、靶组织、靶器官和靶腺。

激素的种类繁多，来源复杂，按其化学性质可分为四大类，即含氮类激素、类固醇激素、固醇类激素和脂肪酸衍生物（表 11-1）。

1．含氮类激素　此类激素分子结构中含有氮元素，又可分为以下几类：

（1）蛋白质激素：如胰岛素、甲状旁腺激素和腺垂体激素。

（2）肽类激素：如下丘脑调节性多肽、神经垂体激素、降钙素和胃肠激素等。

（3）胺类激素：如去甲肾上腺素、肾上腺素、甲状腺激素等。

由于含氮类激素易被消化液分解而破坏，故不宜口服，一般须注射给药。

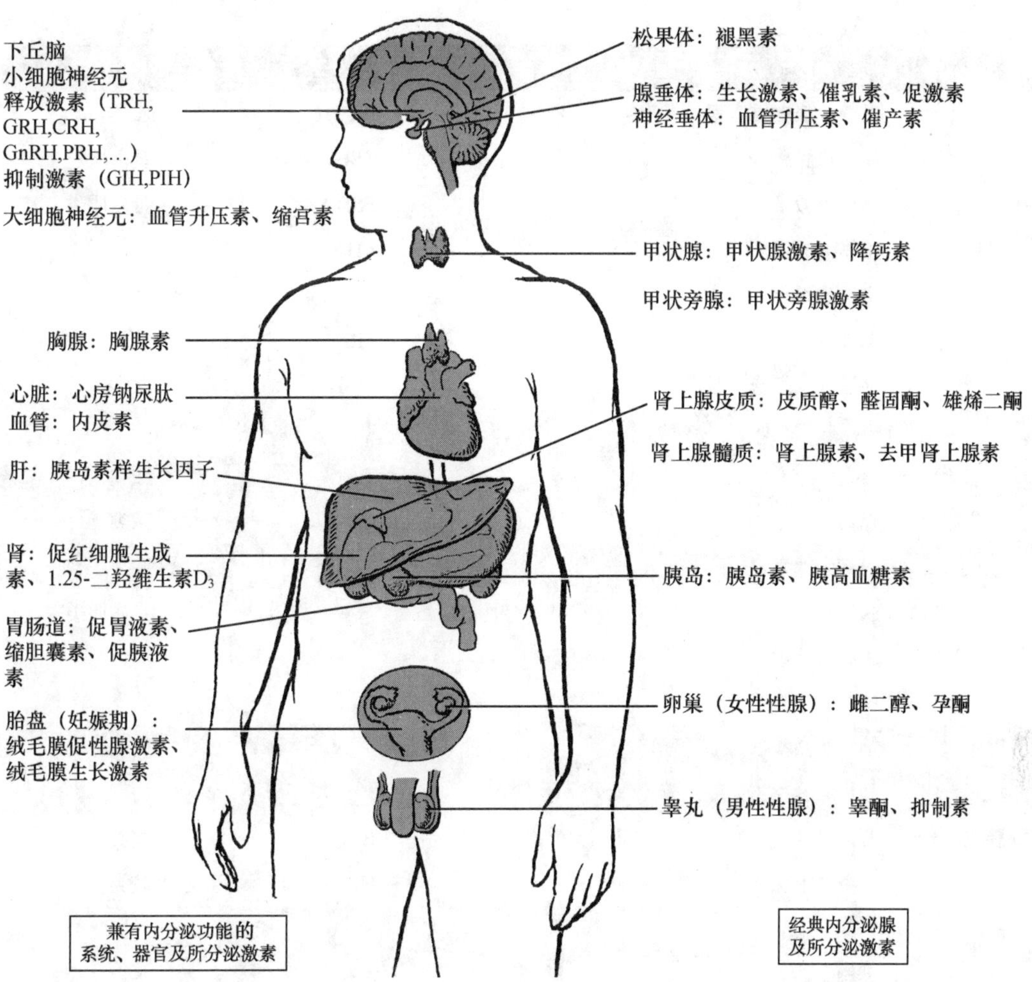

图 11-1　内分泌系统组成

2．类固醇激素　包括肾上腺皮质激素（如皮质醇、醛固酮）和性激素（如雌激素、孕激素、雄激素）。这类激素不易被消化液破坏，故可口服用药。

3．固醇类激素　主要是 1, 25- 二羟胆钙化醇（1, 25- 二羟维生素 D_3）。

4．脂肪酸衍生物　主要是前列腺素。

表 11-1　主要激素的化学分类、主要来源、化学性质

主要来源	激素	英文缩写	化学性质
下丘脑	促甲状腺激素释放激素	TRH	肽类
	促性腺激素释放激素	GnRH	肽类
	生长激素抑制激素（生长抑素）	GHIH（SS）	肽类
	生长激素释放激素	GHRH	肽类
	促肾上腺皮质激素释放激素	CRH	肽类
	促黑（素细胞）激素释放因子	MRF	肽类
	促黑（素细胞）激素释放抑制因子	MIF	肽类
	催乳素释放因子	PRF	肽类
	催乳素释放抑制因子	PIF	肽类 / 胺类
	抗利尿激素（血管升压素）	ADH（VP）	肽类
	催产素（缩宫素）	OXT（OT）	肽类

续表

主要来源	激素	英文缩写	化学性质
腺垂体	促肾上腺皮质激素	ACTH	肽类
	促甲状腺激素	TSH	蛋白质类
	卵泡刺激素	FSH	蛋白质类
	黄体生成素	LH	蛋白质类
	生长激素	GH	肽类
	催乳素	PRL	肽类
	促黑（素细胞）激素	MSH	肽类
甲状腺	甲状腺素（四碘甲腺原氨酸）	T_4	胺类
	三碘甲腺原氨酸	T_3	胺类
甲状腺C细胞	降钙素	CT	肽类
甲状旁腺	甲状旁腺激素	PTH	肽类
胰岛	胰岛素		蛋白质类
	胰高血糖素		肽类
	胰多肽		肽类
肾上腺皮质	糖皮质激素（如皮质醇）		类固醇类
	盐皮质激素（如醛固酮）		类固醇类
肾上腺髓质	肾上腺素	E	胺类
	去甲肾上腺素	NE	胺类
睾丸	睾酮	T	类固醇类
	抑制素		蛋白质类
卵巢	雌二醇	E_2	类固醇类
	雌三醇	E_3	类固醇类
	孕酮	P	类固醇类
胎盘	人绒毛膜促性腺激素	hCG	肽类
胃肠道	促胰液素		肽类
	缩胆囊素	CCK	肽类
	促胃液素		肽类
心房	心房钠尿肽	ANP	肽类
松果体	褪黑素	MT	胺类
胸腺	胸腺激素		肽类
肾	1,25-二羟维生素D_3	1,25 $(OH)_2D_3$	固醇类
各种组织	前列腺素	PGs	脂肪酸衍生物

（二）激素的信息传递方式

目前认为激素主要通过四种方式在体内细胞之间传递信息。大多数激素经血液运输到远距离的靶组织或靶细胞而发挥作用，这种方式称为远距分泌（telecrine），如生长激素、甲状腺激素。某些激素，可不经血液运输，而通过组织液扩散，作用于邻近细胞，这种方式称为旁分泌（paracrine），如消化管的一些激素。有些内分泌细胞所分泌的激素在局部扩散，又返回作用于该内分泌细胞而发挥反馈作用，这种方式称为自分泌（autocrine）。另外，下丘脑有许多具有内分泌功能的神经细胞，这类神经细胞既能产生和传导神经冲动，又能合成和释放激素，故称神经内分泌细胞，它们所产生的激素称神经激素，可沿轴突借轴浆流动运送至末梢而释放入血液，这种方式称神经分泌（neurocrine）（图 11-2）。

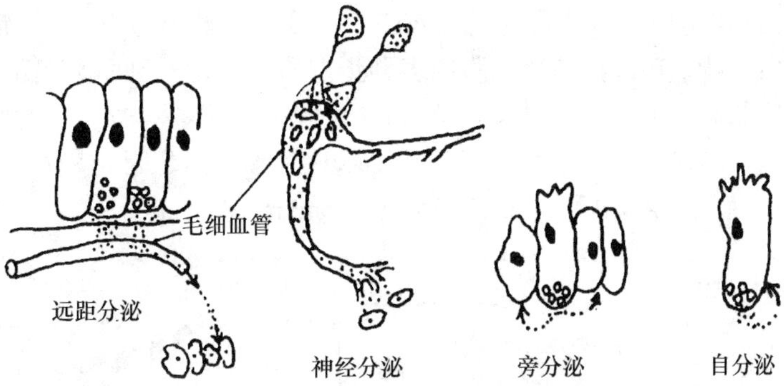

图 11-2　激素传递信息的四种方式

二、激素作用的一般特征

人体内的激素种类繁多，作用各异，但不同激素在发挥调节作用的过程中，表现出一些共同的特征。

（一）信息传递作用

激素对靶细胞实现其调节作用的过程中，只是将调节信息传递给靶细胞，从而使靶细胞原有的生理、生化过程增强或减弱，激素并不引起新的功能活动，也不为原有功能活动提供能量，只作为细胞的信息传递者，起着“信使”作用。在完成信息传递后，激素即被分解而失去活性。

（二）相对特异性

某种激素有选择性地作用于某些靶器官和靶组织的特性，称为激素作用的特异性。激素作用的特异性与靶细胞上存在能与激素发生特异性结合的受体有关。各种激素作用的特异性差别较大，取决于受体在体内分布的范围。有些激素仅局限于较少的特定目标，如腺垂体分泌的促甲状腺激素，只作用于甲状腺；有些激素的作用比较广泛，如生长激素、甲状腺激素、胰岛素等，对全身的多种组织、细胞都有作用。

（三）高效能生物放大作用

激素在血液中的浓度很低，一般在纳摩尔（nmol/L），甚至皮摩尔（pmol/L）水平，但其作用却十分显著。这与激素与受体结合后，在细胞内发生一系列的酶促反应，逐级放大形成一个效能极高的生物放大系统有关。例如，0.1mg 促肾上腺皮质激素释放激素可使腺垂体释放 1mg 促肾上腺皮质激素，再进一步引起肾上腺皮质分泌 40mg 糖皮质激素，生物效能放大 400 倍。因此，体内激素水平稍有过多或不足，便可引起该激素所调节的功能明显异常，临床上分别称为该内分泌腺功能亢进和功能减退。

（四）激素间的相互作用

体内各种激素的作用可以相互影响，主要表现在三个方面：①协同作用：如生长激素、肾上腺素、糖皮质激素都可以使血糖升高，在升糖效应上有协同作用。②拮抗作用：如胰岛素能降低血糖，与上述激素的升糖效应相拮抗。③允许作用：有的激素本身并不能直接对某些器官、组织或细胞产生生物效应，然而它的存在却可使另一种激素的作用明显增强，这种现象称为允许作用（permissive action）。如糖皮质激素本身对血管平滑肌并无收缩作用，但是只有在它存在的前提下，去甲肾上腺素才能更有效地发挥其收缩血管的作用。

三、激素作用的机制

（一）含氮类激素的作用机制——第二信使学说

Sutherland 于 1965 年提出的第二信使学说认为：含氮类激素与靶细胞膜上的特异性受体结合后，可激活膜上的鸟苷酸结合蛋白（简称 G 蛋白），继而激活膜上的腺苷酸环化酶（AC），后者在 Mg^{2+} 的参与下，催化胞质内三磷酸腺苷（ATP）转变为环磷酸腺苷（cAMP）。cAMP 可激活细胞内无活性的蛋白激酶（PK），催化细胞内多种蛋白质磷酸化，进而引起靶细胞内各种生理功能的改变，如肌细胞收缩、腺细胞分泌等（图 11-3）。在含氮类激素的作用过程中，激素把信息传至靶细胞膜，而 cAMP 则将此信息由靶细胞表面传递到细胞内，因此，人们把激素称为第一信使（first messenger），而把 cAMP 称为第二信使（second messenger）。

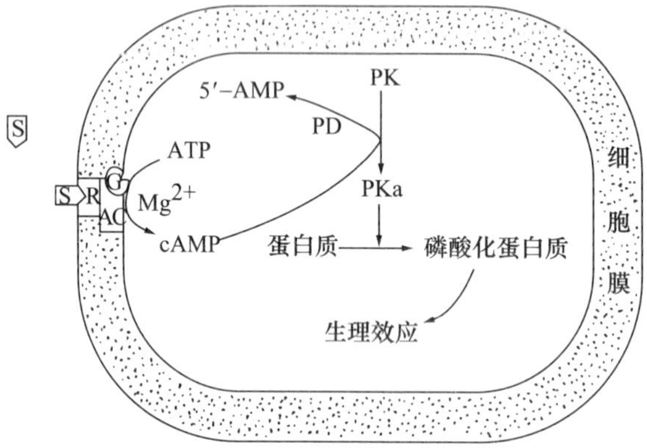

图 11-3　含氮类激素作用机制示意图

S. 激素信号；R. 受体；pKa. 有活性的蛋白激酶

关于激素作用的这种学说称为第二信使学说。近二十年，随着分子生物学技术的运用，使第二信使学说得到进一步的完善和发展。目前发现的第二信使物质除了 cAMP 外，还有环磷酸鸟苷（cGMP）、三磷酸肌醇（IP_3）、二酰甘油（DG）、Ca^{2+}、前列腺素等。

（二）类固醇激素的作用机制——基因表达学说

Jesen 和 Gorski 于 1968 年提出的基因表达学说认为：类固醇激素分子小且呈脂溶性，因此，可以透过细胞膜扩散进入细胞内，与胞质内特异性受体结合，形成激素 - 胞质受体复合物。此复合物在 Ca^{2+} 参与下发生变构，并获得进入细胞核内的能力而进入细胞核，进而与核内受体结合，形成激素 - 核受体复合物，结合在染色质非组蛋白的特异位点上，激发该部位 DNA 转录过程，生成新的 mRNA，诱导相应蛋白质的合成而产生生物效应。也有的类固醇激素在进入细胞后，直接经胞质进入核内与核受体结合，调节基因表达。由于类固醇激素的作用主要是通过核内受体影响靶细胞 DNA 转录过程的基因调节机制实现的，所以把这一作用机制称为类固醇激素作用的基因调节机制，也称为基因表达学说（图 11-4）。

知识链接

激素类药物的常见副作用

激素类药物对调节机体功能有很强的作用，对治疗疾病，改善症状有立竿见影的效果，但部分激素类药物常伴有副作用，表现如下：损害免疫系统，使免疫系统功能低下；损害肌肉骨骼系统；诱发消化性溃疡、胰腺炎等疾病；易导致高血压、水钠潴留、加速粥样硬化等；易损伤皮肤，导致痤疮、紫纹、多毛、皮肤变脆等。

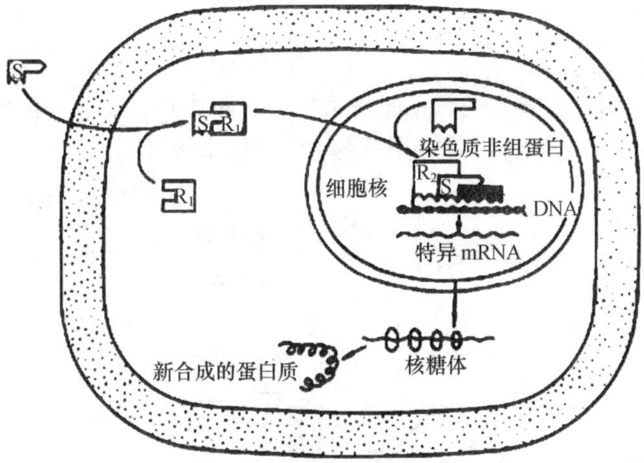

图 11-4　类固醇激素作用机制示意图

S. 激素信号；R_1. 胞质受体；R_2. 核受体

第二节　下丘脑与垂体

下丘脑是构成间脑的重要脑区，位于丘脑的前下方，紧贴颅底中部，前以视交叉为界，下借漏斗与垂体相连，是调节内脏活动和内分泌活动的较高级的神经中枢。垂体为功能复杂的内分泌腺，位于大脑下部，可分为腺垂体和神经垂体两大部分。

一、下丘脑的内分泌功能

下丘脑的视上核与室旁核存在大细胞神经元，主要分泌血管升压素和催产素。下丘脑内侧基底部存在由小细胞神经元组成的“促垂体区”，这些神经元可分泌下丘脑调节肽（hypothalamic regulatory peptide，HRP），对腺垂体激素的合成和分泌具有兴奋或抑制作用，目前确定的有 9 种（表 11-2）。

表 11-2　下丘脑调节肽

种类	缩写	化学性质	主要作用
促甲状腺激素释放激素	TRH	3 肽	促进 TSH 释放，也能刺激 PRL 释放
促性腺激素释放激素	GnRH	10 肽	促进 LH 与 FSH 释放
生长激素释放抑制激素（生长抑素）	GHRIH	14 肽	抑制 GH 释放，对 LH、FSH、TSH、PRL 及 ACTH 的分泌也有抑制作用
生长激素释放激素	GHRH	44 肽	促进 GH 释放
促肾上腺皮质激素释放激素	CRH	41 肽	促进 ACTH 释放
促黑（素细胞）激素释放因子	MRF	未定	促进 MSH 释放
促黑（素细胞）激素释放抑制因子	MIF	未定	抑制 MSH 释放
催乳素释放因子	PRF	未定	促进 PRL 释放
催乳素释放抑制因子	PIF	未定	抑制 PRL 释放

二、下丘脑与垂体的功能联系

下丘脑与垂体在结构和功能上的联系非常密切，它们共同组成了下丘脑 - 垂体功能单位。这个功能单位包括下丘脑 - 神经垂体系统和下丘脑 - 腺垂体系统（图 11-5）。

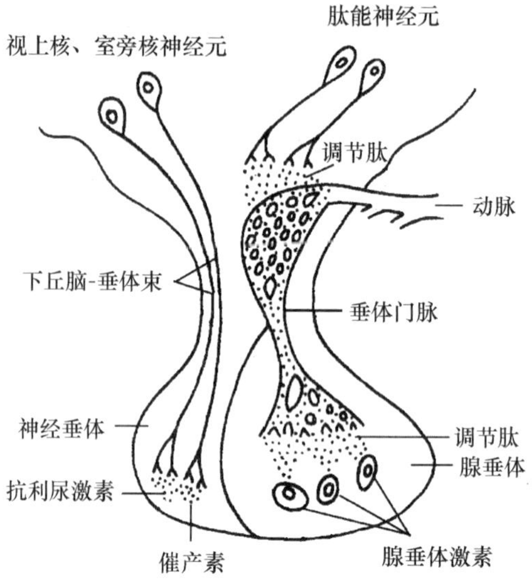

图 11-5 下丘脑与垂体的功能联系

（一）下丘脑 - 神经垂体系统

下丘脑与神经垂体有着直接的神经联系。下丘脑的视上核、室旁核有神经纤维下行到神经垂体，形成了下丘脑 - 垂体束，构成下丘脑 - 神经垂体系统。由视上核和室旁核的神经元胞体合成的血管升压素和催产素通过下丘脑 - 垂体束纤维的轴浆运输至神经垂体储存起来，在适宜的刺激下，由神经垂体释放入血液。

（二）下丘脑 - 腺垂体系统

一般认为下丘脑与腺垂体之间没有直接的神经纤维联系，而是通过特殊的血管系统 - 垂体门脉系统发生功能联系。

由下丘脑“促垂体区”的神经元合成和分泌的下丘脑调节肽，经垂体门脉系统运送至腺垂体，调节腺垂体功能。

此外，由于“促垂体区”的神经元还接受来自中脑、边缘系统及大脑皮质等处的神经纤维，因此能将来自大脑皮质等处的神经信息转变为激素信息，具有重要生理意义。

三、腺垂体

腺垂体是人体内最重要的内分泌腺，能分泌 7 种不同的激素：生长激素（GH）、促甲状腺激素（TSH）、促肾上腺皮质激素（ACTH）、促卵泡激素（FSH）、黄体生成素（LH）、催乳素（PRL）和促黑激素（MSH）。其中促甲状腺激素、促肾上腺皮质激素、促卵泡激素、黄体生成素通过调节各自的靶腺来发挥作用，又称“促激素”。生长激素、催乳素和促黑素细胞激素直接作用于靶组织或靶细胞，发挥各自的功能调节作用。

（一）生长激素

生长激素（GH）是腺垂体中含量最多的激素，其特异性较强，除猴外，其他哺乳动物的生长激素对人无效。人的生长激素是由 191 个氨基酸组成的蛋白质激素。

1．生长激素的生理作用

（1）促进生长发育：机体生长发育受多种激素的影响，生长激素是起关键作用的激素。它能促进全身各组织、器官的生长，特别是对骨骼、肌肉及内脏器官的作用尤为显著。幼年动物切除垂体后，生长立即停滞，如及时补充生长激素，可使其恢复生长发育。人幼年时期若生长激素分泌不足，将出现生长停滞，身材矮小（但智力正常），称侏儒症（dwarfism）；若幼年时期生长激素分泌过多，可引起机体过度生长，出现巨人症（gigantism）。成年后若生长激素分泌过多，此时由于骨骺已闭合，只能使软骨成分较多的手足、肢端短骨、面骨及其软组织向宽厚方向发展，以致形成手足粗大、鼻大唇厚、下颌突出、内脏器官增大等现象，称为肢端肥大症（acromegaly）。

生长激素对人体生长过程并无直接作用，而是在营养充足的条件下，生长激素通过刺激肝、肾及肌肉组织产生一种促进生长的小分子多肽物质，即生长激素介质（somatomedin，SM）而间接发挥作用。SM 的主要作用是促进软骨生长，它除了可促进硫酸盐进入软骨组织外，还可促进氨基酸进入软骨细胞，增强 DNA、RNA 和蛋白质的合成，促进软骨组织增殖与骨化，使长骨加长。因其化学结构与胰岛素相似，所以又称为胰岛素样生长因子（IGF）。在饥饿或缺乏蛋白质时，生长激素不能刺激 SM 生成，因此，营养不良的儿童常会出现生长迟缓。

（2）对代谢的作用：生长激素对代谢过程有广泛的影响，主要作用有：①促进蛋白质合成，特别是促进肝外组织合成蛋白质。生长激素可促进氨基酸进入细胞，加强 DNA、RNA 的合成，使尿氮减少，呈正氮平衡。②促进脂肪分解，增强脂肪酸的氧化，使组织特别是肢体的脂肪量减少。③抑制外周组织摄取和利用葡萄糖，减少葡萄糖的消耗，升高血糖。因此，生长激素分泌过多时可造成“垂体性糖尿”。

2．生长激素分泌的调节

（1）下丘脑对生长激素分泌的调节：生长激素的分泌受下丘脑生长激素释放激素（GHRH）与生长抑素（GHRIH）的双重调节，前者促进生长激素分泌，后者则抑制其分泌。一般认为，生长激素释放激素是生长激素分泌的经常性调节者，而生长抑素则是在应激情况下生长激素分泌过多时，才显著发挥对生长激素分泌的抑制作用。生长激素的分泌呈节律性脉冲式释放，每隔 1 ~ 4 小时出现一个脉冲，这是由于 GHRH 的脉冲式释放决定的。

（2）反馈调节：血液中生长激素水平升高可通过负反馈作用抑制下丘脑生长激素释放激素和腺垂体生长激素的分泌。

（3）其他调节因素：①睡眠：觉醒状态下生长激素分泌较少，进入慢波睡眠后，生长激素分泌明显增加，60min 左右，血液中生长激素浓度达到高峰。转入快波睡眠后，生长激素分泌又减少。②代谢因素：应激刺激、运动、饥饿以及血液中糖、脂肪酸、氨基酸等均能影响生长激素的分泌，其中以低血糖对生长激素的分泌刺激最强。③其他激素：甲状腺激素、雌激素及睾酮能促进生长激素分泌，而孕激素则抑制其分泌。④肥胖、妊娠和老年期生长激素分泌降低，青春期生长激素分泌增加。生长激素分泌的调节归纳如图 11-6。

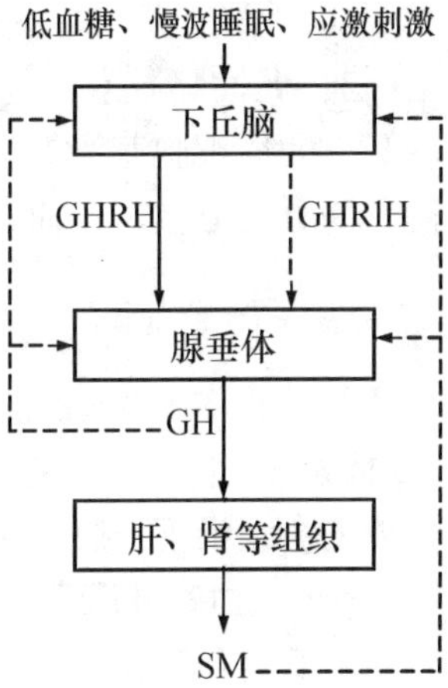

图 11-6　生长激素分泌的调节

（二）催乳素

催乳素（PRL）是一种含有 199 个氨基酸的蛋白质激素。平时血液中催乳素的水平较低，妊娠期和哺乳期则显著升高。

1．催乳素的生理作用

（1）对乳腺的作用：催乳素的主要作用是促进乳腺生长发育，并引起和维持泌乳。女性青春期乳腺的发育是多种激素（雌激素、孕激素、生长激素、皮质醇、胰岛素、甲状腺激素以及催乳素）共同作用的结果。在妊娠期间，催乳素、雌激素、孕激素分泌增加，使乳腺进一步发育成熟，并具备泌乳能力，但并不分泌乳汁，这是由于血液中雌激素与孕激素浓度较高，与催乳素竞争受体，从而抑制催乳素泌乳作用的缘故。分娩后，血液中雌激素与孕激素浓度显著降低，催乳素才能发挥其始动和维持泌乳的作用。

（2）对性腺的作用：催乳素可以刺激黄体生成素受体的生成，黄体生成素与其受体结合，又可促进排卵，促进黄体生成以及孕激素、雌激素的分泌。实验表明，小剂量催乳素能促进卵巢排卵和黄体生成，并刺激雌激素和孕激素的分泌，但大剂量催乳素则有抑制效应。由于哺乳可以促进催乳素的分泌，因此延长哺乳期可以作为避孕的手段。在男性，催乳素可促进前列腺和精囊的生长，促进睾酮的合成。

（3）参与应激反应：在应激状态下，血液中催乳素、促肾上腺皮质激素和生长激素的浓度增加同时出现。催乳素是应激反应中腺垂体分泌的三种主要激素之一。

2．催乳素分泌的调节　催乳素的分泌受下丘脑催乳素释放因子和催乳素释放抑制因子的双重调控。前者促进催乳素分泌，后者则抑制其分泌。平时以催乳素释放抑制因子的抑制作用为主。哺乳时，婴儿吸吮乳头可反射性地引起催乳素释放增加。

（三）促黑激素

人的促黑激素（MSH）由分散于腺垂体远侧部的细胞所分泌。

1．促黑激素的生理作用　促黑激素作用的靶细胞为黑素细胞。在人体，黑素细胞主要分布于皮肤与毛发、眼虹膜和视网膜的色素层、软脑膜。促黑激素的主要作用是促进黑素细胞中的酪氨酸酶的合成和激活，从而促进酪氨酸转变为黑色素，使皮肤与毛发等颜色加深。

2．促黑激素的分泌调节　促黑激素的分泌受下丘脑促黑激素释放因子与促黑激素释放抑制因子的双重调节。前者促进促黑激素分泌，后者抑制其分泌，平时以促黑激素释放抑制因子的抑制作用占优势。

（四）腺垂体促激素

腺垂体分泌四种促激素，即促甲状腺激素（TSH）、促肾上腺皮质激素（ACTH）、促卵泡激素（FSH）、黄体生成素（LH）。它们作用的靶腺分别是甲状腺、肾上腺和性腺，具体作用如下：

1．促甲状腺激素　促进甲状腺增生，合成并分泌甲状腺激素。

2．促肾上腺皮质激素　促进肾上腺皮质增生，合成并分泌糖皮质激素。

3．促性腺激素　包括促卵泡激素和黄体生成素，在男性前者又称精子（配子）生成素，后者又称间质细胞刺激素。促卵泡激素在女性能促进卵泡生长发育成熟，并与黄体生成素协同作用使卵泡分泌雌激素；而在男性，则能促进睾丸生成精子。

四、神经垂体

神经垂体不含腺细胞，本身不能合成激素，只能储存和释放由下丘脑视上核和室旁核合成的两种激素。下丘脑的视上核以产生血管升压素（VP）为主，室旁核以产生催产素（OXT）为主。合成的激素沿下丘脑 - 垂体束运输到神经垂体储存，在适宜的刺激下，由神经垂体释放入血液。

（一）血管升压素

血管升压素是含 9 个氨基酸的肽类激素。在生理条件下，血液中的血管升压素浓度很低，主要表现为抗利尿作用，因此又称为抗利尿激素（ADH）。而大剂量的血管升压素有收缩血管、促进血压升高的作用。在机体脱水或大失血等病理情况下，血液中血管升压素的浓度明显升高，引起全身小动脉收缩，血压升高。

（二）催产素

催产素也是一种含 9 个氨基酸的肽类激素，其化学结构与血管升压素极为相似，因此这两种激素的生理作用有交叉现象。催产素具有促进乳汁排出和刺激子宫收缩的作用。

1．对乳腺的作用　催产素可使乳腺周围肌上皮细胞收缩，使具有泌乳功能的乳腺排乳。此外，还有维持哺乳期乳腺不致萎缩的作用。婴儿吸吮乳头可反射性地引起下丘脑 - 神经垂体系统催产素的分泌与释放，导致乳汁排出，称射乳反射。射乳反射是典型的神经内分泌反射，在此基础上容易建立条件反射。例如哺乳的母亲看见或听到婴儿的哭声，均可以引起体内催产素分泌而出现射乳反射。焦虑、烦恼、恐惧、不安都可抑制排乳。

2．对子宫的作用　催产素对非孕子宫作用较弱，而对妊娠子宫作用较强，能使之强烈收缩。在临产或分娩时，子宫和阴道受到压迫和牵拉可反射性引起催产素的分泌与释放。催产素在临床上的应用主要是诱导分娩（催产）及防止产后出血。此外，雌激素能增加子宫对催产素的敏感性，而孕激素的作用则相反。

此外，催产素在痛觉调制、体温调节、学习和记忆等正常人体功能调节中具有重要的生物学作用。

第三节　甲状腺

甲状腺是人体内最大的内分泌腺，平均重量为 20 ～ 25g，女性的甲状腺稍重。甲状腺激素（thyroid hormone）由甲状腺腺泡上皮细胞合成，以胶状质形式储存在腺泡腔内。甲状腺是唯一将激素储存在细胞外的内分泌腺。甲状腺激素主要有四碘甲腺原氨酸（thyroxine，T_4）和三碘甲腺原氨酸（3，5，3′-triiodothyronine，T_3）两种，它们都是酪氨酸的碘化物。此外，在甲状腺腺泡之间和腺泡上皮细胞之间还有滤泡旁细胞，又称 C 细胞，可分泌降钙素。

一、甲状腺激素的生理功能

T_3 和 T_4 都具有生理作用，T_3 的生物活性比 T_4 约大 5 倍，但 T_3 的分泌量较少，半衰期较短（约 1 ～ 5 天），而 T_4 的分泌量较大，半衰期较长（约 7 天）。甲状腺激素的主要作用是促进人体代谢和生长发育。

（一）对代谢的影响

1．产热效应　甲状腺激素能提高体内绝大多数组织（尤以心、肝、骨骼肌和肾最为显著）的耗氧量和产热量。实验表明，1mg 甲状腺激素可以使机体产热量增加约 4200kJ，基础代谢率提高 28%。因此，临床上甲状腺功能亢进患者因产热增加而喜凉怕热，多汗，体温偏高，基础代谢率高于正常值 25% ～ 80%；而甲状腺功能减退患者则因产热量减少而喜热畏寒，基础体温偏低，基础代谢率低于正常值 20% ～ 40%。

2．对物质代谢的影响

（1）糖代谢：甲状腺激素对糖代谢的作用呈双向性。甲状腺激素既能促进小肠黏膜对糖的吸收，增强糖原分解，抑制糖原合成，使血糖升高；同时又能增强外周组织对糖的利用，使血糖降低。但是前一作用大于后者，故甲状腺功能亢进患者可出现血糖升高，甚至糖尿。

（2）蛋白质代谢：甲状腺激素对蛋白质代谢的影响因其分泌量不同而有差异。生理剂量的甲状腺激素可促进蛋白质的合成，有利于机体的生长发育。但大剂量的甲状腺激素却使蛋白质的分解代谢显著增强，特别是骨骼肌蛋白质大量分解，所以甲状腺功能亢进患者表现为肌肉消瘦和乏力。甲状腺激素分泌不足时，蛋白质合成减少，但细胞间黏液蛋白增多，由于黏液蛋白可结合大量的正离子和水分子，在皮下形成一种特殊的、指压不凹陷的水肿，称为黏液性水肿（myxedema）。

（3）脂肪代谢：甲状腺激素既能促进脂肪和胆固醇的合成，又能加速脂肪的动员、脂肪酸的氧化，促进肝将胆固醇转变为胆酸盐排出，但总的效应是分解大于合成。因此，甲状腺功能亢进患者血胆固醇常低于正常，而甲状腺功能减退患者血胆固醇含量升高，易引起动脉硬化。

（二）对生长发育的影响

甲状腺激素能促进机体生长发育，尤其是对婴儿脑和长骨的生长发育影响极大。甲状腺激素促进神经细胞的树突和轴突的形成、促进髓鞘与胶质细胞的生长，对神经系统结构和功能的发生与发展极为重要。甲状腺激素对生长发育的影响，在出生后最初的 4 个月内最为明显。先天性甲状腺功能不全的婴儿，由于脑与长骨生长发育的障碍而出现智力低下、身材矮小等现象，称呆小症（又称克汀病）。所以，在缺碘地区预防呆小症的发生，应在妊娠期补碘。治疗呆小症应在生后 3 个月以内补充甲状腺激素，治疗过晚则很难逆转。

此外，甲状腺激素能与生长激素协同调控幼年期的生长发育。缺乏甲状腺激素，影响生长激素发挥正常作用，导致长骨生长缓慢和骨骺闭合延迟。而且，生长激素的合成与分泌也减少，这可能与甲状腺激素能增强生长激素介质的活性及增加骨更新率的作用有关。

（三）其他作用

1．对神经系统的影响　甲状腺激素可以提高中枢神经系统的兴奋性。甲状腺激素对儿茶酚胺有允许作用，使交感神经系统兴奋。因此，甲状腺功能亢进患者多有烦躁不安、多言多动、喜怒无常、失眠多梦等症状；而甲状腺功能减退患者则有反应迟钝、记忆减退、表情淡漠、少动思睡等表现。

2．对心血管系统的影响　甲状腺激素可使心率加快，心肌收缩力加强，心输出量增加。故甲状腺功能亢进患者常出现心动过速、心肌肥大，严重者可导致心力衰竭。同时由于组织耗氧量增加，产热量增多，致使小血管扩张，外周阻力降低，结果收缩压升高，舒张压正常或稍高，脉压增大。

3．消化系统　甲状腺激素促进消化腺的分泌和消化道的运动。故甲状腺功能亢进患者食量明显增加，但仍感饥饿，而且伴有明显消瘦，常有腹泻症状。甲状腺功能减退者易出现便秘。

4．生殖系统　甲状腺激素对于维持正常的性功能也是必要的。缺乏甲状腺激素，可引起男、女性欲降低，在女性可引起痛经或月经过多、不规则月经；甲状腺激素过多，在男性可引起阳痿，在女性可常引起月经过少，偶尔闭经。

5．其他　甲状腺激素促进眼球后结缔组织增生，还对胰岛、甲状旁腺及肾上腺皮质等内分泌腺的分泌功能有一定的影响。

二、甲状腺功能的调节

甲状腺功能活动主要受下丘脑 - 腺垂体 - 甲状腺轴的调节。此外，还可进行一定程度的自身调节和神经调节。

（一）下丘脑 - 腺垂体 - 甲状腺轴的调节

1．下丘脑促甲状腺激素释放激素的作用　下丘脑分泌的促甲状腺激素释放激素（TRH）经垂体门脉系统运至腺垂体，促进腺垂体的促甲状腺激素（TSH）合成和释放，促甲状腺激素又能刺激甲状腺腺体增生、肥大，促进甲状腺激素（T_3、T_4）的合成和释放（图 11-5）。在整体情况下，内、外环境因素改变，如寒冷、应激，可影响下丘脑 TRH 的分泌，进而调节 TSH 及甲状腺的分泌。例如，寒冷刺激的信息到达中枢神经系统，能增加 TRH 的释放，进而促进腺垂体释放 TSH；当机体受到应激刺激时，下丘脑可释放较多的生长抑素，抑制 TRH 的合成与释放，使腺垂体 TSH 的释放减少。

2．腺垂体促甲状腺激素的作用　腺垂体分泌的促甲状腺激素（TSH）是调节甲状腺功能的主要激素，其主要作用是促进甲状腺激素的合成与分泌，同时还能刺激甲状腺腺泡上皮细胞的核酸与蛋白质合成，使腺泡上皮细胞增生，腺体增大。动物实验表明，在切除大鼠垂体后，甲状腺萎缩，激素合成与释放明显减少，及时补充 TSH，可使甲状腺功能恢复正常。

有些甲状腺功能亢进患者的血液中存在一种免疫球蛋白物质，其化学结构与 TSH 相似，可与 TSH 竞争甲状腺腺细胞膜上的 TSH 受体而刺激甲状腺分泌，这种物质被称为人类刺激甲状腺免疫球蛋白（HTSI）。这可能是引起甲状腺功能亢进的原因之一。

3．甲状腺激素的反馈作用　血液中游离的 T_4、T_3 浓度升降，对腺垂体 TSH 的分泌起着经常性反馈作用。血液中 T_4、T_3 浓度升高时，TSH 的合成与分泌即减少，T_4、T_3 的释放也随之减少；反之，则增多。这种负反馈作用是体内 T_4、T_3 浓度维持生理水平的重要机制。甲状腺激素抑制 TSH 的分泌，是由于甲状腺激素能与腺垂体产生促甲状腺激素的细胞胞核的特异受体结合，产生一种抑制性蛋白，后者能抑制 TSH 的合成与分泌，同时还可降低腺垂体对 TRH 的反应性。

当饮食中缺碘造成甲状腺激素合成减少时，甲状腺激素对腺垂体的负反馈作用减弱，使 TSH 的分泌量增加，从而刺激甲状腺细胞增生，甲状腺肿大，临床上称为地方性甲状腺肿或单纯性甲状腺肿。

（二）自身调节

甲状腺能根据碘供应的情况，调整自身对碘的摄取和利用以及甲状腺激素的合成与释放，这种调节完全不受 TSH 的影响，故称自身调节。当碘供应不足时，甲状腺对碘的转运机制增强，对促甲状腺激素的敏感性提高，使 T_4、T_3 的合成与释放不致因碘供应不足而减少。反之，当外源性碘增加时，最初 T_4、T_3 合成增加，但超过一定限度后，T_4、T_3 合成速度不再增加，反而明显下降，这种过量的碘所产生的抗甲状腺效应称 Wolff-Chaikoff 效应。临床上常用大剂量碘产生的抗甲状腺效应处理甲状腺危象和做手术前准备。

（三）自主神经对甲状腺活动的影响

甲状腺受交感神经和副交感神经的双重支配。交感神经兴奋促进其合成与分泌，而副交感神经兴奋则抑制其合成与分泌。甲状腺激素分泌的调节归纳如图 11-7。

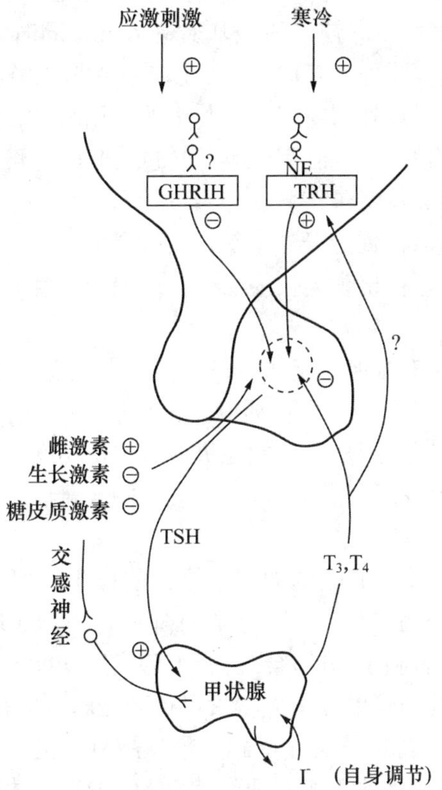

图 11-7　甲状腺激素分泌的调节示意图

⊕表示促进或刺激；⊖表示抑制

第四节 肾 上 腺

肾上腺由皮质和髓质两部分组成。由于肾上腺皮质和髓质合成、分泌的激素种类不同，因此，从功能上看，肾上腺皮质和髓质实际上是两个独立的内分泌腺。

一、肾上腺皮质

肾上腺皮质细胞由外向内分别排列成球状带、束状带和网状带。球状带细胞分泌盐皮质激素，主要是醛固酮（aldosterone）；束状带细胞分泌糖皮质激素，主要是皮质醇（cortisol），又称氢化可的松；网状带细胞分泌性激素，主要是雄激素，也有少量雌激素，如脱氢异雄酮和雌二醇，也能分泌少量的糖皮质激素。人体各种皮质激素都是以胆固醇为原料经腺细胞生物合成的类固醇激素。

肾上腺皮质对于生命活动的维持极为重要。其作用主要表现在两方面：其一是通过释放盐皮质激素调节机体的水、电解质代谢，维持循环血量和动脉血压；其二是通过释放糖皮质激素调节糖、蛋白质、脂肪的代谢，提高机体对伤害性刺激的抵抗力。这里着重讨论束状带所分泌的糖皮质激素。

（一）糖皮质激素的生理作用

糖皮质激素因对糖代谢有较强的调节作用而得名。但实际上，这类激素的生理作用是非常广泛的。人体糖皮质激素以皮质醇分泌量最大，作用最强。

1．对物质代谢的作用

（1）糖代谢：糖皮质激素是调节机体糖代谢的重要激素之一，它能促进糖异生，升高血糖。这是由于它能促进蛋白质分解，促进较多的氨基酸进入肝，同时增强肝内与糖异生有关酶的活性，致使糖异生过程大大加强。此外，糖皮质激素还有抗胰岛素作用，它能降低肌肉与脂肪等组织、细胞对胰岛素的反应性，以致外周组织对葡萄糖的利用减少，使血糖升高。糖皮质激素分泌不足时，可出现低血糖；分泌过多（或服用此类药物过多）时，可使血糖升高，严重者甚至出现糖尿。由此引起的糖尿称类固醇性糖尿。

（2）蛋白质代谢：糖皮质激素促进肝外组织，特别是肌肉组织蛋白质分解。糖皮质激素分泌过多或长期应用糖皮质激素者，将出现生长停滞、肌肉消瘦、骨质疏松、皮肤变薄、淋巴组织萎缩及创口愈合延迟等现象。

（3）脂肪代谢：糖皮质激素可促进脂肪分解，增强脂肪酸在肝内的氧化过程，有利于糖异生作用。但全身不同部位的脂肪组织对糖皮质激素的敏感性不同，四肢敏感性较高，面部、肩、颈、躯干部位敏感性较低。当肾上腺皮质功能亢进或过多使用糖皮质激素时，四肢脂肪组织分解增强，而面、肩及背的脂肪合成有所增加，以致出现面圆、背厚、躯干部脂肪堆积而四肢消瘦的“向心性肥胖”的特殊体型（图 11-8）。

（4）水、电解质代谢：皮质醇有较弱的贮钠排钾的作用，即对肾远曲小管和集合管重吸收 Na^+ 和排出 K^+ 有轻微的促进作用。另外，皮质醇可降低肾小球入球血管阻力，增加肾小球血浆流量，使肾小球滤过率增加，有利于水的排出。肾上腺皮质功能不全者，排水能力明显降低，严重时会出现“水中毒”，如补充适量的糖皮质激素可得到缓解，但补充盐皮质激素无效。

2．在应激反应中的作用　当机体突然受到感染、缺氧、饥饿、创伤、疼痛、手术、寒冷及精神紧张等有害刺激时，血液中促肾上腺皮质激素（ACTH）的浓度急剧增加，导致血液中糖皮质激素浓度也相应显著升高，并产生一系列的非特异性反应，称之为应激反应（stress response）。引起应激反应的刺激称应激原（stressor）。动物实验表明，切除肾上腺髓质的动物可以抵抗应激

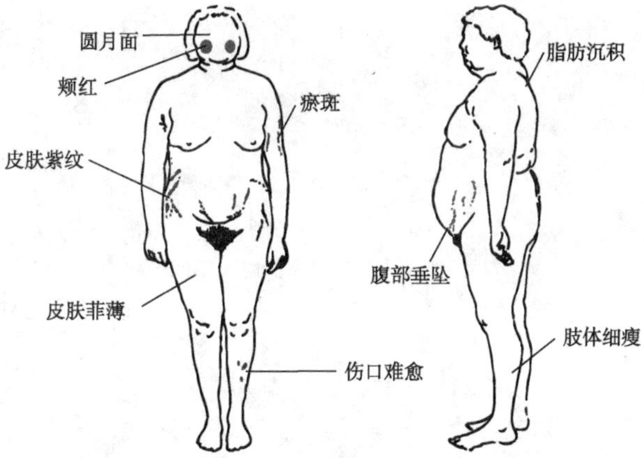

图 11-8 肾上腺皮质功能亢进患者特殊体貌

刺激而不产生严重后果。而切除肾上腺皮质的动物，给予维持剂量的糖皮质激素，在安静环境中，动物尚可正常生存，一旦遭受上述有害刺激时则易于死亡。

在应激反应中，除下丘脑 - 腺垂体 - 肾上腺皮质系统的作用外，交感 - 肾上腺髓质系统也参与应激活动，使血液中儿茶酚胺含量增加，在糖皮质激素的允许作用下，增强儿茶酚胺对血管的调节作用，维持动脉血压的稳定，同时生长激素、催乳素、抗利尿激素、醛固酮等分泌均增加，以提高机体对应激刺激的耐受能力和生存能力。所以，应激反应是以 ACTH 和糖皮质激素分泌增加为主，多种激素共同参与的使机体抵抗力增强的非特异性反应。

药理剂量的糖皮质激素还有抗炎、抗过敏、抗中毒、抗休克的作用。

3．对其他器官、组织的作用

（1）对血细胞的影响：糖皮质激素可使红细胞、血小板和中性粒细胞增多，使淋巴细胞和嗜酸性粒细胞减少，其机制各不相同。糖皮质激素可促进骨髓造血功能，使血液中红细胞和血小板的数量增多；它能促使附着在小血管壁边缘的粒细胞进入血液循环，使血液中中性粒细胞增多；可以抑制淋巴细胞 DNA 的合成过程，使淋巴细胞数量减少。此外，糖皮质激素对巨噬细胞系统吞噬和分解嗜酸性粒细胞的活动有增强作用，使血液中嗜酸性粒细胞的数量减少。

（2）对心血管系统的影响：糖皮质激素能增强血管平滑肌对儿茶酚胺的敏感性（允许作用），有利于提高血管的张力和维持血压。糖皮质激素还可降低毛细血管壁的通透性，减少血浆的滤出，有利于维持血容量。实验表明，糖皮质激素对离体心脏有强心作用。

（3）对消化系统的影响：糖皮质激素能增加胃酸分泌和胃蛋白酶原的生成，因而有加剧和诱发溃疡病的可能。

（4）对神经系统的影响：糖皮质激素有提高中枢神经系统兴奋性的作用。肾上腺皮质功能亢进患者可出现思维不能集中、烦躁不安和失眠等现象。

知识链接

库欣综合征

库欣综合征又称皮质醇增多症或柯兴综合征。本征是由多种病因引起的以高皮质醇血症为特征的临床综合征。患者出现满月脸、水牛背、悬垂腹和锁骨上窝脂肪垫等向心性肥胖的特征，还会出现痤疮、紫纹、高血压、继发性糖尿病和骨质疏松等症状。

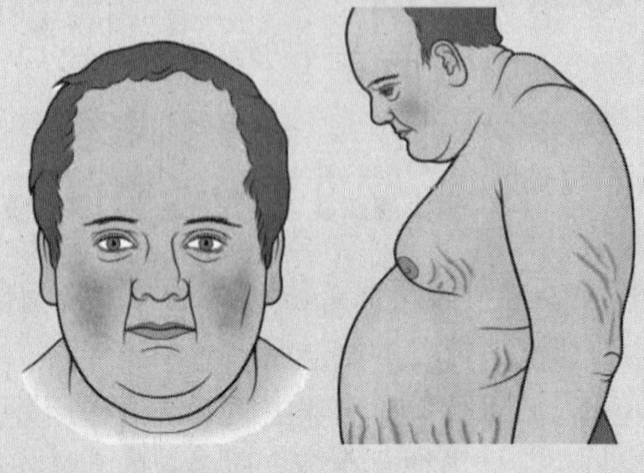

（二）糖皮质激素分泌的调节

糖皮质激素的分泌可表现为基础分泌和应激分泌两种情况。基础分泌是指在正常生理状态下的分泌，应激分泌是指应激刺激时机体发生适应性反应时的分泌。两者均通过下丘脑 - 腺垂体 - 肾上腺皮质轴进行调节（图 11-9），以维持血液中糖皮质激素的相对稳定和在不同状态下的生理需要。

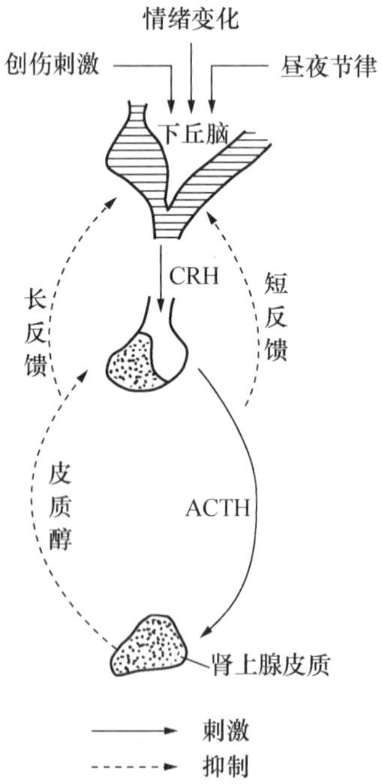

图 11-9　糖皮质激素分泌的调节示意图

1．下丘脑 - 腺垂体 - 肾上腺皮质轴的调节　下丘脑释放的促肾上腺皮质激素释放激素

(CRH) 经垂体门脉作用于腺垂体，促进腺垂体促肾上腺皮质激素（ACTH）的合成和释放，进而引起肾上腺皮质合成、释放糖皮质激素增多。各种应激刺激通过多种途径最后汇集于下丘脑 CRH 神经元，促进 CRH 的分泌，引起下丘脑 - 腺垂体 - 肾上腺皮质轴活动增强，产生应激反应。

2．反馈调节　当血中糖皮质激素浓度升高时，可反馈性地抑制下丘脑 CRH 神经元和腺垂体 ACTH 神经元，使 CRH 释放减少，ACTH 合成及释放受到抑制，这种反馈称为长反馈。当腺垂体分泌的 ACTH 在血液中的浓度达到一定水平时，ACTH 还可反馈性地抑制 CRH 神经元的活动，称为短反馈。但在应激状态下，可能由于下丘脑和腺垂体对反馈刺激的敏感性降低，使这些负反馈作用暂时失效，ACTH 和糖皮质激素的分泌大大增加，从而增强机体对有害刺激的适应能力。

临床上长期大量使用糖皮质激素，可通过长反馈抑制 CRH 和 ACTH 的合成和分泌，导致患者肾上腺皮质萎缩，分泌功能减退或停止。如突然停药，可因体内糖皮质激素突然减少而出现急性肾上腺皮质功能减退的严重后果。因此，应采取逐渐减量停药或间断给予 ACTH 的方法，以防止肾上腺皮质萎缩。

二、肾上腺髓质

肾上腺髓质分泌的激素主要有肾上腺素（epinephrine，E）和去甲肾上腺素（norepinephrine，NE），它们都属于儿茶酚胺类化合物。它们都是以酪氨酸为原料，由肾上腺髓质嗜铬细胞分泌和储存。血液中的肾上腺素主要来自肾上腺髓质，去甲肾上腺素除来自肾上腺髓质分泌外，还来自肾上腺素能神经纤维末梢的释放。正常情况下，髓质中肾上腺素和去甲肾上腺素的比例约为 4 ∶ 1，但在不同情况下，分泌的比例会发生变化。

（一）肾上腺髓质激素的生理作用

肾上腺素与去甲肾上腺素的生理作用广泛而多样，其主要生理作用已在有关章节中分别介绍（表 11-3）。这里主要讨论其在应急反应中的作用和对代谢的影响。

表 11-3　肾上腺素和去甲肾上腺素的作用

	肾上腺素	去甲肾上腺素
心脏	心率增快，收缩力明显增强，心输出量增加（强心剂）	离体心：心率增快 在体心：心率减慢（减压反射的作用）
血管	皮肤、胃肠、肾等血管收缩；冠状血管、骨骼肌血管舒张，总外周阻力稍减	全身血管（特别是阻力血管）收缩 总外周阻力显著增加
血压	上升（主要因心输出量增加）	显著升高（主要因外周阻力增大） （升压药）
支气管平滑肌	舒张	舒张，作用较弱
胃肠活动	抑制	抑制，作用较弱
代谢	增强	稍增强
瞳孔	开大	开大

1．在应急反应中的作用　肾上腺髓质直接受交感神经节前纤维的支配，当交感神经兴奋时，髓质激素分泌增多。肾上腺髓质激素的作用与交感神经兴奋时的效应相似，因此，把交感神经与肾上腺髓质在结构和功能上的这种联系，称为交感 - 肾上腺髓质系统。

当机体内、外环境急剧变化时，如剧烈运动、恐惧、失血、创伤、寒冷、低血糖等紧急情况，肾上腺素和去甲肾上腺素大量分泌，作用于中枢神经系统，使其兴奋性增高，反应灵敏；同时心率加快，心缩力加强，心输出量增加，血压升高；呼吸频率加快，每分通气量增加；肝糖原与脂肪分解加强，使糖与脂肪酸增加，为骨骼肌、心肌等活动提供更多的能源。这些变化是在紧急情况下，通过交感 - 肾上腺髓质系统活动的加强所产生的适应性反应，称为应急反应(emergency reaction)。应急反应有利于机体随时调整各种功能，以应付环境急变，使机体度过紧急时刻而"脱险"。

"应急"与"应激"的概念不同，两者既有区别又有联系。当机体受到有害刺激时，应急反应表现为交感 - 肾上腺髓质系统活动加强，使血液中肾上腺髓质激素浓度明显升高，从而充分调动机体储备的潜能，提高"战斗力"，克服环境变化给机体造成的困难；而应激反应表现为下丘脑 - 腺垂体 - 肾上腺皮质轴活动加强，使血液中 ACTH 和糖皮质激素浓度显著升高，以增强机体对有害刺激的"耐受力"。两者相辅相成，共同提高机体的抗病能力。

2．对代谢的作用　加强肝糖原、肌糖原分解；加速脂肪分解，促使乳酸合成糖原，抑制胰岛素的分泌，使血糖升高。另外，还增加组织耗氧量和机体产热量。

（二）肾上腺髓质激素分泌的调节

1．交感神经的作用　支配肾上腺髓质的神经属交感神经节前纤维，其末梢释放乙酰胆碱，通过 N 型胆碱受体引起细胞释放肾上腺素和去甲肾上腺素。在应激情况下，可使肾上腺素和去甲肾上腺素分泌量增加到基础分泌量的 1000 倍。

2．ACTH 的作用　ACTH 可通过糖皮质激素间接刺激肾上腺髓质激素合成增加，也可直接作用于肾上腺髓质，促进髓质激素的合成与分泌。

3．反馈作用　肾上腺髓质激素的分泌也存在负反馈调节。当去甲肾上腺素合成达一定量时，可抑制酪氨酸羟化酶，使去甲肾上腺素合成减少；肾上腺素过多时也能抑制苯乙醇胺氮位甲基转移酶，使肾上腺素合成减少。

第五节　胰　岛

胰岛是散在于胰腺外分泌细胞之间的许多内分泌细胞群的总称，因像海洋中的一个个小岛一样，故称胰岛。人类的胰岛细胞分为 A 细胞、B 细胞、D 细胞及 PP 细胞。A 细胞约占胰岛细胞的 20%，分泌胰高血糖素（glucagon）；B 细胞占 60% ～ 70%，分泌胰岛素（insulin）；D 细胞占 5% 左右，分泌生长抑素（somatostatin，SS）；PP 细胞数量很少，分泌胰多肽。

一、胰岛素

胰岛素是由 A、B 两条肽链组成的含 51 个氨基酸残基的小分子蛋白质，相对分子质量为 5808。我国科学工作者于 1965 年在世界上首先使用人工方法，合成了具有高度生物活性的胰岛素，开创了人工合成蛋白质的先例。在胰岛素合成过程中，B 细胞首先合成一个大分子的前胰岛素原，以后加工成前胰岛素，再经水解为分子数相等的胰岛素和连接肽（C 肽）。因此测定血液中的 C 肽含量可反映胰岛 B 细胞的功能。正常人空腹状态下血清胰岛素浓度为 35 ～ 145pmol/L。C 肽含量为 400pmol/L。胰岛素的半衰期为 5min，主要在肝内灭活。

（一）胰岛素的生理作用

胰岛素是促进合成代谢、调节血糖浓度的主要激素，对机体能源物质的储存和人体生长有重要作用。

1．调节糖代谢　胰岛素一方面促进全身组织对葡萄糖的摄取和利用，加速肝糖原和肌糖原的合成，并促进葡萄糖转变为脂肪；另一方面抑制糖原分解和糖异生，从而增加血糖的去路，减少来源，使血糖降低。当胰岛素缺乏时，血液中葡萄糖不能被细胞储存和利用，导致血糖升高。当血糖超过肾糖阈时，出现尿糖，发生糖尿病。

2．调节脂肪代谢　胰岛素可促进脂肪的合成与储存，促进葡萄糖进入脂肪细胞，合成三酰甘油和脂肪酸。胰岛素还能抑制脂肪酶的活性，减少脂肪的分解，降低血液中脂肪酸的浓度。胰岛素缺乏时，出现脂肪代谢紊乱，分解增强，血脂升高，容易引起动脉硬化，造成心脑血管系统的严重疾病。由于脂肪酸分解的增多，生成大量酮体，可引起酮症酸中毒，甚至昏迷。

3．调节蛋白质代谢　胰岛素可促进细胞对氨基酸的摄取和利用，促进蛋白质的合成，抑制蛋白质的分解，因而有利于机体的生长发育。胰岛素促进机体生长的作用必须在生长激素存在的情况下，才能发挥效应。此外，胰岛素还能促进 K^+ 进入细胞，使血钾浓度降低。临床使用胰岛素时，应注意给患者补钾。

（二）胰岛素分泌的调节

1．血糖浓度　血糖浓度是调节胰岛素分泌的最重要因素。当血糖浓度升高时，胰岛素分泌明显增加，从而促进血糖下降；血糖浓度降低则可抑制胰岛素的分泌，促使血糖回升。血糖浓度对胰岛素分泌的负反馈作用是维持血液中胰岛素以及血糖正常水平的重要机制。

此外，血液中游离脂肪酸、酮体和氨基酸（主要为精氨酸和赖氨酸）浓度升高均可促进胰岛素的分泌。

2．激素作用　胰高血糖素可直接作用于相邻的 B 细胞，刺激其分泌胰岛素，也可以通过升高血糖而间接刺激胰岛素分泌；胃肠道激素如促胃液素、促胰液素、缩胆囊素和抑胃肽等都有刺激胰岛素分泌的作用；生长激素、糖皮质激素、甲状腺激素等可通过升高血糖浓度而间接促进胰岛素的分泌；肾上腺素则抑制胰岛素的分泌。

3．神经调节　胰岛受迷走神经和交感神经的支配。迷走神经兴奋时，可通过释放乙酰胆碱作用于胰岛 B 细胞膜上的 M 受体，引起胰岛素的释放，也可刺激胃肠道激素的释放而间接促进胰岛素分泌。交感神经兴奋时，可通过释放去甲肾上腺素作用于 B 细胞膜上的 α 受体，抑制胰岛素的分泌。

知识链接

血糖——进食的代谢信号

研究发现，当人体血糖浓度低于正常的 7% ~ 10% 时机体有觅食行为或进食要求。相反，血糖浓度升高有利于机体产生饱腹感。一些影响血糖浓度的激素也可能与饥饿感的产生及摄食行为有关。注射胰岛素可产生饥饿感，持续大量地使用胰岛素将会导致食物摄入增加，这一点对于在临床上严格控制糖尿病患者的饮食量很重要，因为患者的食欲往往是增加的，在美食面前，患者需要更强的意志力去对抗体内的信号（如胰岛素）对食欲的唤醒。肾上腺皮质分泌的糖皮质激素与摄食也有一定关系，人类由于皮质醇分泌过多或者同类药物的过量使用，导致明显肥胖。

近年来还发现，ob 蛋白（瘦素，leptin）与人类的摄食增多性肥胖有关。迄今，人类摄食控制的详细机制还远未搞清楚。无疑，血糖水平及其相关肽类物质所组成的控制机制是不可忽视的方面。

二、胰高血糖素

胰高血糖素是由 29 个氨基酸组成的直链多肽，相对分子质量为 3485。它与胰岛素的作用相反，是一种促进分解代谢、促进能量动员的激素。

（一）胰高血糖素的生理作用

胰高血糖素最重要的作用是升高血糖。它能促进肝糖原分解，促进糖异生，使血糖浓度明显升高。胰高血糖素还能促进脂肪分解和脂肪酸的氧化，使血中酮体生成增多。胰高血糖素对蛋白质也有促进分解和抑制合成的作用，能使氨基酸迅速进入肝细胞，经糖异生转变为肝糖原。

（二）胰高血糖素分泌的调节

1．血糖浓度　血糖浓度是影响胰高血糖素分泌的最重要因素。血糖浓度升高抑制胰高血糖素的分泌，下降则起促进作用。胰岛素可直接作用于 A 细胞，抑制胰高血糖素的分泌，也可通过降低血糖浓度间接刺激胰高血糖素的分泌。

2．神经调节　胰高血糖素的分泌还受神经系统的调节。交感神经兴奋，通过 α 受体促进胰高血糖素的分泌；迷走神经兴奋，则通过 M 受体抑制其分泌。

血糖浓度相对稳定是机体内环境稳态的重要内容之一。血糖浓度主要受胰岛素和胰高血糖素的调节，而血糖浓度对它们的分泌又有调节作用。这就构成一个闭合的自动反馈调节系统，使血糖浓度稳定于正常水平。

第六节　甲状旁腺与降钙素及维生素 D_3

血浆钙离子水平与机体的许多重要生理功能有密切关系，直接参与机体钙、磷代谢调节的激素主要有三种，即甲状旁腺素、降钙素和维生素 D_3。它们通过对骨、肾和肠三种靶器官的作用，维持血液中钙和磷水平的相对稳定。

一、甲状旁腺

甲状旁腺主细胞合成、分泌甲状旁腺素（parathyroid hormone，PTH）。

（一）甲状旁腺素的生理作用

PTH 的生理作用主要是升高血钙和降低血磷，是调节血钙和血磷水平的最重要激素。

1．对骨的作用　PTH 能动员骨钙入血液，使血液 Ca^{2+} 浓度升高。其作用包括快速效应与延迟效应两个时相。快速效应在 PTH 作用后数分钟即可出现，使骨细胞膜对 Ca^{2+} 的通透性迅速增加，骨液中的 Ca^{2+} 进入细胞，随后钙泵活动增强，将 Ca^{2+} 转运至细胞外液中，引起血钙升高。延迟效应在 PTH 作用后 12 ～ 14h 出现，经数天甚至几周后才达高峰，其效应是通过激活破骨细胞的活动而实现的，加速骨组织的溶解，使钙、磷进入血液。两个时相的效应相互补充，不但能保证机体对血钙的急需，而且能使血钙较长时间维持在一定水平。血钙保持一定的浓度对维持神经、肌肉等组织的正常兴奋性十分重要。甲状腺手术时，如不慎误将甲状旁腺切除，将导致严重的低血钙，神经和肌肉的兴奋性异常增高，引起手足搐搦，甚至因呼吸肌痉挛而窒息。

2．对肾的作用　PTH 能促进远曲小管对钙的重吸收，减少尿钙排出，使血钙升高。同时，PTH 可抑制近曲小管对磷的重吸收，增加尿磷排出，使血磷下降。

3．对肠道的作用　PTH 可激活肾内的 1α- 羟化酶，后者可促使 25-OH-D_3 转变为有高度活性的钙三醇，进而间接促进小肠黏膜上皮细胞对钙和磷的吸收。

（二）甲状旁腺素的分泌调节

PTH 的分泌主要受血钙浓度的调节。当血钙浓度降低时，PTH 分泌增多，较长时间的低血钙，可刺激甲状旁腺增生；当血钙浓度升高时，甲状旁腺活动减弱，PTH 分泌减少，腺体缩小。此外，血磷升高也可引起 PTH 的分泌，这是由于血磷升高可使血钙降低，间接地引起 PTH 的释放。降钙素也能促进 PTH 的分泌。

二、降钙素

降钙素（calcitonin，CT）主要是由甲状腺滤泡旁细胞（C 细胞）合成和分泌的由 32 个氨基酸组成的肽类激素，相对分子质量为 3400。胸腺也有分泌 CT 的功能。

（一）降钙素的生理作用

CT 的主要生理作用是降低血钙和血磷，其靶器官主要是骨，对肾也有一定作用。

1．对骨的作用　CT 能抑制原始骨细胞转化为破骨细胞，抑制破骨细胞的活动，同时，增强成骨过程，使骨组织钙、磷沉积增加，释放减少，结果导致溶骨过程减弱而成骨过程加强，从而使血钙与血磷浓度降低。

2．对肾的作用　CT 能降低肾小管对钙、磷、钠、氯等的重吸收，增加它们在尿中的排出量。此外，CT 还可抑制小肠对钙和磷的吸收。

（二）降钙素分泌的调节

降钙素的分泌主要受血钙浓度的反馈调节。血钙浓度升高时，CT 分泌增加，反之则分泌减少。此外，胰高血糖素和某些胃肠道激素，如促胃液素、促胰液素也可促进 CT 分泌。

三、维生素 D_3

维生素 D_3 又名胆钙化醇，可由食物中摄取，以肝、乳、鱼肝油等食物含量丰富。在体内，维生素 D_3 主要由皮肤合成，在紫外线照射下，皮肤中的 7- 脱氢胆固醇转化为无生物活性的维生素 D_3。维生素 D_3 首先经肝羟化为 25- 羟维生素 D_3（25-OH-D_3），这是维生素 D_3 在血液循环中存在的主要形式；然后在肾进一步羟化为 1，25- 二羟维生素 D_3 [1，25-$(OH)_2$-D_3]，即钙三醇，这是维生素 D_3 发挥作用的主要形式。

（一）1，25- 二羟维生素 D_3 对钙、磷代谢的调节

1，25-$(OH)_2$-D_3 主要通过作用于小肠、骨和肾来调节钙、磷代谢。

1．对肠道的作用　1，25-$(OH)_2$-D_3 能促进小肠黏膜上皮细胞对钙的吸收。这是因为它作用于小肠黏膜上皮细胞，促进钙结合蛋白生成，同时促进其他蛋白质如钙依赖的 ATP 酶、碱性磷酸酶的生成，并能增加膜的通透性，这些均有利于钙的吸收。

2．对骨的作用　1，25-$(OH)_2$-D_3 对骨钙动员和骨盐沉积均有作用。一方面它能刺激成骨细胞的活动，促进骨盐沉积；另一方面当血钙下降时，能提高破骨细胞的活动，增强骨的溶解，动员骨钙入血，使血钙升高。但总的效应是升高血钙浓度。

3．对肾的作用　1，25-$(OH)_2$-D_3 能促进肾近曲小管对钙、磷的重吸收，使尿钙、尿磷排出减少。

（二）1，25- 二羟维生素 D_3 生成的调节

1，25-$(OH)_2$-D_3 的生成受血钙和血磷水平、PTH、肾 1α- 羟化酶活性及雌激素等因素的影响。在体内，1，25-$(OH)_2$-D_3 受 PTH 和 CT 的调节，PTH 可促进 1，25-$(OH)_2$-D_3 的生成，CT 则抑制其生成。

本章小结

1．内分泌腺和内分泌细胞共同组成机体的内分泌系统。

2．下丘脑与垂体共同组成下丘脑 - 垂体功能单位。下丘脑可分泌下丘脑调节肽而影响腺垂体分泌，下丘脑视上核和室旁核可分泌血管升压素和催产素并储存于神经垂体。

本章小结

3．腺垂体是机体最重要的内分泌腺，分泌的激素有：GH、PRL、MSH、ACTH、TSH、FSH、LH 等。

4．甲状腺是机体最大的内分泌腺。甲状腺激素的主要作用是促进人体代谢和生长发育。

5．肾上腺皮质激素在体内物质代谢过程中发挥重要作用。其一是通过释放盐皮质激素调节机体的水、电解质代谢，维持循环血量和动脉血压；其二是通过释放糖皮质激素调节糖、蛋白质、脂肪的代谢，提高机体对伤害性刺激的抵抗力。

6．肾上腺髓质激素主要包括肾上腺素和去甲肾上腺素。

7．胰岛素是促进合成代谢、调节血糖浓度的主要激素，对机体能源物质的储存和人体生长有重要作用。血糖浓度是调节胰岛素分泌的最重要因素。

思考题

1．试列表比较主要激素的来源、生理作用和分泌调节。

2．简述含氮类激素和类固醇激素的作用机制。

3．简述下丘脑与垂体之间的结构及功能联系。

4．何为应激反应？何为应急反应？试比较二者的区别和联系。

5．对生长发育有调节作用的激素有哪些？有何区别？

6．对蛋白质代谢、糖代谢和脂肪代谢以及血钙有调节作用的激素有哪些？

7．糖皮质激素对机体的作用有哪些？长期大量服用糖皮质激素停药时要注意什么？为什么？

（李　明）

第十二章 生 殖

学习目标

通过本章内容的学习，学生应能：

1. 掌握雄激素的生理作用，雌激素、孕激素的生理作用，月经周期的概念和分期，月经周期中卵巢和子宫内膜的变化。
2. 熟悉睾丸的生精功能、睾丸功能的调节，卵巢的生卵功能，月经周期的形成机制，受精、着床、妊娠、分娩、避孕的概念。
3. 了解胎盘激素的种类和作用，社会、心理因素对生殖的影响。

生物体具有产生与自己相似个体的能力，这种功能称为生殖（reproduction）。高等动物的生殖是通过两性生殖器官的共同活动来完成的，包括生殖细胞（卵子和精子）的形成、受精、着床、胚胎发育和分娩等一系列复杂的过程。生殖是保持生物种系繁殖延续的重要生命活动之一。本章主要阐述生殖细胞（卵子、精子）的形成过程和性激素的生理作用。

第一节 男 性 生 殖

男性的主性器官是睾丸，副性器官有附睾、输精管、前列腺、精囊、尿道球腺、阴茎、阴囊等。

一、睾丸的功能

睾丸具有产生精子和内分泌两种功能。

（一）睾丸的生精功能

睾丸实质由 100 ~ 200 个睾丸小叶组成。每个睾丸小叶内有生精小管和间质细胞。生精小管是生成精子的部位，其上皮由生精细胞和支持细胞构成。生精是指精原细胞发育成为成熟精子的过程（图 12-1）。原始的生精细胞为精原细胞，紧贴于生精小管的基膜上。青春期开始后，在促卵泡激素（FSH）和雄激素的共同作用下，精原细胞开始发育分化，依次经过初级精母细胞、次级精母细胞、精子细胞等阶段，最后形成精子进入管腔。从精原细胞发育为成熟精子的过程为一个生精周期，大致历时两个半月。支持细胞构成了特殊的微环境，为各级生精细胞的正常发育与分化成熟，提供了多种必要的物质，起到了重要的支持营养和保护生殖细胞的作用。相邻支持细胞间的紧密连接起到了屏障作用，限制血液中的大分子物质进入生精小管，确保微环境的稳定，有利于精子的生成，也可防止生精细胞的抗原物质进入血液循环。

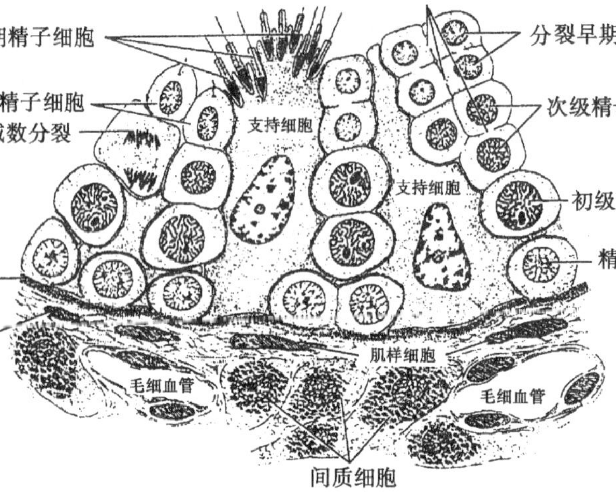

图 12-1 睾丸生精小管生精过程

从青春期到老年，睾丸都有生精能力，45 岁以后，随着生精小管的萎缩，生精能力逐渐减弱。精子的生成还需要适宜的温度，阴囊内的温度较腹腔内低 2℃左右，适宜于精子生成。睾丸若由于胚胎发育障碍不能降入阴囊而滞留在腹腔内，称为隐睾症。由于腹腔内温度较高，不利于精子生成，因此若不及时进行治疗，可造成男性不育。

新生的精子进入生精小管管腔后，本身没有运动能力，借助于生精小管肌样细胞的收缩和管壁上皮细胞纤毛的运动而被运送到附睾，在附睾内储存及进一步发育成熟，并获得运动能力。在性高潮时，通过输精管的蠕动把精子运送到后尿道，与附睾、精囊、前列腺和尿道球腺的分泌物混合形成精液，射出体外。在输精管及其壶腹部和附睾储存有大量精子，所以在输精管结扎术后的一段时间内，射出的精液中还有精子，容易造成绝育术的失败，故应注意。输精管结扎术可阻断精子在输精管内的输送，达到绝育目的，但不影响睾丸的内分泌功能，所以对健康和性行为无影响。正常男性每次射出的精液量为 3 ～ 6ml，每毫升精液含 0.2 亿～ 4 亿个精子，若精子数小于 0.2 亿个 / 毫升，受精机会明显减少，若小于 400 万个 / 毫升，则不易受精，这一数值被定为男性抗生育标准。

（二）睾丸的内分泌功能

睾丸的间质细胞可分泌雄激素（androgen），支持细胞分泌抑制素（inhibin）。

1．雄激素

（1）雄激素的合成与代谢：雄激素属于类固醇激素，睾丸间质细胞分泌的雄激素主要为睾酮（testosterone，T）。在间质细胞内，胆固醇经羟化，侧链裂解形成孕烯醇酮，再经 17- 羟化并脱去侧链，形成睾酮。正常男性在 20 ～ 50 岁时血中睾酮含量最高，睾丸每日约可分泌 4 ～ 9mg 睾酮。血浆睾酮浓度有昼夜节律性波动，早晨醒来时最高，晚上偏低，但波动范围较小。50 岁以上随年龄增长，血液中睾酮含量逐渐降低。睾酮由睾丸分泌入血液后，98% 与血浆中的蛋白质结合，其中 65% 与性激素结合球蛋白结合，30% 与血浆蛋白结合。仅有 2% 是游离状态，以这种形式存在的睾酮才有生物活性。结合与游离形式的睾酮处于动态平衡状态，结合状态可以转变为游离状态。睾酮主要在肝被灭活，形成 17- 酮类固醇代谢物由尿排出，少量经粪便排出。甲基睾酮不被肝破坏，故口服有效。

（2）睾酮的生理作用：①促进男性生殖器官的生长发育，刺激男性副性征出现并维持正常状态；②维持生精作用：睾酮由间质细胞分泌后，可经支持细胞进入生精小管转变为双氢睾酮，与生精细胞的雄激素受体结合，促进精子生成。支持细胞在促卵泡激素（FSH）的作用下产生雄激素结合蛋白，该蛋白质与睾酮或双氢睾酮结合后转运到生精小管，提高雄激素在生精小管的局部浓度，有利于生精过程；③促进蛋白质合成，特别是肌肉和生殖器官的蛋白质合成，并能促进骨骼生长与钙磷沉积；④直接刺激骨髓，促进红细胞的生成，使红细胞数量增多。

2．抑制素 抑制素是由睾丸支持细胞分泌的一种糖蛋白激素，对腺垂体合成的促卵泡激素（FSH）分泌有很强的抑制作用，但生理剂量的抑制素对黄体生成素（LH）分泌无明显影响。

二、睾丸功能的调节

睾丸的功能受下丘脑 - 腺垂体的调控，同时睾丸分泌的激素对下丘脑 - 腺垂体具有反馈作用。此外，在睾丸内生精细胞、支持细胞和间质细胞之间还存在着局部调节。下丘脑分泌的促性腺激素释放激素（GnRH）经垂体门脉系统到达腺垂体，促进腺垂体细胞合成和分泌促卵泡激素和黄体生成素，进而对睾丸的功能进行调节。

1．睾丸内分泌功能的调节 睾丸的内分泌功能直接受 LH 的调节，腺垂体分泌的 LH 经血液运输到睾丸，可促进间质细胞分泌睾酮。血液中睾酮达到一定浓度后，负反馈抑制下丘脑 - 腺垂体的活动，使 GnRH 和 LH 分泌减少，从而使血液中睾酮的浓度保持在相对稳定水平。

2．睾丸生精功能的调节 睾丸的生精功能既受 FSH 的调节，又受 LH 的调节。实验表明，FSH 对生精过程有始动作用，睾酮则有维持生精的效应，LH 对生精的调节是通过睾酮间接实现的。另外，FSH 促进支持细胞分泌抑制素，对腺垂体 FSH 的分泌有负反馈调节作用。

总之，下丘脑、腺垂体和睾丸在功能上密切联系，互相影响，组成下丘脑 - 腺垂体 - 睾丸轴。此外，睾丸的支持细胞和间质细胞、生精细胞与支持细胞之间还以旁分泌或自分泌的方式，对睾丸的功能进行局部调节。

第二节 女性生殖

女性的主性器官是卵巢，附性器官有输卵管、阴道、外阴等。

一、卵巢的功能

卵巢既能生成卵子又能分泌性激素。性激素主要包括雌激素、孕激素和少量雄激素。

（一）卵巢的生卵功能

卵巢是卵子生成的场所，卵子由卵巢内的原始卵泡逐渐发育而成。新生儿两侧卵巢中约有200 万个原始卵泡，到青春期已降至约 30 万～40 万个。卵泡在青春期以前处于静止状态，青春期开始后，在腺垂体促性腺激素的作用下，原始卵泡开始发育。在每个月经周期中，起初有 15～20 个原始卵泡同时发育，但只有一个卵泡最后发育为成熟卵泡，历时约 14 天，其余卵泡则退化萎缩形成闭锁卵泡，故正常女性一生中只有 400～500 个卵泡能发育成熟。

卵泡发育的过程为：原始卵泡→初级卵泡→次级卵泡→成熟卵泡（图 12-2）。卵泡成熟过程中逐渐移向卵巢表面。成熟卵泡破裂后，卵泡细胞和它周围的放射冠等一起排入腹腔，这一过程称为排卵（ovulation）。排出的卵子随即被输卵管伞摄取，并送入输卵管中。卵细胞排出后，残余的卵泡壁内陷，由于血管破裂，血液进入并发生凝固，形成血体。血液吸收后，大量新生血管长入，血体转变为一个血管丰富的内分泌腺细胞团，因外观呈黄色，称为月经黄体。在 FSH 和 LH 的作用下，黄体细胞分泌大量孕激素和雌激素。排卵后 7～8 天，黄体发育达最高峰。若卵子未受精，黄体持续 8 ～ 10 天开始退化，黄体退化变成白体。月经黄体的寿命一般为 14 天左右。若排出的卵子受精，黄体将继续生长，体积增大，并维持 5 ～ 6 个月，以适应妊娠的需要，称为妊娠黄体。

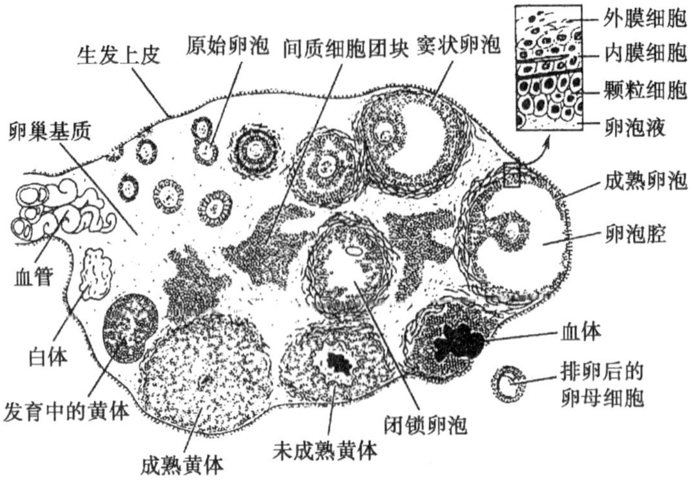

图 12-2 卵泡发育示意图

（二）卵巢的内分泌功能

卵巢分泌的激素主要有雌激素、孕激素及少量的雄激素，均属类固醇激素。雌激素由卵泡的内膜细胞、颗粒细胞及黄体细胞分泌。雌激素（estrogen）包括雌二醇（estrdiol，E_2）、雌酮和雌三醇，其中 E_2 分泌量大，活性最强。孕激素由黄体细胞分泌，主要是活性较强的孕酮（progesterone，P）。雌二醇和孕酮主要在肝降解，其代谢产物以葡萄糖醛酸盐的形式随尿、粪排出体外，所以肝功能障碍可导致患者体内雌激素过多。

1．雌激素的生理作用

（1）促进女性附性器官的生长发育：①促进卵泡发育、成熟和排卵。②促进子宫平滑肌的增生，内膜呈增殖期变化，子宫颈分泌大量稀薄黏液，有利于精子穿行。分娩前，能增强子宫平滑肌的兴奋性，提高子宫平滑肌对催产素的敏感性。③促进输卵管平滑肌的蠕动，有利于精子和卵子的运行。④使阴道上皮细胞增生、角化，糖原含量增加，在乳酸杆菌作用下，糖原被分解为乳酸，使阴道分泌物呈酸性（pH 为 4 ～ 5），可抑制其他微生物繁殖，增强阴道抗菌能力。阴道角化程度与雌激素的量呈正比，临床上可依据阴道脱落细胞的角化程度来判断雌激素的分泌水平。

（2）促进女性副性征出现，并使之维持成熟状态。

（3）对代谢的作用：①刺激成骨细胞的活动，抑制破骨细胞的活动，加速骨骼生长，因此进入生殖年龄的女性身材得到迅速增长。但雌激素又促进骨骺与长骨干愈合，这一作用要比男性睾酮的类似作用强，因此女性比男性要提前几年停止生长。雌激素可抑制骨溶解（破坏），所以绝经期后由于雌激素分泌明显减少而易导致骨质疏松。②促进脂肪组织的脂肪合成，促进胆固醇的降解与排泄，使血液中胆固醇减少，所以雌激素是抗动脉硬化的重要因素之一。③促进蛋白质的合成，对青春期的生长和发育发挥重要作用。④高浓度的雌激素可引起醛固酮的分泌，促进水、钠潴留。有些妇女月经前期水肿可能与雌激素分泌有关。

2．孕激素的生理作用　孕激素一般在雌激素作用的基础上发挥效应，主要是保证受精卵着床和维持妊娠。

（1）对子宫的作用：①孕激素使子宫内膜在增殖期的基础上呈现出分泌期改变，即内膜进一步增生变厚，并有腺体分泌，为胚泡着床提供适宜的环境。②降低子宫平滑肌的兴奋性，降低妊娠子宫对催产素的敏感性，保证胚胎发育有一个安静的环境，故有安胎作用。③可抑制母体对子宫内胚胎的免疫排斥，有利于维持妊娠。④可减少子宫颈黏液的分泌量，且使黏液变稠，阻止精子的穿透，以防止再孕。如果孕激素缺乏，有可能发生早期流产。临床上常用黄体酮治疗先兆流产。

（2）对乳腺的作用：在雌激素作用的基础上，孕激素可促进乳腺腺泡和导管生长发育，与其他激素一起为分娩后泌乳创造条件。

（3）产热作用：孕激素能促进机体产热，使基础体温升高，故女性在月经周期中，排卵后基础体温可升高 0.5℃左右，并在分泌期一直维持在较高水平。临床上常利用测定基础体温，作为监测排卵、指导避孕的方法之一。

（4）对平滑肌的作用：孕激素可使血管和消化道的平滑肌松弛，有人认为这可能是孕妇易发生便秘和痔疮的原因之一。

（5）抑制母体对胚胎的免疫反应：胚胎对母体可视为异物，但在正常情况下，母体并不发生排斥反应，这可能与孕酮的作用有关。

二、月经周期

（一）月经周期的概念

女性从青春期开始，在整个生育期内，子宫内膜发生周期性脱落、出血并经阴道流出的现象称为月经（menstruation）。这种现象呈周期性变化，故称月经周期（menstrual cycle）。月经周期的长短因人而异，平均为 28 天，20 ～ 40 天范围内均属正常，但每个女性自身的月经周期是相对稳定的。女性成长到 12 ～ 14 岁出现第一次月经，称为初潮。月经初潮后的一段时间内，月经周期可能不规律，约 1 年卵巢功能成熟后才呈规律性变化。此时已具有生育能力。更年期发生在 45 ～ 50 岁，持续时间因人而异，少则几个月，多则数年。在此期间，卵巢功能逐渐减退，卵泡不能发育成熟及排卵，同时雌激素的分泌也缓慢下降，最后月经周期停止，称为绝经。

（二）月经周期中卵巢和子宫内膜的变化

在月经周期中，子宫内膜出现一系列形态和功能的变化。根据子宫内膜和卵巢的变化，将一个月经周期分为三期：

1．增殖期　从上次月经停止之日到卵巢排卵之日，相当于月经周期的第 5 ～ 14 天，持续 10 天左右，该段时间称为增殖期，亦称卵泡期或排卵前期。该期的主要特点是子宫内膜显著增殖。此期内，卵巢中的卵泡处于发育和成熟阶段，并不断地分泌雌激素，子宫内膜在雌激素作用下显著修复增殖，其中的血管、腺体增生，但腺体不分泌。因此，增殖期是雌激素作用于子宫内膜的结果。卵泡到此期末发育成熟并排卵。

2．分泌期　从排卵日起到来月经日止，相当于月经周期的第 15 ～ 28 天，持续 13 ～ 14 天，该段时间称为分泌期，亦称黄体期或排卵后期。本期的主要特点是子宫内膜的腺体出现分泌现象。在此期内，卵巢中排卵后残留的卵泡细胞增殖形成黄体，并分泌大量的孕激素和雌激素。子宫内膜在高水平的孕激素和雌激素的作用下进一步增生变厚，可达 6 ～ 7mm，其中血管生长，腺体增大并分泌含糖原的黏液，内膜变得松软，血液供应充足并富含营养物质，子宫平滑肌活动相对静止，为胚泡的着床和发育做好准备。

3．月经期　从月经开始到出血停止，相当于月经周期的第 1 ～ 4 天，持续 4 天左右，该段时间称为月经期。本期的主要特点是子宫内膜脱落、阴道流血。在此期内，由于排出的卵子未受精，卵巢内的黄体开始退化萎缩，分泌的雌激素和孕激素迅速减少。子宫内膜由于突然失去了雌、孕激素的作用，其中的血管发生痉挛，导致内膜剥落出血，进入月经期。

月经期的出血量为 50 ～ 100ml，经血呈暗红色，除血液外，还有子宫内膜碎片、宫颈黏液及脱落的阴道上皮细胞。因子宫内膜组织中含有丰富的纤溶酶原激活物，使经血中的纤溶酶原被激活成纤溶酶，降解纤维蛋白，所以经血不凝固。月经期子宫内膜脱落形成的创面易感染，故应注意保持外阴清洁，并避免剧烈运动。

（三）月经周期的形成机制

月经周期的形成主要受下丘脑 - 腺垂体 - 卵巢轴的调节（图 12-3）。

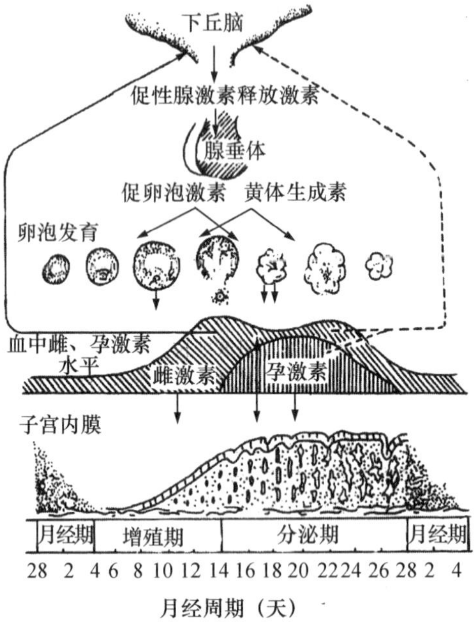

图 12-3 月经周期形成示意图

1．增殖期的形成 在青春期前，下丘脑、腺垂体发育未成熟，GnRH 分泌很少，腺垂体中 FSH 和 LH 的分泌以及卵巢的功能也相应处于低水平状态，不足以引起卵巢和子宫内膜的周期性变化。至青春期，随着下丘脑发育成熟，其分泌的 GnRH 增加，使腺垂体分泌的 FSH 和 LH 也增加，卵巢的功能在 FSH 和 LH 的作用下开始活跃，呈周期性变化。FSH 促进卵泡的发育成熟，并与 LH 配合，使卵泡分泌雌激素，使子宫内膜呈现增殖期的变化。当雌激素的分泌达到一定水平时，它可与颗粒细胞分泌的抑制素一同对腺垂体进行负反馈调节，减少 GnRH 和 FSH 的分泌。由于抑制素可选择性抑制 FSH，而不抑制 LH，故血中 FSH 会有所下降。在增殖期末，相当于排卵的前一天左右，血液中雌激素的浓度达到高峰，此时通过正反馈作用，使 GnRH 分泌增加，进而使 FSH 和 LH 分泌增加，尤其是 LH 的分泌增加更显著，形成 LH 高峰。在高浓度 LH 的作用下，引起已发育成熟的卵泡破裂排卵。

2．分泌期与月经期的形成 排卵后，卵泡的排卵孔被纤维蛋白封闭，残存的卵泡在 LH 的作用下形成月经黄体。LH 进一步促使黄体细胞分泌大量的雌激素和孕激素，此时血液中雌激素浓度第二次达高峰，但稍低于增殖期分泌高峰。高水平的雌激素有利于 LH 促进黄体细胞合成孕激素，使孕激素维持在高水平。血液中高水平的雌激素和孕激素促使子宫内膜发生分泌期变化。

到排卵后的第 8 ～ 10 天，血液中高浓度的雌激素和孕激素通过负反馈作用抑制下丘脑和腺垂体的功能，导致 GnRH、FSH 和 LH 分泌减少。由于 LH 减少，黄体开始退化、萎缩，导致雌激素和孕激素分泌减少，血液中这两种激素浓度迅速降到最低水平。子宫内膜突然失去雌激素和孕激素的支持，而造成脱落出血，形成月经。随着血液中雌激素和孕激素浓度的明显降低，对下丘脑和腺垂体的负反馈抑制作用解除，卵泡又在逐渐增多的 FSH 和 LH 的作用下生长发育，新的月经周期便又开始。

在月经周期的形成过程中，子宫内膜的周期性变化是由卵巢分泌的激素引起的。其中增殖期的变化依赖雌激素作用；分泌期的变化则是孕激素和雌激素共同作用的结果；而月经的出现则是由于子宫内膜失去了孕激素和雌激素的支持所致。卵巢的周期性变化则是在大脑皮质控制下，由下丘脑-腺垂体调节的结果。强烈的神经刺激、急剧的环境变化以及体内其他系统的严重疾病，往往能引起月经周期的紊乱，临床称月经失调。因此，月经周期是较易受心理、社会因素影响，对身体健康状况较敏感的一种生理现象。

第三节　妊娠与避孕

一、妊娠与分娩

妊娠（pregnancy）是指子代新个体在母体内产生和孕育的过程，包括受精、着床、妊娠的维持和胎儿的生长发育。胎儿成熟后，连同其附属物从母体子宫娩出体外的过程称为分娩（parturition）。妊娠的全过程平均约 38 周，是一个非常复杂的生理过程。

（一）受精与着床

受精（fertilization）是指精子穿入卵子并相互融合的过程。正常情况下，受精的部位在输卵管壶腹部。只有精子和卵子都适时地到达该部位，受精过程才可能顺利实现。

1．精子的运行　精子在女性生殖道内的运行过程比较复杂，需要穿过子宫颈管和子宫腔，并沿输卵管运行一段距离，才能到达受精部位。精子的运行一方面靠本身尾部鞭毛的摆动，另一方面靠女性生殖道的平滑肌运动和输卵管纤毛的摆动。精液中含有很高浓度的前列腺素，可刺激子宫发生收缩，收缩后的松弛造成宫腔内负压，可把精子吸入宫腔。精子进入输卵管后，在其中的运行主要靠输卵管的蠕动，推动精子由峡部运动至壶腹部。一次射精虽能排出数以亿计的精子，但能到达受精部位的不足 200 个。因为精子在运行的过程中，需要通过数道生理屏障，如阴道内的酶足以杀伤进入阴道的绝大部分精子，子宫颈黏液的黏度也能起到拦截作用，阴道内的酸性环境（pH 为 4）等都对精子的运动有一定的影响。精子从阴道运行到受精部位需要 30 ～ 90min。

2．精子获能　大多数哺乳动物和人类的精子必须在雌性生殖道内停留一段时间后，才能获得使卵子受精的能力，称为精子获能。精子的获能主要在子宫和输卵管。精子经过在附睾中的发育，已经具备了受精能力，但由于在附睾与精浆中存在有去获能因子，使精子的受精能力受到了抑制。当精子进入雌性生殖道内后，能解除去获能因子对精子的抑制，从而使其恢复受精能力。

3．受精过程　精子和卵子在女性生殖道中保持受精能力的时间很短，精子为 1 ～ 2 天，卵子仅为 6 ～ 24h。精子与卵子相遇后，精子头部的顶体释放顶体酶，以溶解卵子外周的放射冠及透明带，这一过程称为顶体反应。顶体反应中释放出的酶，可协助精子进入卵细胞。精子进入卵细胞后，卵子立即产生某些物质封锁透明带，使其他精子难以再进入。所以，到达受精部位的精子虽较多，但一般只有一个精子能与卵子结合。

4．着床　受精卵在运行至子宫腔的途中，一面移动，一面进行分裂形成胚泡。胚泡通过与子宫内膜相互作用而种植于子宫内膜的过程，称为着床（implantation），也称为植入。进入宫腔后的胚泡，开始时处于游离状态，大约在排卵后第 8 天胚泡吸附在子宫内膜上，通过与子宫内膜的相互作用而逐渐进入子宫内膜，于排卵后 10 ～ 13 天胚泡完全被植入子宫内膜中。可见着床成功的关键在于胚泡与子宫内膜的同步发育。

（二）胎盘激素与妊娠的维持

正常妊娠的维持有赖于垂体、卵巢和胎盘分泌的各种激素相互配合，尤其是与胎盘的内分泌功能密切相关。胚泡植入后，最外层的一部分发展成为滋养层，其他大部分细胞则发育成胎儿。

滋养层细胞发展很快，不久便形成绒毛膜，突起的绒毛可吸收母体中的营养成分以供给胎儿。同时子宫内膜增生成为蜕膜。这样，属于母体的蜕膜和属于子体的绒毛膜结合形成胎盘。通过胎盘，既可以实现母体与胎儿之间的物质交换，又可以起到屏障作用。胎盘形成后，成为妊娠期的一个重要内分泌器官，可以分泌人绒毛膜促性腺激素、人绒毛膜生长激素、雌激素、孕激素等。

1．人绒毛膜促性腺激素　人绒毛膜促性腺激素（hCG）是由胎盘绒毛组织的合体滋养层细胞分泌的一种糖蛋白激素。其主要作用是：①在妊娠早期刺激母体的月经黄体转变为妊娠黄体，并使其继续大量分泌雌激素和孕激素，以维持妊娠过程的顺利进行；②可抑制淋巴细胞的活力，防止母体对胎儿产生排斥反应，具有安胎作用。

hCG 在受精后第 8 ～ 10 天就出现在母体血中，以后其浓度迅速升高，至妊娠 8 ～ 10 周分泌达到高峰，20 周左右降至较低水平，并一直维持到妊娠末期。由于 hCG 在妊娠早期即可出现在母体血中，并由尿排出，因此，测定血或尿中的 hCG 浓度，是诊断早期妊娠的最敏感方法之一。

2．雌激素和孕激素　胎盘本身不能直接产生雌激素和孕激素，需从母体或胎儿得到前体物质，再加工合成雌激素和孕激素。在整个妊娠期内，孕妇血液中雌激素和孕激素都保持在高水平，对下丘脑 - 腺垂体系统起负反馈作用，所以，妊娠期卵巢内没有卵泡发育、成熟和排卵，也不再来月经。胎盘所分泌的雌激素主要是雌三醇，在妊娠晚期其前体大部分来自胎儿，在胎盘内转变为雌三醇。雌三醇主要由孕妇尿排泄，故妊娠晚期尿中雌三醇突然减少，表示胎儿可能死亡。

妊娠期间雌激素的主要作用是：①促进母体子宫、乳腺的生长；②松弛骨盆的韧带；③调节母体和胎儿的代谢。孕激素的主要作用是：①维持子宫内膜蜕膜化，为早期胚胎提供营养物质；②减弱子宫收缩，保持妊娠子宫的安静；③促进乳腺腺泡发育，为授乳做准备。

3．人绒毛膜生长激素　人绒毛膜生长激素（hCS）是由合体滋养层细胞分泌的一种单链多肽，含 191 个氨基酸残基，其中 96% 与人生长激素相同，因此具有生长激素的作用。hCS 能调节母体与胎儿的物质代谢过程，包括糖、脂肪和蛋白质的代谢；降低母体对胰岛素的敏感性，抑制葡萄糖的利用，为胎儿提供大量的葡萄糖，促进胎儿的生长。妊娠第 6 周母体血中可测出 hCS，以后稳步增多，到第 3 个月开始维持在高水平，直至分娩。其分泌量与胎盘的重量呈正比，可作为监测胎盘功能的指标。

（三）分娩与授乳

分娩指成熟的胎儿及其附属物从母体子宫娩出体外的过程。人类的孕期约 265 天，但一般从末次月经周期的第 1 天算起，因此可计算为 280 天。分娩过程通常分为：宫口开大、胎儿娩出、胎盘娩出三期。目前认为，妊娠晚期，胎儿的迅速生长和发育成熟，一方面通过多种因素使子宫缩宫素受体数量增加，提高子宫对缩宫素的敏感性；另一方面子宫颈受牵拉而反射性引起缩宫素和前列腺素的大量分泌。在这两种激素的协同作用下，子宫便开始节律性收缩而启动分娩。当胎头压迫子宫颈时，可进一步使缩宫素分泌，使子宫节律性收缩加强，持续时间和频率不断增加，表现为一种正反馈调节。此外，腹肌和膈肌的收缩也加强了子宫的收缩，驱使胎儿从母体娩出。

妊娠期，在催乳素及其他多种激素的作用下，孕妇乳房的乳腺导管系统进一步增生，腺泡也进一步膨大，乳房体积可明显增大，但此时并不泌乳。因为此时雌激素和孕激素浓度高，抑制了催乳素的泌乳作用。分娩后 1 ～ 3 天，随着雌激素和孕激素浓度下降，这一抑制作用解除，乳腺开始并维持泌乳。在哺乳过程中，婴儿吸吮乳头，可引起射乳反射，促使乳汁排出。

二、避孕

避孕（contraception）是指采用一定的方法使女性暂不受孕。理想的避孕方法应安全可靠，简便易行。一般通过控制以下环节达到避孕目的：①抑制精子或卵子的生成；②阻止精子与卵子相遇；③使女性生殖道内的微环境不利于精子的生存和活动；④使子宫内的环境不适于胚泡着床与生长等。如目前采用的女性全身性避孕药，为人工合成的高效能的雌激素和孕激素，可造成血液中雌激素、孕激素浓度明显升高，通过负反馈抑制下丘脑 - 腺垂体 - 卵巢轴的功能，从而抑制排卵；孕激素还可以使宫颈黏液黏稠度增加，不利于精子的通过。宫腔内放置避孕环，不利于胚泡着床和存在，也可以达到避孕目的。男性常用安全套，既能达到避孕目的，又能预防性病。

三、社会、心理因素对生殖的影响

社会、心理因素与生殖关系密切，对生殖有多方面的影响，包括对男性精子生成的质量，女性妊娠的发生、发展，母体的健康和胎儿的发育等造成影响。

1．对男性生殖功能的影响　强烈的精神刺激、精神过度紧张以及环境污染等均能对男性生殖细胞的数量和质量产生影响。

2．对妊娠发生的影响　长期抑郁、忧虑或恐惧能造成不孕。这种不孕一般是可逆的，一旦影响因素解除，可恢复受孕功能。

3．对妊娠过程的影响　良好的生活和工作环境可使妊娠过程顺利。动荡的社会环境和自然灾害、环境污染、紧张恐惧的心理状态等，可影响胚胎发育，甚至导致流产。

4．对胎儿发育的影响　调查发现，妊娠期间长期情绪不良的妇女所生的子女，无论是精神上还是在身体上都不如情绪良好的妇女所生子女。

总之，良好的社会和家庭环境，健康的心理状态，有利于妊娠顺利发展，也有利于胎儿的发育。所以，孕妇要听取医生指导，适时进行产前检查，从而达到优化生育的目的。

本章小结

1．雄激素（主要是睾酮）的主要生理作用是：①刺激雄性附性器官的发育并维持它们处于成熟状态；②刺激雄性副性征的出现，并维持它们的正常状态；③维持正常性欲；④促进蛋白质的合成。

2．雌激素的主要作用：①刺激附性器官的发育并维持它们的成熟状态；②促进女性副性征的出现；③促进蛋白质的合成，加强钙盐沉着，促进骨骼生长；促进水、钠潴留。

3．孕激素通常在雌激素作用的基础上产生效应，主要是保证受精卵着床和维持妊娠：①使子宫内膜产生分泌期变化，降低子宫平滑肌活动；②促进乳腺腺泡发育；③产热作用，使基础体温在排卵后升高 0.5℃左右，在分泌期维持于此水平。

4．月经周期　月经是指在卵巢类固醇激素的作用下，子宫内膜发生每月一次的脱落出血，经阴道流出的现象。女性的生殖功能具有明显的周期性，特称月经周期。在月经周期中，子宫内膜会出现一系列形态和功能的变化，根据子宫内膜的变化可将月经周期分为三期：依次为月经期、增殖期、分泌期。月经周期形成主要是下丘脑 - 腺垂体 - 卵巢轴活动的结果。

5．妊娠是指母体内胚胎的形成及胎儿的生长发育过程。避孕是指采用科学的方法使妇女暂时不受孕。

6．胎盘是重要的内分泌器官，分泌人绒毛膜促性腺激素、雌激素、孕激素和人绒毛膜生长素。测定血或尿中的人绒毛膜促性腺激素可诊断早期妊娠。

思考题

1. 简述雌激素、孕激素、雄激素的生理作用。
2. 试述月经周期中卵巢和子宫内膜的变化。

（陈　才）

第十三章　老年生理

学习目标

通过本章内容的学习，学生应能：

了解衰老、寿命的概念，机体衰老的主要变化及特征，延缓衰老的途径与措施。

第一节　衰老与寿命

一、衰老的概念

衰老（senility）也称为老化（aging），是指在生命活动的过程中，机体生长发育到成熟期后，组织器官随着年龄增长而出现的形态结构、生理功能和心理行为上的衰退现象，属于生理性老化。生理性老化是一个逐渐发生的、漫长而又相当复杂的动态变化过程。某些病理过程能加速或促进老化，属于病理性老化。

过去人们曾经认为，人体的老化是在发育成熟期（25 ~ 30 岁）之后开始的，但后来发现婴幼儿的主动脉内膜也会发生动脉粥样硬化，青春期胸腺已经发生萎缩。由此可见，人体组织、器官的老化并非都是从发育成熟期之后才开始的，不同器官老化的开始时间是不同的。

联合国世界卫生组织提出新的年龄分段：44 岁以下是青年人，45 ~ 59 岁是中年人，60 ~ 74 岁是年轻老年人，75 ~ 89 岁是老年人，90 岁以上是长寿老年人。我国的最新年龄划分阶段：0 ~ 6 岁是童年期，7 ~ 17 岁是少年期，18 ~ 40 岁是青年期，41 ~ 65 岁是中年期，66 ~ 72 岁是初老期，73 ~ 84 岁是中老年期，85 岁以后是老年期。

二、寿命

寿命是指从生到死的时间，一般用年龄（岁）来衡量寿命的长短。人的寿命计算方法有三种：①寿命系数计算方法：哺乳动物的自然寿命为生长期的 5 ~ 7 倍，骨骼停止生长是动物完成生长期的标志，按此标准计算，人的生长期是 20 ~ 25 岁，那么人的寿命应该是 100 ~ 150 岁。②性成熟倍数计算法：哺乳动物的寿命是性成熟期的 8 ~ 10 倍，人的性成熟期在 14 ~ 15 岁，以此计算，人的寿命为 100 ~ 115 岁。③细胞分裂计算法：细胞体外培养证明，人类从胚胎到死亡，细胞可以分裂 50 次以上，细胞分裂次数乘以分裂周期（约为 2.4 年），按此计算方法人的寿命为 120 岁左右。然而，世界上真正属于“寿终正寝”老死的人实在太少。因此我们一般以平均寿命和自然寿命来描述寿命。

（一）平均寿命

平均寿命是指一个国家或地区人口的平均存活年龄。随着社会的发展、生活水平的提高，人类的生命普遍延长。

（二）自然寿命

自然寿命是指在人类进化过程中形成的稳定的平均寿命的最高尺度。大量研究显示，人的寿命应该是超过百岁的，但是多数人是不能寿终正寝的。影响寿命的因素主要有以下几方面：

1．环境因素，包括生物因素和非生物因素。生物因素主要是指一些致病微生物，例如细菌、病毒、真菌等，另外在人体内还寄生着正常菌群，当正常菌群失调的时候也会引起疾病影响寿命。非生物因素指天然的或认为的理化因素，如温度、湿度、土壤、水质、环境污染等因素，自然环境的优劣与人的健康关系极为重要。

2．社会因素 社会经济发展、人民生活安定、医疗机构健全有利于提高人的寿命。在社会经济发达，生活安定富裕的地区及在环境无污染的高寒山区生活的人寿命较长。在改革开放后的今天，国人的寿命比以前大大延长，百岁老人已经非常多见。

3．个人因素 包括个人的饮食、卫生、生活习惯及心理因素。不良的生活、饮食、卫生习惯及精神忧郁将导致寿命的缩短。

4．性别因素 女性寿命一般比男性长。

第二节 衰老的表现特点

一、衰老的特征

从衰老的表现和实际应用出发，人们把衰老的特征概括为以下七个主要方面：①渐进性：衰老是一个逐渐的持续的演变过程。②累积性：衰老是各种损伤因素对细胞、组织、器官损伤的累积。③普遍性：是指衰老在生物界是普遍存在的、必然发生的现象。④内生性：衰老是受遗传基因决定的，是生物体的固有特性。⑤隐蔽性：衰老是一个漫长的过程，在老化的过程中，机体很难意识到“自己体内的细胞在逐渐变老”。⑥危害性：衰老的程度越严重，对机体生理功能的危害就越大，生活质量就越低。⑦可逆性：是指虽然衰老的整体过程是不可逆的，但器官、组织的某些形态的老化改变是可能逆转的。例如动脉粥样硬化的斑块通过饮食调节、适当运动和药物治疗等措施是可以逆转或部分逆转的。

器官及系统的衰老应追溯至基本的细胞层次，细胞老化表现为细胞结构与功能的改变，如细胞内水分减少、酶活性降低、色素等的堆积等，特别是DNA的复制和转录功能降低。同时，细胞间质老化，主要为胶原纤维形成不良，数目少，韧性差；弹性纤维合成减少，更新慢等。上述细胞和间质的老化必然扩大到器官和系统，使各器官、系统的特有功能发生障碍，一般表现为储备能力减低，适应能力下降，抵抗力减退等。

二、衰老的表现特点

（一）衰老时的体态变化特点

衰老的体态变化主要表现为皮肤与毛发、指（趾）甲的变化及身高与体重的增减。

1．皮肤与毛发 皮肤与毛发的变化是衰老的最初信号。主要表现为：皮肤松弛、弹性下降，皮下脂肪减少，皱纹增加，皮肤的防御功能和损伤后愈合能力下降；皮脂腺及汗腺的分泌减少，皮肤干燥易痒；身体暴露部分出现色素沉着，老年斑随年龄的增长而增多；皮肤神经末梢的密度减少，感觉迟钝。与此同时，毛发更新能力减弱，头发变成灰白色、少光泽，开始出现脱发、秃发，以头顶及前额部位最为明显。

2．指（趾）甲的变化　指（趾）甲生长速度变慢，颜色变浊、缺少光泽，甲面出现纵脊等。

3．身高与体重　在衰老过程中，因椎间盘萎缩、脊柱变短，身高出现降低，40 岁之后身高随年龄增长而递减。因为身高降低，肌肉萎缩，所以体重减轻。

（二）衰老时各系统器官的功能变化

1．循环系统　老年人心肌纤维萎缩，心脏重量减轻，心肌的收缩力减弱，心输出量与心指数与年轻人相比都减少。心脏顺应性下降，心力储备也降低，在应激情况时，心率、每搏输出量、心输出量不能相应增加，使得心脏突然负荷过重，容易引发心力衰竭。老年人窦房结周围网状纤维增生，容易引发房室传导阻滞。此外，主动脉和周围动脉管壁增厚，弹性减弱，心动周期中对血压的缓冲作用减弱，导致收缩压升高、舒张压降低、脉压增加；如果伴有小动脉硬化，则会引起舒张压升高。40 ～ 80 岁，男性收缩压约增加 25mmHg，女性约增加 35mmHg。

2．呼吸系统　随着年龄增加，呼吸肌萎缩，肋骨、关节硬化，肺和胸廓的顺应性下降，肺活量降低。老年人呼吸道黏膜萎缩，纤毛减少，咳嗽反射减弱，呼吸道分泌物不容易排除，易引发呼吸道感染。另外，老年人的肺泡腔增大，肺泡融合，发生肺气肿。肺的弹性回缩力降低，肺泡壁的微血管逐渐减少或部分消失，呼吸膜面积减少，使得肺换气效率下降。

3．消化系统　随着年龄增加，老年人的牙齿逐渐松动脱落；唾液腺分泌稀少，口腔干燥，味觉减退，吞咽能力下降，影响食物的摄入与消化；消化道平滑肌萎缩，胃肠运动和紧张性减弱，容易引起胃肠下垂。另外，老年人消化腺萎缩，消化液分泌减少，各种酶分泌减少、活性降低，因此胃肠的消化、吸收功能减弱，容易引起消化不良。胆囊的收缩功能减弱，胆汁在胆囊内停留时间过长，浓缩过度，容易引发胆囊炎或胆石症。

4．泌尿系统　老年人肾萎缩，肾单位和肾血流量明显减少。有报道称，80 岁老年人的肾单位比青年人减少 1/3 ～ 1/2，肾血流量及肾小球滤过率（GFR）减少约 50%。另外，肾小管和集合管的重吸收和分泌功能逐渐减退，尿液浓缩功能等降低，故老年人容易出现多尿。膀胱容量也减少，括约肌萎缩，易发生尿频、尿急、尿失禁及夜尿增多现象。男性老人还常因为前列腺增生、肥大，引起排尿困难。

5．感觉器官　各种感觉功能均有不同程度的减退，以视觉和听觉的减退最为明显。

（1）视觉：一般在 40 ～ 50 岁时，晶状体弹性开始减弱，视近物时晶状体调节能力降低，近点增大，形成老视。晶状体易发生浑浊，引起老年性白内障。另外，老年人视野范围逐渐变小，暗适应的能力在 60 岁以后明显降低。眼对房水的重吸收能力降低，易发生青光眼。

（2）听觉：老年人的鼓膜和听骨链僵硬，内耳毛细胞老化，前庭蜗神经退变，故老年性耳聋既有传音性又有感音性，是一种全面的听力障碍。

6．神经系统　人类的神经元在出生后已不再分裂及增加，并且随着年龄增加神经元不断死亡。一般 40 岁后，脑组织逐渐萎缩，脑细胞数减少，脑重量减轻，代谢水平降低，神经元内脂褐素随着年龄增加而增加，神经递质合成减少，影响脑的正常功能。电生理方面，神经元动作电位的幅度减小，传导速度减慢，导致神经反射的速度减慢，强度减弱。因此，老年人中枢神经的调控功能减退，使得机体的稳态和适应能力减弱，表现为睡眠不佳、学习和记忆能力减退；注意力不集中，思维敏捷性降低，对外界反应迟钝，动作的灵活性、协调性都变差；对外界事物的兴趣范围变小，易产生孤独感和发生老年痴呆。

7．运动系统 老年人骨骼肌萎缩，关节囊和韧带变得僵硬，关节灵活性变差。因为激素老年人激素水平降低，尤其老年女性，特别容易发生疏松，多见于长骨、头骨、盆骨等部位，易发生骨折。几乎所有老年人都伴有不同程度的骨质增生，易造成局部神经、血管受压。椎间盘呈退行性变，脊柱变短并弯曲，故老年人身高降低的同时易伴随驼背。

8．生殖系统　老年男性和女性的生殖腺均可出现腺体萎缩与间质纤维化增生，使男、女附性器官和副性征逐渐退变，生殖功能减退或停止。从壮年步入老年期往往有一个过渡时期，称为更年期。女性更年期一般在 45 ~ 50 岁，男性更年期一般在 55 ~ 65 岁。更年期主要表现为由于自主神经功能失调，出现心悸、出汗、血压升高、关节肌肉疼痛、肥胖，同时伴有记忆力减退、焦虑、失眠、易激动、抑郁等症状，并伴有新陈代谢方面的障碍。女性更年期的临床症状较男性更为明显。

9．内分泌系统　老年人的下丘脑和垂体等内分泌器官都会出现不同程度的老化，导致甲状腺、性腺和肾上腺皮质功能减退，从而引起某些疾病。例如甲状腺激素分泌减少，引起机体代谢率降低，从而出现乏力、怕冷等症状；女性雌激素分泌减少容易引起骨质疏松，导致骨折；男性雄激素水平失调会发生前列腺肥大；肾上腺皮质激素分泌失调可引起物质代谢紊乱。糖皮质激素分泌减少会使老年人的应激反应能力降低，易发生溃疡等损伤。另外，胰岛 B 细胞功能降低以及肝细胞膜上的胰岛素受体减少，导致老年人容易患糖尿病。

第三节　延缓衰老

衰老受到诸多因素的影响，探讨衰老发生的原因和影响因素，目的就是减少和去除导致衰老的种种因素，推迟衰老的发生，使人类健康长寿，接近或达到自然寿命，这也是医学的根本任务之一。

长寿与健康有着密切的关系，只有在健康的情况下才能有长寿。对于老年人来说，保持健康、延缓衰老主要应重视以下几个方面：

一、积极合理用脑

研究发现，神经元只有不断地接受刺激才能保证其结构和功能的完整。积极合理用脑，经常接受新生事物的刺激，有利于增加脑的血流量，延缓脑的衰老。所以老年人应该多参加社会活动，活到老学到老，读书看报，养花种草、吟诗作画，不仅可以提高自己的修养，更可推迟脑的衰老。

二、进行适度的体育运动和劳动

因为运动和劳动能促进血液循环，增强机体的新陈代谢过程，改善各器官、系统的功能，延缓器官、系统老化的进程。同时，运动和劳动增强机体能量代谢，再配合饮食的控制（即降低摄取的热量），是预防肥胖和减肥可信赖的办法。

三、平衡膳食，合理营养

1．平衡膳食是要做到使机体能量的摄取与消耗之间、营养的需求与供给之间保持平衡。平衡膳食所提供的营养就是合理营养。运动量少，但食欲旺盛的人要适当减少糖类的摄入量，避免体重增加而引起疾病。

2．由于老年人对蛋白质的消化、吸收能力已经低下，即使是肥胖的老年人也不要减少蛋白质的摄入量，以防发生低蛋白血症和贫血。

3．对脂肪的摄入不宜过多。从预防动脉硬化的角度，应限制动物性脂肪，而以食用植物性脂肪为主。

4．要多食蔬菜水果，保证足够的维生素供应；限制钠盐的摄入量（每天要少于 6g），适量多饮水。由于老年人容易出现钙的缺乏，故要注意钙的补充，还要多食富含纤维素的食物。

四、健康的生活方式

1．老年人多退休在家，无所事事，但仍要注意生活起居的规律化，从而使机体各部分功能有条不紊。

2．注意劳逸结合，保证良好的睡眠。

3．戒除不良嗜好，不吸烟、不酗酒。

4．保持良好的心态，乐观开朗，情绪稳定，遇事宽容，多与他人交流沟通，防止抑郁症的发生。

五、积极防治疾病

疾病是影响人类寿命的主要因素，多数人不能长寿的原因是病理性因素造成的，例如心血管疾病、恶性肿瘤等，如果能有效地控制这些疾病，可以使人的平均寿命明显延长。恶性肿瘤多数发现时已是中晚期，难以控制，目前最好的办法是定期体检，从而起到无病预防，有病早发现早治疗、延长寿命的作用。

知识链接

限食有助于延长寿命

动物实验表明，从幼年开始持续或间断限食，能延缓衰老，延长最高寿限，但中老年期开始限食则无此效应。限食幅度要求至少30%～50%以上才有效果，限食时间越长，增寿效果越明显。限制糖、脂肪、蛋白质和某些氨基酸（色氨酸、苯丙氨酸、酪氨酸等）均有增寿效应。人类能否通过限食增寿，有待进一步研究和探讨。尽管大量限食难以接受，但适当限食是有益于健康的。

本章小结

1．衰老是指在生命活动的过程中，机体生长发育到成熟期后，组织器官随着年龄增长而出现的形态结构、生理功能和心理行为上的衰退现象。寿命是指从生到死的时间，一般用年龄（岁）来衡量寿命的长短。

2．衰老的表现特点包括了：①衰老的体态变化主要表现为皮肤与毛发、指（趾）甲的变化及身高与体重的增减。②衰老时各系统器官的功能减退。

3．延缓衰老的途径：①积极合理用脑；②进行适度的体育活动和劳动；③平衡膳食，合理营养；④健康的生活方式；⑤积极防治疾病。

思考题

1. 什么是衰老?
2. 什么是寿命?
3. 衰老的表现特点有哪些?
4. 如何延缓衰老?

(张庆丽)

中英文专业词汇索引

G

H

J

K

L

M

N

P

Q

R

S

T

W

X

Y

Z

主要参考文献

1．朱大年，王庭槐．生理学．8 版．北京：人民卫生出版社，2013.
2．王建枝，殷连华．病理生理学．8 版．北京：人民卫生出版社，2013.
3．马晓健．生理学．2 版．北京：高等教育出版社，2010.
4．田仁，马晓飞．生理学．西安：世界图书出版公司，2010.
5．朱文玉．医学生理学．2 版．北京：北京大学医学出版社，2009.
6．姚泰．生理学．7 版．北京：人民卫生出版社，2008.
7．朱文玉，田仁，孔晓霞．人体生理学．3 版．北京：北京大学医学出版社，2008.